읽기 평가 1

Assessing Reading

읽기 평가 1

Assessing Reading

© 글로벌콘텐츠, 2015

1판 1쇄 인쇄__2015년 12월 20일
1판 1쇄 발행__2015년 12월 30일

지은이__J. 차알즈 올더슨
뒤친이__김지홍
펴낸이__홍정표
펴낸곳__글로벌콘텐츠
    등록__제25100-2008-24호

공급처__(주)글로벌콘텐츠출판그룹
    대표__홍정표 이사__양정섭
    편집__송은주 디자인__김미미 기획·마케팅__노경민 경영지원__안선영
    주소__서울특별시 강동구 천중로 196 정일빌딩 401호
    전화__02-488-3280 팩스__02-488-3281
    홈페이지__http://www.gcbook.co.kr
    이메일__edit@gcbook.co.kr

값 17,000원
ISBN 979-11-5852-077-9 94370
    979-11-5852-076-2 94370(세트)

언어교육 10

읽기 평가
Assessing Reading

J. 차알즈 올더슨(J. Charles Alderson) 지음
김지홍 뒤침

이 책을 돌아가신 부모님
존 올더슨, 로즈 매뤼 올더슨께 바칩니다.

배우는 동안에
그리고 그 이후에도 한결같이
가장 소중했던 도움과 격려를 주신
부모님이 살아 계시어
직접 이 책을 보셨더라면 하는
아쉬움만 가득 남습니다.
어머니가 항상 바라셨던
버언리(Burnley) 시의 서기가 되진 못했더라도
너무 실망은 하지 마시길 바랄 뿐입니다.

'아무렇게나 적당히 평가'로부터
'탄탄한 절차에 따른 평가'를 위하여

I. 들머리

저자의 헌사처럼 뒤친이(이하 '필자'로 부름)도 부피가 큰 이 책의 번역
을 바치고 싶은 분들이 있다. 먼저, 필자가 1988년 전임강사 발령을 받
은 때로부터 시작하여 그 분이 가톨릭 대학 총장으로 가실 때까지, 필
자에게 국어교육이 무엇인지를 몸소 보여 주셨던 김수업 선생이 머릿
속에 떠오른다. 그리고 전국 국어교사 모임과 경상대학교 국어교육과
에서는 10년 넘게 해마다 전국 중고등학생 이야기 대회를 열었었는데,
전국에서 학생들을 데려오고 진지하게 피가 되고 살이 되는 국어교육
의 몸체를 고민하던 여러 국어 교사들도 여태 필자의 머릿속에 사진처
럼 또렷하다. 이런 분들의 열정 덕분에 그래도 국어교육이 지금까지
제자리를 찾아 나가는 것으로 믿는다.

분에 넘치게 필자가 이곳 교수직을 감당해 온 지 벌써 28년째이다.
의욕만 앞섰지 배운 바가 너무 초라하였고, 선뜻 제 가닥을 잡지도 못
하였었다. 그 동안 언어학·분석철학·수학기초론·심리학·인지과학·신
경과학·미시사회학·응용통계학·중국고전(주역, 춘추, 통감) 등 이런 저
런 분야에 끌리는 대로 방황하면서, 이것저것 들여다보려고 애를 썼었

다. 그러다가 남보다 한참 늦게서야 비로소 뭘 어떻게 공부해야 할지 가닥이 조금씩 잡히기 시작하였고, 고전들을 재해석하면서 읽어갈 수 있었다. 현재 식견으로서는 확실히 계몽주의 시대 저작물들이 동서고 금으로 뻗어나갈 수 있는 가장 좋은 출발점임을 믿어 의심치 않는다.

변변찮게 얄팍한 공부를 하면서도, 스스로 읽고 아는 것들을 「나름 대로 재구성해 놓는 일」이 언어교육에서 중요한 본질임을 깨우쳤다. 이 과정에서 인문학이 가치를 다루는 학문이 될 수밖에 없음도 터득하 였다. 가치가 죽음을 염두에 두고서 제한된 시간 속에서 우리가 선택해 야 하는 결과물이기 때문이다. 또한 인간을 다루는 접근법은 우리가 살아가는 삶이 그 자체로 복잡다단한 대상이므로, 결코 순수학문과 응 용학문으로 나눠서는 안 된다. 대신 허접하게 가녀린 외가닥의 접근법 과 이에 맞서 탄탄하게 여러 가닥을 굵게 얽고 엮은 동아리 접근법으로 나누어야 함도 알 수 있었다. 최근에는 후자를 통합, 통섭, 융합이란 말로도 부르고 있다. 언어라는 매개체를 다루는 학문도 결국 우리의 삶과 사회 현장을 다룰 수 없다면, 한낱 주소가 적히지 않은 흰 편지 봉투에 지나지 않고, 아무 곳에도 쓸모가 없는 것임(형식의 공허함)을 깊이 자각해야 할 것이다. 언어가 형식과 내용의 결합체일진대, 내용이 뿌리를 내린 터전이 삶(life form)으로 불리는 사회관계이기 때문이다. 스스로 언어밖에 모르는 사람인지, 언어를 아는 사람인지, 언어까지도 아는 사람인지 자문해 볼 일이다.

이 번역도 필자의 여느 번역처럼 역주가 많이 들어가 있다(360개의 역주). 한국연구재단의 서양 명저 번역을 두 차례(르펠트의 언어산출 및 킨취의 언어이해) 수행하는 동안 소신으로 더욱 강화된 것인데, 저자의 핵심을 더욱 분명히 드러내려고 할 뿐만 아니라, 이 책의 원전을 읽으 실 분들이 정확히 무엇을 왜 그렇게 번역하였는지를 이해할 수 있게 하며, 우리 학문의 터전이 탄탄히 다져져야 한다는 믿음 때문이다. 비 록 역주의 형식이지만 본문 내용에 관하여 필자가 공부해 온 범위 안에서 해당 대목의 핵심을 적어 놓고자 한 대목들도 많다. 또한 주위에서 자각 없이 맹종하여 쓰는 엉터리 한자 '용어'들에 대해서는 가차 없이 비판하였는데, 특히 필자가 낱말 하나하나를 소중히 여기는 국어교육을 공부해 오고 있기 때문이다. 어떤 이는 기술(技術, technique)과 관련된 단어를 줄여 '술어(術語)'1)라고 쓰기도 하지만(영어로는 technical term), 학문은 응용 기술을 넘어선 더 포괄적 영역을 다루고 있으므로, 쓸 용(用)을 써서 학문(學問, science)하는 데에 쓰이는 단어를 '용어(用語)'라고 불러야 옳다고 믿는다(영어로는 수식어 없이 terms로 부르거나 scientific terms로 부름). 만일 역주가 길어 불편하다고 느낀다면, 그런 역주를 무시하고 본문만 읽더라도 이 책의 주장을 이해하는 데에 아무런 지장이 없음을 밝혀 둔다.

필자는 우연히 이 총서에서 『말하기 평가』와 『듣기 평가』를 내었고, 『모국어 말하기 교육: 산출 전략 및 평가』(공역)와 『영어 말하기 교육: 대화 분석에 근거한 접근』(공역)도 내었는데, 서로 유기적으로 관련을 맺고 있다. 고급 수준의 국어교육에서는 반드시 비판적 담화 분석의 교육을 실시해 주어야 옳다. 이런 측면에서 보면 국어과 교육과정은 부실하기 짝이 없다. 교육과정도 선진국에서처럼 학교마다 짜는 '학교별 교육과정'으로 과감히 전환되어야 한다. 또한 사교육을 없애기 위해 과감하게 모든 중고등학교를 기숙학교로 만들고서, 야간에 남과 더불

---

1) 『설문 해자』를 보면, 다닐 행(行)과 고을 안의 길 출(朮, 찰진 조 출[秫])로 이뤄진 형성 글자로서, 본디 '고을 안의 길'을 가리킨다. 누리집에서 『한전』(www.zdic.net)을 찾아보면 갑골문에서도 출(朮)은 성으로 두른 읍 안에 난 길로 쓰인 용법이 나온다. 갑골 자형은 서중서(2010), 『한어 고문자 자형표』(중화서국) 278쪽을 보기 바라며, '차조'의 뜻으로는 중국 사회과학원 고고연구소 엮음(1965, 2005), 『갑골문 편』(중화서국) 308쪽과 고명(2008), 『고문자 유편 증정판』(상해고적) 801쪽을 보기 바란다. 본디 '고을 안의 길'이라는 뜻이 추상적으로 확대되어 '방법, 기술, 전략'의 뜻을 갖게 된 것이다. 이런 연유로 학문이 이론적 측면을 가리키는 반면, 학술은 응용적이고 현실적인 측면의 함의를 지니게 된 듯하다. 더러 제대로 구분하지 못한 채 쓰고 있지만, 유학(儒學)은 학문과 이론이고, 유술(儒術)은 응용과 실천이다. 최근 아리스토텔레스 책들을 읽으면서, '학문'이 모두 Science(theōrētikē)로 일관되게 번역되어 있음을 알았다. 일본 사람의 잘못된 번역으로 '과학'(科: 나뉜 하위 영역의, 學: 학문)으로 편협하게 쓰임도 문제이다.

어 느끼고 나 스스로의 인격을 닦아가는 실천적 교육내용을 넣어 주어야 한다. 미래의 우리 학생들에게 국어·영어·수학만 필요한 것이 아니라,「서로 돕고 나누면서 즐겁게 사는 일」이 더욱 더 중요하기 때문이다(배우고 나누는 삶). 아울러 삭막한 지식 교육에서 '지성'을 기르고 '지혜'를 주는 교육으로 상승해야 한다. 비판적 지성의 표본으로 불리는 참스키 교수의 저작물과 레이코프 교수의 저작물들도 많이 번역되어 있다. 비판적 담화 분석의 교재로서 필자가 번역한 페어클럽 교수의 『언어와 권력』과 『담화 분석 방법: 사회 조사 연구를 위한 텍스트 분석』도 좋은 안내서이다.

번역 판권을 비싸게 파는 옥스퍼드 대학 출판부 책자들 중에서도 중요하게 번역되어야 할 책들이 많다. 출판사가 경제적 여유만 있다면 그런 책자들도 기획하여 출판해 주기를 희망한다. 정부 기관에서는 우수도서 선정제도를 확대하여, 마땅히 '번역본' 출간도 뽑아 주어 출판사에 재정 지원을 해 주어야 옳다. 자원이 없는 나라에서 중요한 것은 능력 있는 '사람'이다. 세계와의 경쟁에서 소중한 것은 「기본적인 정확한 지식 정보」이기 때문이다. 일찍부터 서구에서 독일, 그리고 동양에서 일본은 지식의 원천을 확보하기 위하여 번역에 주력하였고, 그 결과 오늘날 복합 문화의 꽃을 피우고 열매를 거두는 것을 우리가 여실히 보고 있다. 이와는 달리, 세습 왕조의 북쪽은 대원군의 쇄국정책을 추종하여 망하기 직전이다. 실망스럽게 남쪽에서도 오로지 외국 것에만 가치를 두고, 마치 민족개조를 부르짖던 이광수처럼, 스스로를 폄하하는 얼빠진 사대주의 짓거리를 밥 먹듯 한다.

필자가 보기에 이런 북쪽과 남쪽의 선택은 왜곡되고 치우친 극단에 불과하다. 우리들에게 올바른 선택은 이미 세종대왕의 훌륭한 걸음걸이 속에 다 들어가 있다. 우리를 주인으로 하여, 외국 문물을 우리의 것으로 만들어야 하는 것이다. 우리의 미래를 내다보면서 다른 생각들을 우리 것으로 만들기 위해서는, 반드시 '올바르고 쉬운 말'을 써야 한다. 이런 정신이 바로 세종대왕으로부터 시작하여 주시경 선생을 거쳐[2] 묵묵히 국어교육에 헌신하는 여러 동지들로 이어지고 있다. 이런 전통의 효과는 마치 모든 물줄기들이 다 모아드는 큰 바다에 비유할 수 있다.

II. 내용 개관

이하에서는 필자가 번역하면서 이해한 범위 속에서 이 책의 내용과 가치를 소략하게 다룬 다음에, 번역 과정에서 떠오르는 몇 가지 비판을 나름대로 덧붙이기로 한다. 각 장마다 저자의 각 장별 요약이 들어 있으므로, 먼저 그 내용을 읽어 보기 바란다. 이 머릿글에서는 저자의 요약과 서로 중복을 피하기로 한다. 제1장에서는 읽기의 본질을 다루고, 제2장에서는 그 본질에 영향을 주는 변인들 및 그 조사 연구들을 소개하였다. 제3장에서는 지금까지 이뤄진 읽기 시험에 대한 조사 연구들을 개관하였고, 제4장에서는 의사소통 중심 언어교육 입장에서 바라본 '읽기 구성물 및 명세내역들'을 다루었다. 제5장에서는 바크먼·파머(1996)의 제안에 따라 현장에서 시험을 출제하기 위한 얼개를 논의한 뒤에, 제6장에서는 영국에서 시행된 읽기 시험에 관한 네 가지 상황을 소개하였다. ① 영국 외무부 직원들을 대상으로 하여 몇 수준으로 나눈 현지 언어 읽기 시험, ② 영국 대학원에 진학하려는 외국 응시자들의 읽기 능력에 관한 당락 시험, ③ 토박이 및 제2 언어 학습자를 대상으로 한 교실 수업에서의 읽기 시험, ④ 영국의 고등학교 졸업인증 학력 시험에서의 읽기 시험이다. 제7장에서는 아직 "완벽하고 최상의 시험 구현 기법은 없다!"는 전제 아래, 읽기 시험을 구현하는 여러 가지 기법들

---

2) 최근 김수업(2006), 『말꽃 타령: 김수업의 우리말 사랑 이야기』(지식산업사)와 김수업(2009), 『우리말은 서럽다』(휴머니스트)와 김수업(2012), 『배달말 가르치기: 고치고 더한 국어교육의 길』(휴머니스트)이 나왔는데, 국어교육 현장에서 크게 활용될 수 있다.

을 실례로 들면서 다루고 있다. 기계적 공백이나 뜻을 고려한 빈칸을 채워 놓기, 여러 선택지 중에서 하나를 뽑는 택일형, 대안이 되는 객관적 기법(일치시키기, 순서 짓기, 양자택일, 고치기), 글자 완성 및 무관한 군더더기 낱말 삭제 등의 통합 기법, 단답형, 요약형, 빈칸 깃든 요약 완성형, 정보 옮겨 주기 기법이다. 제8장에서는 영국에서 실제 구현되고 있는 읽기 평가 사례들을 모국어 영역과 제2 언어 영역에서 몇 가지를 골라 다루고 있다. 마지막으로 제9장에서는 읽기 처리과정에 대하여 다시 살펴보면서 읽기를 촉진하는 전략들을 세세하게 논의하였고, 다른 연구 기법들뿐만 아니라 새롭게 부각되는 컴퓨터 활용 읽기 연구/평가 기법들까지 다루고 있다. 이것들을 좀 더 큰 돋보기로 들여다보면 다음처럼 요약된다.

제1장에서는 하느님이 아닌 이상 우리가 인간의 능력을 제대로 측정할 수 없다는 회의론에서부터 시작하여, 심리측정학(psychometrics) 내지 정신물리학(psychophysics)에서 보여 주는 객관적이고 합리적인 접근의 응용에 이르기까지 다양한 흐름을 개괄하면서, 읽기 영역의 평가에 적용하고 있다. 희랍인들이 아주 소박하게 인간의 능력을 '진·선·미'로 대분하여 놓았듯이(칸트는 순수이성·실천이성·판단력으로 부름), 읽기로 진행되는 '복합적인 정신 능력' 또한 몇 가지 기본적인 구성부문들이 동시에 작동하는지 그 모습을 포착해 놓을 수 있다. 1930년대까지도 다양하게 trait(특질)이나 characteristics(특성) 등으로도 불리던 개념을 심리측정학/정신물리학에서 construct(구성물, 복합 정신작용의 구성부문 영역들)란 용어로 통일하였고, 이를 좀 더 확대한 내용을 specification(명세내역)이라고 부르기 시작하였다. 이에 따라 비로소 정신 작용 내지 의식 작용을 등식(방정식, 수리 모형)으로 포착할 수 있는 측정 가능한 대상으로 다룰 수 있게 되었고, 사이비 과학의 지위를 벗어나 심리학이 비로소 물컹 과학(soft science)의 반열로 올라가게 되었다.

이 책에서는 의사소통 중심 언어교육의 흐름을 주도한 바크먼·파머

(1996)의 모형을 따르기 때문에, 읽기 구성물도 또한 크게 조직화 내용 및 화용-사회언어학적 내용으로 대분해 놓았다. 이는 오직 언어 처리에만 편중된 '협소한' 구성물 정의 방식이다. 응당 인간의 의식 활동을 전반적으로 아우르는 모형으로 설정되어야 옳다. 그럴 경우에는 중요하게 판단과 결정 및 자기 평가를 포함하여, 상위 인지와 관련된 부서가 반드시 들어가 있어야 한다. 존슨-레어드 교수의 삼원 체계 모형에서는 '언어·추론·의식'의 맞물림을 다루고 있다. 언어에만 집중하는 협소한 평가에서는 언어 밑바닥에 깔려 있는 추론과 의식을 도외시할 밖에 없다. 이런 점에서 이 책에서의 구성물에 대한 논의는 오직 고식지계의 '관행적 모습'으로만 치부해야 옳을 것이다. 아마 제1 언어와 제2 언어의 읽기 평가를 다루고자 하는 동기가 깔려 있기 때문에, 일부러 언어 차원에서 맴돌고 있는 것으로 판단한다.

가장 본질적인 물음 중 한 가지는, 읽기가 단지 언어 읽기로 끝나는 것인가, 아니면 언어를 넘어선 심층적 이해와 해석으로 더욱 진행되어 나가야 하는지에 대한 관점이다. 미시언어학의 관점에서 본다면 읽기는 언어 재료를 벗어날 수 없다. 그렇지만 거시언어학의 관점에서 본다면, 읽기는 언제나 언어 재료를 뛰어 넘어, 그 밑바닥에 깔려 있는 다른 개념들을 찾아내는 일이 되어야 한다. 이는 오늘날 흔히 '비판적 담화 분석'으로 불린다. 뛰어난 언어학자인 참스키 교수나 레이코프 교수도 모두 비판적 지성의 힘을 기르는 데 주력하여 이미 많은 책들을 출간하였고 다수가 번역된 바 있다. 인간의 이해 내지 해석을 다루는 심리학자 킨취 교수도 또한 미시구조와 거시구조로 이뤄진 덩잇글 기반이, 반드시 상황모형으로 만들어져야 장기기억 속에 저장되고 인출되는 것으로 보았다. 그런 심층적 이해 내지 해석의 힘은 모두 스스로 언어를 개념 단위로 번역하고, 다시 유관한 개념들을 새로 모아 일련의 복합 개념을 만들어 내며, 이를 통하여 궁극적으로 본디 의도와 가치관을 귀납적으로 알아차리는 일을 요구한다. 아마 장차 이런 측면의 평가는,

제1 언어 또는 모국어 읽기에서 고급 수준의 응시자들을 대상으로 하여 서술식 답변으로 이뤄져야 할 것이다. 이 책의 저자는 이러한 경로의 지도를 깨닫고는 명시적으로 강하게 있으되, 주장하고 있지는 않은 듯하다.

제2장에서는 읽기에 영향을 주는 주요 변인으로 독자 변인, 기술 및 능력 변인, 최적 속도 변인, 덩잇글 변인 등 네 가지 주요 변인을 다루고 있다. 그렇지만 만일 이것들이 서로 변별되는 고유한 영역에 속하는지를 묻는다면, 긍정적 답변을 얻어내기 힘들 것으로 본다. 필자에게는 내부 변인과 외부 변인을 먼저 나누고 나서, 하위 분류를 시행하는 것이 더 선명할 듯하다. 내부 변인은 독자마다 달라지는 요인들이며, 교육을 통해서 꾸준히 향상되어야 할 영역이다. 두 영역도 또한 형제 또는 자매 관계에 있는 하위 변인들을 설정해야 하는지, 표층에서부터 심층으로 진행되는 동심원의 계층적 하위 변인들을 설정해야 하는지에 대한 물음이 해결되어야 한다. 저자는 자매 관계의 하위 변인을 상정하는 듯이 보인다. 그렇지만 명백히 일부 하위 변인들은 동심원적 내포 관계(계층적 관계)로 설정되어야 한다. 즉, 형식 개념틀에서 내용 개념틀로 진행한다면 반드시 일반 인지 내지 상위 인지가 하부구조에서 가동되어야 하는 것이다.

제3장에서는 읽기 지문(덩잇글)의 난이도에 영향을 주는 요인 및 읽기 시험 문항의 난이도에 영향을 주는 요인들을 놓고서 지금까지 수행된 조사 연구들을 요약해 주고 있다. 후자는 매우 언어 중심적인 요인들에 초점이 모아져 있고, 많은 조사 연구들이 쌓여 있다. 전자는 배경 지식이나 한 다발로 묶인 하위 검사지처럼 좀 더 확대된 영역과 관련된 요인들에도 초점을 모은 상대적으로 적은 숫자의 조사 연구들이다.

제4장에서는 읽기 구성물과 읽기 시험 명세내역을 다루고 있다. 이에 대한 세 가지 사례로서 ① '누리집 이용 언어 진단 검사(DIALANG)', ② 영국의 '초급영어 자격인증(FCE)', ③ 외국인이 영국에서 학부 이상의

교육을 받고자 할 경우에 응시해야 하는 영국의 '국제적 영어 검사제도 (IELTS)'를 제시하고, ④ 읽기 이해 시험에 대한 저울눈도 유럽 위원회의 『유럽 공통 얼개』를 예시해 놓았다. 이어서 ⑤ 바크먼·파머(1996)의 구성물 정의를 토대로 고쳐 놓은 읽기 구성물에 대한 노어쓰·슈나이더(1998)의 모형도 함께 예시해 놓았다.

제5장에서는 바크먼·파머(1996)에 있는 시험 과제의 얼개를 〈도표 5-1〉로 제시하고, 시험 현장의 성격, 시험 시행지침의 성격, 시험 문항의 성격, 예상 답변의 성격, 문항 및 답변의 관계를 차례대로 해설해 주고 나서, 저자가 간여한 '누리집 이용 언어 진단 검사(DIALANG)'의 자료와 더불어 개인적 의견을 덧붙여 놓았다. 여기까지가 분권된 것 중 제1권에 해당된다.

제6장에서는 시험 구성 및 평가의 단계들을 놓고서 저자가 주장한 시험 명세내역을 다룬 뒤에, 네 가지 시험 실시 상황들을 시험 부담이 큰 것과 시험 부담이 작은 것들로 나눠 〈도표 5-1〉의 얼개에 따라 하나하나 논의하였데, 마지막으로 저자가 판단하는 각 상황에 대한 후속 논의 사항들을 덧붙여 놓았다.

제7장에서는 깨알 같은 글씨로 인용된 도표만 해도 19개이다. 마치 필자 자신이 그 시험에 대한 응시자가 된 양, 이런 인용 내용을 충실히 번역해 놓고, 필자가 생각하는 정답도 역주로 같이 달아 두었다. 아마 이 번역서는 주로 현장에서 헌신하고 있는 중고등학교 언어교육 담당 교사들이 제1 독자일 터인데, 필자처럼 하나하나 직접 시험 치르듯 그 사례들도 같이 읽어 나간다면, 시험 출제 방식을 자신이 가르치고 있는 현장에서 쉽게 변용하고 적용할 수 있을 것이다.

제8장에서는 읽기 능력을 어떻게 향상시킬지에 관하여 현재 시행되고 있는 읽기 교육 제도와 읽기를 평가하는 저울눈(또는 눈금)을 다룬 뒤에, 몇 가지 구체적인 읽기 시험들을 자세히 논의하고 있다. 모국어 읽기 교육으로 영국에서 국가 차원에서 제시되는 '읽기 성취 얼개'를

제시하고, 이어 외국어로서의 영어 읽기를 언급하였다. 읽기 등급에 관한 저울눈으로는 미국에서 시행되는 능숙도 평가 지침과 유럽 언어 검사자 연합에서 제시한 얼개, 그리고 영국의 국제 영어 검사 제도를 소개하였다. 이어 영국에서 현재 실시되고 있는 다양한 읽기 시험들을 다루었는데, 핵심(≒기본적) 영어 검사, 예비 영어 검사, 초급 영어 자격인증, 고급 영어 자격인증, 영어통달 자격인증, 영어의 의사소통 기술 자격인증들이다.

제9장에서는 읽기 동안에 일어나는 심리학적 처리과정에 대하여 우리가 아직 모르는 부분들이 많다고 겸손히 전제하고서, 다양한 접근법들과 읽기에 수반된 여러 가지 인지전략들이 포괄적으로 논의하고 있다. 이 장을 제대로 소화하는 일만으로도 읽기를 연구하고 조사하려는 분들에게 크게 어떤 지침을 마련해 줄 만하다. 마지막 장이지만 여전히 십 수개가 넘는 사례 인용과 예증들을 포함하여, 상대적으로 그 분량도 많다. 필자는 적어도 세 가지 차원에서 저자의 논의를 재구성할 수 있다고 본다. ① 미시영역의 담화 연결, ② 거시영역의 담화 전개, ③ 비판적 담화 차원이다. 미시적 담화는 초급 및 중급 독자들과 관련되고, 거시적 담화 및 비판적 담화는 고급 및 최상급 독자들과 관련된다. 물론 모국어 읽기 교육은 후자에 강조점이 모아져야 옳다. 미시 영역에서는 낱말·문장·예측 등의 논제들이 관련된다. 거시 영역에서는 비록 〈도표 9-5〉에서 〈도표 9-9〉까지 몇 사례들만 제시해 놓았지만, 어떤 요소들을 검사하고 시험으로 부과해야 하는지에 대한 통찰력을 얻을 수 있다. 비판적 담화 차원은 도움 책자들이 많다. 언어학의 혁명을 일으킨 참스키 교수의 사회 및 문명 비판의 책자들과 인지 언어학을 일으킨 레이코프 교수의 미국 보수 세력들에 대한 비판들이 번역되어 있다. 또한 영국 페어클럽 교수와 화란 폰대익 교수의 책자들이 기본 도서이겠지만, 오직 페어클럽 교수만이 고급 수준의 학습자들에게 어떻게 비판적 지성을 기르도록 담화교육시켜야 할지를 다루고 있다.

제9장 4절에서는 학습자들을 상대로 하여 읽어 나가는 동안 머릿속에서 무슨 일이 일어났는지를 찾아내는 여섯 가지 기법들을 소개해 놓았고, 다음 절에서 간략히 다른 기법들을 언급하였다. 제9장 5절에서는 컴퓨터를 이용한 시험 실시를 긍정적으로 다루고 있는데, 이미 저자가 '누리집 이용 언어 진단 검사(DIALANG)'에 간여한 경험을 토대로 하기 때문이다. 그렇더라도, 너무 과도하게 컴퓨터나 누리집을 이용하는 읽기 시험 시행 방식이 모든 것을 해결해 주리라고 보는 것은 착각에 지나지 않음을 경고하고 있다. 읽기가 비록 언어라는 단서를 통해서 수행되지만, 우리 머릿속에서는 여러 가지 영역들이 복합적으로 그리고 다층적으로 동시에 작동해야만 가능하기 때문임을 명확히 성찰해야 하는 것이다.

III. 번역의 원칙

이 번역에서는 학술 영어 또는 글말 영어에서 잦게 이용된 수사학적 표현 방식을 과감하게 우리말 용법대로 바꾸어 놓았다. 간단히 머릿속에 떠오르는 대로 네 가지 정도만 적어 둔다. 먼저, 수동태 표현이나 중간태 표현은 결과 상태 또는 속성만을 서술하게 됨으로써, 마치 저절로 자연계 인과율에 따라 예정된 사건들이 일어나는 듯한 인상을 유도하여, 객관성을 높이게 된다. 그렇지만 그런 수사학 전통을 확립해 놓지 못한 우리말에서는, 책임을 회피하고자 배배 꼬는 인상을 준다. 이를 우리말 느낌으로 고쳐 놓았다. 그렇지만 우리말을 영어로 뒤쳐 놓을 때에는 물론 그런 수사학 전통을 준수해야 할 것이다. 한편, 최근의 서구쪽 학술 담론에서는 'I(나)'를 과감히 쓰는 흐름이 생겨나고 있는데, 자기 책임을 명시한다는 점에서 개인적으로 올바른 전환으로 판단한다.

둘째, 문장과 문장을 읽어 엮을 적에는 영어에서 대명사들을 자주 쓴다. 우리말에서는 소리가 나지 않는 공범주 대명사를 쓴다. 따라서 우리말 번역에서는 명시적으로 소리값을 지닌 대명사가 아니라, 비워 있는 모습(empty category)을 띠게 된다.

셋째, 저쪽에서는 문장 전개 방식에서 가급적이면 같은 낱말의 반복을 피하도록 한다. 그러나 우리말에서는 소리조차 '아'해 다르고, '어'해 다르듯이, 낱말들을 바꿀 경우에 민감하게 다른 개념이라고 치부할 소지가 크다. 이런 우려를 없애려면, 설령 원문에서 약간 다른 낱말들로 바꿔 써 놓은 것이라도, 우직하게 하나의 동일한 낱말로 번역해 놓았는데, 우리나라 독자들에게 쉽고 빠른 이해를 도와줄 것으로 믿는다. 여기에는 영어의 현재시제를 우리말 완료 지속 형태 '-았-'으로 과감히 바꾸는 일도 들어 있다.

넷째, 영어에서 글말을 길게 이어 나가는 방식은 주로 관계절을 이용하여 이뤄진다. 핵심이 되는 요소가 먼저 나와야 하는 영어에서는, 계속 관계절로 늘여 가더라도, 마치 바닥 위에 층층이 탑을 쌓아 올리는 느낌을 주게 된다. 반면에 우리말은 핵심 요소가 맨 뒤에 자리를 잡는다. 따라서 거울 영상처럼 그대로 번역한다면, 관계절이 길어질수록 자칫 숲 속에서 길을 잃어버릴 확률이 높다. 그렇다면 대안을 찾아야 하겠는데, 짧게 필자의 호흡 가락대로 끊어 놓는 길을 택하였다. 짧게 끊게 되면 의미를 지속시키기 위해 중복되는 말을 쓰고, 의역의 형태를 취해야 하며 자칫 왜곡의 혐의를 입을 소지가 있다. 비록 그렇다고 하더라도, 올바르게 핵심을 파악하는 것을 최우선으로 삼았다. 남의 말이라 하더라도, 이해의 과정에서 「나의 말로 번역되어야 비로소 나의 것」으로 되어 활용될 수 있다는 소박한 필자의 믿음을 반영해 놓은 것이다.

하는 일 없이 항상 쫓기듯 바쁘기만 하다. 필자가 이 책의 번역을 약속한 지 벌써 이태나 지나버렸다. 그럼에도 아무런 채근도 없이 꾸준히 필자의 번역 원고를 기다려 준 (주)글로벌콘텐츠출판그룹 양정섭 이사에게 고마움을 전한다. 그분과의 인연으로 필자는 저서도 몇 권 출간하여 우수도서로 선정되는 기쁨을 누렸다. 게으른 필자를 버려둔 채, 너무 빨리 지나가 버리는 세월이 야속할 뿐이다. 절절히 송나라 주희(1130~1200)의 싯구(偶成)가 가슴을 때린다.

"어느 봄날 못둑에 파릇파릇 풀순 솟더니   (未覺池塘春草夢)
어느새 섬돌 앞 오동 낙엽들 사각사각 뜨락을 구르는구려(階前梧葉已秋聲)."

먼지 싸인 낯익은 연구실에서
이농(怡農) 후인이 적다

총서 편집자 서문

읽기를 통해서 우리는 생각과 느낌의 세계뿐만 아니라, 또한 여러 시대의 지식과 미래의 전망에 대해서도 다가갈 수 있다. 읽기는 가장 광범위하게 연구되었고, 동시에 소위 '언어 기술들' 중에서 가장 불가사의하다. 읽기는 언어학자·심리학자·교육자·제2 언어 연구자들에 의해서 서로 다른 다수의 관점으로부터 탐구되어 왔고, 이제 상당한 분량의 조사 연구가 이용될 수 있다.[1] 읽기는 또한 응용언어학 연구에서 그리고 언어교사의 일상 전문직에서 중요한 몫을 맡고 있다. 비슷하게, 읽기 능력의 평가는 광범위한 교육 및 전문직 환경에서 핵심적으로 중요하며, 이 분야의 전문지식에 대한 요구가 널리 퍼져 있다. 교사들과 읽기 검사를 마련할 필요가 있는 사람들에게, 그들 자신의 교실 수업을 위한 것이 되든지, 대규모의 능통성 검사가 되든지, 응용언어학 분야에서 조사 연구를 실행하기 위해서든지 간에, 실용적 안내를 제공해 주기 위하여 이 책은 읽기에 대하여 그리고 그 평가에 대하여 알려진 바를 모두 함께 한 권 속에 모아 놓았다.

---

1) (역주) 북미 쪽에서 출간된 조사 연구만 하더라도 아주 광대하고 방대하다. 일련의 『읽기 조사 연구 소백과(*Handbook of Reading Reserch*)』(Lawrence Erlbaum)가 피어슨 엮음(Pearson 1984)으로 제1권이, 바아·카밀·모우즌탈·피어슨 엮음(Barr, Kamil, Mosenthal, and Pearson 1991)으로 제2권이, 카밀·모우즌탈·피어슨·바아 엮음(2000)으로 제3권이 나와 있다. 뤄들·언롸우 엮음(Ruddell and Unrau 2004), 『읽기의 이론적 모형 및 처리과정: 제5판(*Theoretical Models and Processes of Reading: 5th Edition*)』(International Reading Association)도 나왔다. 국어교육 쪽에서도 통계를 낸다면, 아마 읽기에 대한 조사 연구가 압도적으로 많을 것으로 짐작된다.

이 책의 저자인 차알즈 올더슨[2]은 읽기 교육 및 검사 두 영역에서 모두 풍부한 경험을 지니고서 이들 영역에서 스스로 두드러진 조사 연구를 실행해 왔다. 그는 일반적인 언어평가에서 그리고 특히 읽기 평가에서 세계를 이끌어 가는 권위자 중 한 분이다. 더욱이 교육자·조언가·사범대학 교수로서 그의 오랜 경력은, 광막한 읽기 조사 연구 문헌으로부터 읽기 평가와 밀접히 관련되는 개념·사고·얼개들의 정수를 뽑고, 종종 복잡한 정보의 배열을 현장 실천가들에게 이내 쉽게 접속될 수 있는 방식으로 제시할 수 있도록 해 주었다.

명확히 실천 응용에 초점을 맞추면서, 이 책은 읽기 및 평가에 있는 풍부한 조사 연구를 통하여 독자를 안내하고, 줄곧 실제 읽기 검사로부터 가져온 많은 사례들로 구현되어 있다. 올더슨은 먼저 읽기의 이론적이며

---

2) (역주) '옥스퍼드' 발음 사전을 보면, 영국에서는 [ɔːldəsⁿn](올더슨)으로, 미국에서는 [ɑːldəsⁿn] (알더슨)으로 표시되어 있다. 제1음절에 악센트가 있고, 활짝 열린 '오'로 발음된다. 여기서는 '올더슨'으로 적어 둔다. 올더슨 외(1995)의 번역본에서 '앨더슨'으로 적었는데, 잘못된 발음이다. 번역서에서 사람 이름과 땅 이름들을 현지 발음에 맞춰 적어 주는 신중한 태도가 중요하다. 이것이 세종대왕이 한글을 만든 원래의 뜻이다. 미국의 평가 전문가인 하와이 대학 바크먼 교수와 더불어 이 평가 총서의 공동 편집자이다. 그런 권위를 반영하듯이 이 총서의 제1권으로 나온 것이 바로 『읽기 평가』이며, 가장 포괄적인 논의를 담고 있다. 번역자는 언어 산출과 언어 처리 쪽의 심리학의 연구 성과와 최근 담화 분석 쪽의 논의, 그리고 전반적인 사회 비판에 기여해 온 참스키 교수와 인지 언어학자 레이코프 교수의 주장들을 역량이 미치는 범위 안에 '역주'로 담아 놓기로 하겠는데, 장별로 역주 번호가 새로 시작된다.
  샤펠 엮음(Chapelle 2013), 『응용언어학 백과사전(The Encyclopedia of Applied Linguistics)』 (Willy-Blackwell) 제1권의 56쪽~59쪽에 보면, 올더슨(1946~)은 옥스퍼드 대학교에서 불어와 독어로 학사를 받았고, 1977년 언어 검사에서 '빈칸 채우기' 절차로 에딘브뤄(Edinburgh) 대학에서 박사학위를 받았다. 멕시코와 미국의 몇 대학에서 가르치다가, 1980년부터 영국 랭커스터 대학교의 언어학 및 영어교육과 교수로 있었고, 최근에 제2 언어 교육에 대한 유럽 공통 얼개(CEFR)의 계발 등에 크게 기여하였다. 현재는 그 대학의 명예교수로 있다. 누리집(http://www.ling. lancs.ac.uk/profiles/charles-alderson)에서 상세한 정보를 얻을 수 있고, '이력서(CV)'도 올라 있다.
  올더슨·클레펌·월(Alderson, Clapham, and Wall 1995)은 김창구·이선진 뒤침(2013), 『언어 테스트의 구성과 평가』(글로벌콘텐츠)로 번역되어 있다(단, 제11장과 부록 6, 7, 8은 번역자들의 자의적 결정에 따라 제외되었음). 본문에서는 여러 차례 올더슨 외(1995)로 표시되는데, 번역본의 쪽수도 같이 적어 놓아 참고할 수 있도록 하였다. 그렇지만 그 번역본에서 남발된 외국어나 외래어들은 버리고 마땅히 더 쉬운 우리말로 고쳐지기를 희망한다. 번역 용어의 선택과 번역 방식은, 일선 교사들이 이내 알아차릴 수 있도록 정확하고 더 쉬운 용어를 쓰는 일이 더 중요하다고 믿는다. 이 번역본도 또한 그런 목적을 제대로 달성하지 못할 수 있으며, 남들이 딛고 올라갈 중간 계단으로서의 몫을 지닐 뿐이다.

개념적인 토대를 탐구하고, 읽기 평가를 위하여 이것들의 함의를 분명히 윤곽 지어 놓는다. 그런 다음에 읽기 검사를 위한 명세내역 계발, 읽기 검사 문항의 설계(기획)와 집필, 읽기 검사에서 의도된 목적들을 구체화 해 놓기처럼 실천적인 논제를 다루기 위하여, 평가에서 그 자신의 경험을 이끌어 낸다. 그 논의에서는 제2 언어3) 읽기 및 제1 언어 읽는 힘(literacy) 에4) 대한 교실수업 평가, 학교교육 환경에서 응시생들에게 부담이 큰 결정을 위한 대규모 평가, 전문직 인증과 취업을 위한 평가를 포함하여, 다양한 상황들을 끌어들인다. 주된 요점들이 택일형 문항과 공백/빈칸 채우기 검사뿐만 아니라, 또한 큰소리 내며 읽기와 같은 평가 기법, 인상 적 판단, 단서착각 분석, 자기 평가에 이르기까지, 일정 범위의 사례들로

---

3) (역주) 본디 다중언어 사회를 묘사하기 위해 나온 말이다. 집에서 쓰는 말과 밖에 나가 콜라를 사 먹을 때 쓰는 말이 다를 경우에 '다중언어 사회'라고 한다. 젖먹이 때부터 어머니 에게서 배운 말을 제1 언어(모국어)라고 부르고, 사회에서 쓰는 말을 제2 언어라고 부른다. 외국어는 단일언어 사회에서 특정한 언어를 목표언어로 내세우고 배우고자 할 경우에 해당 한다. 한국은 단일언어 사회이다. 따라서 영어는 외국어이지, 제2 언어는 아니다. 그렇지만 이런 개념 구분이 미약해지고, 외국어와 제2 언어를 서로 구분하지 않고 쓰는 경우가 점점 늘고 있다. 따라서 최근에는 우리나라 학생들에게도 영어를 '제2 언어'로서 가르친다고 말 하는 경우를 자주 들을 수 있다. 모국어 또는 모어는 젖먹이 때 배운 언어 환경을 가리키지 만(엄마가 아기에게 하는 과장된 어조의 말투들을 '엄마 말투[motherese]'로 부름), 뿌리를 따지는 경우에는 조국이란 말과 같이 조국어라는 말도 쓸 수 있을 듯하다.

4) (역주) 국어교육 전공자들이 해괴하게 '문식력'이란 엉터리 말을 쓰면서도 부끄러워할 줄 모른다. '문해력'이 이보다는 조금 낫지만, 한자의 조어법을 모르기는 마찬가지이며, 이 를 시비하는 사람이 아무도 없는 듯하여 더욱 우습다. 그런 엉터리 말을 만들어 내고, 뭐가 잘못인지 자각하지도 못하면서 과연 국어교육을 한다고 말할 자격이 있을까? 만일 한자어 에 사족을 쓰지 못하고서, 꼭 순수 한자어로 말을 만들어야 한다면, 식자우환(識字憂患)에서 '식자력(識字力, 글자를 알아차리는 능력)'이라고 해야 올바르다. 이전에 유엔에서 문맹률을 조사할 적에 썼던 '글자해득 능력'이란 용어가 훨씬 나은 번역이다. 이 말이 글자(letter)와 뿌리가 같기 때문이다. 여기서는 쉬운 우리말을 살려서, '읽는 힘'이라고 번역해 둔다. 우리 가 스스로 우리말을 천시한다면, 이 세상의 어느 누가 우리 말을 아끼랴! 맥락에 따라서는 비유적으로 확장되어 때로 이 말이 '인식 능력'이나 '사용 능력'이란 의미까지 담기도 한다. computer literacy는 컴퓨터를 다루는 힘, 컴퓨터 사용 능력이다. 원문 144쪽(§.5-2-1-1)에서는 컴퓨터 사용능력이란 말 대신에 IT literacy(정보기술 사용능력)이란 말도 쓰고 있다. §.1-9의 역주 68)과 70)을 함께 살펴보기 바란다. §.2-5-3에서는 동일한 어원의 글자로서 글말의 꽃 인 '문학 속성'을 가리키기 위하여 literariness(문학 속성, 문학다운 속성)이란 용어를 쓰고, literature(광의의 문헌, 협의의 문학)란 용어도 쓴다. 또 §.2-2-1에서는 pre-literate(글자를 읽 지 못하는, 문자 해득 이전의 단계)라는 용어도 쓰고, §.4-3에서는 literal meaning(축자적 의 미, 글자 그대로의 의미)이라는 용어도 쓰고 있다.

제시되어 있다. 마지막 두 장에서는 지금까지 대체로 평가하기에 너무 어렵다고 여겨져 온 영역들을 탐구한다. 읽기 능력의 향상/발달 단계나 수준, 읽기에 포함된 전략과 처리과정들이다.

이 책을 통해서 올더슨은 읽기 조사 연구로부터 나온 이론적 통찰력 및 평가의 요구와 근본적 필요조건 양자를 모두 이용하여, 이것들이 얼마만큼 유익하게 읽기 평가 실천에 정보를 제공할 수 있는지를 서술해 준다. 한 마디로, 이 책에서는 읽기 검사의 설계(기획)·출제·이용에 대한 원리 잡힌 접근을 제공해 준다. 따라서 응용언어학에 있는 이론 및 조사 연구를 함께 모아놓기 위한 이 총서의 목적을 유용한 방식으로 언어 검사 실천가(≒시험 출제자)들에게 실증해 주는 것이다.

라일 F. 바크먼(Lyle F. Bachman)

저작권 알림

저자와 편집자와 출판사에서는 이 책에서 확인된 저작권 자료의 이용을 허락해 준 원저자와 출판사와 다른 관계자 여러분들께 감사드린다. 본문 속에 이용된 자료들에 대한 자원이 완벽히 모두 확인되거나 추적할 수 없었는데, 그런 경우 본 출판사에서는 저작권 소유자들로부터 나온 정보(요구)를 언제든 환영할 것이다.

Examinations Syndicate, The British Council and IDP; *Cambridge Examination in English for Language Teachers Handbook*. December 1998. With permission of University of Cambridge Local Examinations Syndicate; de Witt, R. 1997. *How to prepare for IELTS*. Pages 63, 64 and 65. © The British Council; Chamot, A. U. 1982. *Read Right! Developing Survival Reading Skills*. Minerva: New York. Cited in Silberstein, S. 1994. *Techniques and Resources in Teaching Reading*. © Oxford University Press; Fordham, P., D. Holland and J. Millican. 1995. *Adult Literacy: A handbook for development workers*. Oxford: Oxfam/Voluntary Services Overseas. Page 116; Griffin, P., P. G. Smith, and L. E. Burrill. 1995. *The Literacy Profile Scales: towards effective assessment*. Belconnen, ACT: Australian Curriculum Studies Association, Inc. Pages 20, 21, 148 and 149; Urquhart, A. H. 1992. *Draft Band Descriptors for Reading*. Plymouth: College of St. Mark and St. John. Unpublished. Pages 34 and 35; *Certificates in Communicative Skills in English Handbook*. August 1999. Page 12. With permission of University of Cambridge Local Examinations Syndicate; Grellet, F. 1981. *Developing Reading Skills*. Cambridge: Cambridge University Press. Pages 12, 13, 32, 34, 60 and 62; Baudoin, E. M., E. S. Bober, M. A. Clarke, B. K. Dobson and S. Silberstein. 1988. *Reader's Choice*. (second edition) University of Michigan Press. Pages 82, 236, 237 and 238. Cited in Silberstein, S. 1994. *Techniques and Resources in Teaching Reading*. Oxford: Oxford University Press. Pages 45, 46, 47, 81, 82 and 83; Tomlinson, B. and R. Ellis. 1988. *Reading Advanced* © Oxford University Press. Pages 2~6; Chang, F. R. 1983. *Mental Processes in Reading: a methodological review*. Reading Research Quarterly, 18 (2). International Reading Association. Page 218; Duffy, G. G., L. R. Roehler, E. Sivan, G. Rackcliffe, C. Book, M. S. Meloth, L. G. Vavrus, R. Wesselman, J, Putnam and D. Bassiri. 1987. *Effects of explaining the reasoning associated with using reading strategies*. Reading Research Quarterly. 22 (3). International Reading Association. Page 360.

이 책에 있는 외국의 인명과 지명 표기는 '한글 맞춤법'을 따르지 않는다. 맞춤법에서는 대체로 중국어와 일본어는 '표면 음성형'으로 적고, 로마자 표기는 '기저 음소형'으로 적도록 규정하였다. 그렇지만 번역자는 이런 이중 기준이 모순이라고 느낀다. 우리말 한자 발음을 제외하고서는, 외국어 표기를 일관되게 모두 '표면 음성형'으로 적는 것이 옳다고 본다.

외국어 인명의 표기에서 한글 맞춤법이 고려하지 못한 중요한 속성이 있다. 우리말은 '음절 박자(syllable-timed)' 언어이다. 그러나 영어는 갈래가 전혀 다른 '강세 박자(stress-timed)' 언어에 속한다. 즉, 영어에서 강세가 주어지지 않는 소리는 표면 음성형이 철자의 소리와는 아주 많이 달라져 버린다. 이런 핵심적인 차이를 전혀 고려하지 못한 채, 대체로 철자 대응에 의존하여 발음을 정해 놓았다. 그 결과 원래 발음에서 달라져 버리고, 두 가지 다른 발음으로 인하여 서로 다른 사람을 가리키는 듯이 오해받기 일쑤이다. 번역자는 이런 일이 줄어들기를 희망하며, 영미권 이름들에 대하여 '표면 음성형' 표기를 원칙으로 삼았다(철자를 읽는 방식이 아님). 영미권에서는 이미 다수의 발음 사전이 출간되어 있다. 번역자는 영미권 인명의 표면 음성형을 찾기 위하여 네 가지 종류의 영어 발음사전을 참고하였다.

① Abate(1999), *The Oxford Desk Dictionary of People and Places*, Oxford University Press
② Wells(2000), *Longman Pronunciation Dictionary*, Longman Publishers
③ Upton et al.(2001), *Oxford Dictionary of Pronunciation*, Oxford University Press
④ Roach et al.(2006), *Cambridge English Pronouncing Dictionary*, Cambridge University Press

모든 로마자 이름이 이들 사전에 다 들어 있는 것은 아니다. 그럴 경우에는 두 가지 방법을 썼다. 하나는 각국의 이름에 대한 발음을 들을 수 있는 다음 누리집들을 이용하거나

https://www.howtopronounce.com
http://www.forvo.com
http://www.pronouncenames.com

또는 구글 검색을 통해서 관련된 동영상 파일들을 검색하여 정하였다. 다른 하나는 경상대학교 영어교육과에 있는 런던 출신의 기오토(M. J. Guilloteaux) 교수에게서 RP(표준 발음, 용인된 발음)를 듣고 표기해 두었다.

영어권 화자들은 자신의 이름에 대한 로마자 표기에 대하여 오직 하나의 발음만을 지녀야 한다고 고집을 세우지 않는 특성이 있다. 영어 철자 자체가 로마로부터 수입된 것이고, 다른 민족들에 의해서 같은 철자라 하더라도 발음이 달리 나옴을 인정하기 때문이다. 한 가지 예로, John이란 이름은 나라별로 여러 가지 발음을 지닌다. 쫀, 장, 후안, 요한, 이봔(러시아 발음) 등이다. 뿐만 아니라, 급격히 영미권으로 다른 민족들이 옮겨가 살면서, 자신의 이름을 자신의 생각대로 철자를 적어 놓았기 때문에, CNN 방송국 아나운서가 특정한 이름을 발음하지 못하여 쩔쩔 매었던 우스운 경우까지도 생겨난다. 그렇다고 하여, 이는 영어 철자 이름을 아무렇게나 발음해도 된다는 뜻이 아니다. 번역자는 가급적 영미권 화자들이 발음하는 표면 음성형을 따라 주는 것이 1차적이라고 본다. 따라서 이 책에서 번역자가 표기한 한글 표면 음성형만이 유일한 발음임을 뜻하는 것이 아니라, 가능한 발음 가운데 유력 후보임을 나타낼 뿐임을 이해하여 주기 바란다. 아울러 한글 맞춤법의 영어권 이름 표기 방식도 더 나은 개선이 이뤄지기를 간절히 희망한다.

줄임말과 본딧말(번역에서는 본딧말 다음에 괄호 속에 줄임말을 썼음)

ABEEB	Association of British ESOL Examining Board (영국 이쏠 검사 위원회 연합)
ACTFL	American Council for the Teaching of Foreign Languages (외국어 교육을 위한 미국 협의체)
AEB	Associated Examining Board (연합 검사 위원회)
ALBSU	Adult Literacy Basic Skills Unit (어른들이 읽고 쓰는 힘의 기본기술 단위)
ALTE	Association of Language Testers in Europe (유럽의 언어 검사자 연합)
ASLPR	Australian Secondary Language Proficiency Ratings (호주 제2 언어 능숙도 채점등급)
CAE	Certificate in Advanced English (고급영어 자격인증)
CCSE	Certificate in Communicative Skills in English (영어의 의사소통기술 자격인증)
CPE	Certificate of Proficiency in English (영국의 영어통달 자격인증)
CUEFL	Communicative Use of English as a Foreign Language (외국어로서 영어의 의사소통 사용)
EAP	English for Academic Purposes (진학 목적의 영어)
EFL	English as a Foreign Language (외국어로서의 영어)
ELTS	English Language Testing Service (영어 평가원, 영어 검사원)
EPTB	English Proficiency Test Battery (영어 능숙도 검사 모음)
ESL	English as a Second Language (제2 언어로서의 영어)
ETS	Educational Testing Service (교육 평가원, 교육 검사원)
FCE	First Certificate in English (영국의 초급영어 자격인증)
GCSE	General Certificate of Secondary Education (중등교육 일반 자격인증)
IEA	International Association for the Evaluation of Educational Achievement (교육 성취도의 평가를 위한 국제 연합)
IELTS	International English Language Testing System (영국의 국제적 영어 검사제도)
IRI	Informal Reading Inventory (비격식적인 읽기 평가표)
JMB	Joint Matriculation Board of Northern Universities (북부 지역 대학 입학허가 협동위원회)
KET	Key English Test (핵심 영어 검사, 기본 영어 검사)
L1	First Language (제1 언어)
L2	Second Language (제2 언어)
NEA	Northern Examining Authorities (북부 지역 검사 당국)
PET	Preliminary English Test (예비 영어 검사)
RSA	Royal Society of Arts (영국 왕립 예술원)
TEEP	Test in English for Educational Purposes (학업 목적의 영어 검사)
TLU	Target Language Use (목표 언어 사용)
TESOL	Teachers of English to Speakers of Other Languages (타 언어 화자에 대한 영어 교사)
TOEFL	Test of English as a Foreign Language (외국어로서의 영어 검사)
TOEIC	Test of English for International Communication (국제적 의사소통을 위한 영어 검사)
UCLES	University of Cambridge Local Examinations Syndicate (케임브리지 대학교 지역시험 연합)
UETESOL	University Entrance Test in English for Speakers of Other Languages (외국인을 위한 대학 입학자격 영어 검사)

목차

제1장 읽기의 본질_____1

제2장 읽기의 본질에 영향을 주는 변인_____73

제7장 읽기 시험의 구현 기법_____373

제8장 읽기 능력의 향상_____491

제9장 앞으로 나아갈 길, 독자와 지문 간의 상호작용 평가:
과정 및 전략____543

제1장 읽기의 본질

§.1-1. 들머리

저자가 읽기 본질의 연구에 대한 개관이 불가능하다고 말하는 첫 번째 사람은 아닐 것이다. 이 주제에 관한 조사 연구의 완벽한 개관 책자란, 씌어진 모든 것을 처리하거나 훨씬 덜한 정도로라도 종합하려고 시도하는 어떤 개인별 능력을 훨씬 초월해 버린다. 비슷하게, 읽기의 상이한 이론들에 대한 숫자만 해도 이내 압도적임을 알게 된다.

(1) 읽기가 무엇인지,

(2) 읽기가 어떻게 습득되고 가르쳐지는지,

(3) 제2 언어에서 읽기가 제1 언어[1] 읽기와 얼마나 다른지,

---

[1] (역주) 흔히 우리가 젖먹이 시절에 주로 엄마로부터 배웠기 때문에 '모어(mother tongue)'라고 불린다. 외국어와 짝을 맞추기 위하여 나라를 덧붙여 '모국어'로 말하기도 한다(외국에서 살고 있는 사람은 모국어를 '조국어'라고도 말할 수 있음). 모어와 제1 언어에 대한 구분은 본디 다음과 같이 이뤄졌었다. 우리나라처럼 단일 언어 사회에서는 모어, 모국어가 있고, 새로 배우고자 하는 목표언어를 외국어라고 말할 수 있다. 그렇지만 필리핀이나 인도와 같이 다중 언어 사회에서는 집안에서 쓰는 말과 사회에서 쓰는 말이 다를 경우가 있다. 이런 경우를 가리켜 집안에서 쓰는 말을 제1 언어로 부르고, 사회에서 쓰는 말을 제2 언어로 부른다. 그런데 최근에는 이러한 단일 언어 사회인지, 다중 언어 사회인지에 대한 기준을 중시하기보다는, 간단하게 모두 하나로 통합하여 제1 언어, 제2 언어 등으로 부르는 경우도

(4) 읽기가 다른 인지 및 지각 능력들과 어떻게 관련되는지,

(5) 읽기가 기억과 어떻게 상호작용을 하는지

등에 대한 이론이다. 이들 읽기의 모든 측면이 중요하지만, 아마 우리가 덩잇글을 읽을 적에 우리가 실행하는 바가 무엇인지에 관하여 일관되고 포괄적인 설명을 결코 한데 모아 놓지는 못할 것이다. 여기에 추가하여, 덩잇글을 분석하는 일의 복잡성을 고려하는 경우에는 골칫거리들을 피할 수 없다. 우리가 읽는 것(what)에 대한 본질이 반드시 우리가 읽는 방법(how)과 모종의 관련을 지니게 되므로, 덩잇글 분석이 읽기의 이론들과 그리고 읽기 과정에 대한 조사 연구와 반드시 밀접하게 연관되어야 한다. 그럼에도 '덩잇글 분석(text analysis)'이라는 간단한 낱말은 언어학 속에 있는 거대한 영역의 연구를 다 포괄한다. 이는 다시 어느 연구자도 속이 후련하게 개관하기를 바랄 수 없는 복잡한 영역이다.2)

생겨났다. 유럽 쪽에서는 언어 교육을 논의할 적에 다중 언어 교육을 다루기도 하는데, 전형적으로 이중 언어를 다루지만, 언어 교육 환경에 따라 제1 언어, 제2 언어, 제3 언어까지도 다루며, 언어들 간에 간섭이나 교란 따위가 주제로 논의될 수 있다.

읽기 교육과 읽기의 심리적 처리과정에 대한 논의에서는 개별 언어마다 고유하게 처리방식이 있다고 가정되기보다는, 일반 인지 처리방식에 따라 공통된 기반 위에서 읽기의 처리가 일어난다고 보는 쪽이 주류 연구 흐름이다. 개별 언어가 공통된 처리방식을 따르려면 공통된 단위들을 상정해 주어야 한다. 언어 처리의 기본 단위(사고의 기본 단위)로서 흔히 '절 유사 단위(clause-like unit, 담화 연구자들의 용어)'나 논항구조(argument structure, 생성문법의 용어) 또는 명제(proposition)라는 개념을 상정하며, 이는 우리가 경험하는 실세계에서 '낱개의 사건(single event)'을 반영해 준다. 철학이나 심리학에서는 '명제'라는 용어를 선호한다. 따라서 읽기의 심리적 처리과정에서는 맨 처음 논의해야 하는 주제가 명제의 '심리적 실재(psychological reality)'에 대한 논증이다. 이에 대한 자세한 증명은 킨취(Kintsch 1998; 김지홍·문선모 뒤침 2010), 『이해: 인지 패러다임, I~II』(나남, 한국연구재단 학술명저 번역총서 서양편, 292~293쪽)을 읽어 보기 바란다. 덩잇글 이해에 대한 처리 방식에서 가장 근본이 되는 단위를 절 유사(clause-like) 단위 또는 명제(proposition)이라고 부르는데, 이 기본단위들을 놓고 어떻게 전체 덩잇글을 구성해 나가는지를 보려면, 터어너·그륀(Turner and Greene 1977; 문선모 뒤침 1996), 『교재(≒덩잇글)의 명제 분석 요강: 월터 킨취의 명제 이론』(문음사)을 참고하기 바란다(원문은 http://www.colorado.edu/ics/sites/default/files/attached-files/77-63.pdf).

2) (역주) 최근에 나온, 교사들을 위하여 읽기 교육을 개관한 책자로서 특히 그뢰이브·스톨러 (Grabe and Stoller 2011 개정판; 허선익 뒤침 2014), 『읽기 교육과 현장 조사 연구』(글로벌콘텐츠)를 읽어 보기 바란다. 읽기 이론 및 수업 현장의 실천을 위하여 유용하게 쓰일 수 있다. 의사소통 중심 언어 교육(CLT)을 위한 간략한 실용서로서는 월리스(Wallace 1992; 김지홍

그러므로 '읽기의 본질'에 대한 어떠한 개관이든지 다소 과장적일 수밖에 없다. 이 도입 장 또한 해당 연구를 모두 다 포괄하기보다는 불가피하게 선택적일 수밖에 없다. 그렇지만 읽기를 평가하고 싶어하는 임의의 사람에 대한 진퇴양난을 고려해 보자. 우리가 검사하고 싶어 하는 능력인 복합정신 능력에 대한 구성물(construct)[3]을 평가하기 위하여,

---

뒤침 2002), 『읽기: 옥스퍼드 언어 교육 지침서』(범문사)를 보기 바란다.

3) (역주) 우리 인간의 능력을 여러 하위 능력들이 복합되어 있다고 본 것은 아마 계몽주의 시대에서부터인 듯하다. 희랍 사람들이 인간 정신이 '진·선·미'의 결합체로 보았던 생각은, 칸트에게서 인간 이성이 적어도 순수이성·실천이성·판단력이라는 세 영역의 결합체로 상정되었다. 심리학은 19세기 말까지도 사이비 과학으로 치부됐었다. 그렇지만 뛰어난 심리학자들이 인간의 정신 또는 심리도 수치화할 수 있고, 따라서 엄격하게 비교하고 계량할 수 있음을 보여 주려고 부단히 노력을 해 왔다. 이런 것을 가능하게 만들었던 생각이 정신 또는 심리가 복합 능력들의 구현체라는 발상이다. 이런 복합물 내용을 '구성물(construct)'로 불렀고, 더 자세히 풀어 놓은 것을 '명세내역(specification, 명시내용)'이라고 불렀다. 구성물은 주로 어떤 행위를 목표로 삼느냐에 따라 달라질 수 있다. 언어 사용 행위와 음악 연주 행위와 달리 행위에 관련된 구성물은, 각각 서로 간의 특색을 반영하여 달리 잡아야 하는 것이다. 읽기와 관련된 구성물은 이 책의 제4장에서 자세히 다뤄진다.

이런 개념이 성립되자 비로소 인간 정신이나 심리의 작동 방식을 과학적으로 다룰 수 있게 되었고, 비록 탄탄 과학(hard science)에는 못 미치지만 가까스로 물컹 과학(soft science)의 반열에는 올려놓을 수 있었다. 이런 분야는 심리 측정학 또는 정신 물리학으로 불렸는데, 스티븐즈(Stevens 1975), 『정신 물리학(Psychophysics)』(Transaction Books)을 보기 바란다. 일본에서는 난해한 말로 '구인'으로 번역했다. 뒤친이의 주변에서 무조건 이 말을 따라 쓰는 이들이 있는데, 과연 '구인이 무슨 뜻인지' 물어 본 적이 있다. 그렇지만 어느 누구도 제대로 설명해 준 이가 없다. 노예처럼 지금도 낯선 일본식 조어를 맹종하면서 부끄러움도 느끼지 못할 따름이다. construct(구성물)는 머릿속에서 동시에 가동되어야 하는 복합 정신 영역들을 (필수적인 하위 영역들을) 가리키며, 원래 용어에 충실히 밀착하기 위하여 '구성물'로 번역해 둔다.

언어 교육에서는 흔히 언어의 형식과 내용 두 분야로 된 구성물을 잡거나, 아니면 담화 구조·화용 전략·사회학 지식 등 세 분야로 된 구성물을 잡기도 한다. 참스키의 언어 능력과 언어수행도 두 분야의 구성물이며, 다시 언어 능력을 통사부·음운부·논리형식부의 하위분야로 잡는 것도 구성물의 정의에 속한다. 그렇지만 참스키는 언어 수행에 대해서 한 마디도 자신의 목소리를 낸 바 없다(대신 문명 및 지성사에 입각한 미국 사회에 대한 비판을 언어학과 관련 없이 꾸준히 실천해 왔음). 오히려 언어 교육에 종사하는 이들은 1970년대에서부터 참스키를 비판하면서 '사회언어학'의 흐름(가령 하임즈[Hymes]나 검퍼즈[Gumperz])을 시작하였고, 미시 사회학과 일상언어 철학과 언어 심리학을 받아들이면서 크게 담화 교육의 흐름으로 도도한 물길을 터 놓았다. 특히 비판적 담화 분석(critical discourse analysis)는 결과적으로 미국 사회를 비롯한 현대 사회를 비판해 온 참스키 교수의 역작들과 공통된 관심과 내용을 다루고 있다.

언어학 이외의 영역들에 대하여 참스키 교수가 펴낸 책들은 우리말로 거의 40종이나 번역되어 있다. 가령, 이종인 뒤침(2007), 『촘스키, 사상의 향연』(시대의 창)을 보면 참스키 교수가 왜 걸출하게 세계적 지성인으로 표상되는지를 잘 알 수 있고, 강주헌 뒤침(2001), 『실패한 교육과 거짓말』(아침 이슬)에서는 철저히 방관자만 양산하는 학교 교육에서 무엇을 가르

우리는

　'구성물이 무엇인지'

를 알 필요가 있다. 읽기에 대한 검사나 평가 절차를 마련하기 위해서,
오직 직관적이라 하더라도, 우리는 분명히 덩잇글을 읽고 그것을 이해
하는 것이 무엇을 뜻하는지에 대한 모종의 개념에 도움을 호소해야 한
다. 만일 우리가 '이해하다'라는 말이 무엇을 의미하는지 알지 못한다
면, 누군가 어떤 덩잇글을 이해했는지 여부를 어떻게 검사할 수 있을
까? 만일 우리가 무엇이 문제를 구성할 수 있을지, 그리고 가능한 '원
인'이 무엇일지에 대한 생각을 조금도 갖고 있지 않다면, 누군가의 '읽
기 문제'를 어떻게 진단할 수 있을까? 만일 어떠한 '읽기 수준'들이 존
재할지에 대하여 전혀 알지 못한다면, 그리고 '특정한 수준에서의 읽

쳐 주어야 하는지를 배울 수 있다. 1970년대에 스승 참스키 교수와 이론상으로 대립하며
'인지 언어학' 흐름을 창도한 레이코프(Lakoff) 교수도 또한 언어를 다루는 학문의 귀착점이
역시 '현실 사회의 문제'임을 명시적으로 보여 준다. 6종의 번역서 중에서 특히 나익주 뒤침
(2007), 『프레임 전쟁: 보수에 맞서는 진보의 성공 전략』(창비); 나익주 뒤침(2010), 『자유는
누구의 것인가?』(웅진 지식하우스)를 읽어 보기 바란다. 비판적 담화 분석은 화란 학자 폰대
익(van Dijk)과 영국 학자 페어클럽(Fairclough, 마지막 'gh'는 [f]로 발음됨)에 의해서 주도되
어 왔다. 페어클럽 교수의 책은 김지홍 뒤침(2011), 『언어와 권력』(도서출판 경진); 김지홍
뒤침(2012), 『담화 분석 방법: 사회 조사 연구를 위한 텍스트 분석』(도서출판 경진); 이원표
뒤침(2004), 『대중매체 담화 분석』(한국문화사)을 읽어 보기 바란다.
　특히 담화를 언어 교육의 핵심 영역으로 간주하는 흐름은 1980년대에 '의사소통 중심
언어 교육(CLT: Communicative Language Teaching)'으로 불리다가, 최근에는 의사소통을
매개할 수 있는 과제들에 더욱 초점을 모아서 '과제 중심 언어 교육(TBLT: Task Based
Language Teaching)'이라고 부른다. 브랜든·바이게잇·노뤼스 엮음(Brandon, Bygate, and
Norris 2009), 『과제 중심 언어 교육: 독본(*Task-Based Language Teaching: A Reader*)』(John
Benjamins)을 보기 바란다. 이는 담화를 순수한 언어적 연결체로 간주하는 것으로, '말로/담
화로 일을 한다'는 앞의 비판적 담화 분석과 대립된다. 순수 담화 연구로 부를 법한 이 흐름은,
그뢰이쎄·거언스바커·골드먼 엮음(Graesser, Gernsbacher, and Goldman 2003), 『담화 처리
소백과(*Handbook of Discourse Processes*)』(Lawrence Erlbaum)와 위도슨(Widdowson 2004), 『텍
스트, 맥락, 숨겨진 텍스트 산출동기: 담화 분석에서 핵심 논제들(*Text, Context, Pretext:
Critical Issues in Discourse Analysis*)』(Blackwell)이 가장 기본적인 서적으로 읽을 만하다. 우리
말로는 쿡(Cook 1989; 김지홍 뒤침 2003), 『담화: 옥스퍼드 언어 교육 지침서』(범문사)를
보기 바란다. 뒤의 역주 10)에 있는 애뤼조나 대학 구드먼(Goodman) 교수의 '총체 언어'
교육도 참고하기 바란다.

기'가 무엇을 의미하는지를 알 수 없다면, 어느 독자가 어떤 '수준'에 도달해 있는지를 어떻게 결정할 수 있을까? 간단히 말하여, 읽기를 검사할 필요가 있는 사람은 누구든지 분명히 읽기가 무엇인지에 대한 모종의 생각을 발전시킬 필요가 있다. 그럼에도 이는 거대한 과제이다. 그렇지만 만일 평가 도구를 마련하려고 착수하기 전에, 우리 구성물에 대한 완벽한 이해를 얻기까지 마냥 기다린다면, 결코 검사 구성 작업을 시작할 수 없을 것이라는 점이 사실이다. 일부에서는 다음처럼 말할 수 있다.

'그래, 해를 끼칠 만한 부당한 것을 마련하기보단 아예 시작하지도 않는 편이 더 나아'

(Good. Better not to start than to design something invalid that may do harm)

그런 입장에 찬성을 표할 수 있겠지만, 그럼에도 불구하고 읽기 평가가 필요하다는 것은 분명한 사실이다. 우리는 이 책에서 계속하여 읽기 평가에 대한 여러 가지 실세계의 필요성을 살펴볼 것이다. 따라서 평가 도구를 마련하는 일에 간여되기를 꺼린다면 무책임할 듯하다. 읽기에 포함되어 있는 바에 대하여 덜 완벽히 이해할망정, 다른 사람들은 더 심각한 결과를 지니더라도 대신 그런 평가 도구를 마련해 보려는 위험을 무릅쓸 법하다. 따라서 출제자들(testers)은 심지어 미리 구성물을 다루는 이 현상에 대한 그들의 이해가 잘못되고 부분적이며, 결코 완벽해질 수 없음을 미리 알고 있다고 하더라도, 검사 구성에 간여되어야 한다.

그렇지만, 불완전하다고 인정하는 검사를 설계함으로써 검사의 본질을 연구할 수 있게 되고, 그런 검사에 의해 측정되고 있는 듯한 능력들을 연구할 수 있다는 것으로 위안을 삼는다. 희망컨대, 차례로 이는 우리가 평가한 바에 대한 더 나은 이해로 이끌어 갈 것이고, 응당 이론

속에서 되점검되어야 하며, 후속 조사 연구로 이끌어 간다. 따라서 우리가 설계한 바를 조사 연구한다는 조건 아래에 검사를 실행함으로써, 우리는 구성물에 대한 점증적 이해에 이바지할 수 있다.

다음이 이 책과 이 총서에 있는 다른 책자들에 대한 근본적인 신조이다.[4] 우리의 이해를 탐구하고 발전시킬 수 있는 것은, 바로 우리의 평가 도구들을 통해서 관련 구성물들에 대한 우리의 이론과 우리의 이해를 가동시키려고 노력하는 일에 의해서만 이뤄진다. 결과적으로 우리가 검사하고자 노력하는 바를 놓고서 어떤 착상을 얻어내기 위해서는 이론을 살펴볼 필요가 있다. 이것이 곧 저자가 실행하게 될 일이다. 그렇지만 시작하기에 앞서서, 저자는 검사 설계(출제)에 대한 또 다른 접근법도 가능할 듯하다. 잠재적으로 더 실용적이며, 이론과 더불어 시작하기보다는 오히려 목표상황(target situation) 언어 사용(language use)과 더불어 시작하는 일도 실제로 가능함을 응당 받아들여야 한다. 달리 말하여, 평가받게 될 사람들이 '읽어야' 할 필요가 있는 상황들을 결정해 놓음으로써 시작하는 일, 그런 상황들을 분석하는 일, 그런 다음에 그런 목표 상황에서 읽기를 반영해 줄 평가 도구를 고안하는 일, 평가받는 우리 학습자들이 '얼마나 잘(how well)' '읽을(read)' 수 있는지 '알아차리는(see)' 일들이다. 실제로, 그런 접근이 이 책의 더 뒷부분에서 예시될 것이다. 그렇지만 심지어 그런 접근에서도 작은따옴표로 싸 둔 'read(읽다)', 'see(알아차리다)', 'how well(얼마나 잘)'과 같은 낱말로써 우리가 뭘 의미하는지에 대한 소략한 어떤 개념을 필요로 한다는 점에 주목하기 바란다. '얼마나 잘(how well)'이란 말은 모종의 기준을 함의한다. 최소한 남들이 어떻게 읽는지를 비교하는 어떤 통상적 개념이다.[5]

---

4) (역주) 이 책의 저자인 올더슨 교수(영국 랭커스터 대학)는 구대륙을 대표하여 미국의 하와이 대학 바크먼 교수와 함께 이 평가 총서의 편집을 맡아 주도하고 있으므로, 편집자 겸 저자로서 이를 진술하고 있는 것이다.

5) (역주) notion(통상 개념, 통념, 통상적인 생각)이란 상식적으로 일반 사람들이 갖고 있는 개념이다. 흔히 이를 엄격하게 학문상으로 정의를 내린 다음에 쓸 경우에는 concept(개념)이

'보다, 알아차리다(see)'라는 말은, 사람들이 읽는 방법이거나 아니면 사람들이 읽은 바에 대하여 이해하는 바를 외재화해(드러내어) 주는 받아들일 수 있는 방식이 있음을 함의한다. '읽다(read)'라는 말은 인쇄물과 상호작용하는 어떤 과정을 통하여 덩잇글 의미를 읽는다거나 처리한다는 것이, 뭘 의미하는지 우리가 알고 있음을 함의한다.

이런 방법으로 무한정하게 계속하기보다, 우리는 어딘가의 지점에서 출발할 필요가 있다. 저자는 읽기의 본질을 살펴봄으로써 그런 출발을 하게 될 것이다.

§.1-2. 과정 및 결과 산출물

일반적으로 읽기의 '과정' 및 그 과정의 결과로서 '산출물' 사이를 구분해 놓는다. 과정이란 곧 적정한6) '읽기'로써 우리가 의미하는 바이다. 즉, '독자와 덩잇글 사이의 상호작용'인 것이다. 그 과정 동안에 아마도 많은 일들이 일어나고 있을 법하다. 독자가 인쇄물을 보고 있을 뿐만 아니라, 또한 어떤 의미에서 종이 위에 찍힌 글자들을 해독하고, 그것들이 '의미하는' 바와 그것들이 다른 것과 서로 어떻게 관계되는지를 '판단 결정한다'. 독자는 아마도 자신이 읽고 있는 바에 대하여 '생각을 하고' 있을 듯하다. 그것이 그에게 무엇을 의미하고, 자신이 읽은 다른 것들 그리고 자신이 이미 알고 있는 것들과 어떻게 관련되는지, 이와 같은 덩잇글에서 다음에 무엇이 나올 것이라고 기대하는지 등이

란 말을 선호하며, 복합 개념의 경우에는 conception(복합 개념, '임신'의 뜻도 있음) 따위의 말도 쓴다. 한자어 '槪念(개념)'에 대한 풀이는 50쪽 §.1-6의 역주 57)을 보기 바란다.

6) (역주) proper란 흔히 '진부분 집합'을 가리킬 때에 쓴다. 읽기가 독자가 덩잇글을 선택하고 읽기를 시작하여 중간과정을 거쳐 끝을 내고서 자신이 이해한 바를 머릿속에 추려 넣는 일이라고 할 때에, 처음과 끝을 제외한 중간 부분을 가리키는 것이다. 다른 영역과 겹치지 않는 '가장 순정한 부분'이라는 뜻을 담고 있다. 만일 흔히 쓰는 일상언어 표현으로 바꾼다면, 전형적(typical) 또는 대표적(exemplar, 본보기)으로도 풀어쓸 수 있다.

다. 아마도 그는 그 덩잇글이 얼마나 유용한지, 흥미로운지, 따분한지, 무분별한지에 대해서도 생각하고 있다. 읽어 나가는 동안에 자신이 경험하고 있는 난점이나 용이함에 대해서도, 그리고 난점들을 극복하는 방식이나 즐거움을 지속하는 방식에 대해서도 의식적으로 성찰하고 있을 수 있다. 그는 자신이 읽고 있는 방식에 대해서나 주변에서 일어나고 있는 일에 대해서는 온전히 의식하지 못할 수도 있다. 즉, 완전히 '읽기'에 빠져 있을(몰입할) 수 있는 것이다.

명백히, 독자가 읽는 동안에 서로 다른 많은 일들이 진행될 수 있다. 그 읽기 과정이 역동적이고 다양할 것 같다. 동일한 독자에게서 동일한 덩잇글을 서로 다른 시간대에 읽거나 다른 읽기 목적을 지니고 읽을 경우에도 서로 다를 것 같다. 그렇다면 심지어 읽기 과정이 상이한 덩잇글에 대해 상이한 시간대에 그리고 상이한 읽기 목적을 지니고 독자들마다 서로 차이가 날 것임은 거의 사실일 듯하다. 읽기의 과정을 이해하는 일은 아마 읽기의 본질을 이해하는 데에 중요할 것이겠지만, 동시에 분명히 이는 실행하기가 어려운 일이다. 일반적으로 그 과정은 조용히 내면에서 사적으로[7] 진행된다.

독자들의 눈동자 움직임을 검사하는 일에 조사 연구가 초점을 모아 왔는데, 눈동자 움직임 사진들로부터 흥미로운 통찰을 얻어내었다.[8]

---

7) (역주) 심리 철학에서는 이런 특성을 흔히 주체의 '사밀성(私密性)'이라고 부르는데, 사밀성을 여러 주체들을 포괄하면서 일반화하거나 또는 신경해부학적 상관물을 찾아내는 일이 과제이다. 김재권(1996; 하종호·김선희 뒤침 1997), 『심리 철학』(철학과현실사)과 써얼(Searle 2004; 정승현 뒤침 2007), 『마인드』(까치)를 읽어 보기 바란다.

8) (역주) 눈동자와 관련하여 심리학에서는 두 가지 측면에 초점을 모은다. 하나는 눈동자가 움직이는지 여부인데(안구 운동 추적 방식 중에서 특히 saccades[빠른 움직임]와 fixation[잠시 멈춤]을 다룸), 눈동자가 멈추는 경우에는 장기기억에서 관련 정보를 작업기억으로 인출하여 임의 문장의 의미를 결정하는 것으로 해석한다. 이승복·한기선 뒤침(1999: 274쪽 이하) 『언어 심리학』(시그마프레스)에 실린 사진과 사례를 보기 바란다. 또한 44쪽 §.1-6의 역주 51)과 126쪽 §.2-4의 역주 46) 및 관련된 본문의 논의도 참고하기 바란다.

다른 하나는 적외선 영상을 이용하여 눈동자의 동공이 확대되어 있는지 여부에 주목한다. 동공이 커져 있는 경우에는 주의를 집중하며 두뇌 속에서 처리가 활발히 진행되고 있다고 해석하고, 동공이 작아지는 경우에는 그런 처리가 일시 중지되어 쉬고 있다고 본다. 카느먼(Kahneman 2011; 이진원 뒤침 2012: 50쪽 이하), 『생각에 관한 생각』(김영사)을 읽어 보기 그렇지만 눈동자가 실행하는 일을 관찰하는 것이 우리에게 두뇌에서 진행되고 있는 바를 말해 주지 않을 수도 있다. 스미쓰(Smith 1971)의 용어로, 만일 "두뇌가 눈동자에게 말해 주는 것이 눈동자가 두뇌에게 말해 주는 것보다 더욱 중요하다면" 그러하다.

읽기 과정을 남이 관찰할 수 있도록 외현화해(드러내어)9) 주는 수단으로서, 독자들에게 크게 소리내어 읽도록 요구하는 일이, 눈동자 움직임 사진에 대한 대안이 된다. 그리고 단서 착각(*miscue*) 분석이 큰 소리로 읽기 과정을 탐구하는 하나의 방법인데, 큰 소리로 읽어 나가는 동안 독자들이 저지르는 실수들을 분석하는 기법이다 자세한 것은 구드먼(Goodman 1969)을10) 보기 바란다. 그렇지만 큰 소리로 읽기는, 사람들이 읽어 나가는 '정상적인(normal)' 방식이 아니다. 큰 소리로 읽는

바란다.

9) (역주) externalising(외현화하기, 외부에서 관찰할 수 있도록 만들어 주는 일)은 행동주의 심리학의 주장에서처럼 머릿속(행동주의자들은 'blackbox'[접속 불가능한 정보상자, 블랙박스]로 불렀음)에서 일어나는 일을 외부의 다른 사람이 알아볼 수 있도록 만들어 주는 것이다. 머릿속 생각(protocol[애초생각]로 불림)을 큰소리로 말해 주는 일은, 애초에 예상했던 것보다 너무나 많은 변인들에 의해서 간섭을 받기 때문에, 그 결과의 해석이 다양해질 수 있고, 따라서 신뢰도가 급격히 하락한다. 10쪽 §.1-2의 역주 11)과 12)와 97쪽 §.2-2-4의 역주 23)과 198쪽 §.3-1의 역주 10)을 보기 바란다.

10) (역주) 이른바 '총체 언어' 교육(whole language education)을 주도한 사람이다. 행동주의에 근거한 언어 교육이 듣고 말하고 읽고 쓰는 기술들을 '따로따로' 가르치는 것에 반대하여, 한데 '모아모아' 교육을 주장하였는데, 그 이름이 '총체 언어 교육'으로 불리게 되었다. 특히 어린 학생들을 대상으로 하여 맞춤 교육과 학습자의 자발성을 중시하는 교육을 한다. 단서 착각에 대한 교정조차도, 학습자가 스스로 깨우칠 때까지 기다리도록 권장된다. 주로 아동들을 대상으로 하여 우리말로 씌어진 이성은 엮고 뒤침(1994), 『총체적 언어 교육』(창지사)을 읽어 보기 바란다. 중등학생을 대상으로 이뤄지는 총체 언어 교육을 보려면 타블로이드 판형으로 450쪽 분량의 구드먼·버드·구드먼(Goodman, Bird, and Goodman 1991), 『총체 언어 편람(*The Whole Language Catalog*)』(American School Publishers)과 디켄트(Dechant 1993), 『총체 언어 읽기(*Whole Language Reading*)』(Technomic Pub.)를 보기 바란다. 단서 착각(miscue)에 대한 문헌들을 모두 모아 놓은 것으로 브라운·구드먼·마뢕(Brown, Goodman, and Marek 1996), 『단서 착각 분석의 참고문헌 해설(*Studies in Miscue Analysis: An Annotated Bibliography*)』(International Reading Association)이 있고, 구드먼·왓슨·버억(Goodman, Watson, and Burke 1987), 『단서 착각 목록 읽어 내기: 대안의 절차(*Reading Miscue Inventory: Alternative Procedures*)』(Richard C. Owen Publishers)가 있다. §.9-4-5에서는 이 책의 저자가 단서 착각 분석이 고작 낱말 차원만 다룰 수 있고, 낭독을 위주로 읽게 되는 초보 학습자에게만 적용할 수 있으며, 더 높은 차원의 이해를 드러낼 수 없다고 결정적 약점을 드러내어 비판한다.

과정이 조용히 읽기와 완전히 차이가 날 소지가 있다.[11] 읽기의 사적인 처리과정을 남이 관찰할 수 있게 외현화하는 일은, 읽기 과정을 검사하는 유일한 방식일 수 있겠지만, 그럼에도 그런 외현화 작업이 읽기 과정의 본질을 왜곡시키고 바꿔 버릴 위험을 안고 있다.

큰 소리 내며 생각하는 머릿속 사고 또는 면담으로 이뤄진 언어적 회고담을 통하여 이뤄지는 내성(introspection 스스로 자신의 머릿속을 들여다보기)도 읽기 과정을 탐구하는 일에서 점차 자주 이용되는 방법인데,[12]

---

11) (역주) 크게 다섯 가지 한계를 지닌다. 첫째, 우리의 생각이 언어로만 진행되는 것이 아니다(바로 다음의 역주 12와 97쪽 §.2-2-4의 역주 23과 198쪽 §.3-1의 역주 10도 함께 보기 바람). 둘째, 애초생각을 읽기 과정이나 쓰기 과정 동안 동시에 모을 수도 있고, 사후에 모을 수도 있다. 그런데 두 방식에서 모두 남을 의식하면서 자신의 처리과정을 더욱 잘 돋보이도록 과장하거나 위장할 수 있다. 이럴 경우에 탐지 방법이 전혀 없다. 셋째, 큰 소리를 내려고 의식하는 동안에 이미 묵독 과정 그 자체가 상당 부분 교란될 소지가 있다. 머릿속에 생각이 떠오르는 대로 언어로 말해 줄 수 있으려면, 상당한 정도의 자기 인식을 발달시킨 뒤에라야 가능하다. 이는 많은 시간의 훈련을 거친 다음에라야 대상으로 삼을 수 있을 뿐이다. 넷째, 결정적인 반례로 작용할 수 있는 한계가 있다. 1980년대에 부각된 애초생각의 논의가 1980년대 중반부터 크게 다뤄진 '작업기억(working memory)'에 대하여 전혀 인식하지 못한 상태에서 이뤄졌기 때문에(Baddeley 2007, 『작업기억, 사고, 행위(*Working Memory, Thought, and Action*)』, Oxford University Press를 보기 바람), 언어 처리과정에 대한 실체가 없이 막연한 내성과 추측으로만 진행되었다고 말할 수 있다. 작업기억의 처리 대상은 감각자료와 언어이다. 언어의 처리과정에 간여하는 부서는 음운 순환고리(phonological loops)로 불리며, 의미 대응이 일어나기 전까지 작동되는 것으로 알려져 있다(배들리 1986, 『작업기억』, Oxford University Press). 현재로서 애초생각이 기댈 수 있는 심리학적 토대는 오직 에릭슨·킨취(Ericsson and Kintsch 1995), "Long-term working memory", 『*Psychological Review*』vol.# 102-2의 '장기-작업 기억'의 구성요소인 인출 구조(retrieval structure)일 뿐이다. 그렇다면 이런 경정은 아직 어떤 연구자에 의해서도(심지어 애초생각의 토대를 세운 에릭슨 자신에 의해서조차도) 조정되지도 않았고, 그런 거리가 축소된 바도 없다. 이 점은 애초생각이 심리학적 기반을 결여하고 있다고 비판받을 만한 결정적 결함으로 부각된다. 이에 대한 자세한 논의는 킨취(1998; 김지홍·문선모 뒤침 2010, 『이해: 인지 패러다임, I~II』(나남)을 읽어 보기 바란다. 다섯째, §.7-2-6의 '① 자유회상 시험'의 말미에 언급되어 있듯이, 애초생각을 회상하도록 훈련받은 학습자들은 덩잇글 이해에 중요한 중심 생각(main ideas)들을 회상하기보다는, 가치가 아주 떨어지는 표면의 세부사항(details)들만 회상하기 일쑤라고 한다. 이런 현장의 보고도 무시할 수 없는 중요한 한계이다.

12) (역주) 가장 포괄적인 연구로는 에릭슨·싸이먼(Ericsson and Simon 1993, 개정판), 『애초생각 분석: 언어 보고 자료(*Protocol Analysis: Verbal Reports as Data*)』(MIT Press)가 있다. 읽기 과정 및 언어 시험 전반에서도 애초생각에 관한 연구도 출간되어 있다. 프뤼즐리·애플러바크(Pressley and Afflerbach 1995), 『읽기 과정 중의 언어로 된 애초생각: 스스로 구성하면서 반응하는 읽기의 본질(*Verbal Protocols of Reading: The Nature of Constructively Responsive Reading*)』(Lawrence Erlbaum)과 그륀(Green 1998), 『언어 시험 조사연구에서의 애초생각 분석(*Verbal Protocol Analysis in Language Testing Research*)』(Cambridge University Press)과 언더힐

조사 연구자들이 읽기 동안에 우수한 독자와 빈약한 독자들이 이용하는 듯한 상이한 전략들을 찾아내었다. 그들은 읽기 동안 문제를 일으키는 덩잇글의 일부를 조사하였다. 그리고 또한 독자들이 특정한 덩잇글을 처리하는 동안에 생겨나는 정감적 논제들도[13] 살펴보았다. 내성 기법에 비판자들이 있고, 읽기 과정에 대하여 얼마나 많은 서광을 던질 수 있는지를 따져보면 명백히 한계점이 있지만, 똑같이 명백히 그런 방법도 나름대로의 용도를 일정 부분 지닌다.

다른 조사 연구 방법들도 가능하고 실제로 이용해 왔다. 조사 연구

(Underhill 1987), 『입말 검사 기법: 입말 검사 기법에 대한 소책자(*Testing Spoken Language: A Handbook of Oral Testing Techniques*)』(Cambridge University Press)를 보기 바란다. 바로 앞의 역주 11)과 93쪽에 있는 §.2-2-4의 역주 23)에서 번역자가 판단하는 다섯 가지 측면의 한계를 언급하였듯이, 이 접근의 결정적인 한계는 우리 사고가 오직 언어로만 진행되는 것이 아니라는 점에 있으며, 응당 제한적으로만 신중히 이용되어야 한다.

비-언어(non-verbal) 사고는 계몽주의 시대의 로크와 흄의 논의를 거쳐, 오늘날에도 중요한 몫을 부여받고 있다. 언어학 혁명을 이뤄낸 참스키(2003, 이종인 뒤침 2007: 137쪽 이하) 『촘스키, 사상의 향연』(시대의 창)의 「언어로만 사고하지는 않는다」는 장을 읽어 보기 바란다. '비언어 사고'는 감각재료(그리고 감각에 대한 스스로의 의식)라고 묶어 부를 수 있는데, 연구자에 따라 images, sensibilia, sense data, percepts, qualia 등으로 사뭇 다양하게 불리고 있다. 언어재료·감각재료·개념재료(정신표상)라는 삼원체계가 서로 복잡하게 뒤얽혀 작동하는 것이 인지 처리과정의 실체이다. 포코니어 외(Fauconnier and Turner 2002; 김동환·최영호 뒤침 2009), 『우리는 어떻게 생각하는가』(지호)와 하드먼 외(Hardman and Macchi 2003), 『사고 과정: 추론·판단·결정 내리기에 관한 여러 심리학적 관점(*Thinking: Psychological Perspectives on Reasoning, Judgment and Decision Making*)』(John Wiley & Sons)을 읽어보기 바란다.

우리나라 국어교육에서 가장 큰 걸림돌 중 하나는 '말은 얼이다'라는 허무하고 잘못된 주장인데, 빨리 쓰레기통에 내다 버려야 한다. 정신 또는 의식을 가리키는 '얼'이 더욱 큰 영역일 뿐만 아니라(다시 의식은 잠재의식 영역과 대립됨), 말 이외에도 또한 복합적으로 감각재료 및 상위 인지 개념들이 긴밀히 맞물려 복잡다단하게 사고가 진행되기 때문이다. 이를 가동시키는 몫이 재귀의식의 작동에 해당하는 '상위 인지' 또는 '정신 모형'이다. 아직도 '말은 얼이다'라며 얼빠진 주장을 일삼는 이들은, 무려 1세기 넘게 이룩해 온 심리학이나 인지과학 성과를 전혀 읽을 생각도 하지도 않았다는 자신의 무지함만을 드러낼 따름이다. 읽기의 심리적 처리과정에서도 표면 차원에서는 언어 및 명제들이 긴밀히 작용하지만, 보다 더 심층 차원으로 가면 비언어적 처리와 상위 인지에 관련된 개념처리(mental models)가 주를 이뤄 진행된다.

13) (역주) 감정이나 정서가 이성 또는 지성과 분리되어 있지 않고, 오히려 상위 결정권자로서의 역할을 한다는 사실은 수십 년 전 두뇌 과학자들에 의해 밝혀진 바 있다. 판단이나 결정 과정에 감정적 변인이 작용하는 것이다. 이성과 감성을 따로따로 상정했던 데카르트의 오류를 명시적으로 비판한 더마지우(Damasio 1994; 김린 뒤침 1999), 『데카르트의 오류: 감성, 이성, 그리고 인간의 뇌』(중앙문화사)를 읽어 보기 바란다.

방법들을 개관하는 것이 이 장의 목적이 아니지만(대신 마지막 제9장을 보기 바람), 읽기 과정을 이해하기 위하여 그리고 그런 조사 연구가 반드시 혹은 아마 불가피하게 지니는 한계들을 이해하기 위하여, 읽기 과정을 검사하는 일의 중요성 및 가능성을 둘 모두 가리켜 놓고자 한다.

읽기 과정을14) 검사하는 일에 대해 대안이 되는 접근은, 읽기의 결과물을15) 검사하고, 종종 원래 읽힌 덩잇글과 그 결과물을 비교하는 것이

---

14) (역주) 저자가 특정한 동기가 없이 process of reading(읽어 나가는 제반 과정, 읽기에 대한 여러 가지 모든 과정)과 reading process(읽기 과정)를 뒤섞어 쓰고 있다. 이 번역에서는 통사적 구문('읽어 나가는 과정'으로 번역하여 후자와 대립시킬 수 있음)이나 구적 낱말(읽기 과정)을 모두 '읽기 과정'으로 번역해 둔다. 전자는 통사적 구문지만, 후자는 구적 낱말(phrasal word)이다. 구적 낱말은 맥락에 따라 완벽히 하나의 낱말(a word)로 바뀔 수도 있다. 위의 두 구문은 of가 있고 없음에 따라 관련 명사들의 순서가 서로 뒤바뀐다. 그런 만큼 서로 족보가 다른 것이다.

구적 낱말이나 통사 구문은 제3의 두뇌 속에서 하나의 개별적인 구체적 사건을 가리키는 역할을 하고(구체적 사건 기억 episodic memory로 부름), 맥락에 따라 행위자가 다른 여러 사건들을 하나하나 가리킬 수 있으므로 그 범위가 상당히 넓다(읽어 나가는 일과 관련지을 수 있은 여러 가지 모든 과정임). 그렇지만 완벽한 하나의 낱말은 뜻이 거의 고정되어(의미 특수화로도 부름) 추상화된 일이나 사건을 가리키고, 구체적인 행위자가 상정되지 않으며, 앞의 것과는 달리 가리키는 의미의 범위가 현저히 좁아진다(하나의 의미만을 지니는 과정임). 영어에서는 보통 낱말 사이에 하이픈을 질러 넣기도 한다(reading-process). 이를 심리학에서는 의미 기억(semantic memory)이라고 부른다. 비록 좀 더 면밀한 증명이 추가되어야 하겠으나, 핑커(Pinker 1999; 김현영 뒤침 2009: 588, 603, 610, 635, 665쪽), 『단어와 규칙』(사이언스 북스)에서는 규칙적인 통사적 구성이 전두엽에 저장되지만, 통사 규칙을 위배하는 비통사적 구성은 두정엽과 후두엽에 저장되는 것으로 보고 있다(서로 다른 두뇌 부서들에 저장됨).

우리말에서 대립되는 예를 들면, 통사적 구성인 '먹을거리'와 비통사적 구성인 '먹거리'이다. 통사 구성에는 명사형 어미 '-을'이 들어가 있지만, 비통사 구성에서는 동사 어간이 직접 명사 상당어에 결합되어 있다. 채소인 경우에 '먹을거리'는 '씨앗'에서부터 시장에 있는 '음식 재료'뿐만 아니라 또한 조리를 끝낸 '음식'에 이르기까지, 맥락에 따라 광범위하게 여러 대상들을 가리킬 수 있다. 가령, 채소밭에 파종을 하면서 '먹을거리를 뿌리고 있다'고도 말할 수 있는 것이다. 그렇지만 '먹거리'는 지시 범위가 특수하게 한정되고 고정되어 오직 조리된 음식만을 가리킬 뿐이다. of를 매개로 하여 구적 낱말을 만든 경우에는 통사적 구성에 해당된다. 그렇지 않고 작은 줄표(하이픈)로 묶거나 낱말을 붙여 만든 경우에는, 지시하는 범위가 특수하게 고정된 비통사적 구성에 상응한다. 통사적 구성은 상황 맥락에 따라 다양한 개별 사건들을 가리킬 수 있으나, 비통사적 구성은 뜻이 고정되어 오직 의미기억에 있는 특정한 개념만을 가리킬 뿐이다. 저자는 엄격히 이런 측면을 염두에 두지 않은 채, 서로 교차하여 쓰고 있는 듯하다.

15) (역주) 아마 덩잇글을 다 읽고 나서 골자 또는 요약 형식으로 써 놓은 결과물을 가리킬 듯하다. 그렇지만 학술용어로서 대립적으로 쓴다면, '과정 접근 : 결과 접근'으로 부르는 것이 더욱 선명해지므로, 오해가 빚어지지 않는다면 product를 결과물(요약 작문 따위)이 아니라, 그냥 '결과'라고 번역하기로 한다.

다. 서로 다른 독자가 비록 서로 사뭇 다른 읽기 과정들에 관여할 수 있겠지만, 때때로 그들이 결과적으로 갖게 되는 이해 내용들은 비슷할 것이라고 말해진다. 따라서 비록 주어진 어떤 이해에 도달하는 다수의 상이한 방식들이 있을 수 있더라도, 중요한 것은 여러분이 그런 이해에 도달하는 방법이 아니라, 여러분이 그 이해에 도달한다는 사실이다. 또는 달리 말하여, 여러분이 실제 도달하는 어떤 이해이다. 그렇다면, 덩잇글을 해석하는 과정에서 잠재적으로 무한한 변이가 생겨나는 문제는, 우리가 이해한 바에 초점을 모음으로써 일반적으로 줄어들게 된다.

읽기에 대한 결과 접근법은, 최근 여러 해 동안 읽기 과정을 이해하는 데에 조사 연구 노력이 집중됨에 따라, 그리고 읽기 교사가 학생들이 덩잇글에 접근하는 방식을 개선하려고 온갖 노력을 다함에 따라, 유행에서 멀어졌다. 그렇지만 20세기 전반부에서 읽기에 대한 상당량의 조사 연구는 본질적으로 읽기에 대한 결과 접근을 이용하였고, 언어 변인들의 효과에 대한 많은 조사 연구도 여전히 읽기의 결과물에 집중하고 있다. 읽기 과정의 애초에 예상했던 것보다 아주 복잡하다는 점증적 깨우침, 그리고 조사 연구와 교육의 유행 흐름에서 오가는 불가피한 진자 진동이, 읽기 결과에 관심을 소생시키는 쪽으로 이끌고 있다.[16)]

앞에서 언급하였듯이, 더 앞선 읽기의 조사 연구에서는 결과 접근을

---

16) (역주) 『읽기 연구 소백과(*Handbook of Reading Research*)』라는 이름으로 Lawrence Erlbaum 출판사에서 세 차례나 방대한 논문들을 편찬해 왔다(I, II, III). 1984년 피어슨(Pearson)의 편집으로 25편의 논문, 1991년 바아(Barr) 외 3인의 편집으로 34편의 논문, 2000년 카밀(Kamil) 외 3인의 편집으로 47편의 논문이 들어 있다. 2004년 국제 독서 협회(International Reading Assoc.)에서는 제5 개정판 『읽기에 대한 이론 모형 및 처리과정(*Theoretical Models and Processes of Reading*)』에 56편의 논문을 펴내었고, 지난 판들에 포함된 논문들도 CD로 제공한 바 있다. 이런 상황에서, 읽기 교육과 평가에 관심 있는 이들이 앞에 나온 논문들을 모두 다 읽을 수도 없을 뿐만 아니라, 자칫 숲속 한 가운데에서 오직 몇 그루의 나무만 보는 꼴을 벗어나기 힘들게 되었다. 그렇다면, 과연 최선의 방책이 있을까? 아마 읽기 교육 전문가의 조언을 받거나, 아니면 가장 정상에 있는 것으로 평가받는 책들을 철저히 읽어 가면서 힘을 기를 수밖에 없다고 본다. 후자의 경우 한국연구재단에서 '동서양 명저' 번역으로 나온 심리학자 킨취 교수의 책이 그런 후보의 하나라고 믿는다(2쪽 역주 1의 김지홍·문선모 뒤침 참고).

채택했었다. 이는 조사 연구자들이 전형적으로 특정한 덩잇글의 이해에 대한 검사들을 설계하여, 특정한 조사 연구 기획을 이용하면서 어울리는 정보 제공자들에게 그 검사를 시행하고 나서, 그 검사의 결과 및 관심사항의 변인들 사이에 있는 관계를 탐구하였음을 의미한다.

예를 들어, 덩잇글 난이도의 추정값에 도달하기 위하여, 읽기 용이성(readability) 조사 연구자들은 읽기 검사에서 나온 점수를 특정한 덩잇글에 대한 언어 복잡성의 척도와 관련지을 법하다. 읽기 능력을 이해하는 데에 관심을 둔 조사 연구자들은, 다양한 '이해의 수준'에서 덩잇글 이해 질문을 마련하고 나서(아래를 보기 바람), 이들 상이한 질문에서 독자들이 얼마나 잘해 나가는지를 살펴보고자 했을 듯하다. 다른 조사 연구자들은 한 유형의 독자를 다른 유형의 독자와 구별해 주는 것이 무엇인지(가령, 남학생 대 여학생; 제1 언어 독자 대 제2 언어 독자; '총체-단어[whole-word] 접근법'으로 학습된 아동 대 '발음' 중심[phonics] 방법으로 학습된 아동 등등) 이해하고자 희망하면서, 특정한 덩잇글을 읽은 뒤 실험 참여자(subject[17] 피험자)들에 의해 만들어진 요약들을 비교하고 대조할 듯하다. 이들 연구에서 공통적으로 갖고 있는 바는, 덩잇글 이해에 대한 모종의 척도(측정값)를[18] 갖고서—검사 질문, 요약, 심지어 면담까지—그 척도를 다른 관련 변인들과 관련짓는다.

---

17) (역주) subject란 낱말은 많은 뜻을 갖고 있다. 여기서는 실험에 참여해 준 학습자들을 가리키는 말이다. 일본에서 쓰는 피험자(실험을 당한 자)라는 말을 받아들여 많이 쓰고 있으나, 뒤친이에게는 어감이 좋지 않다. 실험에 참여해 준 학생들이 오히려 고마운 사람인데도, 마치 실험실에서 쓰는 쥐나 왜국(일본) 관동군의 '마루타(살아 있는 사람들을 대상으로 한 무자비한 실험)'처럼 '실험당하다(被驗)'라고 표현하고 있기 때문이다. '피험자'라는 한자어를 제대로 새겨 주는 사람이 없기 때문에 생긴 비극이다. '국민학교(일제 식민지 노예 국민 양성)'를 '초등학교'로 바꾸면서도, 왜 피험자를 '실험 참여자'로 바꿀 수 없는 것일까? 만일 이를 '실험 참여자'라고 부른다면, 실험을 설계한 주체까지도 포함되어 불분명해진다는 비판이 제기될 수 있겠지만, 우리가 설계자와 참여자를 미리 잘 정의해 준다면 피할 수 있을 듯하다. 105쪽 §.2-2-8의 역주 30)도 참고하기 바람.

18) (역주) 원문은 measures(측정값, 척도)는 두 가지 의미로 쓰인다. 첫째, 측정한 결과로서 나온 숫자인 측정값이다. 둘째, 자로 재거나 측정하는 기준을 의미한다. 두 가지 의미가 모두 통할 경우에는 두 의미를 모두 표시해 놓기로 한다.

읽기에 대한 결과 접근에는 적어도 두 가지 한계 또는 문제가 있다. 하나는 결과물에서의 변이이다. 다른 하나는 그 결과물을 측정하는 데 이용된 방법이다.

변이(variation)의 사안을 먼저 다루기로 한다. 제2장에서 좀 더 자세히 다뤄질 것인데, 덩잇글로부터 독자들이 이해하는 바가 변동한다는 점은 분명하다. 사람들이 자신이 읽은 바로부터 기억하는 것은 명백히 그들의 기억 능력에 영향을 받을 것이다. 그렇지만 기억에 있는 변이를 잠시 유보해 두고, 이해의 척도(측정값)가 독자의 기억에 달려 있지 않다고 가정하기로 한다. 독자가 다르다면 여전히 임의의 덩잇글이 '뜻하는' 바에 대하여 다소 다른 이해를 발전시킬 것이란 점이 실제 사실이다. 적어도 이는, 부분적으로 덩잇글이 유능한 독자에 의해 발견되기를 기다리고 있는 의미를 '담아' 놓는 것이 아니기 때문이다. 오히려 의미는 독자와 덩잇글 사이의 '상호작용'에서 창조된다. 그 덩잇글은 핼러데이(Halliday 1979)와 위도슨(Widdowson 1979)에서 잠재적 의미(meaning potential)라고[19] 부르는 바를 갖고 있다. 잠재의미는 오직 독자의 읽기에 의해서만 이해의 결과로서 실현된다/드러난다. 제2장에서 다뤄질 것인데, 독자의 지식과 경험이 이 잠재의미의 실현에 영향을 주기 때문에, 그리고 자신들의 지식과 경험에서 독자들이 서로 다를 수 있기 때문에, 읽기 결과도 또한 반드시 달라질 것이다.

이해에서 그 결과로서 그런 차이가 생긴다는 것이 사실이라면, 논제는 우리가 여하튼 어떻게 어느 결과가, 어느 이해가 '올바르고', 어느 것이 '올바르지 않은지' 결정하게 될까? 탈근대[20] 추종자들 사이에서

---

19) (역주) 독자가 읽어야만 비로소 드러난다는 점에서 잠재적인 의미 또는 잠재태 의미라고 불렀다. 그렇다면 드러난 의미 또는 현재태/현실태/현상태 의미는 독자가 결정권을 지니는 셈이다.

20) (역주) post-modern(탈근대, 근대후기)이란 말의 번역에서부터 사람들 사이에 관점이 엇갈린다. modernity(근대성, 현대성)을 어떻게 규정하는지에 따라서, 그것을 완전히 버리거나 또는 많은 부분 수정할 수 있기 때문이다. 더욱이 post-modern(탈근대, 근대후기)을 이끄는 세력도 단일하지 않고 여러 갈래로 복잡하게 나뉘어 있기 때문에, 통일된 어떤 지향점을

일반적인 한 가지 접근에서는, 모든 결과가 가능하고 똑같이 '올바르거 나', 아니면 아무것도 올바르지 않다고 말하고, 올바르다는 개념이 부적합하거나 이론상 그릇된 것이라고 말할 것이다. 이런 다소 철학적인 논의에서 어느 한쪽 편을 지지하지 않으면서, 이는 명백히 어떤 영향력을 지니는데, 그밖에도 사람들이 실제로 덩잇글에 대하여 적합하게 상이한 해석을 지닌다는 사실을 설명할 수 있을까? 그밖에도, 우리가 전문직으로서 법률가(lawyers)의 존재를[21] 어떻게 설명할 수 있을까? 그

쉽게 찾아내기도 힘들다. 따라서 이전 사조의 어떤 특성을 공격하고 반발하는지를 살펴보면서 정리하는 편이 이해하기 편하다.

역사적으로 근대 또는 현대는 중세의 세계관을 부정하고 이성이나 합리성 또는 보편성의 관점에서 우주와 세계를 설명하려고 한다. 그런데 이런 흐름의 밑에는 소자본가(부르조아)들의 경제력이 뒷받침되고 있으며, 단순한 흐름이 아니라 정치-사회-문화적인 여러 갈래의 굵직한 사조들이 서로 뒤섞여 있다. 근대성 또는 현대성이 보편성만을 중시하여 개별적이고 서로서로 차이가 나는 인간의 삶을 도외시했다고 본다면, 탈근대 흐름에서는 개별 인간의 체험이 더 중요하다고 주장할 수 있다. 근대성 또는 현대성이 자본주의와 이를 가능하게 만든 산업화의 시각에 고착되어 자연을 정복하고 모든 것을 화폐 단위로 환원시켜 버렸다고 본다면, 이와는 반대로 탈근대 흐름에서는 환경을 보호하고 돈으로 셀 수 없는 가치를 더 중시할 수 있다. 자세한 것은 툴민(Toulmin 1990; 이종흡 뒤침 1997), 『코스모폴리스(=우주·사회의 질서): 근대의 숨은 이야깃거리들』(경남대학교 출판부)과 강수택(1998), 『일상생활의 패러다임』(민음사)을 읽어 보기 바란다. 툴민(Toulmin 1972), 『인간의 이해 능력: 개념들의 집단적 사용 및 진화(*Human Understanding: The Collective Use and Evolution of Concepts*)』 (Princeton University Press)를 보면, 인간의 과학 발전 역사도 또한 상대적 힘의 질서 위에서 진행되고 있음을 서술하고 있다. 이런 상대론적 세계관은 '탈근대, 후기근대'의 사조들과 맥이 통한다.

한편, 이종인 뒤침(2007), 『촘스키, 사상의 향연』(시대의 창)의 제5장 '합리성, 과학, 그리고 이른바「포스트」주의'에서는 합리성의 바탕이 인간 유전자에 의해 공통적 기반을 갖지 않을 수 없음이 논의되며, post(후기, 탈)라는 접두사가 붙은 흐름이 아무리 과격한 것이라고 하더라도 결코 세계의 본질을 왜곡할 수 없다고 주장된다. 참스키 교수는 post(탈, 후기)라는 접두사를 붙인 흐름들이 사회적 권력들을 해체하려는 목적을 지니므로 고작 껍데기에 지나지 않는다고 평가 절하하고, 사실들을 통해 본질을 밝히는 '보편적' 접근법(인간이 지닌 공통된 유전자 염색체에 기반함)을 옹호한다. 그렇더라도 결코 절대적 유아론적 세계관이 아니라, 자신의 경험과 지식이 왜곡될 소지가 있음을 인정하므로, 소크라테스로부터 내려오는 겸손한 회의주의 태도를 명백히 견지하고 있는 것이다.

21) (역주) 탈근대 추종자들이 주장을 따라서, 만일 법조문의 해석도 자의적일 수밖에 없다면, 법률가라는 전문직이 생겨날 수도 없다. 그렇지만 엄연한 사실은, 법조문의 해석에서 특정한 해석이 언제나 옳거나 그르다고 판결날 뿐이다. 이는 합리적으로 이해하거나 해석하는, 달리 말하여 서로 사이에 합의할 수 있는 방식이 분명히 존재함을 함의한다. 탈근대 추종자들의 주장은 사실에 초점을 모으기보다, 오히려 그런 사실들을 만들어 내고 전파하려는 사람들의 일부 조직(일부 사회 구성원들)의 '숨겨진 의도'에 대하여 반격 내지 반박하려는 데 있는 것이다. 특정 권력 또는 권위에 반발하고 있을 뿐이지, 사실이 존재하지 않는다고

쪽 법조계에서는 반드시 또한 상식 수준에서 덩잇글의 어떤 해석이 단순히 '잘못되었다'고 받아들인다. 그들은 원저자의 가능한 의도들에 대하여 있을 수 있는 해석을 어떤 것도 표상하지 않는다. 그럼에도 이론가와 시험 출제자들처럼[22] 똑같이 조사 연구자들에게도 문제가 여전히 남아 있다. 즉, 어떤 해석이 수용 가능한지, 그리고 어떤 해석이 그렇지 않은지를 결정하는 방법이다. 출제자들은 특히 이런 질문에 꼭 대답할 수 있어야 한다. 왜냐하면 오직 출제자의 해석과 일치하였을 경우에만 누군가가 그 덩잇글을 이해하였다고 말함이 분명히 적합하지 않을 것이기 때문이다(≒여러 해석 중 합당한 한 가지 해석일 뿐임). 그럼에도 불구하고, 이것이 너무 자주 일어나고 있는 일의 전부이다.

앞에서 언급된 두 번째 문제는 우리가 이해의 결과를 평가하는 방법이다. 이 논제는 제7장에서 좀 더 자세히 논의될 것인데, 읽기 검사에 있는 관심사들 중에서 중심이 되기 때문이다. 여기서는 이론뿐만 아니라 또한 검사로서도 불가피한 제약(한계)들을 보여 주고자 하여 언급되었다.

만일 읽기 결과인 이해(comprehension)를 평가하는 방법이 더 이상 그 덩잇글에만 의지하지 않고, 독자 자신이 읽은 바에 대한 회상(recalling)을 포함한다면(가령, 애초생각 회상과 면담의 이용에서 일어나거나, 또는 어떤 종류의 요약 검사에서 생겨나듯이),[23] 이해(understanding)를[24] 기억하기

주장하는 것은 아니다.

22) (역주) 원문은 test constructors(검사 구성 주체, 검사를 얽어내는 사람들)로 씌어 있다. 이 총서의 다른 책에서는 test developers(검사 계발 주체)라는 말도 쓴다. 그런데 우리나라의 일선 교육현장에서는 특히 시험과 관련하여 '출제, 출제자'라는 말을 자주 쓴다. 이 번역에서는 생경한 축자 번역(검사 구성자, 검사 구성 주체)보다는 오히려 쉽게 통용될 수 있는 낱말인 '시험 출제자'를 쓰기로 한다.

23) (역주) 덩잇글을 읽는 과정을 언어로 보고하는 방식은 크게 동시 시행 및 사후 시행으로 나뉜다. 전자는 순수하게 '애초생각' 말하기 또는 생각하면서 큰 소리로 말해 주기라고 부르지만, 후자는 회상 기법이나 사후 보고 기법으로 불린다. 어떤 방법을 택하든지 간에 10쪽의 역주 11)과 12), 그리고 97쪽 §.2-2-4의 역주 23)에서 지적한 한계를 벗어날 수 없다. 따라서 그 이용과 해석에 신중을 기해야 옳다.

24) (역주) 영어에서 일반적으로 쓰는 표현이 comprehension(파악)과 understanding(이해)이다.

(remembering)로부터 구별해 내기가 어렵게 될 것이다. 만일 그 검사 방법이 독자들에게 낯설다면(가령, 여러 선택지 중 하나를 택하는 택일형 검사를 쓰는 일부 문화에서 생겨나듯이), 사람들이 임의의 검사법 효과를 감행해 볼 수 있다. 비슷하게, 기계적으로 지운 공백 채우기 기법이나 실사(내용 낱말)를 중심으로 지운 빈칸 채우기 기법의 경우에 생겨나듯이,[25] 만일 그 방법이 일부 독자들을 특정한 방식으로 읽도록 유도한다면(가령, 개별 낱말에 자세히 주목함으로써, 또는 공백 앞에 선행한 덩잇글 부분을 읽게 하지만 뒤따르는 덩잇글 부분을 읽지 못하게 함으로써), 특히 다른 방법들에 의해서 평가된 경우에, 특정한 검사 수행으로부터 일반적인 읽기 능력으로까지 일반화해 주기가 어려울 것이다. 일부 이해

비록 어원을 다르지만 모두 동일한 말로 쓰이므로, 이 번역에서는 모두 '이해'로 쓰기로 한다. comprehend는 어원이 seize completely(손으로 단단히 붙잡다, 파악하다)이고, understand 는 어원이 step under(밑바닥을 밟고 서다, 발 아래 디딤판을 밟다)이다. 어원으로 미뤄 보면, 전자는 추상적인 지식을 마치 손으로 꽉 붙잡은 것처럼 비유하고 있고, 후자는 알게 된 근거를 터다지는 일에 비유하고 있다. 킨취(Kintsch 1998; 김지홍·문선모 뒤침 2010), 『이해: 인지 패러다임 I』(나남) 33쪽 이하에서는 understanding이나 comprehension을 동의어로 정의 하였다.

우리말에서 쓰는 한자어 '이해'와 '파악'은 약간 용법이 다를 듯하다. 『설문 해자』에서 한자의 어원을 찾아보면, 이(理)가 옥돌을 다듬고 쪼아 구슬로 만드는 일이고, 해(解)가 칼로 짐승의 뼈와 살로 발라 나눠 놓는 일을 가리킨다. 따라서 이해는 정교하게 가다듬고 그 내부를 나누거나 갈라서 살펴보는 일로 확장되었음을 알 수 있다. 파(把)는 각각 한 손으로 붙잡는 것(以─手把之)과 손아귀 또는 손 안에 들어 있는 상태(在手曰握)를 가리킨다. 파악은 단단히 손안에 붙잡아 둔다는 뜻에서 출발하여, 추상적인 생각이나 지식을 붙든다는 뜻으로 확장되었음을 알 수 있다.

뒤친이의 직관에 이해는 점증적 진행 과정을 가리키는 듯하고, 파악은 그 결과 전체 골자에 대한 이해를 가리키는 듯하다. 특히 '전모 파악, 골자 파악' 등의 이음말이 그러하다. 그런데 과정을 가리키는 낱말이 그 결과까지도 가리킬 수 있으므로, 우리말 한자어 '이해'가 더 포괄적으로 쓰일 수 있다고 본다.

25) (역주) 이 책의 저자가 일찍이 박사논문으로 다뤘던 cloze techniques(기계적으로 낱말을 지워 생긴 공백을 채우게 하는 검사 기법)은 실사와 허사를 구분하지 않고, 매번 n번째 나오는 낱말마다 기계적으로 지워 놓고, 그 공백을 채워 놓도록 한다. 이는 덩잇글의 내용 이해나 비판적 이해를 측정하려는 목적을 충실히 달성할 수 없다는 단점이 있다. 그래서 이를 보완하는 기법이 실사 어휘들을 중심으로 지워 놓고, 그 빈칸을 채워 놓게 하는 검사이다. 이를 gap-filling(빈칸 채우기)으로 부른다. 이 번역에서도 두 기법을 달리 번역하기 위하여 각각 '공백(cloze)'과 '빈칸(gap)'이란 말을 썼다. 만일 이들을 모두 '빈칸'으로 부른다면, 수식어를 붙여서 각각 기계적으로 지운 빈칸, 실사 어휘를 중심으로 지운 빈칸이라고 구분해 주어야 할 것이다. 자세한 논의는 §.7-2-2를 보기 바란다.

내용은 모종의 방법에 의해서 평가될 수 있지만, 다른 방법에 의해서는 평가될 수 없는 경우가 있을 것이다. 가령, 기계적 공백 채우기 절차가, 피동적 읽기가 아니라 오히려 독자가 덩잇글을 비판적으로 읽었는지 여부를 평가할 수 있을까? 평가할 수 없다면, 그런 공백 채우기 기법으로 평가된 결과에서 얻어진 이해에 대한 견해는 명백히 한계가 있을 것이다.

그런 조사 연구의 결과 위에서 읽기 이론을 수립하는 경우에 언제나 실현되지 않는 것이 있다. 그 이론이 이용된 이해의 측정값에 대하여 사뭇 중심적인 타당도에 실제로 의존한다는 점, 그리고 '적합한 이해'에 관한 조사 연구자의 정의에 대한 '정확성'에 의존한다는 점이다. 부수적으로 이는 다음과 같은 중심성 및 순환성 둘 모두에 대한 멋진 예시이다. 임의 이론의 발전(그리고 그런 이론의 한계)에 대하여, 읽기 평가에 관한 어떤 수단의 중심성 및 검사 구성의 토대를 마련하고자 기댈 이론을 수립하기 위하여, 검사 결과를 이용하는 밀접한 순환성이다. 더 뒤에 있는 장들에서 이 논제를 다시 다루게 될 것이다.

지금까지 논의를 요약하기로 한다. 읽기를 과정으로 보는 것이 가능하거나 또는 그런 과정의 결과(결과물)를 검토하는 것이 가능하다. 읽기 이론이 어떤 것이든지 과정이나 결과에 놓인 강조점에 의해서 영향을 받을 것 같다. 읽기 결과는 비록 문제가 없는 것이 아니더라도, 읽기 과정보다 탐구하기가 더 쉽다.

§.1-3. 이해의 수준

읽기 이론에서뿐만 아니라 또한 읽기에 관한 일상 이야기에서도, 덩잇글의 상이한 이해 수준들을 구별하는 것이 일반적이다. 따라서

⊙ 덩잇글에 대한 축자(literal, 글자 그대로의) 이해,

ⓛ 덩잇글에 직접 진술되어 있지 않은 의미의 이해,

ⓒ 덩잇글의 주요한 함의에 대한 이해

사이를 서로 구별해 볼 수 있다. 비슷하게, 세부사항을 이해하는 일과 덩잇글의 중심 생각을 이해하는 일 사이의 구분은, 그뢰이(Gray 1960)에서 다룬

① 행들을(the lines) 읽기

② 행들 사이를(between the lines) 읽기

③ 행들을 넘어서서(beyond the lines) 읽기

사이에 있는 구분처럼, 읽기 교사들에게 충분히 친숙하다. 첫째 용어는 덩잇글의 축자 의미를 가리키고, 둘째 용어는 추론된 의미를 가리키며, 셋째 용어는 덩잇글에 대한 독자의 비판적 평가를 가리킨다.

그런 구분은 분명히 읽기 결과와 관련되고, 독자들 사이에 있는 이해에서 관찰된 차이들을 일부 서술할 수 있게 해 준다. 이것들은 또한 그런 차이에 대한 평가를 가능하게 해 준다. 왜냐하면 추론된 의미가 축자 의미보다 다소 '더 깊은' 의미로 믿어지고, 덩잇글에 대한 비판적 이해가 '단순한'(고지식한) 축자 이해보다 사회에서 가치가 좀 더 높이 매겨지기 때문이다. 그런 가치 판단은 이해 수준에 대한 묵시적 (때로 명시적) 계층으로 이끌어 간다. 축자 이해 수준이 비판적 이해 수준보다 다소 '더 낮은' 것으로 간주되는 것이다. 차례로, 이는 덩잇글의 비판적 이해에 도달하기가 의미를 추론하는 일보다 좀 더 '어려우며', 이들 양자가 모두 '단순히'(고지식하게) 축자 의미를 이해하는 일보다 더 어렵다는 가정으로 이끌어 간다. 따라서 이해 수준에 대한 통상적 개념은, 점차 가치가 높고 점차 어려운 '의미'의 순서로 배열된 계층 속에 들어 있다.

다음에 논리상의 약진은 어려움 및 가치의 순서로 이뤄진 이런 계층으로부터 습득의 계층으로 이어진다. 아주 자주 가정되는 습득 순서가 있다. 독자들이

⑦ 먼저 덩잇글을 축자적으로 이해하는 방법을 배운 다음에,

⑭ 덩잇글로부터 의미를 추론하는 방법을 배우며, 더 뒤에 가서야

⑭ 덩잇글을 비판적으로 접근하거나 덩잇글을 평가하는 방법

등을 익히는 것이다. 따라서 종종 그 수준들이 순서로 이뤄져 있다고 단정된다. 즉, 행들 사이를 읽기 위해서는 반드시 먼저 행들을 이해해야 하고, 행들을 넘어서서 진전해 나가기 전에 행들과 행들 사이의 이해가 선행되는 편이 더 낫다. 제2장에서 다뤄지겠는데, 실제로 이런 가정을 뒷받침하는 경험적 증거가 사실 아주 희박하지만(slim), 이론상으로 이런 통상적 개념이 특히 읽기 교사들에게 설득력이 있으며, 따라서 널리 퍼져 있다.

그렇지만 비록 직관적으로 호소력이 있더라도 '이해의 수준들' 사이에 있는 그런 구분이 언제나 쉽게 정의되는 것은 아니다. 언어가 거의 완벽히 명시적일 수 없기 때문에, 정상적인 언어 처리과정에서 독자들은 추론을 하도록 요구받는다. 브륀스포드 외(Bransford et al. 1984)에서 보여 주듯이, 다음 문장을 읽는 독자는

'The floor was dirty because Sally used the mop'
(마룻바닥이 더러워졌는데, 쌜리가 그 대걸레를 썼기 때문이다)

이내 다음처럼 추론을 할 것인데, 어떤 이는 자동적으로 추론한다고 말할 듯하다.

'the mop was dirty'

(그 대걸레가 본디 더러웠었다)

그럼에도 불구하고, 이 진술은 '축자적'으로 이뤄진 것이 아니다. 비슷하게 집필자(작가)들도 반드시 독자들의 지식에 대한 가정을 해야 한다. 왜냐하면 전체적으로 명백히 표현하려면 엄청나게 볼품사나운 언어 사용으로 이끌어 갈 것 같고, 아마 의사소통을 불가능하게 만들 듯하기 때문이다. 만일 독자들이 집필자가 가정하는 지식을 갖고 있지 않다면, 심지어 추론이 만들어질 수 있다고 해도 축자 이해에서 어려움들이 생겨날 것이다.

요약하면, 읽기 본질을 살펴보는 일은, 반드시 덩잇글 속에 있는 그리고 덩잇글로부터 의미 및 이해의 수준들 사이에서 자주 만들어진 구분들에 대한 인식을 포함해야 한다. 따라서 출제자들도 또한 논의 중인 덩잇글을 독자들이 '얼마나 잘' 이해하였는지를 평가하는 경우에, 반드시 독자들이 응당 특정한 덩잇글로부터 '캐내어야(get out of)' 하는 것으로 믿는 의미의 수준들을 고려해야 한다.

§.1-4. 읽을 수 있음이 뜻하는 바

'이해의 수준'에 대한 논의는 자주 특정 수준에서 이해하는 독자의 능력에 대한 논의 속으로 합쳐진다. 예를 들어, 킨취·야브뤄(Kintsch and Yarbrough 1982)에서는 이해의 수준들을 다음처럼 구별한다.

① 낱말들을 이해할 수 있지만, 문장의 의미를 이해할 수 없는 수준
② 문장을 이해하지만 덩잇글의 짜임새는 이해하지 못하는 수준

이다. 킨취·폰대익(Kintsch and van Dijk 1978)에선 전자를 '미시-처리 (microprocesses, 미시 영역에 대한 처리)'와 관련짓고, 후자를 '거시-처리 (macroprocesses, 전반적인 거시 영역에 대한 처리)'와 관련짓는다. 미시-처리는 지엽적이며 구절마다 하나씩 이해하는 것이다. 거시-처리는 덩잇글의 전반적 이해와 관련된다. 앞에서 언급되었듯이, 사실상 읽기 조사 연구자들은 실험 참여자들에게 일련의 덩잇글 본문을 제시하고 그들에게 본문의 이해에 관한 상이한 수준을 검사하려고 의도된 질문을 던짐으로써 자주 읽기 기술이나 능력을 찾아내려고 노력해 왔다. 따라서 '추론해 내는 능력(the ability to make inference)'은

> '덩잇글에서 직접 진술되어 있지 않은 의미와 관련되는 질문에 대답하는 능력'
>
> (the ability to answer a question relating to meanings not directly stated in text)

으로 정의되어 왔다. 물론 그런 정의에는 일정 범위의 순환성이 들어 있지만, 이것이 그런 질문에 대한 대답들로부터 읽기 기술 및 하위 기술들의 존재를 가정하는 일을 조사 연구자들과 이론가들에게서 그만두도록 막지 못한다. 그런 답변들의 결과를 요인 분석하고 나서[26] 동일한 요인들을 놓고 부담 지우는 질문들이 동일한 기술이나 하위 기술을 측정한다고 진술하는 일이 일반적이다. 그런 유행 흐름에서는 올더슨·룩마니(Alderson and Lukmani 1989)에서 지적하였듯이, 상이한 많은 목록들과 분류표들과 심지어 기술들의 계층들까지도 계발되어 있다. 런저·

---

26) (역주) 이순묵(2000), 『요인 분석의 기초』(교육과학사)와 이순묵(2002), 『사회과학을 위한 측정의 원리』(학지사)를 읽어 보기 바란다. 뒤쪽 책의 131쪽에서는 다음처럼 소개하였다. "요인 분석은 많은 측정 가능한 변수를 사용하여 수집한 자료가 몇 가지 속성으로 요약될 수 있는가를 알아보는 데 사용하는 수량 산출 모형이다."

가드너(Lunzer and Gardner 1979)에서는 36가지 상이한 기술들을 찾아낸 것으로 뉴욕시 교육위원회(Board of Education)가 인용되어 있다. 데이비스(Davis 1968)에서는 다음과 같이 여덟 가지 기술을 정의한다.

데이뷔스(1968)에서 주장한 여덟 가지 읽기 기술

① 낱말 의미를 회상하기
② 낱말의 의미에 대한 추론을 맥락으로부터 이끌어내기
③ 명백히 답변이 이뤄지거나 풀어준 질문에 답변 찾아내기
④ 본문 내용에 있는 생각들을 한데 얽어 짜기
⑤ 본문 내용으로부터 추론하기
⑥ 집필자의 목적·태도·어조·분위기를 인식하기
⑦ 집필자의 기법을 찾아내기
⑧ 본문의 구조를 따라가기

그렇지만 §.2-3에서 보게 될 것인데, 읽기 이론에서 별개의 읽기 기술을 찾아내고 이름 붙일 수 있는지 여부에 대하여 상당한 정도로 논란이 이어지고 있다. 따라서 (가) 분리 가능한 기술들이 존재하는지 여부가 불분명하고, (나) 그런 기술들이 무엇을 구성할 수 있고, (다) 어떻게 분류될 수 있을지, (라) 또한 습득되고 가르치고 검사될 수 있을지 불분명하다. 이에 아랑곳하지 않고, 읽기에서 기술 및 하위 기술에 대한 통상적 개념이, 분명한 경험적 증명이 결여되어 있음에도 불구하고, 엄청나게 널리 퍼져 있고 영향력이 있다.

불룸의 '인지 영역에서 교육적 대상들에 대한 분류표'(Bloom et al. 1956)는 교육적 성취의 구성영역들을 놓고서 비슷한 이론 작업에 호소력이 있다. 그의 분류표는 교과과정·학습자료·검사를 마련하는 데에 크게 영향력을 끼쳐 오고 있다. 제2 언어 교육에서는 먼비(Munby 1978)에서 54개 항목을 제시하였다. 그 중 읽기 '하위-기술(micro-skills)'[27]을

다음처럼 구분하였다.

먼비(1978)에서 주장한 읽기 하위 기술 19가지

① 언어의 각본을 인식하기
② 낯선 어휘 항목의 의미와 용법을 추정하기
③ 명백히 진술된 정보를 이해하기
④ 명백하지 않게 진술된 경우라도 정보를 이해하기
⑤ 개념적 의미를 이해하기
⑥ 문장의 의사소통 기능을 이해하기
⑦ 문장 속에 있는 관계들을 이해하기
⑧ 어휘 결속 기제를 통하여 덩잇글의 부분들 사이에 있는 관계를 이해하기
⑨ 문법 결속 기제를 통하여 덩잇글의 부분들 사이에 있는 연결을 이해하기
⑩ 덩잇글 밖으로 나가 찾아봄으로써 덩잇글을 해석하기
⑪ 담화에서 지시 표지들을 인식하기
⑫ 담화에서 주된 요점이나 중요한 정보를 찾아내기
⑬ 중심 생각과 이를 뒷받침하는 세부사항들을 구분해 내기
⑭ 덩잇글이나 생각을 요약하기 위하여 두드러진 세부사항을 추려내기
⑮ 덩잇글로부터 선택적으로 관련 요점들을 추려내기
⑯ 기본적인 지시표현 기술들을 이용하기
⑰ 통독하면서 골자 파악하기(skimming)[28]
⑱ 요구된 특정 정보를 찾으려고 얼핏 보면서 해당 대목 찾아 읽기(scanning)
⑲ 정보를 도표 형식의 모습으로 바꿔 적어 놓기

---

27) (역주) 의사소통 중심 언어 교육의 토대를 만드는 데에 초기 기여자인 먼비(Munby)는
거시-기술과 미시-기술이란 용어를 썼다. 거시-기술(macroskills)은 듣고 말하고 쓰고 읽는
기술을 말한다. 미시-기술(microskills)은 각 거시-기술 아래 들어 있는 작은 기술들을 말한
다. 용어의 통일을 위하여 이를 '하위 기술'로 번역해 둔다.

28) (역주) §.2-4(130쪽의 역주 52)를 보면 카아붜 교수의 주장에 따라 일반적인 읽기는 1분당
대략 3백 개의 낱말을 처리하지만, 큰 걸음으로 두루 훑으면서 골자 파악하기(skimming)는
1분당 대략 1천 개의 낱말을 처리한다고 언급되어 있다. 한편 독서 방식을 누넌(Nunan
2004: 53쪽), 『과제 중심 언어 교육(*Task Based Language Teaching*)』(Cambridge University
Press)에서는 클락·씰버스타인(Clark and Silberstein 1977)을 인용하면서 다음처럼 네 가지로
나눠 놓았다.
  ㉮ 얼핏 보면서 특정한 정보를 찾아 읽기(scan, 해당 대목 찾아 읽기)

그런 목록이나 분류표는 매력적이다. 겉보기에 이론상으로 입증된 검사 과제나 문항을 마련하고 검사될 읽기 기술을 분립시키는 수단을 제공해 주기 때문이다. 또한 독자의 읽기 문제를 진단할 가능성을, 교정 방법을 찾아내는 관점과 함께 시사해 준다. 이것들은 잠정적으로 출제(검사 구성)를 위한 아주 강력한 얼개이며, 의심할 바 없이 그렇게 이용될 것이다.

그렇지만 앞에서 이미 제안되었듯이, 다음 네 가지 점 때문에 신중히 취급될 필요가 있다. 첫째, 그 항목들의 기원이 엄격한 경험적 관찰의 결과에 의해서 나온 것이라기보다는 오히려 이론가들이 의자에 편히 앉아 마음대로 생각해 낸 것들이다. 둘째, 그 항목들이 자주 잘못 정의되고(제대로 정의되지 못하고 막연하게만 정의되고), 실제로 크게 겹쳐지는 경우에라도 마치 서로 독립되어 변별되는 것 같은 왜곡된 인상을 심어 준다. 가령, 데이뷔스(Davies 1981)와 미이드(Mead 1982)와 스키언(Skehan 1984)에 있는 먼비(Munby) 주장에 대한 비판을 참고하기 바라고, 이 책의 제5장에 있는 비판적 논의를 보기 바란다. 또한 쌔든(Saddon 1978)에 있는 블룸(Bloom) 주장에 대한 비판을 보기 바란다. 셋째, 어떤 검사 항목에

　㉯ 큰 걸음으로 두루 훑어보면서 전체 골자 파악하기(skim, 통독하면서 골자 추리기)
　㉰ 철저히 이해하기(thorough comprehension)
　㉱ 비판적 읽기(critical reading)
본문에서 인용되고 있는 먼비(Munby 1978)는 지금도 통찰력을 제공해 준다. 원래 그의 언어기술 분류표는 그 책 123쪽에서부터 시작하여 54개 항목으로 정리되어 있으며, 여기 인용된 대목은 17번부터이다. 통독하면서 골자 파악하기(skimming)는 그 책의 45번 항목으로 올라 있고, 두 가지 하위항목으로 나뉘어 있다.
　㉠ 덩잇글의 골자 파악하기(to obtain the gist of the text)
　㉡ 개략적인 인상 파악하기(to obtain a general impression of the text)
얼핏 보면서 특정 정보 찾아 읽기(scanning, 해당 대목 찾아 읽기)는 다시 다섯 가지 하위항목이 있다.
　① 간단한 탐사로써 단일한 요점 찾아내기(a single point, involving a simple search)
　② 복잡한 탐사로써 단일한 요점 찾아내기(a single point, involving a complex search)
　③ 간단한 탐사로써 둘 이상의 요점 찾아내기(more than one point, involving a simple search)
　④ 복잡한 탐사로써 둘 이상의 요점 찾아내기(more than one point, involving a complex search)
　⑤ 전체 주제 찾아내기(a whole topic)

의해서 어떤 기술들이 작동되고 있는지를 놓고, 전문적 판단을 이끌어 내어 합치를 이루기가 종종 어렵다. 쌔든(Saddon 1978)과 올더슨(Alderson 1990b)를 보기 바란다. 넷째, 검사 수행에 대한 분석도 기술들 간의 분리 가능성을 드러내지도 못하고, 함의하는 눈금(scale 척도)도 그러하며, 또는 심지어 난이도의 계층성이나 점수별 차이까지도 개별 기술들을 분리해 내지 못한다. 올더슨·룩마니(Alderson and Lukmani 1989)와 올더슨(1990b)와 올더슨(Alderson 1990c)를 참고하기 바란다. 이러한 네 가지 문제들이 있음에도 불구하고, 읽기를 정의해 주는 일에 대한 기술별 접근은 여전히 일반적이고 영향력 있게 이용되고 있으며, 읽기의 본질을 다루는 일에서 무시될 수 없다(제2, 3, 4, 9장을 보기 바람).

읽기 기술들에 대한 이런 논의에서 대안이 되는 다섯 가지 견해가 제시될 수 있다(Lunzer, Alderson, Matthews, Gough, Carver, Grabe). 첫 번째 대안은 런저 외(Lunzer et al. 1979)에 의해 개진되었는데, 서로 구별되는 별개의 기술들이 존재한다는 증거가 없다고 주장한다. 대신 읽기는 하나의 단일하고 전체적이며 통합된 재능으로 이뤄져 있다고 보았다. 올더슨(1990c: 478)에서 고려하는 두 번째 대안은 다음처럼 서술된다.

> "최소한 일부 읽기의 과정은 아마 서로 다르지만 얼마간 중첩되는 '기술들'을 동시에 그리고 다양하게 이용하는 일을 포함한다. 읽기 기술들을 더 고급스럽고 더 낮은 순서들로 나누는 일은, 아무리 매력적이더라도, 실질적으로 정당화될 수 없을 듯하다."
> (at least part of the reading process probably involves the simultaneous and variable use of different, and overlapping, 'skills'. The division of skills into 'higher' and 'lower' orders, however tempting, does not seem to be justified in practice. Alderson 1990c: 478)

세 번째 대안은 매쓔스(Matthews 1990)에서 제시되었는데, 다음과 같이 말한다. "먼비(Munby)에 근거한 분류법 속의 항목들은 약간 무작위적이고, 전략과 기술과 (주로) 지식의[29] 중첩된 집합체인 듯하며, 읽기 과정에 대해서는 보잘것없는 설명을 드러낸다." 그녀는 먼비 교수가 기술들로 부른 것의 대부분이 실제로 지식의 여러 측면이라고 주장한다. 따라서 '명백하게 진술된 생각들을 이해하는 일(understanding explicitly stated ideas)'은,[30] 마치 'tree(나무)'라는 낱말의 의미를 아는 일과 같이, 좀 더 일반적인 '기술들'에 대한 진술인 것이다. 매쓰스는 읽기에서만 요구되는 기술이 무엇인지를 더 분명히 이해할 필요가 있다고 보고서, 낱말 인식(word recognition)에서[31] 속도 및 자동성의 중요성에 대한 에

---

29) (역주) 비록 서로간에 겹치는 부분이 많이 있지만, strategies(전략)·skills(기술)·knowledge (지식)은 다음과 같이 구분된다. 먼저 기술은 여러 차례 반복 연습을 하는 동안에 체득될 수 있는 것이지만, 지식은 한두 번 듣거나 익히면 곧 자기 것이 된다. "철수가 영이랑 헤어졌어."라는 말은 한 번만 들어도 누구나 다 알 수 있다. 곧 이는 지식이다. 그렇지만 신문 사설들을 비교하면서 밑바닥에 깔려 있는 가치나 이념들을 비판적으로 찾아내는 일은 여러 차례 훈련과 연습을 거쳐야 한다. 이는 기술에 해당한다(109쪽 §.2-3의 역주 34 참고). 마지막으로 전략은 특정한 목표를 이루기 위해 계획한 임의의 단계가 현실에서 제대로 진행될 수 없을 경우에, 즉석에서 융통할 수 있는 다른 방법을 찾아내는 일이다. 반드시 전략은 목표의 하위 개념임을 잊어서는 안 된다. 읽기의 목표는 이해 또는 해석이다. 따라서 이해 또는 해석의 과정에서 모종의 문제가 생겨날 경우에 그 문제를 즉시 해결할 수 있는 능력이며, 여러 가지 영역들이 복합적으로 동시에 작동하는 상위 개념이다. 일부에서는 전략이란 말 대신에 상위 인지(meta-cognition) 표상이라고도 부른다. 그렇지만 인간 인지 또는 의식을 싸잡는 더욱 포괄적인 정신모형(mental models)과도 겹칠 수 있기 때문에, 언어 사용에 주의가 요구된다. 참고로 §.2-3의 시작 부분(또한 109쪽의 역주 34)과 190쪽 §.3-1-3의 시작 부분에서 저자는 이 용어들을 서로 뒤섞어 쓰겠다고 공언하고 있다.

30) (역주) 먼비 교수의 하위 기술에 대한 목록에서 '③ 명백히 진술된 정보를 이해하기'를 가리키는 듯하다. information(정보)을 매쓰스 교수의 인용에서는 대신 ideas(생각, 관념)으로 바꿔 표현하였다. 이는 독서에서만 필요한 일이 아니라, 우리가 일상생활을 해 나가는 데에 언제나 자주 이용되는 일반적인 기술이다.

31) (역주) recognition(인식, 재인)은 독자의 머릿속(장기기억)에 미리 기억되어 있던 것을 작업기억 속으로 인출해 내어 주어진 감각 자극물과 비교하거나 대조한 뒤 다시 장기기억 속으로 집어넣는 일을 말한다. 칸트는 『순수이성 비판』(A95 이하)에서 인간의 인식이 최소한 일련의 세 단계를 거쳐 일어난다고 보았다.

  ① 감각기관을 통하여 직관적으로 붙들기(ap-prehension, 파악 및 파악 내용을 스스로 느낌)
  ② 머릿속 상상 속에서 재-생성(re-production, 기존의 얼개에 맞춰 재구성해 내는 과정)
  ③ 머릿속 개념 그물 속에서 재-인식(re-cognition)

이런 일련의 과정의 결과 하나의 대상물이나 사건에 대하여 이해를 하게 된다. 'cognize(인식하다) : recognize(거듭 인식하다)'의 짝으로 쓰였으며, 're-'라는 접두사는 '다시'(거듭 인식, 재인식) 또는 '강조'(분명한 인식)의 뜻을 나타낸다. 비록 심리학에서는 칸트와 같이 복

스키·그뢰이브(Eskey and Grabe 1988)의 견해를 인용하고 있다. 그녀는 다음처럼 주장한다. 만일 속도 및 융통성이 중요하다면, 읽기 검사에서도 이것들이 이용될 필요가 있다. 먼비 교수의 목록은 읽기 과정에 대한 것이 아니라, 읽기 결과에 대한 것으로 제안되었다. 다만 결과적으로 무엇이 실행되어 나왔는지를 찾는 것이고, 어떻게 그 일이 이뤄지는지를 찾는 것은 아니다. 만일 그러하다면, 먼비 교수의 목록 유형에서 기술들을 따로 떼어내기가 왜 어려운지를 설명해 줄 수 있다. 따로 분립시켜 놓을 필요가 있는 것은, 이들 읽기 결과물로 이끌어 가는 과정들인 것이다.

읽기 참고문헌에서 점차 늘어나는 공통된 견해는, 본질적으로 읽기가 두 가지 영역으로 나뉜다는 생각이다. 낱말을 인식하는 해독(decoding) 및 요점 파악(comprehension, 이해)이다. 가령 고프 외(Gough[32] et al. 1992b)에서는 후자(요점 파악)는 종종 문장들을 분석하고, 담화에서 문장들을 이해하며, 담화 구조를 수립하고(≒재구성하고), 이런 이해를 독자가 이미 알고 있는 바와 통합시키는 일로 구성된다고 서술된다.[33] 그렇지만

잡하게 일련의 세 단계를 상정하는 것은 아니지만, 인식이 완성되려면 그 이전에 머릿속에 비슷한 표상이 이미 수립되어 있어야 가능하다고 보는 점에서는 똑같다. 심리학에서는 re(再, 다시)를 살려 '재인식'의 줄임말로 '재인'이라고 쓰고 있다. 그렇지만 '재인'이란 번역 용어를 일반 독자들이 쉽게 알아차릴 수 없을 듯하다. 여기서는 '인식'(낱말 인식, 낱말의 뜻 파악)이라고 번역해 둔다.

32) (역주) 영어 철자 'gh'는 'f'로 발음된다. 비판적 담화분석의 권위자 Fairclough(페어클럽, 페어클러프)도 'f'로 발음된다. 일부 연구에서처럼 '페어클라우'라고 엉터리 발음을 쓰는 일은 시정되어야 한다. 고프에 대해서는 79쪽 §.2-2의 2)항에서도 다시 인용된다.

33) (역주) '구성주의' 및 '연결주의'(제약 만족 이론, 활성화 확산 이론) 가정을 밑바닥에 깔고서, 심리학자 킨취 교수는 읽기 과정이 점차 '표면 구조(문장들) → 미시 구조(작은 단락들) → 거시 구조(큰 의미 단락들) → 덩잇글 기반(거시 구조의 명제들로 종합된 내용) → 상황모형(시지각 정보와 개별 사례들의 연합체) → 장기 기억'으로 진행한다고 논의하였다(재순환하며 점차 가다듬어짐). 이를 간단히 구성 과정과 통합 과정이라고 부르고, 자신의 읽기 이론을 '구성-통합 모형(Construction-Integration model)'으로 부른다.

구성 과정은 정보 덜어내는 과정과 정보를 더해 놓는 과정으로 이뤄지며, 능동적으로 언어 정보를 이용한 명제들을 재구성하면서 진행된다. 그렇지만 정보 더해 놓는 과정이나 덩잇글 기반 및 상황모형을 마련하는 과정은 원래의 덩잇글에 주어져 있지 않은 정보들로 채워지며, 이를 능동적으로 독자가 자신의 장기기억으로부터 끄집어내어야 한다. 결과적으로 본다면, 읽기는 원래 덩잇글에 없는 부분들을 능동적으로 채워 넣는 일에 초점이 모아져

이런 요점 파악 과정은 읽기에만 유일한 것으로 간주되는 것이 아니라, 또한 듣기 과정까지도 서술해 준다. 달리 표현하여, 일반적인 언어 처리 기술이지, 읽기 기술만이 아니다. 듣기 및 읽기 사이의 차이점은 최소한 도로 제시되어 있다.

> "요점 파악은 대체로 해당 자료의 제시 방식(말, 글, 행위)과 무관하게 작동하는데 (고유하게) 중심을 이루며 결정된 기능이다."(앞의 고프 외에서 인용된 Larson and Feder 1940: 251)
>
> (comprehension is largely a centrally-determined function operating independently of the mode of presentation of the material)

추가적인 네 번째 대안은 카아붜(Carver) 교수의 견해로서, '읽기에 대한 간단한 견해'가 마땅히 세 가지 영역의 구획들로 재분석되어야 한다고 보는데,

> 낱말 인식 기술, 읽기 속도나 읽기 유창성, 문제를 해결하는 이해 능력
> (word recognition skills, reading rate or reading fluency, and problem-solving comprehension abilities)

이다. 여러 편의 글에서(Carver 1982, 1983, 1984, 1990, 1992a, 1992b), 카아붜 교수는 ① '자동적인 처리로서 읽기(rauding, 읽기의 무의식적 처리과정)'라고[34] 부르는 바를 놓고서

야 하는 것임을 알 수 있다. 비단 덩잇글 이해에서만 그러하지 않고, 덩잇말을 이해하는 데에서도 매우 유사한 과정이 순식간에 진행된다. 따라서 심리학에서는 글과 말을 구분하지 않은 채 서로 한데 통합하여 '언어 처리과정(process)'이라고 부르기도 한다.

34) (역주) 'reading+auding(읽기+듣기)'을 뒤섞어 만든 용어이다(§.2-4의 카아붜 인용문 참고). 듣기가 의식적으로 되지 않고서도 일어나는 '자동 처리과정'이듯이, 읽기 또한 아무 어려움 없이 술술 처리가 이뤄지는 경우가 기본적이라고 상정하였다. 왜냐하면 양자가 모두 머릿속에서 동일한 사고 과정을 따르는 것으로 보았기 때문이다. 여기서는 '자동 처리로서 읽기'

또는 '자동적인 읽기 처리과정'이라고 번역해 둔다. 이를 §.2-2-9(107쪽)에서는 '일반적인 읽기 (normal reading)' 또는 전형적인 읽기(typical reading)란 말로도 바꿔 쓰고 있다. 흔히 신문이나 잡지들을 읽는 경우와 같이, 전혀 어려움이 없이 묵독으로 읽기를 진행하는 자동적 처리과정이다(대략 64% 이상이 자동 처리된다고 하였는데, 그렇다면 일관성을 확보하기 위하여 나머지 36%는 어디에서 도움을 받아야 하며, 이는 스스로의 배경지식일 수밖에 없음). 127쪽 §.2-4에서 이런 전제 위에서 읽는 과정에서 얼마나 많은 낱말을 신속히 처리하는지에 대한 '자동 처리 속도(rauding rate)'를 소개한다. 대략 1분당 300개의 낱말을 처리하는 것이다. 다른 연구자의 글에서는 같은 뜻으로 이를 묵독 속도(silent reading rate)라고도 부른다. 카아붜(2009: 405쪽 이하), 『읽기의 성취가 높고 낮은 여러 가지 원인(*The Causes of High and Low Reading Achievement*)』(Lawrence Erlbaum)의 용어 풀이에서는 다음처럼 서술되어 있다.

raud(자동 처리로서 읽다): 읽거나 듣는 동안에 계속 마주치는 사고 명제 또는 문장들에 대한 모든 또는 거의 모든 이해의 내용이다. 자동 처리로서 읽기가 작동하는 동안에 마주치는 대략 64% 또는 그 이상의 완벽한 사고를 이해하는 일이다(comprehension of all or almost all of the consecutively encountered thoughts or sentences during reading or auding; comprehending about 64% or more of the complete thoughts encountered during the operation of the rauding process).

rauding(자동 처리로서 읽기): 언어 이해 상황에서 자주 일어나는 일들을 가리키는데, 문장의 형태로 제시되고 있는 사고의 대부분이 머릿속에서 떠오르는/마주치는 대로 이해가 이뤄진다. 높은 이해력을 갖고 읽기. 문장에 있는 연속된 낱말 각각에 주의를 모으고 본문 속에서 계속 마주친 완벽한 각각의 사고 명제를 이해하는 일이다. 자동 처리로서 읽기를 작동하면서 본문에 있는 사고 명제의 대략 64% 또는 그 이상을 이해한다. 자동 처리로서 읽기 속도에 비춰 비교적 읽기 쉬운 덩잇글을 놓고서 자동 처리로서 읽기 과정을 실행하는 일이다(refers to those frequently occurring language comprehension situations where most of the thoughts being presented in the form of sentences are being comprehended as they are encountered; reading with high comprehending; attending to each consecutive word in sentences and comprehending each consecutively encountered complete thought in a passage; operating the rauding process and comprehending about 64% or more of the thoughts in a passage; executing the rauding process on relatively easy material (AL≥DL) at the rauding rate).

뒤친이의 판단으로는 카아붜 교수의 주장이 제대로 다루기 힘든 사고(thought)를 끌어들여 핵심 역할을 부여함으로써, 전반적으로 자신의 주장에서 불명료함이 제거될 수 없을 듯하다. 킨취(Kintsch) 교수는 대신 명제(proposition)를 사고의 기본 단위로 상정하여 이해의 과정을 다룬다.

한편 §.4-8에서는 듣기의 과정과 읽기의 과정이 서로 다른 두뇌 부서들이 이용된다고 보아, 읽기와 듣기의 통합 설명 방식을 따르지 않는다. 뒤친이가 알고 있는 언어심리학의 일반적인 논의에서도 또한 그러하다. 가령, 배들리(Baddeley) 교수의 주장에 따르면 언어 입력물을 처음 접하고 처리하는 작업기억(working memory)에서도 음운 순환고리와 시지각 그림판으로 대분되어 있다. 이는 음성 신호를 매개로 한 듣기 처리 방식과 시지각 신호를 매개로 한 읽기 처리 방식이 다르다고 보기 때문이다.

읽기의 심리학적 처리과정에 대한 연구에서는 글자들에 대한 처리가 초보자와 고급 학습자 사이에 서로 다름을 찾아내었다. 초보 학습자는 글자를 반드시 소리로 전환한 뒤에, 소리를 매개로 하여 관련 의미를 끌어낸다. 소릿글자 체계라고 하더라도 반드시 낭독한 뒤 자신의 소리를 스스로 들으면서 장기 기억 속에 보관된 관련 의미를 끌어내는 것이다. 그렇지만 글자에 익숙하고 묵독이 가능한 학습자들은 글자들을 보자마자 이내 장기기억 속에서 관련 의미를 끌어낼 수 있다. 이를 흔히 낱말 처리의 '이중 경로' 가정이라고 부른다. 낭독과 묵독

② 암기하기, ③ 학습하기, ④ 통독하며 골자 파악하기(*skimming*),
⑤ 해당 대목 찾아 읽기(*scanning*)

와 서로 구분해 놓는다. '자동적 처리로서 읽기(*rauding*)'란 학습자가 개별 문장 하나하나를 이해하는 데에 아무런 어려움이 없는 조건 아래 수행되는 '전형적인' 읽기이다. 그는 이것들이 서로 다른 다섯 영역의 처리라고 주장한다. 이 영역들 중에서 오직 유일하게 '자동적 처리로서 읽기'만이 정상적인 읽기로서, 독자는 집필자가 전달해 주려고 의도하였던 생각들을 거의 또는 모두 다 이해한다고 보았다. 카아붜 교수는 독자들이 향상됨에 따라서 속도 유창성 능력들이 달라짐을 보여 주기 위하여 많은 분량의 증거들을 모아 놓았다. 달리 말하여, 읽기 속도는 읽기 능력 향상과 더불어 증가하는 것이다.

이런 일련의 예증적인 대안에서 마지막 다섯 번째 견해로서, 그뢰이브(Grabe 1991)에서는 유창한 읽기 과정에 들어 있는 여섯 영역의 요소들을 다음처럼 제안하였다.

㉠ 자동적 인식(재인) 기술(automatic recognition skills)
㉡ 어휘 및 구조 지식(vocabulary and structural knowledge)
㉢ 틀 갖춘 담화 구조 지식(formal discourse structure knowledge)
㉣ 내용/실세계 배경 지식(content/world background knowledge)
㉤ 종합 및 평가 기술/전략(synthesis and evaluation skills/strategies)
㉥ 상위-인지 지식 및 기술 점검하기(metacognitve knowledge and skills monitoring)

사이에 관찰된 읽기 속도의 차이는 대략 세 곱절 정도라고 언급되어 있다(§.5-8). 중요한 비판으로서, 학교에서의 읽기 교육은 의식적이며 의도적인 점검 과정을 포함하는 읽기이다. 따라서 자동적 처리로서의 읽기가 학교 교육에 얼마만큼 유용하게 관련될지도 의문스럽다.

ⓗ 상위-인지 기술들로는 다음 일곱 가지 항목이 포함된다.

ⓐ 덩잇글 속에서 더 중요한 정보를 인식하기
ⓑ 읽기 속도를 알맞게 조절하기
ⓒ 골자 추려내기
ⓓ 미리 개관하기
ⓔ 오해/불일치를 해소하기 위하여 맥락을 이용하기
ⓕ 정보에 관하여 여러 가지 질문을 만들어 보기
ⓖ 덩잇글에 제시된 정보를 갖고서 문제를 알아차리거나 또는 덩잇글을 이해하는 데 난점을 포함하여 전반적인 인식 내용을 점검하기

미리 계획하기, 스스로 자신의 이해를 검사하기, 이용되고 있는 전략들을 자각하고 수정하기와 같은 자율적인 전략들이 또한 유능한 독자들의 전형적인 읽기 전략이 된다고 언급될 수 있다. 제2장에서는 이들 견해에 대한 증거들이 좀 더 자세히 논의될 것이다.

§.1-5. 읽는 동안에 우리가 무엇을 실행하는가?

만일 여러 전문가들 사이에서 여전히 읽기 과정에 어떤 기술들이 포함되어 있는지를 놓고서 일치를 보지 못하였다면, 우리가 읽어 나가는 경우에 무슨 일이 일어나는지에 대해서는 적어도 어떤 합의를 찾아낼 수 있을 것인가? 어떤 종류의 과제들이 읽는 과정에 포함된 전반적 활동을 성격지어 주는가?

분명히, 읽기에는 시각이든 (점자책 Braille을[35] 이용하는) 촉각이든 언

---

35) (역주) 맹인들이 손의 촉각으로 글자를 읽을 수 있도록 처음 점자책을 만든 프랑스 사람 루이 브라유(Louis Braille, 1809~1852)의 이름에서 따왔다. 영어에서는 '브뢰일'로 발음한다.

어의 글말 형태를 지각하는 일이 포함된다. 여기서 이내 첫 번째 문제와 마주치게 된다. 그렇다면, 독자들이 언어의 인쇄된 형태를 입말 형태와 관련짓는 것일까? 만일 서로 관련짓는다면, 일단 번역(글말→입말)이 일어나므로, 읽기는 듣기와 동일한 종류의 활동이고, 우리가 마치 검사관들처럼 스스로 관심을 기울일 필요가 있는 유일한 읽기의 특정한 측면은 인쇄로부터 입말로의 전환 과정이 된다. 스미쓰(Smith 1971)와 같은 전문가들이 제시한 한 가지 논점은, 독자들이 곧장 의미 쪽으로 진행해 나가고, 소리를 거쳐 가는 것은 아니라고 한다.[36] 이들은 독자들이 소리보다 인쇄물을 훨씬 더 빨리 처리할 수 있으며, 따라서 만일 인쇄물로부터 소리를 거쳐 갔더라면 우리가 읽고 있는 속도에 상한 경계가 있었을 것이라고 주장한다. 유창한 읽기는 흔히 일상 대화에서 많은 사람들이 말하는 속도보다 '세 곱절'이나 더 빠르게 이뤄진다.

그렇지만 일관되게 듣기 조사 연구에서는 듣기 이해가 가속이 붙은 발화로 분해될 수 없음을 보여 주었다. 예를 들어, 카아붜(Carver 1982)에서는 줄글을[37] 처리하는 최적의 속도가 있음을 보여 준다. 대략 읽

---

36) (역주) 주로 낱말들의 처리과정을 통해 심리학에서 찾아낸 결론은, 초보 학습자와 능숙한 학습자들이 서로 다른 처리 방식을 지닌다. 초등학교 저학년은 주로 소리 내어 읽기(낭독)를 강조하게 된다.

　'글자 → 발음 → 낱말 뜻'

으로 진행되는 것이다. 그렇지만 글자 처리과정이 자동화된다면, 소리를 내지 않고서도(묵독) 곧장 낱말 뜻을 인출한다.

　'글자 → 낱말 뜻'

으로 이어지는 것이다. 흔히 이를 두 가지 경로의 처리라고 부른다(이중 경로 가정으로도 불림). 이정모·이재호 엮음(1998), 『인지 심리학의 제문제 II: 언어와 인지』(학지사)에 있는 김지순·Taft, 「제6장. 읽기 과정에서의 어휘 처리」와 조명한 외 엮음(2003), 『언어 심리학』(학지사)에 있는 신현정, 「제5장 어휘 의미의 처리」를 읽어 보기 바란다. 모어튼(Morton 1961)에서는 '낱말 형태 처리기'를 가리키기 위해서 logogene('logo'와 'genome'를 합성함, 낱말 형태 처리기)이란 용어를 만들었는데, '로고진'이라는 외래어를 남발하기보다는, 쉽게 뜻을 파악할 수 있도록 번역 용어 '낱말 형태 처리기'를 써 주어야 도움이 될 것이다.

37) (역주) 김수업 선생은 산문(prose)과 운문(poetry)을 쉬운 우리말로 각각 '줄글'과 '가락글'로 부른다. 줄처럼 죽 이어져 있는 글이다. '산문(散文)'이란 한자어는 자신의 생각을 흩듯이 '길게 풀어낸'(흩을 산) 글이란 뜻이지만, 아마 제대로 그 뜻을 새길 사람이 적을 듯하다. 뜻도 모른 채 쓰기보다는 쉬운 우리말을 쓰는 것이 낫다.

기 및 듣기에서 동등하게 1분당 250~300개의 낱말을[38] 처리한다. 이런 연구의 결과들은 구드먼(Goodman 1969, 1982)과 스미쓰(Smith 1971)의 견해를 도전하여 반박하며, 우리가 낱말 의미에 직접 접속하는지 아니면 소리를 거쳐 접속하는지 여부에 대한 질문이 다시 논의되도록 유도한다.[39]

우리는 어려운 낱말들이나 꼭 집중해야 하는 덩잇글 부분을 아마도 나지막하게 중얼거리면서 읽었던 경험을 모두 갖고 있다. 그렇게 중얼거리는 일(subvocalisation)이 흔히 우리가 의식하지 못하더라도 정상적인 활동을 구성하는 것일까?, 아니면 오직 우리가 난관을 마주치는 경우, 즉 별도로 나지막하게 듣는 중얼거리는 소리의 도움이 필요한 경우에만 그게 일어나는 것일까? 최근 인지 심리학 조사 연구 문헌에서는 모든 읽기 과정에서 소위 '초기 음운 활성화(early phonological activation)'를 필요하다는 데 점차 합의가 늘어나고 있다. 달리 말하여, 독자들은 낱말 의미를 찾아내는 과정의 일부로서 전형적으로 낱말의 소리를 확인하는 것이다. 자주 거론되는 논제는 이런 음운 확인 과정이 의미 단서나 다른 단서들의 이용과 독립적으로 그리고 동시에 나란히 진행되는지 여부이거나(이를 '자족적인 개별처리 단위'[또는 단원체]의 접근법으로[40] 부름), 또

---

38) (역주) 우리말에서 '낱말'에 들어가는 요소들과 영어의 낱말 요소들이 서로 다르다. 우리말에서는 '어절'(낱말보다 크지만 구보다는 작은 단위임)을 낱말로 셀 수 있다. 학교문법에서 정의한 낱말은 격조사와 보조사도 하나의 낱말이므로, 엉뚱하게 일반인들의 직관과 다른 결과를 초래해 버린다. 영어에서 낱말은 관사나 전치사 따위도 모두 낱말로 헤아리게 된다. 따라서 영어의 낱말 수는 우리말의 낱말 숫자로 바꿀 때 훨씬 줄어들어야 할 것이다.

39) (역주) 모두 낱말의 무의식적 자동 처리를 중심으로 한 어림치에 불과하다. 124쪽 §.2-4에서는 여기의 주장과 달리, 읽기의 최적 속도는 1분당 300개의 낱말을 처리하고, 듣기의 최적 속도는 1분당 200개의 낱말이라고 언급된다. 카아붜(Carver) 교수의 통계를 비판하고 반박하는 것이다. 듣기의 경우에는 얕은 처리와 깊은 처리를 구분하지 않는 것이 관례이다. 그렇지만 읽기의 경우에는 겹쳐 읽기가 가능한 깊은 처리나 골자 파악하며 읽기에서는 심사숙고를 위한 별도의 시간이 더 주어져야 한다(결과만 보면 처리 낱말 숫자가 적어질 수 있음). 반면에 대략 훑으며 찾아 읽기처럼 얕은 처리의 경우에는 더 많은 낱말을 처리할 것이다.

40) (역주) module(단원체), modular(단원체의)는 심리철학자 포더(Fodor)가 인간 두뇌의 작동 방식을 묘사하기 위하여 처음 썼던 낱말이다. 개개의 부서들이 자족적이고 독립적으로 운영된다. 이와 맞서는 개념은 하나의 요소가 다른 요소들과 긴밀히 맞물려 있는 측면을 가리

는 단계별로 진행되면서 하나씩 일직선처럼 진행되는지 여부(소리가 처음 인식되고, 다음에 의미가 처리된다고 봄)이다.[41] 이 문제에 대해서는 조사 연구의 결론이 아직 분명치 않다. 그러나 읽기 성공이나 읽기 능력을 살펴보는 경우에 이를 놓고서 우리가 채택하는 관점이 아마 본질적으로 무엇을 평가할지 고려하는 일에 영향을 끼칠 것이다.[42]

키는 유기체적(organic) 개념이다. 우리나라에 언어심리학을 처음 소개한 조명한(1985), 『언어 심리학: 언어와 사고의 인지심리학』(민음사)에서 '단원체(單元體)'로 번역한 뒤 많은 사람들이 이 용어를 따라 쓰는 듯하다. 필자는 좀 더 풀어 '자족적인 개별 단위[체]'로 쓰는 편이다. 포더 교수의 단원체를 소개한 글로서 이정모 외(1989), 『인지과학: 마음·언어·계산』(민음사)에 있는 조명한 "언어처리 이론으로서의 단원성의 문제"를 읽어 보기 바란다. 참스키(Chomsky) 교수의 생성문법은 각각 독자적으로 작동하는 세 개의 단원체로 구성되어 있다. 통사 단원체·음운 단원체·논리형식(의미) 단원체이다.

41) (역주) sequential processing을 계열적 처리 또는 순차적 처리라고 번역하기도 한다. 일직선 상에서 앞뒤의 관계로만 이어져 있는 것이다. 이와 대립되는 처리는 계층적 처리(hierarchical processing)이다. 그런데 소쉬르의 구조주의 언어학에서는 언어가 선후 관계로만 이어져 있는 것이 기본이라고 생각하였었지만, 참스키의 생성문법에서는 언어 구조 자체가 적어도 두 층위의 계층 구조(핵계층 [X-bar] 구조 또는 논항구조)를 지닌다고 가정한다. 선후 관계의 평판(flat) 구조로부터는 계층 구조를 도출할 수 없다. 그러나 계층 구조로부터는 언제나 쉽게 선후 관계의 평판 구조를 도출해 낼 수 있다. 따라서 후자가 더 근본적인 상위 개념임을 알 수 있다.

42) (역주) 번역자가 보기에 이 책의 저자는 인간 정신의 처리 그 자체에 대한 가정을 제대로 소개하지 못하고 있다. 인간 정신의 처리를 소개하려면, 두 가지 층위의 가정들이 반드시 언급되어야 한다. 먼저 인간의 기억에 대한 서로 다른 가정이 다뤄져야 한다. 이는 독일 심리학자 에빙하우스의 '자유연상' 기억 및 영국 심리학자 바아틀릿의 '재구성' 기억이 언급 되어야 한다(서사 이야기 형태로 기억된다고 보았음). 우리들에게서도 주로 낮은 처리 체계(제2의 뇌, 또는 체계 1)에서는 자유연상 기억이 활성화되고, 높은 처리 체계(제3의 뇌, 또는 체계 2)에서는 재구성 기억이 활성화된다. 바아틀릿(Bartlett 1932, 1995년 재판), 『기억해 내는 일: 실험 및 사회 심리학 연구(Remembering: A Study in Experimental and Social Psychology)』(Cambridge University Press)를 읽어 보기 바란다(§.2-2의 역주 2와 §.2-3의 역주 43도 참고).

다음으로 두뇌들의 연결과 작동 방식에 대한 가정이다. 1960년대에서부터 입력과 출력의 거대한 흐름도 모습으로 튜링의 연산주의(computation)가 두뇌 작동 원리로 가정되어 왔다. 포더 교수의 '자족적인 개별 단위체'(단원체 module) 가정도 연산주의의 한 갈래에 지나지 않는다. 그러다가 1980년대의 중반에 자유연상과 닮은 '병렬 분산 처리(Parallel Distributed Processing: PDP)' 가정이 연산주의를 비판하면서 제시되었는데, 연구자에 따라 '활성화 확산 이론, 제약 만족 이론, 연결주의' 따위의 다른 이름으로도 불린다. 하버드 대학 심리학과 핑커 교수는 인간 두뇌 작동 방식이 연산주의도 필요하고, 연결주의도 필요하다고 보며, 따라서 혼성주의 접근법을 옹호하고 있다. 그의 제자인 뉴욕 대학의 마커스 교수도 그러하다. 쉬버 엮음(Shieber 2004), 『튜링 검사: 지능의 품질 증명으로서 언어 행위(The Turing Test: Verbal Behavior as the Hallmark of Intelligence)』(MIT Press)와 핑커·미홀러 엮음(Pinker and Mehler 1988), 『연결 및 상징(Connections and Symbols)』(MIT Press)를 읽어 보기 바란다.

유창한 읽기 과정에 대한 최근의 설명에서는 다음과 같은 내용을 강조하는 경향이 있다. ① 읽기가 영역별 기술들에 비춰서뿐만 아니라 또한 지식 및 인쇄된 낱말 사이의 관계에서, 신속하고(rapid) 분명한 목적을 지니며(purposeful) 동기가 마련되어 있고(motivated) 상호작용적(interactive)이다. ② 읽기가 뜻을 파악해 나가는 과정이다(독자들이 이해하기를 기대한다). ③ 읽기가 융통성이 있다. ④ 읽기가 점차적으로 향상된다(장기간의 노력 및 점진적 개선의 산물임).

　우리가 읽어 나가는 경우에 명백히 상당량의 정신적 활동에 관여되어 있는데, 일부는 자동적이고, 일부는 의식적이다.[43] 예를 들어, 사뭇 따분한 글말을 읽으면서 의식적으로 한두 쪽을 그냥 넘겨 버리기로 결정할 수 있고, 신문에서 표제들에 초점 모아 눈길을 줄 수도 있으며, 아니면 탐정 소설에서 도입 부분을 읽기 전에 미리 결론 부분을 읽을 수도 있다. 전화번호부를 펴고서 우리가 찾고자 하는 이름을 제외하고 다른 이름들을 모두 무시한 채 재빨리 훑으며 찾아 읽을 수 있다. 아니면 우리가 철자법을 어기지 않고 외교적 수사 표현을 쓰지만 명백하게 우리 자신을 표현하고 싶을 경우에 우리 상관에게 보내는 메모 내용의 모든 철자와 낱말을 하나하나 따지며 읽을 수도 있다.

　이들 의식적 전략 속에는 과정이나 과제에 대하여 신중한 선택이 들어 있는데, 각각 기술 및 지식에 대한 서로 다른 배경(constellations 별자리)이 포함된다. 예를 들어, 영어로 낱말을 철자로 하나하나 쓸 수 있는 상태 또는 알파벳의 순서를 아는 상태이다. 그런 전략은 반쯤 무의식적

---

43) (역주) 우리말 짝으로만 보면, '자동적 : 수동적', '무의식적 : 의식적'이다. 그런데 영어권 관례에 따라 automatic(자동적, 무의식적, 비재귀적)이란 말은 conscious(의식적, 재귀적)이란 말이 서로 대립적으로 쓰인다. 자동 처리는 무의식적이고 언어로 표현할 수 없는 처리과정이다. 그러나 의식적 처리는 스스로 처리과정을 느낄 뿐만 아니라(이를 재귀적이라고 부름) 거의 대체로 언어로 표현할 수 있다. 비유적으로 전자를 더 낮은 수준의 처리라고 부르고, 후자를 더 높은 수준의 처리라고 부르기도 한다. 따라서 automatic(자동 처리)은 nonverbal(비언어 처리) 또는 lower(더 낮은 수준의 처리)와 거의 바뀌어 쓰이고, conscious(의식적 처리)는 verbal(언어 처리) 또는 higher(더 높은 수준의 처리)와 통용되며, reflexive(스스로 의식할 수 있는 재귀적 처리)라고도 불린다.

이다. 또는 이전에 전혀 마주치지 못했던 낱말의 의미·낱말의 형태·낱말의 종류(명사, 동사 따위)·해당 낱말이 지닐 것 같은 의미의 종류를 알아내려고 해당 낱말이 쓰인 맥락에 관해 생각을 하면서 노력을 기울임에 따라, 적어도 의식적으로 느낄 수 있다. 의식적으로 그 낱말을 사전에서 찾아볼 수도 있으며, 읽기를 중단함이 없이 지속될 수 있게 틀림없이 그 의미가 무엇일지 충분히 짐작할 수 있기 때문에 '정확한 의미'에 대하여 신경 쓰지 않을 수도 있다.

다른 활동들은 거의 쉽게 의식적으로 되지 않으며, 따라서 자동성(automaticity, 자동 처리)이라는 낱말을 쓴다. 일반적으로 우리는 영어로 된 덩잇글에서 각 철자마다 들어 있는 구별 특성을 처리하는 데에 무의식적이다. 예를 들어 정상적인 독자에게 낱말 인식은 시각적인 모양새를 식별해 내는 모종의 과정을 포함해야 한다. 소설을 읽으며 이야기 속에 푹 빠져 있는 경우에, 일반적으로 그 무대(주인공의 얼굴·복장·목소리, 행위 발생 장소, 주변 풍경 등)를 시각화하고 있음을 의식하지 않지만, 정확히 우리가 이런 일을 실행한다는 증거가 있다. 우리가 시각화하고 있는 바는, 우리가 읽고 있는 바에 대하여 재구성하고 있는 의미의 일부가 된다. 조사 연구자들은 이들 과정 및 전략들을 찾아내고 특성 짓고자 하며, 최근 몇 년 동안 유용한 목록들이 개선되어 왔다. 가령 해뤼-아욱스타인 외(Harri-Augstein and Thomas 1984), 니보(Nevo 1989), 스토뤼(Storey 1994)를 보기 바란다.

읽기를 한 계열의 전략 및 활동들로 보는 관점이 올바르거나, 적어도 그들의 목적에 유관하다고 느끼는 사람들에게는, 평가를 위하여 이용될 수 있는 광범위한 접근이 두 종류가 있다. (1) 하나는 분석적 접근으로, 독자들이 성공적으로 검사관들이 중요하다고 여기는 읽기 과정의 여러 측면들에 성공적으로 간여하고 있거나 숙달하는지 여부를 검사하고자 하는 접근이다. 따라서 모르는 낱말들의 의미를 독자가 맥락으로부터 이끌어내어 성공적으로 알아낼 수 있는지 여부를 탐구하는 검사

항목들을 마련하도록 추구할 수 있다. 특정한 필요나 주제와 유관한 것(들)을 찾아내기 위해서, 우리는 독자들에게 다수의 표제들을 통해서 재빠르게 훑어보도록 요구하는 과제들을 고안할 수 있다. 달리 말하여, 우리가 검사하고 있는 목적과 유관한 읽기 과정의 구성 영역들을 분립시키고 찾아내고자 노력을 쏟을 수 있는 것이다(검사 목적들에 대한 논의는 더 자세히 제6장에서 볼 수 있음). 그렇지만 일부 측면들이 다른 측면들보다 검사하기가 좀 더 쉬울 것이다. 예를 들어, 짤막한 이야기를 읽고 있는 경우에 독자들이 '적합하게' 무대 내용들을 시각화하고 있는지 여부를 우리가 성공적으로 검사할 수 있을까? 자신의 주변 환경을 전혀 알지 못한 채 독자들이 충분히 소설에 몰입되어 있는지 여부를 평가할 수 있거나, 아니면 평가자를 위하여 마치 그러한 듯이 흉내만 내고 있는 것일까?

(2) 또 다른 광범위한 접근(총체적 접근)은 평가 행위 그 자체가, 우리가 평가하기를 희망하는 읽기 과정의 일부를 교란시켜 버릴 위험이 있음을 인식하고, 개별 독자들이 또한 '성공적으로' 읽어 내기 위해서 특정한 활동에 관여할 필요가 없음을 인정하는 것이다. 즉, 독자들이 이미 해당 낱말의 의미를 알고 있을 수 있고, 도리어 (검사 항목과) 무관한 뉴스 이야기를 흥미롭다고 여길 수도 있는 것이다. 그런 접근에서는 될 수 있는 한 우리에게 관심이 있는 조건들을 모의하는 일을 추구하는 방식이 결과적으로 도출될 듯하다. 즉, ① 그 날 일어난 사건들에 대한 개요를 얻기 위하여 신문을 읽는 일, ② 저녁에 볼거리를 계획하기 위하여 텔레비전 안내지를 훑어보는 일 등이다. 그런 다음에 독자가 성공적으로 해당 과제를 완성시켰는지 여부를 평가하는 것이다. 여기서는 다음과 같은 가정이 만들어질 듯하다. 만일 과제가 성공적으로 완성되었다면, 필요상 독자가 관심 있는 종류의 과정들에 간여할 수 있거나, 또는 그런 과정들이 필요치 않았다면 간여치 않을 수 있다. 제4장, 제5장, 제6장에서 이런 접근의 차이점을 다시 논의하게 될 것이다.

§.1-6. 위에서 아래로의 처리과정 및
아래에서 위로의 처리과정

지난 20년 넘게 읽기 조사 연구에서 대체로 독자들이 택할 수 있는 상이한 두 가지 접근법 사이에 명백한 이분법이 만들어져 왔다. 하나는 아래에서 위로의 접근법이고, 다른 하나는 위에서 아래로의 접근법이다.44) 후자는 거의 스미쓰(Smith 1971)과 구드먼(Goodman 1969, 1982)의 논의에 힘입었는데, 이들은 자신들의 글에서 읽기 과정상 독자에 의해 만들어지는 기여의 중요성을 강조해 왔고, 인쇄된 낱말에다 전통적으로 귀속시켰던 중요성을 경시하였다.

아래에서 위로의 접근(≒자료 주도적 접근)은 계열 모형(*serial models*)으로서,45) 독자가 인쇄된 낱말로부터 시작하여, 글자꼴 자극을 인지하며, 이 자극을 소리로 해독하고, 의미를 찾아낸다. 각 구성영역마다 하위 처리과정들을 포함하는데, 서로서로 독립적으로 일어나며(작동하며), 앞선 하위부서 처리결과의 출력물에 따라 작동한다. 그렇지만 연결체의 더 상위 수준에 있는 하위 처리부서는 더 낮은 수준의 부서들로

---

44) (역주) 비유에 지나지 않는데, 책을 책상 위에 놓고('아래'에 해당함) 그 내용을 머릿속으로 처리해 내는 일('위'에 해당함)이다. 만일 읽는 책이 만화처럼 너무 쉽다면 대충 넘기면서 '위'로부터의 처리가 주류를 이룰 것이다. 그렇지만 어려운 논문이라면 하나하나 면밀히 낱말과 문장 사이의 관계를 꼼꼼히 따지면서 이해해 나가도록 할 것이다. 이를 '아래'로부터의 처리라고 부른다. 위·아래가 혼란스러울 수 있으므로, 각각 이론(≒배경지식) 주도적 처리와 자료(≒덩잇글 재료) 주도적 처리라고도 부른다. 그렇지만 이런 비유가 오직 한 방향의 처리만으로 읽기가 끝난다는 오해를 빚을 수 있다. 어떤 읽기이든지 두 방향이 서로 교차되기 마련이다. 콜로라도 대학의 심리학자 킨취 교수는 이런 측면을 구성-통합(construction-integration, CI) 과정이라고 부른다. 이런 교차 방식은 아무렇게나 일어나는 것이 아니며, 이런 점에서 국어과 교육과정에서 쓰는 용어 혼합식 접근법은 오류이다. 구성 과정은 미시적 차원에서 일어나며, 통합 과정은 거시적 차원 및 상황모형을 만드는 경우에 작동되는 것이다. 아무렇게나 혼합되는 것이 아니기 때문이다. 이 책에서는 '상호작용 모형'으로도 부른다.

45) (역주) 일직선 상의 처리과정들이 한 단계씩 이어져 나가는 점을 가리키는 것이므로 순차적 처리 모형이라고도 번역할 수도 있을 듯하다. 포더 교수의 단원체 가정을 따르는 처리 방식이다(35쪽의 역주 40 참고). 이와 대립되는 용어는 과거 자유연상 기법을 연상시키는 연결주의이다. 이는 활성화 확산, 제약 만족 이론, 병렬 분산 처리 등으로 다양하게 불린다.

들어가 되짚어보기가 일어날 수 없다. 가령, 의미의 확인 작업이 하위 수준의 글자 인식을 이끌어 낼 수는 없는 것이다. 이런 접근은 대표적으로 1940년대와 1950년대에 유행한 행동주의(behaviourism)와 결합되어 있었고, 읽기 교육에 대한 '발음 중심(phonics)' 접근법과 관련되는데,46) 어린이들이 낱말을 읽기 전에 미리 글자를 인식하는 일을 배울 필요가 있다는 따위의 주장을 한다. 이런 전통적 견해에서는 독자가 차례대로 일련의 글자-소리-통사-의미 체계들에 대한 그런 순서대로 수동적인 해독자(decoders 부호 해독자)가 된다.

반면에, 제2장에서 보게 될 것인데 대부분의 조사 연구에서는 읽기에서 독자가 덩잇글 해석에 가져오는 지식의 중요성을 강조해 왔다. 이런 지식의 중심성을 강조하는 읽기 모형은 '개념틀-이론 모형(schema-theoretic models)'으로 알려져 있다.47) 이는 개념틀-이론에 근거하는데, 여러 개념

---

46) (역주) 미국의 행동주의는, 이념상 과거 소련의 유물주의 심리학(파블로프 등의 주도하였음)을 따라 쓸 수 없었기 때문에 별도로 이름을 붙여 놓은 것이다. 최근 새로운 접근법인 양 위장하여 퍼지고 있는 아동용 영어 교육을 위한 'phonics(발음 중심)' 접근법(오직 미국 발음 '퐈닉스'라는 외래어로 쓰는 일도 또한 위장 방식의 하나임)은 어린이에게 낯선 언어를 배우기 위해 듣기 활동이 누적되어야 하는 경우에 한해서만 인정될 수 있다. 글자를 배우는 초기 단계에서도 또한 '글자 → 발음 → 낱말 뜻'의 진행 경로를 따라, 먼저 글자를 발음한 뒤에 낱말의 뜻을 생각하는 것으로 알려져 있다. 34쪽 §.1-5의 역주 36)과 160쪽 §.2-5-7의 역주 71)을 읽어 보기 바란다.

47) (역주) 제대로 가려 쓰지 않아서 독자들에게 매우 혼란을 일으키는 낱말이다. schema(개념틀)는 칸트의 『순수이성 비판』에서 경험 초월적인 순수 이성의 범주(양·질·관계·양태)들을 실제 경험 현상에 부여하여 우리가 대상을 판단하고 결정하는 '매개 기능'으로서 상정되었다(A판 137, B판 176 이하). 따라서 칸트는 「schema(범주의 중간 매개자)가 image(감각인상)가 아님」을 명시적으로 언급하고, schema(범주 매개자)에 의해서 비로소 인식 속에서 image(감각인상)의 표상이 가능해진다고 보았다(백종현 2006 번역[아카넷]의 380쪽에서는 '도식은 도상과 구별되어야 한다'고 번역하여 양자를 동일하게 '그림 도[圖]'를 쓰고 있으므로, 서로 어떻게 구별되어야 하는지를 알 수 없을 듯함).

이 용어를 심리학에 도입한 이는 기억 연구의 아버지 바아틀릿과 인지발달 심리학자 피아제이다. 바아틀릿(Bartlett 1932), 『기억하는 일(*Remembering*)』(Cambridge University Press) 제10장에서는 자유연상에 의해 기억이 생긴다는 독일 심리학자 에빙하우스를 공박하기 위하여, 인간은 미리 머릿속에 지니고 있던 지식 짜임을 이용하여 기억을 만들고 다시 기억을 확장해 나간다고 주장하였다. 이때 기존의 지식 짜임이 schema(기존 지식 짜임)로 불렸다. 피아제(Piajet 1936; Cook 영역본 1952), 『어린이 지능의 기원(*The Origins of Intelligence in Children*)』(International Universities Press) 제II부에서 어떤 대상에 대하여 젖빨기·바라보기·붙잡기 따위의 행동을 가능하게 만들어 주는 지능으로서 schemata(개념 짜임)를 다룬다.

틀의 활성화를 통하여 지식의 습득 및 덩잇글의 해석을 설명한다. 들어오는 정보를 걸러주기 위한 거르개(filter, 여과장치)로 작동하는 머릿속에 저장된 정보 그물짜임들이다. 더 자세한 논의는 바아틀릿(Bartlett 1932), 오즈벨(Ausubel 1963), 허드슨(Hudson 1982), 캐륄(Carrell 1983a), 캐륄 외 (Carrell et al. 1988)을 읽어보기 바란다. 이런 시각에서는, 독자가 이미 갖고 있는 기존의 개념틀들과 관련된다고 여기는 바를 활성화해 놓고, 들어오는 정보를 그것들 위에 대응시킨다(map onto).48) 이들 개념틀이 연관되는 범위에 한하여, 읽기가 성공적이다. 위에서 아래로의(≒배경지식 주도적) 접근에서는 이들 개념틀의 중요성을 강조하며, 계속 들어오는 덩잇글 정보를 대상으로 하여 독자가 기여하는 부분이다. 예를 들어, 구드먼(Goodman 1982)에서는 읽기를

우연히 미국에서 인공지능의 논의와 관련하여 이 용어가 일반화되기 시작하였는데, 뤄멀하 앗(Rumelhart 1980), 「개념틀: 인지의 건축 부재(Schemata: The building blocks of cognition)」 를 보기 바란다. 이는 '연결주의' 입장과 정합적으로 이용되는데, 임의의 자극이 주어지면 그 자극과 관련된 일련의 사건 표상인 schema(개념틀)가 동시에 전체적으로 활성화되거나 아무것도 활성화되지 않는다고 본다(all-or-none fashion).

일본에서는 '도식(圖式)'(그림＋공식)으로 번역했으나, 만일 schema를 '도식'으로 번역하 면, 명제 또는 개념 정보가 들어가 있는 점을 제대로 포착해 낼 수 없다. 이 책의 제2장에서 는 formal schemata(형식 개념틀, 언어지식을 가리킴)과 content schemata(내용 개념틀, 배경 지식이나 주제지식을 가리킴)을 다루는데, 이들은 결코 그림도 아니고 공식도 아니므로 '도 식'이라고 번역해서는 안 된다. 여기서는 '개념틀'(지식 개념틀)로 번역해 둔다. 거의 같은 내용이지만 연구자들에 따라 다른 용어들이 쓰이기도 한다. scripts(각본, 일련의 사건 연결 체, Schank and Abelson 1977)나 memory organization packets(기억 짜임 꾸러미, Schank 1982)나 general knowledge structure(일반지식 구조, Graesser and Clark 1985)나 frame(사건 전개 틀, 얼개: Fillmore 교수의 용어로 보이는데, 77쪽 §.2-2의 역주 5를 보기 바람)으로도 불린다. 본문 §.2-2의 1)항에서도 서로 다른 용어들에 대하여 잠깐 언급된다. 한편 개념틀 이론을 읽기에 적용하는 일을 비판하는 반론도 카아붜(Carver) 교수를 중심으로 제시되어 있다. 전혀 낯선 내용이 담긴 덩잇글을 처리할 수 없기 때문이다. 반론의 자세한 내용은 §.2-2-9를 읽어 보기 바란다.

48) (역주) 수학에서는 onto(전사 함수)라는 낱말과 into(단사 함수)라는 낱말을 구별하여 쓴 다. 공역(정의역)과 공변역(치역)이 있을 때 공역의 원소들이 모두 공변역에서 하나의 값을 지닐 경우에 onto mapping(전사[원소가 모두 값을 지니는] 함수: surjection)로 부르고, 공역 (정의역)의 원소들이 각각 공변역(치역)에서 하나씩 서로 다른 값을 지닐 경우에 into mapping(단사[원소가 각각 다른 값을 갖는] 함수: injection)으로 부른다. 전사 함수는 쉽게 '서로 대응된다'고 풀 수 있다.

'심리언어학적 짐작 놀이(*psycholinguistic guessing game*)'

라고 부르는데, 여기서 독자는 최소한의 덩잇글 정보에 근거하여, 그리고 활성화된 기존의 지식을 최대한으로 이용하여, 해당 덩잇글의 의미(≒주제)를 짐작하거나 예측한다. 스미쓰(Smith 1971)에서는 비시각적 정보가 해당 덩잇글을 초월하여 포괄한다고[49] 주장하고, 읽기 과정에 대한 독자의 경험, 덩잇글의 맥락에 대한 지식, 해당 언어 및 특정한 덩잇글 갈래의 구조와 유형에 대한 친숙함뿐만 아니라, 또한 일반화된 세계 지식과 주제지식도 포함하고 있다.

위에서 아래로의 접근법에 대한 대표적 진술을 쉥크(Schank 1978: 94쪽)에서[50] 찾을 수 있다.

자연언어의 이해에서 우리는 하나의 간단한 규칙이 적용된다고 주장하려고 한다. 분석이 위에서 아래로의(≒배경지식 주도적) 예측 방식으로 진행되어 나가는 것이다. 이해는 기대치에 근거한다. 거꾸로 아래에서 위로의(≒자료 주도적) 처리가 시작되는 것은 오직 그런 기대들이 쓸모없거나 잘못되었을 경우일 뿐이다. (쉥크 1978: 94)

(We would claim that in natural language understanding a simple rule is

---

49) (역주) 언어를 가르치는 교사가 잊어버리지 말아야 할 것은 우리 머릿속에 있는 정보들이 크게 구체적인 감각 정보와 추상적인 개념 정보로 나뉘지만, 다시 이들 두 부류의 정보를 나누거나 묶고 종합해 나가는 상위 정보가 있다는 사실이다. 계몽주의 시대에 로크와 흄은 인간의 머릿속에 감각기관으로부터 얻는 정보(images 또는 sense data, impressions)와 그렇지 않는 정보(ideas, concepts)가 있다는 사실을 처음으로 밝혔다. 이를 일정 부분 받아들이면서, 칸트는 양자를 모두 통괄할 수 있는 상위 개념으로서 순수 이성(상위 인지, 범주)을 주장하였다. 원문의 transcend(초월하여 포괄하다)는 상위 인식들을 가리키는 것으로서, 개념들이 연합하여 이뤄진 상위 명제들의 집합체를 가리킨다. 이런 점에서 문학사에서 모든 것을 시지각 인상으로 바꿔 표현하려고 하던 '심상주의(imagism)'는 철저한 착각에서 비롯되었음을 알 수 있다. 문학 작품을 모두 영화로 만들려고 하는 시도 또한 오직 부분만을 강조하는 오류일 뿐이다.

50) (역주) 쉥크 교수의 기억에 대한 책자가 최근에 번역되어 나왔는데, 신현정 뒤침(2002), 『역동적 기억: 학습과 교육에 주는 함의』(시그마프레스)를 읽어 보기 바란다.

followed. Analysis proceeds in a top-down predictive manner. Understanding is expectation based. It is only when the expectations are useless or wrong that bottom-up proceeding begins. Schank 1978: 94)

그렇지만 오늘날 많은 심리학자와 언어심리학자들은 이해 과정의 비유를 제공하는 것이 아니라, 이해 과정을 설명하기 위한 개념틀 이론의 유용성에 의문을 던진다(≒비유에 불과함). 한 가지 논의는 기존 지식이 어떻게 기억으로부터 인출되는지, 그리고 그런 다음에 이해에 그것이 어떻게 이용되는지에 관한 것이다. 비록 제1 언어는 물론 제2 언어 독자들을 대상으로 하여 이해의 결과들에 대한 조사 연구에 강력한 유인책을 제공하였음에도 불구하고, 개념틀 이론의 문제점은, 이해 과정에 대한 명확한 정의나 예측들을 제공해 주지 못한다는 점이다.

결과적으로, 일부 최근의 조사 연구에서는 유창한 읽기에 대하여 아래에서 위로의 처리 또는 자료 주도적 처리의 중요한 기여를 강조하는 경향이 있다. 특히, 복잡한 기구들을 이용하여 눈 움직임에[51] 대한 많은 연구들이, 종이 위에 인쇄된 대부분의 낱말들에 대한 신속하고 자동적인 처리의 중요성을 지속적으로 보여 주고 있다. 영어 덩잇글에서 한 가지 추정값은 유창한 독자가 대략 80%의 실사와 40%의 허사를 처리한다.[52] 유능한 독자를 빈약한 독자로부터 구별해 주는 것은, 눈동

---

51) (역주) '안구 운동 추적'으로도 부르는데, 8쪽 §.1-2의 역주 8)와 126쪽 §.2-4의 역주 46)도 참고하기 바란다. 만일 독자의 눈동자가 멈춰 있을 경우에는 장기기억으로부터 관련 정보를 끄집어내어 덩잇글을 처리하고 해석하는 것으로 해석한다. 눈동자가 계속 글을 따라 움직일(안구 이동) 경우에는 활발히 덩잇글 정보를 받아들이고 있는 중이라고 본다. 따라서 눈동자가 멈추는(안구 정지) 순간을 포착하고, 그 때까지 덩잇글의 어느 부분에 멈추었는지를 따지는 것이 중요한 일이 된다. 분명히 이런 접근도 한계가 있다. 눈동자가 움직이고 멎는 과정 하나하나에 엉뚱한 상상이나 비약(자유연상이나 백일몽)이 끼어들 수도 있는데, 이런 딴 생각을 통제하거나 해석할 엄격한 기제가 없기 때문이다. 이런 점은 눈동자 움직임 연구가 제한적으로만 이용될 수 있음을 뜻한다.

52) (역주) 자세한 수치는 §.2-4와 §.2-5의 논의도 참고하기 바란다. 이는 덩잇글에 있는 실사 100%에서 80%를 받아들여 독자 나름대로 그 내용을 다시 '재구성'하고 있음을 말한다. 그런데 덩잇글의 허사가 절반도 안 되는 40%만이 고려된다는 것은, 독자들이 실사만으로써

44

자가 멈춘 지점에서 처리된 글자의 숫자도 아니고, 각 쪽마다 눈동자가 멈춰 처리된 낱말의 숫자도 아니다. 오히려, 자동적 낱말 인식이 일어나는 것으로 해석하는 눈동자 멈춤의 속도53) 및 눈동자가 멈춘 동안에 일어나는 처리이다. 최초의 낱말 확인 뒤 여전히 눈동자를 멈춘 동안에도, 유능한 독자는 더 높은 수준의 예측과 점검하기뿐만 아니라, 또한 후속 눈동자 멈춤에 대한 계획으로 진행하여 나간다고 제안되었다. 이는 시지각 자극을 분석하기 위하여 일부 능력만 쓰며, 따라서 (나머지 능력들을 쏟아 놓을) 다른 종류의 처리를 받아야 할 다른 자원들을 갖고 있기 때문이라고 여겨진다.

유능한 독자는 낱말 인식에서 신속할뿐더러 또한 정확하다. 동시에 짤막한 낱말들의 글자 속성에 주목하고, 한 낱말에 있는 모든 글자들을 인지하는 듯이 보인다. 낱말을 신속하고 정확히 인지하는 능력은 특히 나이가 어린 제1 언어(≒모어) 독자들에게서, 그리고 심지어 대학 수준의 학습자들에게서도 읽기 능력의 중요한 예측자이다.

그렇지만 사실상, 아래에서 위로의 접근도, 위에서 아래로의 접근도

덩잇글의 내용을 대체적으로 파악함을 함의하는 것이다.

실사(content words, 내용 낱말)와 허사(function words, 기능 낱말, 문법 낱말)의 구분은 영어의 품사에서 명사·동사·형용사·부사가 실사에 해당하고, 관사·전치사·조동사·계사 따위가 허사에 해당한다. 대명사 중에서 인칭 대명사는 실사로 보고, 관계 대명사는 허사로 본다. 비유적으로 말한다면, 실사는 벽돌에 해당하고, 허사는 벽돌을 붙이는 시멘트에 해당한다. 언어 표현에서 상대방이 쉽게 이해하도록 하려면 허사들을 잘 사용해 주어야 한다.

참스키 생성문법에서는 언어를 분류하는 방식이 전혀 다르다. 전통문법의 품사에 해당하는 요소로서 '어휘범주'라고 부르고, 명사 속성 [N]과 동사 속성 [V]를 서로 배합하여 [+N, −V]는 명사로, [−N, +V]는 동사로, [+N, +V]는 형용사로, [−N, −V]는 전치사로 본다. 어린이들이 언어 습득 과정에서 이를 각각 '대상·사건·속성·시공간'으로 지각한다. 이런 측면에서는 전통문법의 전치사가 '허사'에 해당하지만, 생성문법에서는 시간과 공간을 가리키는 '실사'로 지정할 가능성도 있다. 전통문법에서 허사로 불러온 것들은 생성문법에서 '기능범주'로 불리며, 종결어미 [C]와 시간 표현 선어말 어미 []]가 배합되어 각각 일치소(AGR), 시제/양태(T), 접속사(CONJ), 종결어미(C)가 도출된다. 이들 범주에 속하지 않는 임의 요소는 문법 요소가 아니라 낱말 만들기 요소나 화용적 요소로 간주되어 문법 분야가 아닌 다른 분야에서 다뤄지게 된다.

53) (역주) speed(속도)는 눈동자가 멎는 지점들 사이의 간격에 대한 시간 측정(빠르기)을 가리키는 것으로 이해해야 한다. 눈동자(안구)가 움직였다 멈추었다 하는 동작을 일정 속도로 반복하기 때문이다.

읽기 과정에 대한 적합한 성격 규명이 아니다. 좀 더 적합한 모형은 '상호작용 모형(*interactive models*)'으로 알려져 있다. 이 모형에서는 읽기 과정에 있는 모든 두뇌 부서들이 '더 높은 수준'이든지 또는 '더 낮은 수준'이든지 간에54) 임의의 다른 부서들과 상호작용할 수 있다. 실제로 처리과정이 지금은 계열적(*serial*, 단계별 진행)이라기보다 오히려 병렬적(parallel, 동시 진행)이라고 생각되고 있다(Grabe 1991: 384쪽). 예를 들어, 뤄멀하앗(Rumelhart 1977)의 모형은 되점검 기제(*feedback mechanisms*)와

54) (역주) 본문에서는 비유를 써서 'higher up(더 높이 있는)' 또는 'lower down(더 낮게 있는)' 처리 수준들로 부르는데, 이들을 나누는 기준은 언어로 표현될 수 있는지 여부와 스스로 자각할 수 있는지 여부에 있다. 흔히 언어로 표현될 수 있는 것은 스스로 자각할 수 있고 신중히 선택할 수 있겠지만, 언어로 표현할 수 없고 즉각적이지만 막연한 처리에 대해서는 재귀적 감지 체계가 제대로 작동하지 않고, 오직 결과만을 놓고서 의식적으로 되짚어 반성할 수 있을 뿐이다.

　이를 쉽게 구분할 수 있도록 조지프 르두(LeDoux) 교수는 한 가지 사례를 제시한다(강봉균 뒤침 2005, 『시냅스와 자아: 신경세포의 연결 방식이 어떻게 자아를 결정하는가?』 소소 및 최준식 뒤침 2006, 『느끼는 뇌: 뇌가 들려주는 신비로운 정서 이야기』 학지사). 누군가 숲속에서 큰 곰을 만났을 경우, 먼저 반사적으로/무의식적으로 줄행랑을 치다가, 차츰 스스로 공포감을 느끼게 되면서 내 자신의 행동을 반성하게 된다. 공포를 느끼니까 도망가는 것이 아니다. 오히려 도망가다가 차차 공포감을 느끼는 것이다. 전자는 자극을 받고 2차 뇌(테두리 뇌, 변연계)에서 직접 근육 작용의 명령들을 내보낸 것이고, 차츰 2차 뇌의 정보가 3차 뇌(대뇌 피질)로 전송되면서 스스로 의식을 차려 사태를 파악하게 되는 것이다. 전자는 더 낮은 처리에 해당하고, 후자는 더 높은 처리에 해당한다.

　2002년 노벨 경제학상을 수상한 심리학자 대니얼 카느먼(Kahneman) 교수도 판단과 결정 과정을 다루면서 비슷한 논의를 한다(이진원 뒤침 2012, 『생각에 관한 생각』 김영사). 즉각적이고 충동적이며 신속한 판단과 결정이 '체계 1'(자동적이며 즉석의 결정 체계)에서 이뤄지지만, 보다 신중하고 앞뒤를 재어 보며 사려 깊은 판단과 결정은 '체계 2'(의식적이며 신중한 결정 체계)를 통해 이뤄진다고 보았다. 일반 독자가 쉽게 곧 이해할 수 있도록 배려되어 있지는 않지만 전문서적으로 카느먼 외 2인 엮음(1982; 이영애 뒤침 2001), 『불확실한 상황에서의 판단: 추단법과 편향』(아카넷)도 참고하기 바란다. 'heuristics'를 난해하게 추단법(추측하여 단정하는 방법)으로 번역하였는데, 이는 체계 1에 의한 어림짐작이나 주먹구구 결정을 가리킨다. 이런 판단과 결정 과정이 우리 생활뿐만 아니라, 중요한 정책 결정에도 깃들게 된다는 주장은 많은 함의를 띠고 있다.

　따라서 본문의 용어에서 수준/층위가 더 낮고 더 높다는 것은, 서로 갈등하는 처리 체계를 가리키는 것이 아니라, 상황에 따라 비록 선후 연결 작동이 달라지겠지만 우리의 생명을 유지하고 주위의 정보를 파악하는 데에 서로 긴밀히 협동해야 하는 부서들임을 알 수 있다. 뒤친이는 낮은 처리 체계가 기본값으로 언제나 작동하는 것으로 보며, 필요에 따라 그 정보가 더 높은 처리 체계(의식적이고 언어로 표현할 수 있으며 스스로 느낄 수 있음)로 전송되는 것으로 보는 것이 온당할 것으로 본다. 만일 낮은 처리 체계가 기본값 처리를 맡는다면, 일반적으로 학교 교육에서 해야 하는 일은 특히 더 높은 처리 체계에 대한 정교한 운영 방식을 좋은 표본들을 놓고 연습시켜 주는 쪽에 모아질 것이다.

맞물려 있다. 이 기제는 지식 자원(언어지식 및 세계지식)들이 시지각 입력물과 상호작용을 할 수 있게 해 준다. 이 모형에서 (독자가 세워 놓은) 덩잇글 처리에 관한 한 가지 최종 가정은 계속하여 동시에 다중 지식 자원들로부터 종합화된다.

다른 한편으로 스타노뷔치(Stanovich 1980)에서는 상호작용적 보상 모형(interactive compensatory model)을 발전시켰다. 이는 처리 부서들 사이에 있는 상호작용의 정도가 개인별 처리 부서들에서의 지식 부족량(deficits 결손)에 달려 있는데, 이 부족분을 보상하기 위하여 상호작용이 일어난다고 본다. 따라서 빈약한 수준의 낱말 인식 기술을 지닌 독자는 위에서 아래로의 지식을 이용하여 자신의 부족분을 보상할 수 있다. 그렇지만 제2장에서 읽게 되듯이 이런 보상 작용이 실제로 일어난다는 증거는 논란 중이다.

비록 구드먼 모형이 흔히 위에서 아래로의(≒배경지식 주도적) 모형으로 규정되고, 스미쓰 모형이 1970년대에 과도한 아래에서 위로의(≒자료 주도적) 접근들에 대한 유용한 교정지침으로서 작동하였지만, 구드먼(Goodman 1982)에서는 스스로 그런 이름을 거부하고서 자신의 모형이 내세운 의미(≒주제나 의도 파악)의 목표가 '의미의 구성(construction of meaning)'임을 전제한다고 주장하였다. 이는 의미를 구성(≒주제나 의도 파악)하기 위하여 철자-음성·통사·의미 단서들에 대한 상호작용적 이용을 필요로 한다. 독자는 철자와 낱말들에 대한 수동적 확인 주체(passive identifiers)가 아니라, 그들 자신의 지식을 이용하는 능동적 구성 주체(active constructors)이다. 구드먼은 읽기를 다음과 같이 복합 처리과정으로 본다.

① 철자 단서들에 대한 덩잇글을 표본으로 만들고(sampling),[55]

---

55) (역주) 표본으로 만들기(표본 작업, 표본화)는 생물학 시간에 곤충을 관찰하기 위하여 표본으로 만든 뒤에 자세히 돋보기로 들여다보는 일을 연상시킨다. 그런데 구드먼(1996:

② 문법 구조와 의미를 예측하며(predicting),

③ 덩잇글을 놓고서 미리 세운 가정의 타당성을 입증하고(confirming),

④ 표본 만들기가 진행됨에 따라 필요하다면 그 가정들을 교정하기(correcting)

덜 능숙한 독자들은 종종 '낱말에 얽매인(*word-bound*)' 듯이 보인다.[56) 스미쓰 모형과 같이 전통적인 심리언어학 모형들에서는, 그런 독자가 좀 더 과감하게 위험(≒오독하게 될 위험)을 감수할 필요가 있다고 주장한다. 그러나 좀 더 최근의 견해에서는 그런 독자들이 아직 충분히 아래에서 위로의 처리과정에 효율적이지 않음(≒더 연습할 필요가 있음)을 시사해 준다. 그런 독자가 충분히 신속하고 정확하게 낱말들을 인식해 내지 못하는 것이다. 그리고 제2 언어 독자들에게서는 하여간 철자 문제뿐만 아니라 또한 낱말 이해 문제도 있을 가능성이 있는데, 학습자가 주의를 쏟기에 과도하게 너무 많은 새 형태들이 있는 것이다. 짐작하기 접근은 이런 결함을 극복하여 자동적인 인식 쪽으로 이끌어 갈 수 없다. 설사 몇 연구에서 자동 인식을 향상시키려고 시도해 왔다고 하더라

112~115쪽), 『읽기에 대하여: 언어의 본질과 읽기의 과학에 대한 상식적 관점(*On Reading: A Common-sense Look at the Nature of Language and the Science of Reading*)』(Heinemann)에서는 전략이라는 상위 용어를 쓰면서 다음처럼 언급하고 있다.

① sample/selection(표본/선택) 전략
② prediction/inference(예측/추론) 전략
③ confirmation/disconfirmation(입증/반증) 전략
④ correction(교정) 전략

따라서 sampling(표본화 작업)은 주어진 덩잇글로부터 불필요한 것들을 과감히 덜어내고 꼭 필요한 것만을 추려내면서 의도나 주제를 재구성해 나가는 과정임을 알 수 있다. 폰대익(van Dijk 1980), 『거시 구조: 담화··상호작용··인지 축으로 짜인 전체 구조에 대한 융합 학문의 연구(*Macrostructures: An Interdisciplinary Study of Global Structures in Discourse, Interaction, and Cognition*)』(Lawrence Erlbaum)에서 네 가지 거시 규칙들이 ① (약한) 삭제/선택 규칙, ② 강한 삭제 규칙, ③ 일반화 규칙, ④ 구성 규칙으로 제시되는데, 이 중에서 첫 단계의 규칙과 거의 동일한 것으로 이해된다.

56) (역주) 낱말들은 불교의 비유에서 보듯이 '달을 가리키는 손가락'에 지나지 않는다. 낱말과 낱말들로 이어진 문장에서 얻는 단서들을 토대로 하여 관련됨직한 상황을 빨리 머릿속에서 구성해 내고서, 이를 토대로 하여 해석을 진행해 나가야 하는 것이다. 낱말에 얽매일 것이 아니라, 이를 단서로 하여 초월(transcend)해 나가야 하는 것이다.

도, 자동 처리 속성을 얻는 데에는 끊임없는 연습 이외에 달리 지름길이 없다.

읽기에 대한 좀 더 최근의 접근들에서는 시지각 입력물의 중요성을 다시 한 번 더 조사하기 시작하였다. 낱말을 알아차리기 위하여 철자들이 계열적(≒앞뒤 일직선 방향)으로 처리되는 것이 아님이 인식되었다 (Samuels and Kamil 1988). 낱말 인식 과정에는 통사 효과 및 의미 효과가 있다. 따라서 서로 유관한 짝 낱말들이 서로 무관한 짝들보다 좀 더 빨리 인식될 것이고, 낱말 인식 오류 실험에서는 대치 낱말이 흔히 대치되고 있는 원래 낱말과 동일한 통사 범주를 지닌다. 유능한 독자는 단순히 덩잇글을 표본으로만 만드는 것이 아니고, 정상적으로 유창한 읽기 과정에서 낱말들을 건너뛰기도 함이 밝혀졌다.

> "노련한 읽기에 대하여 불변하는 단일한 필수적 사실은, 인쇄물을 놓고서 개별 철자들에 대한 비교적 완전한 처리과정을 포함한다."(애덤즈 1991: 105쪽)
>
> (the single immutable and non-optional fact about skilful reading is that it involves relatively complete processing of the individual letters of print. Adams 1991: 105)

여기서 관련이 되는 듯한 바는 인식의 속도, 즉, 처리과정의 자동적 속성이다.

유능한 독자와 빈약한 독자는, 빈약한 소리 해독 기술·낱말 구조에 대한 무감각·통사 속성들에 대한 빈약한 해독 기술에 의해 서로 구분된다(Vellutino and Scanlon 1987). 이 연구자들은 읽기 난점을, 불충분한 배경지식이나 불충분한 위에서 아래로의 전략의 문제가 아니라, 특정 구조가 정보를 부호화하는 방식을 인식하지 못하는 실패를 포함하여 언어 문제로 간주한다.

따라서 원인 진단(diagnostic)의 추(錐 pendulum)가 갈팡질팡 앞뒤로 오간다. 읽기에서 아래에서 위로의(≒자료 주도적) 처리 정보와 위에서 아래로의(≒배경지식 주도적) 처리 정보가 둘 모두 중요하고, 두 종류의 정보가 복잡하고 잘 알려지지 않은 방식으로 상호작용하고 있으며(이런 저자의 주장과는 달리, 40쪽의 역주 44에서 킨취 교수의 생각을 참고하기 바람: 뒤친이), 두 종류의 접근 사이에 균형이 덩잇글·독자·읽기 목적에 따라서 변동할 것 같다는 점은 분명하다(제2장을 보기 바람). 1970년대 및 1980년대에 조사 연구자와 교사들을 중심으로 하여 서로 비슷하게 위에서 아래로의(≒배경지식 주도적) 접근에 좀 더 강조점이 주어졌음이 사실이라면, 이제는 조사 연구와 현장 교육으로부터 덩잇글 인식의 중요성(≒자료 주도적 처리)이 좀 더 주목을 많이 받음에 따라 어떤 강조점의 변화를 곧 보게 될 듯하다.

이런 변화가 평가에 대해 지니는 함의는 무엇일까? 분명히 진단 논제가 있다. 빈약한 읽기의 원인들이 우리가 세우는 모형과 이용 가능한 자료에 따라 좀 더 아래에서 위로의 처리에 말미암는 것으로 가정될 수 있거나, 반대로 위에서 아래로의 처리에 말미암는다고 가정될 수 있다. 진단 검사 실시 주체는 또한 한 가지에만 집중하는 것이 아니라 두 가지 가능성에 모두 주목하게 될 듯하다. 우리는 빈약한 읽기가 아래에서 위로의 빈약한 전략들에 기인하거나, 아니면 배경지식의 부적합한 적용에 기인할 법한 상황들을 가시적인 사례로 만들 수 있고, 어떤 접근법이 지배적이었는지를 찾아낸 지식이 유용할 듯하다.

그렇지만 읽기 성취 및 능통성 검사는 또한 읽기 과정의 본질에 대한 개념57) 및 한창 논쟁 중인 논점의 강도로부터 크게 영향을 받지 않을

---

57) (역주) 원문에 notion(통상적인 개념, 통념)은 엄격한 정의 없이 일상 언어에서 쓰는 바대로 받아들여 쓰는 생각을 가리킨다. 이와는 달리 엄격한 정의를 내세우고 이에 따라 써 나갈 경우에는 concept(개념, 학술적 정의에 따른 개념)을 쓰고, 이 개념들을 토대로 하여 도출된 복합 개념들을 가리키기 위해서는 conception(복합 개념, 다른 뜻으로 임신이나 수태를 가리키기도 함)이란 말을 쓴다. 한자어로 '평미레 개(槪)'라는 낱말은, 옛날 되에 쌀을

수 있다. 왜냐하면 적어도 현재 밝혀진 대로 바로 평가의 본질과 목적으로 말미암아, 저자는 그런 검사들이 읽기 과정보다 오히려 읽기 결과에 집중하고 있기 때문임을 논의할 것이다(그렇지만 제9장도 참고하기 바람). 더욱이, 학습자에게 아래에서 위로의 접근법이나 위에서 아래로의 접근법을 받아들이도록 요구할 법한 읽기 검사를 가시화해 주기가 아주 어렵다. 어떤 접근법을 택하든지 또한 주어진 이해 내용으로 귀결될(≒따라서 어떤 접근법인지 변별하지 못할) 수 있을 것이기 때문이다.

검사 주체(testers, 시험 주관자)에게 자신이 마련해 놓은 검사 항목들을 살펴보는 경우에 이 문항이 위에서 아래로의 접근 문항인지, 아니면 위에서 아래로의 접근 문항인지 여부를 스스로 물어보게 하는 것이 유용할 듯하다.

"위에서 아래로의 읽기가 이 시험 문항을 올바르게 이해할 수 있는 기회를, 또는 그릇되게 이해할 수 있는 기회를 더 많이 제공할 것 같은가? 그러나[58] 의미를 포함하고 있는 임의의 검사/시험 항목이, 오직 하나의

수북이 담고 나서, 곧고 긴 막대기로 되의 상단 면에 맞추어 쌀을 고루 평평하게(平) 밀어(밀-) 주는 도구(-개/-애)이다. 현대어로 바꾼다면, 되에 쌀을 수북이 담은 뒤에, 되의 용량이 정확해지도록 '평평하게 밀어 주는 도구'[평+밀+에]. 그렇다면 '개념'이란 말의 뜻은 결국 개(槪)한 생각(念), 곧 '두루 누구에게나 공정한 생각의 단위'를 가리키는 것이다.

현대 학문에서는 귀납법과 연역법이 앞뒤로 융합되어 있는 '가설-연역적 접근법(hypothetic-deductive approach)'을 택하고, 최상위에 있는 요소를 공리(axiom) 체계라고 부르며, 그 체계 속에는 더 이상 정의할 수 없는 용어들을 담고 있다. 이를 '무정의 용어(undefined terms)'라고 부르는데, 임의의 항(a term)이나 형식 함의(formal implication)들이 모두 무정의 용어이다. 따라서 개념은 '무정의 용어, 공리 체계, 가설 연역 접근법' 등으로부터 시작되어야 함을 알 수 있다.

58) (역주) 제대로 부각되거나 언급되지 않지만, 접속사 and(그리고)와 but(그러나)의 용법이 우리말과 영어에서 서로 차이가 있다. 우리는 사실보다 사실에 대한 의견을 묶기 일쑤이다. 그렇지만 영어에서는 언제나 사실만을 묶을 뿐이다(마치 yes와 no에 대한 대답 방식이 서로 다른 것과 아주 비슷함). 원문의 but(그러나)은 의미를 묻는 문항이 위에서 아래로의 접근법을 검사하고 있더라도, 사실에 있어서 다른 접근법을 검사하고 있을 가능성이 함께 묶여 있으므로, 이 두 사실 명제를 역접 관계로 보고 but을 쓴 것이다. 우리말에서는 사실에 대한 의견을 묶기 때문에, 한 문항이 위에서 아래로의 접근을 요구한다는 의견과 또 다른 접근을 요구할 수 있다는 의견이 동일한 사람의 의견에 속하기 때문에 '그리고'처럼 순접 관계로 볼 수 있다. 이런 점에서 '그러나'가 없는 편이 오히려 더 자연스럽다. 차이를 드러내기 위하여 일부러

접근법만 담고 있을 가능성이 있고, 다른 접근법을 담고 있을 가능성은
아주 없을 것 같은가?"

덩잇글의 단서 및 독자의 배경지식 사이에는 서로 긴밀한 상호작용이
있을 가능성이 아주 높다.

§.1-7. 읽기 및 일반 인지

구드먼 교수가 읽기 과정을 '표본화, 예측, 입증, 교정' 작업으로 특성
짓는 일이(47쪽의 역주 55 참고) 읽기 과정보다 좀 더 일반적인 과정(≒담
화 처리과정)을 서술해 준다는 점은 독자를 자유롭게 놔 두지 않을 것이
다. 심지어 그런 처리과정이 과학의 많은 분야에서 가정 수립 및 해결에
근본적임이 논의될 수도 있고, 따라서 일반적인 문제해결 전략의 일부
로 서술될 소지도 있다. 실제로 읽기의 여러 측면이 문제해결 과정을
드러내며, 문제해결 전략이 읽기 과정에서 많은 난점들의 해결을 위해
유용하다고 보는 사람들도 있다. 가령, 모르는 낱말의 의미를 이끌어내
는 일 따위이다. 아주 일찍이 1917년에 읽기를 추론하기(reasoning, 추론
판단)로[59] 특성 지운 사람은 심리학자 쏘언다익(Thorndike)이다.[60] 추론

본문의 역접 관계 접속사를 그대로 번역해 둔다. 233쪽 §.4-2의 역주 3)도 같이 보기 바람.
59) (역주) 비슷한 용어로 reasoning(포괄적인 추론 판단)과 inference(논리적 추리)가 있는데,
앞의 용어가 모든 이성 능력을 발휘하여 추론하고 판단하는 상위 개념이다. 후자는 아리스
토텔레스의 논리학에서 다뤄진 논리적 추리 방식에 따라 참된 결론을 내리는 일이다. 흄
(1740)에서는 경험 재료 사이의 연결을 inference로, 추상적 재료 사이의 연결을 reasoning으
로 한 적도 있었다. 칸트는 인간의 인식 능력까지 점검하는 일을 '초월적'이라는 꾸밈말로
부르는데, 오직 전자에만 해당하며, 인류 지성사에서 칸트가 처음으로 '판단'이란 정신작용
이 초월적 층위에 속함을 깨달았다. 그렇지만 우리말에서 '추론'과 '추리'가 서로 석연히
구별되는 것도 아니고, 영어의 일상 용법에서도 이 두 낱말이 명백히 나뉘는 것도 아니다(가
령 두 단락 다음에 Carroll을 인용할 적에 inference는 포괄적 추론 판단과 동일하게 쓰였음).
일단 전자에는 추론이란 말을 쓰되, 후자에는 추리라고 번역해 두겠지만, 맥락에 따라서
이런 구분이 필요할 경우에는 각각 '포괄적 추론'과 '논리적 추리'라는 수식어를 붙여 놓기

이란 용어로써, 그는 독자가 의미의 문제를 해결하는 많은 전략들이 연역 및 추리의 논리적 과정과 흡사하고, 유능한 독자는 분명하게 생각할 수 있는 사람임을 뜻하였다. 그런 다음부터는, 특히 읽기의 본질에 대한 위에서 아래로의 해석 쪽으로 기울어진 사람들에 의해서 이 비유가 채택되어 왔고, 읽기 과정에서 여러 개념틀의 중요성 및 논리적인 추리(inference) 능력을 강조한 바 있었다. 실제로 최근에 '비판적' 읽기 기술이나 능력의 향상에 쏟는 관심에서는,61) 읽기와 사고에 대한 연구를 끌어들일 뿐만 아니라, 이들 두 영역 사이에 임의의 구분이 가능하다고 치더라도 거의 구획을 해 놓지 않는다. 예를 들어, 아브둘라(Abdullah 1994: 291쪽)에 제시된 이른바 '비판적 읽기 능력' 속에 들어 있는 하위 기술은 다음의 일곱 가지 항목을 담고 있다.

① 연역 추리를 평가하는 힘
② 귀납 추리를 평가하는 힘
③ 일반화의 튼튼함(soundness 견고성)을 평가하는 힘
④ 숨겨진 가정들을 인식하는 힘
⑤ 진술들에서 치우침(bias, 편견)을 찾아내는 힘
⑥ 저자의 저작(집필) 동기들을 인식하는 힘
⑦ 논점들의 강도를 평가하는 힘

이런 목록에 근거한 검사/시험이, 읽기 이해 검사 및 언어 능통성 시험 변인들과 현저하게 중복됨을 보인다는 사실은, '비판적 읽기'가 좀 더

로 한다. 논리적 추리에는 귀납추리와 연역추리가 있다.

60) (역주) Robert Ladd Thorndike(1910~1990)으로 §.2-3과 §.3-1에도 다시 언급된다. 미국 행동주의 심리학 및 학습 심리학의 거장 Edward Lee Thorndike(1874~1949)의 아들이다.

61) (역주) skill(기술)과 ability(능력, 힘)이 서로 뒤섞여 쓰이고 있다. 우리말의 어감은 '기술'을 얕잡는 듯하므로(옛문화의 인습에 따른 편견), 국어과 교육과정에서는 모두 '능력'이란 말을 쓰고 있다. 그런데 영어에서는 skill(기술)이 흔히 'skill to practice(반복 연습해야만 비로소 체득되는 기술)'을 뜻하며, 초점이 반복 연습 과정에 놓인다. 28쪽 §.1-4의 역주 29) 참고.

일반적인 읽기와62) 서로 밀접함을 강조해 준다. 비판적 읽기를 교육하는 가치를 확신하는 이들은(가령, Benesch 1993을 보기 바람),63) 의심할 바 없이 또한 그런 능력들도 검사할 필요성을 느낄 것이다.

그렇지만 비판적 읽기의 검사들에 대한 대량 생산으로 뛰어 들어가기 이전에, 우리는 읽기 능력의 어느 범위까지를 평가하고 싶어 하는지, 그리고 이런 능력을 다른 인지 능력으로부터 어느 정도까지 구별해 놓기를 바라는지에 대하여 반드시 스스로 물어봐야 한다. 적어도 직관적으로만 보면, 읽기 능력 및 비판적 사고 능력 사이를 구분해 줄 수 있다. 심지어 캐뤌(Carroll 1969, 1971, 1993)에서는 이해 및 추론 사이에 명백한 구분점이라고 스스로 간주한 바를 다루기까지 한다. '비판적 읽기'가 이런 상식적 구분을64) 흐려놓음을 인정하는 한편, 일부러 두 영역 사이를 혼란시켜 버리기 이전에 우리는 잠시 중단하여 여러 가지를

---

62) (역주) 일반적인 읽기는 1차적으로 언어로 이뤄진 가장 큰 단위 '담화'를 가리키는 것으로 해석할 수 있다. 그러나 더 나아가서 언어를 넘어선 대상도 가리킬 수 있는데, 피카소 그림 읽기, 얼굴 표정 읽기, 상대방의 마음 읽기, 세상 돌아가는 사정 읽기와 같이 더욱 포괄적으로 확대되어 쓰일 수 있다. 여기서는 일단 '담화' 읽기를 가리키는 것으로 해석해 둔다.

63) (역주) 저자가 '비판적 담화 분석(Critical Discourse Analysis)'을 고려하고 있지 않으므로, 번역자로서는 저자가 올바른 노선에 있다고 볼 수 없다. 이를 평가 절하하여 표현한다면, 다만 초·중급 학습자들을 대상으로 하여 언어밖에 알 수 없는 낮은 수준의 읽기에 불과하다. 고급 학습자들을 위해서는 응당 사회관계와 언어로 매개되는 삶의 경험들을 총체적으로 다루는 단계에까지 나아가야 한다. 최근 각광받는 비판적 담화 분석(CDA) 흐름은, 언어학의 전환을 이룩한 노엄 참스키 교수와 그 제자로서 따로 인지 언어학을 창시한 조어쥐 레이코프 교수의 업적들도 모두 포괄할 수 있다. 비판적 담화 분석은 이 책의 저자와 같은 대학에서 가르쳤던 페어클럽 교수 및 화란의 폰대익 교수의 책들이 훌륭한 지침서이다. 참스키 교수의 비판적 시각의 책자는 우리말로 거의 40종이나 번역되어 있고, 레이코프 교수의 책도 10권 넘게 번역되어 있다. 3쪽 §.1-1의 역주 3)을 보기 바란다. 한마디로, 언어학 대가들이 최종 도달한 세계는 비판적 안목을 갖고 주위 환경을 재구성하는 일이라고 요약할 수 있다. 제도권 교육도 비판적 지성인을 길러 내는 일이 되어야 마땅하다. 언어 교육에서 비판적 담화 분석이 위상은 142쪽 §.2-5-3에 있는 역주 58) 및 351쪽 §.6-3에 있는 '상황 3'의 역주 12)를 참고하기 바란다.

64) (역주) '상식적(common-sense)' 구분이란 말이 자칫 많은 오해를 빚을 소지가 있겠지만, 단순하게 서로 다른 대상을 놓고 진행되는 정신 과정이라고 보는 것이다. 덩잇글을 대상으로 하면 읽기이고, 일반 세계를 대상으로 하면 사고(생각하기)이다. 문제는 이 두 개념이 나란히 병렬되어 있는 독립 영역이 아니라, 하나가 다른 하나에 포함되는 관계라는 점이다. 따라서 번역자는 '상식적 구분'보다는 오히려 '막연한 구분'이 맥락상 더 적합한 표현이라고 본다.

따져볼 필요가 있다.

　다른 인지 변인들에 의해 전혀 오염되지 않은 누군가의 읽기 능력에 대한 그림을 얻어내기를 원하는 범위까지, 저자는 이런 희망 사항이 여러 가지 난점들로 가득 차 있음을 인정하는데, 저자에게는 우리가 읽기를 추론 판단과 서로 별개로 떼어놓으려는 노력을 해야 하는 듯하다.[65] 많은 읽기 목적을 위하여, '유능한 독자'를 찾아내기를 희망하면서 이를 가시화할 수 있다. 그런 독자가 '유능한 사고 주체'일 수도 있고 그렇지 않을 수도 있다. 이런 일이 그리 만만치 않음은, 많은 교사와 검사 주체들이 자신이 마련한 검사/시험이 응당 적어도 '더 높은 수준'의 읽기 기술은 물론 또한 꼭 마찬가지로 '더 낮은 수준'의 기술들도 평가해 줌을 보장하려는 희망 사항으로부터 잘 살펴볼 수 있다(Alderson 1990b). 그렇지만 특히 해당 언어가 독자의 제2 언어일 경우에 그렇게 실행하는 일의 문제점들이 올더슨·룩마니(Alderson and Lukmani 1989)에

---

65) (역주) 번역자는 이런 희망 사항이 읽기가 오직 언어로만 연결되어 있다고 철저히 착각하는 데에서 말미암는 것으로 판단한다. 킨취 교수의 모형에서는, 덩잇글 읽기란 미시구조에서 거시구조를 거쳐서 덩잇글 기반을 만들어 내고, 다시 상황모형을 형성함으로써 비로소 장기기억 속에 저장되는 과정이다. 여기서 거시적 차원으로 갈수록 표면적인 언어 요소와는 더욱 멀어질 수밖에 없다. 읽는 과정은 언제나 우리의 작업기억과 장기기억의 인출구조를 적합하게 이용하는 일이며, 다시 덩잇글에 대하여 재구성해 놓은 표상을 독자의 기억 속에 집어넣는 일이다. 그렇지만 초급 학습자만을 대상으로 한다면, 이 책의 저자가 희망하듯이 언어에만 집중하여 매달릴 수 있을 것이다. 이 책의 저자가 내세운 비유를 이용한다면, 언어 및 실세계 상황 사이에 이어져 있는 연속선(continuum) 상에서 초급 학습자의 검사는 왼쪽 편으로 놓일 것이다. 반면에 모국어 교육을 비롯하여 중급 이상의 학습자를 대상으로 한다면, 실세계 상황을 알아차리는 오른쪽 편에 검사의 초점이 모아져야 하며, 모름지기 언어 밑바닥에 깔려 가려져 있는 명제들을 스스로 찾아내어 자신의 언어로 재번역할 수 있어야 한다. 또한 후자로 올수록 일반 인지 능력이 더 큰 몫으로 작용한다.
　이 책의 저자가 놓쳐 버린 또 하나의 중요한 정신 작용의 속성은, 언어와 실세계로 이어져 있는 하나의 연속선 이외에도 각 지점들을 비교하고 조정해 주기 위해서는 상위 인지 층위가 또 다른 하나의 연속선을 이루고 있어야 한다는 사실이다. 이를 두 층위의 연속선으로 표현할 수도 있고, 때로 내포 관계를 이루는 세 영역의 인지 작용이라고도 부른다(삼원체계 모형). 삼원체계에 대한 선구적인 논의는 존슨-레어드(Johnson-Laird 1983), 『정신 모형: 언어·추론·의식에 대한 인지 과학을 향하여(*Mental Models: Towards a Cognitive Science of Language, Inference, and Consciousness*)』(Harvard University Press)와 젠트너·스티븐즈 엮음 (Gentner and Stevens 1983), 『정신 모형(*Mental Models*)』(Lawrence Erlbaum)이며, 최근에 나온 스퍼버 엮음(Sperber 2000), 『상위 표상들: 다중 융합 학문적 관점(*Meta-representations: A Multidisciplinary Perspective*)』(Oxford University Press)도 함께 읽어 보기 바란다.

서 강조되어 있다. 서로 다른 문화 맥락으로 된 제2 언어 읽기를 다루고 있다면, '비판적 읽기 능력'을 검사하는 경우에 어쨌든 간에 원하지 않은 문화적 편견을66) 도입하고 있지 않음을 확실히 보장할 필요가 있다. 이는 상이한 언어나 문화의 맥락 속에서는 적합할 수도 있고 그렇지 않을 수도 있다. 읽기의 사회적으로(≒사회 계층 사이에) 내포된 본성에 대한 견해를 보려면 힐·패뤼(Hill and Parry 1992)를 참고하기 바란다.

그렇지만 만일 읽기가 해독/낱말 인식과 일반적 이해 내지 문제해결 기술로 이뤄져 있다는 점차 늘어나는 공통 견해(앞에서의 논의를 보기 바람)를 받아들인다면, 이해 및 '비판적 사고' 사이에 있는 구별은 금을 그어 놓기가 더욱 어려워지며, 이분법이라기보다 오히려 좀 더 두 점 사이를 이은 하나의 연속선(continuum)을 이루고 있음에 의심의 여지가 없다. 그럼에도 불구하고, 특히 제1 언어 읽기 및 제2 언어 읽기 사이의 차이를 둘러싸고 일어나는 논쟁의 시각에서 보면, 저자는 적어도 제2 언어 맥락에서 검사하고자 하는 바가 무엇인지를 명백해지도록 해 놓고, 따라서 자신의 검사가 그런 연속선 위에 임의의 위치에 자리를 잡도록 해 놓는 일이 중요함을 논의하려고 한다.

§.1-8. 제1 언어에서의 읽기 및 제2 언어에서의 읽기

제2 언어에서 읽기 평가에 대한 언급은 불가피하게 우리를 제2 언어 나 외국어에서 읽기의 본질에 대한 물음으로 데려간다. 문제는 읽는 능력이 여러 언어들에 걸쳐 옮겨갈(=전이될) 수 있는지 여부이다. 유능

---

66) (역주) 과거에 낮은 수준의 영어권 덩잇글에서도 탐험 내지 개척을 소재로 하여 마젤란이 필리핀에 도착한 경우처럼, 서구 문명과 무관한 지역의 사람들을 아주 미개하게 취급하기 일쑤였다. 이는 상대 문화에 있는 학습자들에게 목표언어를 배우고자 하는 의욕과 동기를 꺾어 버릴 수 있다.

한 제1 언어 독자가 또한 유능한 제2 언어 독자가 될 것인가? 이 논제는 보통 약간 다르게 하나의 주장인 듯한 모습으로 가정하게 된다. 즉,

'빈약한 제2 언어 읽기가 제1 언어로 된 유능한 읽기 능력/기술/습관을 결여하는 데에서 비롯된다.'

(*poor second-language reading is due to a lack of good reading abilities/skills/ habits in the first language*)

고 많은 제2 언어 교사들이 믿는 것이다. 올더슨(1984)에서는 이 논제를 언급하고 당시까지 출간된 대부분의 조사 연구를 검토하였는데, 제1 언어 읽기 능력이 제2 언어 상황으로 옮겨 가기 이전에 제2 언어 독자가 반드시 뛰어넘어야 할 임의의 언어 문턱값(language threshold)이[67] 있

---

67) (역주) 비유적 표현으로 '문턱, 문턱값(threshold, 일본에서는 '역치[閾値]'로 번역)'이란 말을 쓰고 있는데, 특정 문턱은 방과 마루(방안과 바깥)를 구분해 주는 기준이다. 때로 critical value(임계값)나 critical size(임계 크기)라는 말로도 표현한다. 연습의 양이 특정 정도의 크기나 값에 도달해야만 제대로 작동할 수 있다는 개념이다.

일찍이 제임스(James 1891; 정양은 뒤침 2005),『심리학의 원리』(아카넷) 제6장 정신-물질 이론(The Mind-stuff Theory)에서는 한 다발의 신경세포들에 자극이 점차 모이어 일정한 값을 넘어야만 비로소 '의식'이 발현한다고 가정하였는데, 이런 값을 가리키기 위하여 threshold(문턱값, 임계 크기)란 용어를 썼다(1981년 하버드대학 출판부 판본 제1권의 159쪽). 가령, 우리 혀가 미리 아이스크림을 먹은 뒤에 설탕의 단맛을 느끼는 자극은, 분명히 중립적인 상태에서 느끼는 설탕의 단맛(양과 질)보다도 훨씬 더 문턱값이 높아져야 한다. 즉, 단맛의 개별 수용기가 여러 개가 동시에 발화되어, 이것들이 한데 모여 특정한 분량을 넘을 경우에라야 의식 속으로 활성화되는 것이다.

이런 개념에 따라 왕초보에게서는 언어 처리에 어려움이 많고, 따라서 목표언어의 문턱값이 상대적으로 높다. 다시 말하여, 언어 이해에 더 많은 주의와 노력을 쏟아야 하는 것이다. 그렇지만 중급 수준 이상의 학습자에게는 언어 처리에 어려움이 상대적으로 덜하다. 이럴 경우에는 언어 처리에 신경을 쓰기보다는, 일반적인 인지 처리를 요구하는 항목들에 노력을 더 쏟아야 한다. 상대적으로 표현하여, 목표언어를 활성화해 주는 문턱값이 낮다고 말할 수 있는 것이다.

그렇지만 더 중요한 것은 그런 문턱값을 구성하는 요소들이 무엇인지를 결정해 주는 일이다. 오직 읽기와만 관련하더라도 덩잇글 내부에서 찾아지는 문턱값과 덩잇글 외부에서 찾아지는 문턱값이 있다고 §.3-2-1에서 클래펌(Clapham) 교수가 주장하기 때문이다(두 종류의 문턱값 가정). 전자는 검사 점수상 60%의 성취를 보이는 학습자에게 적용되고, 후자는 80%의 성취를 보이는 학습자에게서 찾아진다고 하였다. 만일 그녀의 검사지가 합리적이라면, 임시로 이를 표면적 이해와 심층적 해석으로 구분하여 부를 경우에, 60점 이하의 학습자들은 초보적인 이해조차 일어나지 않는 것이고, 80점 이하의 학습자들은 막연히 이해하지만

을 것 같다고 결론을 내렸다. 저자는 제2장에서 좀 더 최근의 조사 연구 들을 검토하게 될 것인데, 본디 올더슨(1984)에서 던졌던 질문

'제2 언어 읽기는 읽기 문제인가?, 아니면 언어 문제인가?'

(*Is second-langage reading a reading problem or a language problem?*)

에 대한 대답은, 아직도 명확히 결단할 수 없는 채 애매하다. 언어지식 및 읽기 지식이라는 양자 요인의 중요성이 분명히 인정되지만, 제2 언 어 읽기에서 제2 언어의 지식이 제1 언어 읽기 능력보다도 좀 더 중요 한 요인이라는 증거가 있다.

커밍즈(Cummins 1979, 1991)에서는 언어 능숙성이 두 가지 기본 구성 영역을 지닌다고 시사하면서, 언어적 상호의존성에 대한 가정을 옹호 하였다. 기본적 대인관계 의사소통 기술(BICS) 및 인지/학업상의 언어 능숙성(CALP)이다. 좀 더 최근의 글들에서는 이런 용어가 대화상의 언 어 능숙성 및 학업상의 언어 능숙성으로 변경되었다. 그는 두 개의 언 어로 된 교실수업 읽기 과제들을 수행하도록 요구받은 경우에, 이중언 어 학습자가 동일한 지식기반인 학업상의 언어 능숙성을 이끌어 낼 수

골자를 제대로 파악하지 못하는 셈이며, 이런 학습자들에게는 일정 기간 반복 연습을 하면 서 뜸 들이는 과정이 필요하다. 앞으로 이는 반드시 후속 연구들로 재확인되어야 한다.
  그런데 두 가지 문턱값이 사실이라면 지금까지 언어 교육에서 덩잇글 내부에만 초점 모아 낱말 이해와 문장의 복잡성을 측정하고자 하였던 연구들이 완전히 허구의 것임을 증명하는 셈이므로, 언어 이해의 수준을 '낱말 → 문장 → 담화'로 간주했던 기존 노력들을 무위로 만들 어 버린다. 그렇다면 이런 주장에 대하여 언어 교육은 대처 방안이 있었을까? 전통적인 언어 교육을 반대하는 의사소통 중심 언어 교육에서만은 대안을 갖고 있다. 여기서는 '담화' 가 참된 실생활의 자료를 담고 있다고 보아, 목표언어 사용상황(TLUS)을 처음에서부터 수업 속에 도입해야 한다고 주장해 왔기 때문이다. 이런 주장에서도 균형 잡힌 담화를 어떻게 표집하는지에 대한 문제가 여전히 남아 있다. 언어 교육에서는 흔히 이를 일반 목적의 언어 교육과 특정 목적의 언어 교육으로 대분하여 해결해 왔다(142쪽 §.2-4-3에 있는 역주 58 및 351쪽 §.6-3의 '상황 3'에 있는 역주 12의 도표를 보기 바람). 전자는 ① 일상생활 관련 자료와 ② 문학류의 자료를 다루며, 후자에서는 ③ 취업 관련 자료와 ④ 학업 관련 자료, 그리 고 ⑤ 최근 주장을 반영하여 비판적 능력을 기르는 비판적 담화 분석을 다루게 된다. 국어교 육 쪽에서 여전히 일부에서는 고집스럽게 문학류와 비-문학류로 나누는데, 다섯 영역 중 하나만을 대표로 삼고 나머지를 예외 취급하는 일은 필시 균형 감각을 잃어버린 노릇이다.

있는 듯하다고 하였는데, 이 기반은 어떤 언어이든지 밑바닥 토대를 이루는 것이라고 주장하였다. 계속하여 그는 일단 읽기 능력이 제1 언어에서 습득되었다면, 이것이 제2 언어에서나 뒤이어 배우는 언어에서도 또한 활용될 수 있음을 의미한다고 주장하였다. 이 주장은 제2 언어 읽기에서 아무런 교습도 필요하지 않고, 필요한 모든 것은 옮겨 주는 힘(전이 적용)을 위한 충분한 제2 언어지식일 뿐이라는 점을 함의한다. 만일 제1 언어 읽기 능력이 빈약하다면, 먼저 제1 언어 읽기를 향상시켜 준 다음에 다시 이 능력을 제2 언어로 옮겨가도록 한다. 이런 지혜를 밑바닥에 깔려 있는 학업상의 언어 능숙성을 놓고서 가정된 존재가 시사해 주는 듯하다.

물론 반대의 경우도 논의할 수 있다. 읽기 능력이 여러 언어들에 걸쳐서 옮겨간다고 가정되기 때문에, 제2 언어 읽기 능력을 향상하는 일이 또한 제1 언어에서 읽기를 향상시켜 주는 쪽으로 이끌어 갈 것이다. 그렇지만 커밍즈에서 지적하듯이, 사회언어적·사회정치적 이유로 말미암아 실제로 전이가 소수집단(minority) 언어로부터 다수집단(majority 대다수, 지배세력 집단) 언어 쪽으로 일어난다는 증거를 보여 준다. 따라서 소수집단의 언어 학습자가 다수집단 및 소수집단 언어들에서 모두 읽기를 배우도록 희망한다면, 가르치는 내용이 당연히 다수집단의 언어가 아니라 소수집단의 언어로 주어져야 하는 것이다.

그렇지만 중요한 것은 대화상의 언어 능숙성 및 학업상의 언어 능숙성 사이의 구분이 단순한 이분법이 아니라, 반드시 교집합을 이루는 두 개의 연속체들 안에서 살펴져야 함을 주목하는 것이다. 이것들은 맥락이 깃들어 있는/제거되어 있는 연속체 및 인지상 요구조건이 없는/요구조건이 들어 있는 연속체이다(커밍즈 1991). 이들 구분에서 중요한 다음 질문이 제기된다. 제2 언어 읽기 능력을 평가하는 경우에,

관찰된 수행 내용은 얼마만큼 내재적으로 제2 언어의 지식에 말미암아

이뤄지는 것이고, 단순히 얼마만큼 제1 언어 기반으로부터 읽기 능력의 전이에 말미암아 일어나는 것일까?

그렇지만 이미 자신의 제1 언어를 통하여 읽기(와 문제해결) 기술을 높은 수준으로 향상시켜 온 제2 언어 독자 및 어떤 이유에서이든지 간에 형식적인 교육이 거의 또는 전혀 없었던 제2 언어 독자 사이에는 커다란 차이가 있을 가능성이 있다. 이는 아마도 제2 언어 읽기 평가의 결과를 해석하는 데에 중요하다. 분명하게 평가를 위한 함의는 대화상의 언어 능숙성이 학업상의 언어 능숙성으로부터 서로 구별될 필요가 있고, 그런 측정에서는 특정 언어 과제나 활동에 포함된 인지적 요구사항 및 맥락적 도움물의 범위를 고려할 필요가 있다는 점이다.

빈약한 제2 언어 읽기가 부적합한 제1 언어 읽기에 말미암는다는 통상적 개념은, 제2장에서 보게 될 터이지만 조사 연구 문헌들로부터 거의 지지를 받지 못한다. 점차적으로 조사결과들이 언어 문턱값(＝임계값, 역치)의 존재를 입증해 주며, 서로 차이가 나는 배경지식(그리고 의심할 바 없이 다른 인지 능력들)의 양을 지닌 독자들에게서 서로 다른 목적을 지니고서 읽히고 있는 서로 다른 덩잇글들에 대한 문턱값은 분명히 서로 다르게 변동할 것이다. 제2 언어 읽기의 평가 및 그 결과의 해석에 대한 함의는, 빈약한 제2 언어 읽기 수행이 불충분한 목표 언어지식에 말미암을 것 같고, 임의의 교정 시도는 가정된 읽기 결함보다는 오히려 목표언어의 문제에 주의를 쏟아야 더욱 유익할 듯하다는 점이다.

§.1-9. 사회문화적 실천방식으로서의 읽기

제1장에서 지금까지 만들어져 왔을 듯한 인상에도 불구하고, 읽기가 결코 모종의 진공 속에서 일어나는 고립된 활동은 아니다. 읽기는 흔히

사회적 맥락 속에서 모종의 목적을 위하여 착수되고, 그런 사회적 맥락이 그 자체로 읽는 일이 또는 최근의 사변가들이 지적하기 일쑤이듯이 유식해지는 일(*to be literate*)이[68] 무엇을 의미하는지에 대한 독자의 통상적 개념에 기여하게 된다. 스트릿(Street 1984)에서는 자신이

'읽는 힘의 독자적 모형(*autonomous model of literacy*)'으로 부른 바와 '읽는 힘의 이념적 모형(*ideological model of literacy*)'으로 부른 것

을 서로 대립시켜 논의한다. 전자에서는 덩잇글·독자·읽기가 독자적 개체라고 가정한다. 그는 덩잇글이 독자적임을 부정하고, 독자를 고립된 개체라기보다는 사회적 존재라고 본다. 제1장 2절에서 제시된 대로 읽기가 '의미 구성 과정(*meaning construction*)'이라는 위도슨(Widdowson)과 핼러데이(Halliday)의 견해에 메아리처럼 반응하면서, 그는 읽기가 단지 의미를 추출하는 인지 작동만이 아니라고 본다. 힐·페뤼(Hill and Parry 1992)에서는 스트릿(Street)의 주장과 비슷한 모형을 제시하는데, 그들은 '읽는 힘의 화용적 모형'으로 부른다. 여기서는 덩잇글이 기원

---

68) (역주) 라틴어 litteratus(letter, letter of alphabet)에서 나온 글자 또는 글자 해독과 관련하여 본문 속에서는 여러 용어들이 쓰이고 있다. literary event(글자를 매개로 하여 일어나는 사건, 글자를 읽고 이해하는 일), literacy(읽는 일과 관련되어 나온 속성, 읽는 힘), literate(읽는 일을 할 수 있는 상태, 유식한 속성)들이다(반대말은 il-literate '문맹의, 글자를 읽을 수 없는'). 옛날 선비를 literati(지식인)라고 부르며, literature(문학, 글자들로 이뤄진 특정 주제를 다루는 집합체)란 말도 뿌리가 같다. 아동들이 아직 글자 해독을 배우지 못한 상태를 가리키기 위하여 §.2-2-1에서는 pre-literate(글자를 읽지 못하는)이란 용어도 쓴다. 만일 한자로 이들 용어를 새긴다면, 우리말로 "낫 놓고 기역자도 모른다(il-literate)."와 대립되는 속뜻을 지닌 식자우환(識字憂患, 글자를 알게 되면 도리어 걱정만 생긴다)에서, 식자(識字)를 중심으로 만드는 것이 바람직하다. 일부 국어교육 전공자들이 literacy를 '문식'이라고 부르는 일(문채로운 수식인가?)은 국어의 질서를 근본적으로 왜곡하는 잘못이며, '문해'란 용어도 어색하기는 마찬가지이다. 오히려 '문자 해득'이 더 또렷이 의미를 알 수 있는 말이다. 번역자는 literacy를 '읽고 쓰는 힘' 또는 간단히 줄여 '읽는 힘'으로 써 오고 있다(xx쪽, 총서 편집자 서문의 역주 4를 보기 바람). 한자를 새길 수도 없는 이들의 엉터리 조어보다는, 오히려 쉬운 우리말로 학문을 펴 나가는 것이 옳은 일이다. '글자'라는 이 어근에서 파생된 낱말로 §.4-3에서 literal(축자적인, 문자 그대로의 뜻)과 §.2-5-3에서 literariness(문학 속성, 문학다운 성질)과 literature(광의로 문헌, 협의로 문학)도 쓰고 있다.

상 사회적이며, 다른 덩잇글과 긴밀하게 관련되어 있다. 그리고 읽기는 맥락에 묶여 있고, 사회관계 속에 내포되어 있다.

읽기를 단지 읽는 힘(*literacy*)을 기르는 다수의 실천방식들의 하나로서 여기는 경향이 늘어가고 있다. 가령 바아튼(Barton 1994b)와 같이 최근의 조사 연구에서는 읽는 일들이 일어나는 사회세계의 풍부함을 잘 보여 준다. 장볼 목록이 씌어지고 이용되며,69) 텔레비전 광고들이 눈앞에 지나가고, 교회 안내물이 죽 들척대면서 훑어지며, 전화번호부가 참고되고, 공항의 포스터와 표지판 부호들에 눈길이 가고 거기에 맞춰 행동이 이뤄진다. 더욱이 읽기는 글쓰기의 결과일 수 있고(가령, 앞에서 언급된 장볼 목록의 이용 따위), 또는 어떤 형태의 글쓰기로 이끌어 갈 수 있다. 전문 학술서적을 읽는 동안 메모를 해 두는 일, 그런 메모들을 읽고 살펴본 뒤에 논술 글감을 쓰는 일 따위이다. 읽기는 종종 말하기에 수반될 수 있다. 가령, 정치적 치우침이나 어느 축구팀의 수행을 논의하기 위하여 신문으로부터 짧은 뉴스를 소리 내어 읽는 일이다. 또는 읽기가 듣기에 수반될 수도 있다. 가령, 방송 해설자가 소리 내어 읽는 소리를 들으면서 동시에 텔레비전 방송편성 안내물의 해당 인쇄 내용을 읽는 일, 또는 잠자리용 책자를 읽어 주는 어머니의 목소리에 귀를 기울이면서 동시에 책 속에서 해당 내용을 따라가며 보는 일이다.

더욱이 읽고 쓸 수 있다는 것이70) 의미하는바, 이런 읽는 힘에 얼마

---

69) (역주) 아마 문화의 차이일 듯하다. 미국 아줌마들이 큰 매점이나 시장에서 장볼 목록을 보면서 물건을 사는 일을 쉽게 볼 수 있다. 그렇지만 한국의 주부들은 '기억력'이 대단하기 때문인지, 목록을 작성하려고도 하지 않고, 목록을 보면서 시장을 보는 경우도 거의 찾아볼 수 없다. 또한 집에서 쉬는 시간에도 한국 남성들을 텔레비전이나 신문 쪼가리에 매어 있기 일쑤이지만, 중산층 미국인들은 거실에서 종종 책을 읽기도 한다.

70) (역주) to be literate(유식하게 되다, 글을 쓰고 읽을 수 있게 되다)는 ① 1회적 사건으로 해석되면 '글을 읽고 쓰게 되다'로 번역되고, ② 그런 사건이 누적되어 귀결된 결과 상태로 해석되면 '유식하게 되다'로 번역되며, ③ 결과물로 해석되면 '식자층이 되다, 지식인이 되다'로 번역된다. 언어 표현은 모든 상황을 하나하나 구별하여 가리킬 수 없다. 따라서 이 표현이 쓰이는 앞뒤 맥락에 맞춰 적절한 어구를 선택해야 할 것이다. 본문의 맥락에서는 ②가 정합적일 듯하며, 그런 능력을 갖게 되었으므로 '-을 수 있다'로 번역해 둔다. 반대 낱말은 §.2-2-1에서 pre-literate(글자를 읽지 못하는)이라고 썼다.

만큼 가치가 주어지고 이용되며 과시되는지는 각 문화마다 다양하게 달라질 것이다. 일부 문화에서는 암묵적으로 권위로서 받아들이고서 거의 의심받지 않는 정도로까지 인쇄된 낱말에 커다란 존경심을 지닌다. 다른 문화에서는 임의의 선택사항을 인쇄물로 마련하는 일의 함의를 두렵게 여기는데, 선택사항에 부여된 더 큰 영속성이 보장됨에 따라 해당 선택의 주체로 하여금 좀 더 많이 '해명해 주도록' 만들어 놓기 때문이다. 이런 것들은 의심할 바 없이 읽는 힘과 읽기에 대하여 과도하게 일반화된 허술한 태도이다. 주어진 문화 속에서 독자가 되는 것이 무엇을 뜻하는지에 대하여 더 큰 통찰력을 얻기 위하여 관심을 지닌 독자는, 바아튼(Barton 1994a)와 해밀튼 외(Hamilton et al. 1994)를 참고하기 바란다. 실질적인 핵심이 남아 있다. 글을 쓰고 읽을 수 있게 되는 일이 새로운 문화 속으로 들어가는 일인지, 또는 기존의 문화의 확장인지 여부, 그리고 둘 또는 그 이상의 언어에서 읽는 힘이 또한 문화적 함의를 갖는지 여부이다. 가령, 개발도상국에서 어른에게 읽는 힘을 가르치는 분들에 대한 조언을 보려면, 포어댐 외(Fordham et al. 1995)를 참고하기 바란다.

읽기를 사회문화적으로 전파되고 매개된 읽는 힘으로 보는 견해가 읽기의 평가에 어떻게 영향을 미칠까? 한 가지 명백한 방식은 읽기가 평가되는 방법에 깃들어 있는 가치들이다. 어떤 물음들이 의심받는 것일까? 올바른 해석과 덜 올바른 해석이 있고, 독자들이 덩잇글을 놓고서 비판적으로 질문하며, 나름대로 자신의 의견과 해석을 발전시키도록 요구받는다는 바로 이런 착상이다. 이 모든 것이 문화상으로 이질적

일반적으로 사건 표현의 해석에서 이런 모형이 필요하다는 논의는 다음을 참고하기 바란다. 레빈·뢰퍼포엇호뱝(Levin and Rapporport-Hovav 2005), 『논항 실현 방식(*Argument Realization*)』 (Cambridge University Press); 바워먼·브롸운 엮음(Bowerman and Brown 2008), 『논항구조의 범언어적 관점(*Crosslinguistic Perspectives on Argument Structure*)』(Lawrence Erlbaum); 뢰퍼포엇호뱝·도론·지셀 엮음(Rapporport-Hovav, Doron, and Sichel 2010), 『어휘 의미·통사·사건 구조(*Lexical Semantics, Syntax, and Event Structure*)』(Oxford University Press).

이고, 따라서 한쪽으로 치우쳐 있을 수 있다. 문화적 편견을 자각하는 일은 다문화 사회에서 중요하다. 특히 검사 결과에 대한 해석이 응시생들에게 심각한 결과를 지니게 될 경우에 그러하다.

그렇지만 또한 읽기를 어떤 별개의 (독자적) 능력과 하나의 기술로 취급하는 일에 대한 함의도 세 가지 있다. (1) 첫째, 읽기 평가에 대하여 비교적 분리된 접근이 자주 옹호된다. 이해 질문에 대하여 응시생들에게 답안을 글로 쓰게 하는 일이 읽기 측정을 오염시킬 수 있다고 주장된다. 읽기의 '순수한' 척도는 흔히 진단 평가에서뿐만 아니라 또한 성취 평가에서도 필요한 것으로 생각된다. 이는 다른 '거시-기술들(macro-skills)'을 통하여 읽기가 부과된 이용으로부터 읽기를 그렇게 떼어내고 분리하는 일이, 그 자체로 참된 실생활 모습도 아니며 측정을 치우치게 만들고 왜곡시켜 버린다는 논의와 서로 충돌을 빚는다. 가령 힐·패뤼 (Hill and Parry 1992)에서와 같은 발의자들은 통합된 측정법(integrated measures)의 이용을 옹호한다. 예를 들어, 일부 읽기 입력물이 모종의 글쓰기로 이끌어 갈 수 있고, 이것이 추가적인 읽기를 함께 지닌 듣기 과제로 이끌어 갈 수도 있으며, 그런 다음에 모둠 토의로 이끌어 갈 수도 있다.

물론 그런 착상은 흥미롭다. 의사소통이 덜 성공적이 될 경우에는 문제가 생겨난다. 검사 상으로 수행을 하는 동안에 약간이라도 의사소통 중단이 발생하면 응시생이 어떻게 기여하겠는가? 이것이 읽기 및 다른 읽고 쓰는 '일'들(events)에 대한 통합 평가가, 별도로 분립시킨 접근보다 더욱 복잡하기 때문에, 좀 더 어려워질 수 있는 사례가 되는 것일까?

현재로서 이런 질문들에 대한 대답은, 우리가 그런 별도 분립 또는 통합에 대한 효과가 무엇이 될지에 대하여 거의 모르고 있으며, 긴급하게 조사 연구가 필요하다는 것이다. 러브코뷔치(Lewkowicz 1997)에서는 글쓰기 평가가 글말 입력물의 제공으로는 향상될 수 없을 것임을 시사하였다. 중요한 질문은, 그런 통합 접근에서 만일 응시생이 빈약한 독자라면 글쓰기가 영향을 받는 방식에 대해서이거나, 또는 유일한 입력물이 글쓰기로 되어 있는 경우라면 읽기 그 자체가 평가될 수 있는 방식에 대해서이다.

(2) 읽기를 읽고 쓰는 힘(늑식자층으로 진입하는 일)의 일부로 보는 이런 최근의 견해가 지니는 두 번째 함의는, 읽기에서 심리언어학적 '기술' 요소를 얕잡아 보고, 읽고 쓰는 힘의 사회언어학적 측면들을 강조하는 경향이다. 기술로서의 읽기에 대한 견해가 읽기의 본질을 놓고서 협의의 아마 제한적 관점임을 인정하지만, 반면에 대안이 되는 견해가 평가 관점에서 뭘 의미할지 아직 진지하게 살펴보지 못하였다. 힐·패뤼(Hill and Parry 1992)에서는 읽기 검사에 대하여 아주 비판적인데, 검사가 더 앞에서 언급된 읽기의 독자적(autonomous, 자동적) 모형으로부터 도출되어 나온다고 주장한다. 대신 스스로 '대안 평가'라고 부르는 바를 옹호하는데, 자신들이 내세운 읽는 힘의 화용적 모형에 근거한다. 불행하게도 그런 평가가 어떤 것이 될 것인지에 대하여 아직 예시해 주지 못하고 있다.

의심할 바 없이 일부에서는 단순히 평가 그 자체가 부적합하고, 실제로 규범적인 모습으로 되는 데에 해롭다고 말할 수 있다. 더 멀리 진행하지는 않더라도, 다른 이들은 평가하는 바로 그 행위가 관련 사태의 사회문화적 본성을 변화시킨다고 간주할 수도 있다. 우리가 '일반적으로' 읽어 나가는 경우에는 평가를 받는 일이 없다. 따라서 읽기가 다른 일을 만들어 놓는 경우에 우리가 평가되고 있음을 알고 있는 상태라면, 한 가지 일에서의 '수행'으로부터 잘 모르는 다른 일에서의 '수행'으로까지 추정하기가 어렵다.

신속한 응수는 부분적으로 경험적인데, 어떤 차이를 만들어 내는지 살펴보기로 한다. 그러나 또한 부분적으로 철학적인데, 사회에서 평가를 요구하기 때문이다. 평가는 다른 많은 활동들과 구분되는 상이한 일이지만, 사회에서 그 나름의 목적을 위해 평가가 가치가 주어지고 따라서 정당화된다. 평가에 근거하여 실세계에로까지 추정하는 능력은 여전히 중요하지만, 평가받은 일을 '실재의 것'과 혼동하지 않는 일도 동등하게 중요하다. 비슷한 논의가 의사소통 언어 교육 및 검사의 영역에서 수십 년 동안 유행을 일으켰다. 가령 올더슨(1981)과 위도슨(Widdowson 1979)를 보기 바라며, 현행 수행 평가의 맥락에서도 반복되고 있다. 이것이 논의나 심지어 증거에 의해서 해소될 것 같지는 않다. 중요한 것은 아마 하나의 미해결 논제가 있다는 사실을 자각하고, 그 논제를 놓고서 자신의 입장을 어디에 둘지 결정하는 일이다.

(3) 마지막으로, 평가의 한계를 고려할 필요가 있다. 제1장을 관통하는 주제는, 읽기 모형의 선택이 우리가 읽기에서 무엇을 그리고 어떻게 평가하느냐에 대한 함의를 지닌다는 사실이다. 또한 읽기가 무엇인지에 대하여 올바른 하나의 견해가 있는 것도 아님이 논의되었다. 서로 다른 많은 견해들이 가능할 뿐만 아니라 아마 실제로 불가피할 것이다. 마치 읽고 쓰는 힘(늑식자층으로 진입하는 일)이 사회문화적으로 결정되듯이, 평가를 사회문화적으로 결정된 실천방식으로 보는 견해는, 평가를 상대적으로 바라보도록 이끌어 간다. 일부 활동이 더 적합하게 평가될 수 있고, 일부 활동은 덜 적합하다.

많은 사람들에게 읽기는 즐길 만하고 격렬하며 개인적인 활동이다. 읽기로부터 많은 즐거움이 도출될 수 있으며, 읽기에서 내용을 전체적으로 받아들여 동화될 수도 있다. 때로 교육 문헌에서 '폭넓게 읽기'로71)

71) (역주) 원문 extensive reading(폭넓게 읽기, 광범위하게 읽기)은 한자어로 '다독(多讀)'이라고도 하고, '박람(博覽)'이라고도 부르지만, 한자어는 모두 중의적이다. 여기서의 의미는 여러 영역에 걸쳐 두루두루 여러 종류의 책들을 읽는다는 뜻이다. '많이 읽다'는 뜻의 다독(多讀)이 하나는 진행 과정을 가리켜서 이것저것 갈래나 종류를 가리지 않고 책을 많이 읽는다는 뜻이고, 다른 하나는 읽은 결과만을 가리켜 책의 종류와 무관하게(오직 한 종류만도 가능함) 읽은 책의 숫자가 결과적으로 많다는 뜻을 가리킨다. 마치 '사고 다발 지역'이란 말에서 '다발'이 동시에 여러 차가 사고가 난다는 '진행 과정'의 뜻과, 한 곳에서 자주 일어난 사고(빈발 사고)가 누적되어 그 숫자가 많다는 '결과 상태'의 뜻으로 해석되는 경우와 똑같다. 만일 한 종류의 책만을 수백 권 읽더라도 누적된 결과 '다독'이 될 수 있는데, 이는 본디

불리고, 때로 언어심리학 문헌에서 '내적 동기'를 지닌 읽기로 불리기도 한다. 이런 읽기가 (같은 종류의 내용을 놓고) 평가를 마련하는 환경 속에서는 전혀 복제될 수 없는 것이 아니라면 평가하기가 어렵다. 적어도 일부에서는 독자와 덩잇글 사이에서 질문·과제·결과물에 대한 조정이 붕괴되고, 읽는 일의 본질을 파괴해 버리는 자의식(*self-consciousness*)을 만들어 낼 소지가 있다. 그런 환경에서는 일부 목적들을 위하여 읽기 평가가 어렵고 또한 바람직하지 않음을 인정할 필요가 있다. 그러나 또한 이런 주제를 다룬 논의를 보려면 브럼핏(Brumfit 1993)과 너톨(Nutall 1996)을 참고하기 바란다.

§.1-10. 시험 설계를 위한 함의

제1장에서 계속하여 저자는 읽기에 대한 우리 시각이 읽기를 검사하고 평가하는 일을 착수하는 방법에 중요한 영향력을 지님을 논의해 왔다. 이제 마지막 절에서는 제2 언어 읽기 교육을 위해서 읽기에 대한 최근 조사 연구의 함의들을 언급한 그뢰이브 교수의 생각들을 참고하면서 이를 예시해 놓고자 한다. 그뢰이브(Grabe 1991)에서는[72] 현행 읽기 조사 연구로부터 읽기 교육 및 교육과정을 위한 일반적인 일련의 안내지침을 이끌어내었다(7개 항목).

① 읽기는 응당 내용에 중심을 둔 통합 기술 교육과정의 맥락 속에서 교

의도와는 다르다. '널리 보다'는 뜻의 박람(博覽)은 많은 종류의 책을 읽는 일을 가리켜 왔지만(볼 람[覽]), 또한 책뿐만이 아니라 눈으로 볼 수 있는 활동 전반(여러 곳에 대한 여행)을 가리킬 수 있다. 다독이든 박람이든 중의적이라는 한계가 있다. 따라서 여기서는 쉬운 우리말로 '폭넓게 읽기'로 번역해 둔다.

72) (역주) 또한 최근에 그뢰이브·스톨러(Grabe and Stoller 확대 수정판 2011; 허선익 뒤침 2014), 『읽기 교육과 현장 조사연구』(글로벌콘텐츠)가 나와 있다. 제1 언어 읽기와 제2 언어 읽기를 다 함께 다루고 있어서 도움이 크다.

육되어야 한다. 왜냐하면 내용이 학습자 동기를 제공해 주고, 통합이
학습을 재강화해 주기 때문이다.

ⓘ 일정 범위의 기술 및 전략(제한 시간 안에 읽기, 어휘 학습 전략 등)들
을 포함하여 응당 개별화된(≒개별적으로 학습자에게 맞춘) 수업이 읽
기 교실에서 추가적으로 제공되어야 한다.

ⓘ 충분히 자동처리·자신감·즐거움을 향상시키기 위하여 응당 묵독이
꾸준하게 장려되어야 한다.

ⓘⱽ 읽기 수업에서는 읽기 과제의 이전에서부터 중간을 거쳐 이후에 이르
기까지 응당 배경지식을 고려해야 한다.

ⱽ 특정한 기술 및 전략들이 응당 지속적으로 연습되어야 한다. 이것들의
본질은 모둠 및 읽기 목표에 달려 있을 것이다.

ⱽⁱ 모둠 작업 및 협동 학습이, 응당 읽기 내용에 대한 토론을 촉발하고,
서로 다른 과제 해결책과 덩잇글 해석에 대한 탐구를 증진시켜 주어야
한다.

ⱽⁱⁱ 학생들은 폭넓게(*extensively*, 다독) 읽을 필요가 있다. 학습자들은 읽
기를 통해서 학습할 필요가 있는 것이다.

비슷하게 검사 및 평가를 위하여 함의들도 다음처럼 특성 지을 수 있다
(12개 항목).

① 읽기는 내용에 초점을 모은 한 다발의 검사(battery, 여러 종류를 한
다발로 묶은 검사, 가령 §.8-4를 보기 바람: 뒤친이) 속에서 검사될 수
있다. 독자들에게 의미를 전달해 주는 덩잇글, 독자들에게 흥미를 끄
는 덩잇글, 독자들의 학업 배경·여가 취미·지적 수준 등과 관련된 덩
잇글 따위가, 비교적 따분하고 전통적이며 심지어 내용마저 부실한 덩
잇글들보다는 더욱 심도 있게 읽도록 동기를 마련해 줄 수 있다.

② 학습자들은 응당 일정 범위의 관련 기술 및 전략들을 놓고서 아마 학

업 진단용 분석표에 근거한 서식에 따라 제시된 결과들을 보여주는

검사가[73] 이뤄져야 한다.

③ 학습자들이 짤막한 토막글보다는 응당 더 긴 덩잇글들을 읽도록 장려되

어야 하고, 과제에서도 마땅히 즐거움의 정도를 경험하여 얻도록 힘써야

한다. 과제들이[74] 응당 주어진 시간 안에 풀 수 있어야 하고(do-able

수행할 수 있다), 잘못 맞춘 난이도 수준 때문에 학습자들을 낙담시키지

말아야 한다.

④ 배경지식이 응당 모든 이해 과정에 영향을 주는 것으로 인식되어야

하고, 따라서 모든 시도에서 배경지식의 결여로 수행을 가로막는 것이

아니라, 쉽게 수행을 촉진해 나가도록 배경지식을 허용하는 과제가 만

---

73) (역주) 이런 검사 내지 시험을 마련하려면, 기본적으로 교실수업에서 읽기라는 행위가
어떤 갈래의 덩잇글들을 놓고서 어떤 정신 작용을 작동시켜야 하는지에 대한 정의에서부터
시작되어야 한다. 심리측정학에서는 이런 첫 단계를 복합 정신영역의 구성물(construct)이
라고 부르며, 이를 좀 더 자세히 풀어놓은 것을 명세표(specification)이라고 부른다. 이 총서
의 편집자인 바크먼(Bachman)은 덩잇글 조직 영역과 전략적 영역이라는 이분 영역을 제시
해 왔는데, 이 두 영역을 스스로 점검하며 더 나은 해결책을 강구할 수 있는 상위 인지
영역도 필요할 것으로 생각한다. 구성물을 이분 체계로 보든지, 삼분 체계로 보든지 간에,
각 구성물의 더 자세한 풀이가 주어져야 한다. 덩잇글은 흔히 미시영역과 거시영역으로
나뉘므로, 이들에 대한 자세한 설명이 주어져야 한다. 또한 어떤 전략을 써서 해당 덩잇글을
이해해야 하는지도 결정해 주어야 한다. 최근 출간된 바크먼·파머(Bachman and Palmer
2010), 『실제의 언어 평가: 언어 평가 계발 및 실세계에서 유용성 입증(*Language Assessment
in Practice: Developing Language Assessments and Justifying their Use in the Real World*)』
(Oxford University Press)를 읽어 보기 바란다.

74) (역주) task는 교실수업에서는 과제, 시험에서는 문항, 집에서는 숙제, 사회 일반의 일거리
에서는 업무 등으로 맥락에 맞춰서 따로따로 번역되어야 한다. 의사소통 중심 언어 교육에
서는 최근 'task'란 용어를 범칭 용도로 쓰고 있는 듯하다. 이는 또한 몇 십년 전에 'input(입
력물, 과제)'라는 용어로 쓰이기도 하였다. 물론 원문 147쪽(§.5-2-2-2)에서는 tasks or items
(시험 속의 부문 또는 개별 문항)라는 표현을 볼 수 있다. task가 상의어(시험의 하위 부문)로
서 각 문항들을 분류별로 묶어 놓은 부문(parts)의 뜻으로도 쓰일 뿐만 아니라, 또한 하의어
로서 items(개별 문항)와 같은 뜻으로도 쓰이는 것이다. §.5-2-3에서는 input(입력물, 과제,
문항)의 특성을 다루는데, 이 또한 task(과제)와 같이 상의어로 쓰일 수 있고, 하의어로도
쓰일 수 있는데, §.5-2-3에서는 상의어(시험 지문+문항)로 쓰이고 있다(290쪽의 역주 16
참고). input(입력물, 과제)은 본디 언어 교육의 자료가 언어만이 아니라 또한 비-언어도 중
요하게 이용된다는 자각에 따라 두 종류의 자료를 포괄하기 위해서 쓰였던 것이다. 현재에
도 학자에 따라 task(과제)를 선호하는 경우도 있고, 대신 input(입력물)을 선호하는 경우도
있다. 266쪽 §.5-1의 역주 2)도 함께 읽어 보기 바라며, 한 문장 속에서 앞에 있는 task(시험
하위부문)가 상의어로도 쓰이고 동시에 task(하위부문의 문항)가 하의어로도 쓰이는 사례는
§.6-3의 '상황 2'에 있는데, 337쪽의 역주 7)을 보기 바란다.

들어져야 한다.

⑤ 검사/시험이 응당 여러 해석들이 가능하도록 열려 있어야 한다. 될 수 있는 대로 출제자는 응당 자신들이 수용하는 일정 범위의 상이한 해석 및 이해가 가능해지도록 열려 있어야 한다.

⑥ 모둠 과제는 덩잇글을 놓고서 학생의 해석들을 토론을 위하여 마련(고안)될 수 있다. 교사는 토론 중에 일어난 두드러진 점들에 대하여 기록해 두고, 각 학생의 반응 및 해석들도 기록해 둘 수 있다. 이러한 절차는 부담이 큰 시험75) 상황들에서보다 꾸준히 이어지는 지속적 평가(≒부담이 작은 평가)에 좀 더 적합하다.

⑦ 평가 절차를 구실로 하여 폭넓게 읽기가 억제되어서는 안 된다. 이미 읽은 덩잇글에 대한 기록철(*portfolios*, 수행 기록철)76) 및 읽은 내용에 대한 논평(*appreciations*, 개인 의견이나 소감)이 평가 목적을 위하여 그런 읽기에 대한 기록을 유지하는 한 가지 방식이 될 수 있다.

⑧ 확인(*identification*, 찾아내기) 기술의 중요성이 탐구될 필요가 있고, 이 기술을 검사하기 위하여 도구들이 발견될 필요가 있다. 제한 시간 안에 읽기는 특히 컴퓨터를 이용하는 검사 환경에서 자동 처리를 향상시켜 주는 유용한 진단법을 제공해 줄 수 있고, 독자들이 읽기 속도(*rate*)뿐만 아니라 또한 덩잇글에 대한 이해를 측정하기 위한 고찰이 주어질 필요

---

75) (역주) hight-stake(부담이 큰/많은/높은)이란 말은 시험 결과가 응시생의 장래를 크게 좌우해 버린다는 뜻이며, 대표적으로 수능 시험이나 입사 시험이 그러하다. 그러나 교실수업에서 수시로 실시되는 쪽지 시험이나 수행 평가들은 부담이 적거나 거의 없으며, low-stake test(부담 없는 시험)라고 부른다. 부담이 큰 시험은 수험생들이 긴장하기 때문에 본디 지닌 자신의 역량을 충분히 발휘할 수 없는 경우도 생긴다. 따라서 공평성을 살리기 위하여 반드시 복수의 응시 기회가 주어져야 한다. 한때 우리나라 수능 시험이 '복수'의 응시기회를 허용한 적이 있다. 그렇지만 난이도 조절 및 관리상의 난점 때문에 오직 행정 편의주의의 결정으로 아직까지도 많은 수험생들이 불이익을 감수하고 있다. 강력히 이를 고치도록 요구하는 목소리도 잘 들리지 않아 갑갑할 따름이다. 123쪽 §.2-3-4의 역주 42)와 223쪽 §.3-2-5의 역주 21) 참고.

76) (역주) 이 총서에 있는 와이글(Weigle 2002), 『쓰기 평가(*Assessing Writing*)』(Cambridge University Press, 정희모 교수의 번역을 글로벌콘텐츠에서 출간 중)의 제9장 '수행 기록철 평가(Portfolio Assessment)'를 참고하기 바란다.

가 있다. 당연히 이해에 대한 지시바늘(지침)이 없이 빠르기(*speed*)가 측정되어서는 안 되겠지만(≒이해와 속도가 같이 측정되어야 함), 현재로서는 너무 종종 이해가 모두 속도에 대한 지시바늘(지침)이 없이 측정되고 있다.

⑨ 불가피하게도, 외적 동기(≒외적 보상 따위)를 최소한도로 줄이고 즐거움(≒내적 동기)을 강조하는 것이 불가능하게 될 환경 및 시험이 있을 것이다. 그런 시험의 결과는 응당 주의를 기울여 해석되어야 하는데, 가능하다면 읽기 능력에 대한 다른 측정값들을 참고함으로써 해석되어야 한다.

⑩ 비슷하게, 가능한 대로 오염되지 않은 모습으로 학습자의 읽기 능력에 대한 명백한 그림이 필요하기 때문에, 통합 검사(가령, 읽기와 쓰기 기술의 통합 검사)가 가능하거나 바람직하지 않을 경우도 있을 것이다. 그렇지만 그런 측정의 목적은 사뭇 분명해져야 하겠는데, 선발보다는 종종 진단을 위한 것일 수 있다. 비슷하게 위어(Weir 1990)에서 '진흙 투성이(*muddied*) 측정'으로 부른 위험이 있는데, 동시에 다른 기술들을 포함시켜 놓음으로써 하나의 기술에 대한 측정이 오염된 경우를 말한다. 이런 오염이 또한 응당 찾아져야 하고, 중요하다면 오염되지 않도록 막아야 한다.

⑪ 종합과 평가 기술/전략, 그리고 상위 인지 지식과 기술 점검이 검사되거나 평가될 수 있는 방법들에 대한 탐구가 필요하다. 흔히 이들 기술이 또한 포함될 수 있을 것이라는 가정이나 희망에서 가능한 대로 통합되거나 총체적 방식으로 읽기를 검사하는 것이 충분할 것이다. 그렇지만 또한 너무 자주 어휘/통사 기술, 담화 기술, 덩잇글로부터 축자적 의미나 또는 기껏해야 추론된 의미를 이해하는 능력, 다른 종류의 능력의 평가에 대한 모든 검사 주체들의 초점이 무시된다. 그렇다면 시험 설계자들은 자신이 계획하는 시험이 어느 범위까지 그뢰이브의 읽기 과정에 대한 여섯 가지 영역을 다루는지를 살펴볼 필요가 있고, 이

것이 어느 범위까지 통합된 모습이나 상대적으로 별도 방식으로 실행될 수 있는지를 살펴볼 필요가 있다.

⑫ 아마도 무엇보다 시험/검사 설계자들은 최근의 읽기 조사 연구가 결과만이 아니라 과정에 대하여 시사하는 바를 자신의 시험/검사가 어느 범위까지 반영하고 수립하는지를 살펴볼 필요가 있다.

§.1-11. 요약

제1장에서는 읽기의 본질에 대한 이해가 평가 도구의 계발에 중요함을 논의하였다. 저자는 단지 읽기에서의 이론 및 조사 연구에 대한 개관만 제시한 것이 아니다. 읽기에 관한 특정 이론이나 모형을 받아들이는 일을 놓고서 검사 및 평가에 대한 있을 수 있는 함의들도 같이 논의하였다. 그런 함의에 따라 채택된 모형과 검사/시험, 해당 검사/시험과 이것이 실시될 이용 사이의 관련성에 관한 타당성도 살펴보았다. 이들 논제들에 대해서는 뒤에 나오는 장들에서 더 깊이 다루게 될 것이다. 그러나 먼저 제2장에서는 검사/시험 설계에 영향을 입힐 수 있는 좀 더 중요한 몇 가지 요인(변인)들을 놓고서 '읽기'에 대한 영향력을 살펴보게 될 것이다.

제2장 읽기의 본질에 영향을 주는 변인

§.2-1. 들머리

제1장에서 설명하였듯이, 모어(*mother tongue*, 모국어)에서[1] 읽기에 대한 경험적 조사 연구의 양은 한마디로 엄청나다. 비록 양과 범위에서 한참 작지만, 또한 제2 언어 또는 외국어에서도 읽기에 대한 조사 연구 문헌들이 늘어가고 있다. 그러나 읽기를 평가하고자 하는 사람이라면 누구든지 적어도 읽기가 무엇인지, 따라서 조사 연구에서 주요한 발견 내용이 무엇들인지에 대하여 모종의 생각을 지니고 있어야 한다. 제2 장의 목적은 문헌에 관하여 확장되지만 훨씬 덜 완벽한 개관을 제시하는 것이 아니라, 오히려 읽기에 대한 검사나 평가 절차의 설계에 관련되는 한 이 책의 독자들로 하여금 조사 연구의 발견내용들에 대한 주요한 주제들에 정통하게 만들려는 것이다. 관심이 있는 독자는 이 책의

---

1) (역주) 우리말에서는 젖먹이 시절에 주로 어머니로부터 배운 말을 '모어'라고 부르기보다, 나라를 덧붙여 '모국어'로 부르기 일쑤이다. 이는 임의의 언어를 구별할 적에 흔히 독립된 '나라'를 배경으로 하는 관행이 적용된 결과로 생각된다. 비록 같은 어족으로 묶임에도 불구하고, 독일어와 화란어는 독립국을 배경으로 하여 쓰이므로 나란히 독자적 언어처럼 불린다. mother tongue(모어)은 배우는 사람을 중심으로 붙여졌지만, 제한된 낱말과 과장된 어조를 지니고서 젖먹이들한테 쓰는 특징적인 엄마들의 말을 motherese(엄마말)라고 부른다.

말미에서 추가 내용에 대한 확장된 참고문헌을 찾을 수 있을 것이다.

조사 연구를 읽기에 영향을 미치는 요인들을, 전형적으로 탐구되어 온 변인들의 주요한 두 가지 무리(독자 변인 및 덩잇글 변인)로 나누는 일이 일반적인 실천 관행이 되어 왔다. 제2장에서는 먼저 독자 변인 속에서 여러 요인들을 살펴본 조사 연구들을 제시해 줌으로써 그런 관례를 따르고자 한다. 읽기를 수행하고 있는 사람의 여러 측면인데, 읽기 과정 및 읽기 결과를 놓고서 어떤 효과를 지닌 것으로 보이거나 생각되어 온 바들이다. 두 번째 주요 절에서는 유의미한 것으로 읽히게 될 덩잇글의 여러 측면들을 살펴볼 것이다.

불가피하게 이런 구분은 일부 경우들에서 조사 연구 및 읽기에 대한 우리의 개관에 어느 정도 왜곡으로 이끌어 간다. 핵심이 되는 것은 읽기 과정에서 독자 및 덩잇글 변인들 간의 상호작용이다. 제2장의 논의를 진행하면서 적합한 지점에서 그런 상호작용에 대하여 다루게 될 것이다.

§.2-2. 독자 변인

지금까지 조사 연구에서는 독자 자신이 읽기 과정 및 결과에 영향을 미치는 방식을 살펴 왔고, 다수의 상이한 변인들을 조사해 왔다. 대체적으로 말하여, 독자의 읽는 동기가 그러하듯이, 독자가 지닌 지식의 상태와 적어도 이것이 독자가 임의의 덩잇글을 읽고 있는 이유(목적)와 상호작용하는 방식이 조사 연구의 한 가지 중요한 영역을 구성한다. 독자가 덩잇글을 처리하는 도중에 이용하는 전략들은, 유능한 독자에게 덩잇글을 효율적으로 처리하기 위하여 필요한 것이 어떤 기술들인지를 확립하려는 더 앞선 시도들을 훨씬 뛰어 넘는 범위에 이르기까지, 최근에 두드러지게 정밀한 탐사를 받아왔다. 게다가 성별·나이·성격과 같이 비교적 고정적인 독자의 특성들도 눈동자 움직임(안구 운동)·낱말 인식 속도·처리의 자동 속성 등과 같은 신체적 특성들과 함께 연구되어 왔다. 이제 평가와 관련된 주요한 발견 내용들을 살펴볼 것이다.

1) 개념틀과 배경지식

1930년대에 이뤄진 바아틀릿(Bartlett)의 업적2) 이후로, 독자가 지닌

---

2) (역주) 바아틀릿은 초기에 '전체 형상(gestalt)' 심리학에도 관심으로 보였었는데, 이것이 자유연상을 통한 연합 기억을 주장한 독일 심리학자 에빙하우스의 자유연상 기억 가정을 의심하도록 만든 요인이었을 것으로 짐작된다. 에빙하우스의 자유연상 기억은 언어가 없는 피조물들도 갖고 있는 기억이지만(생명체들의 가장 기본적인 기억의 기제로 간주됨), 언어를 지닌 인간은 이런 기억 이외에 다른 기억 방식을 가동시키는데, 바아틀릿은 '재구성 기억'으로 불렀다. 바아틀릿은 스스로 실험 심리학자이자 사회심리학자로 간주하였는데, 우리 머릿속에 집어넣고 있는 기억물들이 사회적·문화적 배경을 지닌다고 보았다. 이는 소쉬르가 언어를 공동체의 산물로서 '랑그(langue)'로 부른 점과도 맞물릴 수 있다. 1995년에 콜로라도 대학의 인지 심리학자 킨취(Kintsch) 교수의 서문을 추가하여 케임브리지 대학 출판부에서 다시 출간되었는데, 바아틀릿의 가정이 오늘날 '연결주의'(=제약 만족 과정)로도 이어짐을 확인할 수 있다. 36쪽 §.1-5의 역주 42)와 41쪽 §.1-6의 역주 47)과 123쪽 §.2-3의 역주 43)도 같이 참고하기 바란다.

바아틀릿의 용어에서 유의해야 할 점은 정태적이고 고정된 인상을 주는 memory(정태적 기억)를 쓰지 않고, 오히려 일부러 역동적으로 강화되거나 쇠잔해질 수 있는 측면을 드러내기 위하여 remembering(역동적 기억 과정, 기억해 내는 일)이란 용어를 쓰고 있다는 사실이다. 우리말로는 스피벼(Spivey 1997, 신헌재 외 4인 뒤침 2004)『구성주의와 읽기·쓰기』(박이정)의 제2장 '바아틀릿에 대한 회고'를 참고할 수 있다.

오해를 불식시키기 위하여 뒤친이가 이해하는 기억의 핵심을 적어 둔다. 스펜스·스펜스 엮음(K. Spence and J. Spence 1968),『학습 및 동기의 심리학(The Psychology of Learning and Motivation)』권2(Academic Press) 89~195쪽에 실린 앳킨슨·쉬프륀(Atkinson and Schiffrin)의 글 "Human memory: A proposed system and its control processes"에서 처음 '다중기억' 이론이 주장되었는데, 현재도 전폭적으로 지지되고 있다. 여러 종류의 기억 중에서 특히 작업기억(working memory)과 장기기억(long-term memory)이 학습에 관련된다. 흔히 그물짜임으로 비유되는 장기 기억 속에 저장되는 기억도, 인간만을 중심으로 보면 적어도 두 가지 방식으로 이뤄진다. 하나는 다른 피조물들과 공유하는 기억 방식으로 에빙하우스가 '자유연상 기억'으로 부른 것이고, 다른 하나는 인간만이 독자적 두뇌 진화 및 언어 획득을 거친 다음에, 언어를 이용하는 '재구성(reconstruction)' 기억 방식인데, 후자는 영국 심리학자 바아틀릿의 기여에 힘입었다. 이 책에서 다루는 읽기는 특히 1차적으로 언어를 매개로 진행되므로, 높은 수준의 의식 및 재구성 방식의 기억이 아주 긴밀하게 작동한다.

이런 두 가지 종류의 기억도 반드시 서로 다른 작업기억(working memory)을 거쳐 장기 기억에 저장된 다음에, 필요에 따라 다시 인출되어 쓰인다. 르두(LeDoux 2002; 강봉균 뒤침 2005),『시냅스와 자아: 신경세포의 연결방식이 어떻게 자아를 결정하는가?』(소소)에서는 두뇌 영역별로 나눈 세 가지 종류의 작업기억(전전두 피질의 외측·복측·내측)을 언급한다. 먼저 오직 영장류에게서만 관찰되며 외측 전전두 피질(328·332·557쪽)에 자리잡은 작업기

지식의 본질이 덩잇글에 대하여 독자가 기억하는 바(바아틀릿 자신의 연구에 대한 초점이었음)뿐만 아니라, 또한 해당 덩잇글에 대한 독자의 이해 결과물 및 독자가 덩잇글을 처리하는 방식에도 영향을 줄 것임이 명백해졌다. 개념틀(*schema*, 지식 개념틀)[3] 이론의 발전은 독자가 알고 있는 바가 어떻게 독자가 이해하는 바에 영향을 미치는지에 대한 지속적인 발견내용을 설명해 주려고 노력해 왔다. 개념틀들은 독자의 지식을 표상하는 정신 구조들을 서로 얽어매어 놓는 것으로 간주된다. 덩잇글을 처리하는 경우에 독자들은 덩잇글로부터 나온 새로운 정보를 자신의 기존 개념틀 속에 통합해 놓는다. 그뿐만 아니라 독자가 지닌 개념틀은 독자가 정보를 인식(재인)하는 방법은 물론 저장하는 방법에도 영향을 준다.

약간 다른 이론들도 때로 배경지식으로 불리는 바의 영향력을 설명해 주기 위하여 이 기간 동안에 발전되었다. 일부 이론가들은 음식점에서의 식사 또는 세탁물을 빨러 가는 일과[4] 같은 일상적 일들에 대한

억이 있으며, 인간의 경우에 사춘기 시절에 이르러서야 비로소 완벽히 갖추어지는 것으로 알려져 있다. 또한 다른 피조물들에게서도 관찰되는 복측 전전두 피질(317·363·362쪽)에 자리 잡은 작업기억과 내측 전전두 피질(327·378쪽)에 자리 잡은 작업기억도 언급한다.

인간이 이용하는 작업기억(외측 전전두 피질에 자리잡음)에 대한 논의는, 특히 배들리(Baddeley 1986), 『작업기억(*Working Memory*)』(Oxford University Press)과 배들리(2007), 『작업기억·사고·행위(*Working Memory, Thought, and Action*)』(Oxford University Press)로부터 본격화되었다. 배들리 교수는 작업기억의 구성부서를 검박하게 감각자료(시공간 그림판) 및 말소리(음운 순환고리) 처리영역으로 대분하여 이들을 중앙 처리기가 관장하는 것으로 상정하였다. 비록 기억과 관련하여 논의되지 않았지만, §.1-6 역주 54)에서 언급한 카느먼의 판단 결정 과정에서 '체계 1'은 자유연상과 밀접히 관련되고, '체계 2'는 재구성 기억과 연관될 수 있다.

3) (역주) '형태나 모습(form or figure)'을 뜻하는 희랍어 skhēma에 뿌리를 두고 있으므로, 복수는 흔히 이 책에서처럼 schemata를 쓰지만, 더러 schemas로도 쓴다. 희랍 어원을 지니므로 발음도 '쉐마'가 아니라 '스키마'이며, 옥스퍼드 사전에는 어떤 이론이나 계획의 개요(outline)를 가리킨다고 풀이되어 있다. 41쪽 §.1-6의 역주 47)을 참고하기 바란다.

4) (역주) 우리 문화와는 다른 풍습이다. 미국에서는 공공주택 단지에 언제나 동전을 집어넣고 세탁기를 이용할 수 있는 '세탁실'이 따로 마련되어 있다. 따라서 한 주일 동안 여러 종류의 빨래들을 한데 모아 두었다가 한꺼번에 세탁실에 가서 빨게 된다. 이를 'go to the laundry(세탁실에 가서 동전을 넣고 세탁기를 돌려 빨래를 하다)'라고 표현한 것이다. 아파트에서 목욕을 할 수 있는 곳에 '왜 수채 구멍을 만들지 않는지?' 한때 필자로서는 의아하게 느꼈었는데(페스트를 퍼뜨리는 쥐구멍을 모두 다 막았던 데에서 유래함), 허드레 빨래들도

각본(*scripts*, 대본)을 언급하고, 다른 연구자들은 새로운 지식이 들어와 자리 잡는 틀(*frame*, 사건 전개의 얼개)에5) 대하여 언급한다. 다양한 이름들로 된 이론들 사이의 차이점은 공통적으로 나눠 갖는 바에 비교하면 무시할 만큼 사소하다. 공통점은 독자가 지닌 지식의 상태가 처리과정·결과·회상에 영향을 준다는 것이다.

서로 다른 유형의 지식 또는 개념틀을 구분하는 것이 이례적이지는 않다. 예를 들어 캐뤌(Carrell 1983a)에서는 형식 개념틀과 내용 개념틀을 서로 구분해 놓는다. 전자는 덩잇글이 조직되는 방법에 대한 지식 및 특정 갈래의 주요 특징들이 무엇인지를 포함하여, 언어지식과 언어적 관례를 의미한다. 후자는 본질적으로 해당 덩잇글의 주제를 포함하여 실세계에 대한 지식을 의미한다.

그렇지만 내용 개념틀이 배경지식과 주제지식으로 더 세분될 수도 있다. 전자는 어떤 특정한 덩잇글의 내용과 관련되거나 그렇지 않을 수 있는 지식이다. 후자는 직접 덩잇글의 내용과 주제에 연관되는 지식

모두 세탁실로 갖고 가는 것이 일반적인 듯하다.

5) (역주) 본문에서 다른 연구자들이 누구인지 명시적으로 언급하지 않았다. 아마 버클리에 있는 캘리포니어 주립대학의 언어학자 필모어(Fillmore, 1929~2014) 교수를 가리키는 듯하다. 그는 일찍이 의미 격(Case)에 대한 통찰을 바탕으로 틀 의미론(Frame Semantics)을 주창하였는데, 점차 틀 그물(Frame Net)로 확대되었다(https://framenet.icsi.berkeley.edu). 필모어 교수의 틀 의미론은 하나의 사건에 대한 내적 구성이 낱말 정보에 들어 있다고 가정하는데, 생성문법에서는 논항구조 또는 사건구조의 개념으로 다뤄지고 있다. 만일 script(각본, 대본)와 같은 뜻으로 쓰는 것이라면, 사건이 전개되어 나가는 다소 고정된 틀이나 얼개를 가리켜야 한다. 필모어 교수의 틀은 하나의 단일 사건을 대상으로 한다. 그렇지만 script(각본, 대본)는 유관한 단일 사건들이 시간상으로 연결되어, 시작과 중간과 끝이 있는 일련의 복합사건 연결체를 가리킨다. 그렇다면 frame(틀)은 하나의 사건을 가리킬 수도 있고, 일련의 복합사건 연결체를 가리킬 수도 있다.

frame(틀, 얼개)이라는 용어는 학문 영역과 연구자에 따라 그 내용이 달라짐에 유의하기 바란다. 베이튼(Bateson 1972; 서석봉 뒤침 1989, 『마음의 생태학』, 민음사)으로부터 빌려온 사회학자 고프먼(Goffman 1974, 『틀 분석(*Frame Analysis*)』, Northeastern University Press)에서는 '배경, 무대, 맥락'이 대상의 해석에 직접적으로 영향을 주는 방식을 frame으로 부르고 있다. 가령, 데모를 하는 사진을 아무런 배경이 없이 찍을 때와 전투경찰들을 배경으로 찍을 때의 해석은 엄청나게 달라진다. 대상의 해석에 영향을 주는 배경인 것이다. 그런데 필모어의 동료 교수로서 인지 언어학을 이끌고 있는 레이코프(Lakoff 2006; 나익주 뒤침 2007, 『프레임 전쟁』, 창비)에서는 심층·중간·표면 층위의 개념틀(frame)을 상정하며, 하위로 갈수록 이해 및 개념 형성을 주도하는 실체라고 본다.

이다. 더욱이 일부 연구자들은 배경지식의 특정한 측면들에 초점을 모아 왔다. 특히 특정한 문화에 공통된 지식 또는 문화적 지식이다. 저자는 이들 서로 다른 측면의 지식들을 하나하나 차례로 다뤄나갈 것이다.

2) 형식 개념틀: 언어지식

만일 독자가 덩잇글이 씌어진 언어를 알지 못한다면, 해당 덩잇글을 처리하는 데에 커다란 어려움을 겪을 것이 자명한 듯하다. 사실상 제1 언어 읽기의 연구에서는 흔히 독자의 언어지식이 당연한 듯이 간주된다. 그렇지만 이는 제1 언어 독자가 자신의 모어(모국어)에 대한 지식과 관련하여 균질함을 함의하겠으나, 여전히 이것이 명백하게 실제의 경우는 아니다. 자신의 모어(모국어) 지식을 덜 발달시킨 나이가 어린 초보 학습자들이 그러할 뿐만 아니라, 해당 언어의 본질 및 자신이 지닌 언어 사용 지식(상위 언어지식으로 알려진 바로서, 이하를 참고 바람)을 제대로 자각하지도 못한다. 독자의 언어지식은 나이 및 경험과 더불어 지속적으로 향상되어 나간다. 낱말의 너비와 깊이가 향상되고, 특정한 덩잇글의 유형과 연합된 관례들에 대한 지식도 성인이 될 때까지도 향상되어 나간다. 특히 글말과 연합된 좀 더 복잡한 언어 구조들을 처리하는 능력은 불가피하게 점차 늘어나는 '읽고 쓰는 힘'과 더불어 발전한다. 따라서 특정한 덩잇글의 언어가 처리될 수 있는 용이성은 틀림없이 독자가 지닌 언어지식의 본질에 달려 있다.

그렇지만 이론가 및 출제자에게 다 같이 다음 문제가 제기된다. 어떤 종류의 언어지식이 필요하며, 얼마만큼의 지식인가? 불가피하게, 이 대답은 부분적으로 덩잇글의 본성 및 (가령 읽기 목적에 따라) 예상된 읽기의 결과에 달려 있을 것이다. 즉, 덩잇글 및 독자 변인 사이에 있는 상호작용의 중요성을 강조하는 요인이다.

제1 언어 읽기 조사 연구에서는 독자가 지닌 덩잇글에 있는 언어 특징들에 대한 지식을 직접 측정하는 것이 아니라, 오히려 그런 특징들의 효과를 조사하는 일이 훨씬 더 일반적이다. 그런 연구들은 제2장의 제3절에서 통사 처리과정에 대한 언어심리학 연구자들의 조사 연구와 함께 개관될 것인데, 가령 이른바 '미로 문장(*garden-path*)'(복잡다단하여 길을 놓치기 쉬운 서구식 정원길)6) 연구 따위이다.

제1 언어 읽기에서 언어지식에 대한 조사 연구는 낱말 크기(수량) 및 상위 언어지식에 집중해 왔다. 언어의 본질에 대하여 얼마만큼의 자각이 필요하고, 이것이 어떻게 읽기에 영향을 주는가? 일반적으로 제1 언어 독자들이 이미 기본적인 언어지식(무엇보다도 통사지식과 의미지식)을 갖고 있는 것으로 가정된다. 실제로 고프 외(Gough et al. 1992b)에서 글자 해독(*encoding*, 부호 해독) 및 요점 파악(*comprehension*, 이해)으로 이뤄진 읽기의 두 가지 구성영역 이론을 마련하는 경우에 정확히 이것을 주장하는데(§.1-4를 보기 바람), 요점 파악(이해)은 읽기뿐만이 아니라 모든 언어 사용의 밑바닥에 깔려 있다고 언급된다.

---

6) (역주) '알쏭달쏭' 문장이나 '오해 유발' 문장으로도 부를 수도 있다. 우리말에서는 흔히 내포문과 관형절 수식 구문이 이런 오해를 빚어내기 일쑤이다.

"영이가 <u>철수에게</u> 빼앗긴 <u>자기 돈을</u> 찾아달라고 부탁했다."

에서 "누가 누구에게 부탁했고, 누가 누구로부터 돈을 빼앗았는가?" 철수는 부탁받은 사람일 수도 있고, 또는 돈을 뺏을 사람일 수도 있다(영이가 동수에게 부탁하여 철수로부터 돈을 도로 찾는 경우). '자기 돈'도 영이의 돈일 수도 있고, 또한 부탁을 받은 사람의 돈일 수도 있다(동수로부터 돈을 빌려서 영이에게 줬는데, 철수가 그 돈을 빼앗은 경우). 다소 이례적이지만 화용상 자주 생략되는 특성을 고려하여 화자 '나는'과 청차 '형사인 동생'이 더 덧붙어 있는 경우도 해석 가능하다. 가령, 내가 형사인 동생에게 부탁하였고, 부탁한 내용은 내가 동생으로부터 돈을 빌려 영이에게 주었지만 이 돈을 철수가 빼앗았을 경우이다. 마찬가지로 관형절 구문

"동수가 <u>빌린</u> 책을 <u>잃어버린</u> 순이를 보았다."

에서도 여러 가지 중의적인 해석이 발생한다. "누가 책을 빌렸고, 누가 책을 잃어버렸는가?" 또한 "누가 누구를 보았는가?" 동수가 책을 빌리고 그 책을 순이가 다시 빌려서 읽다가 도중에 잃어버릴 수도 있고, 순이가 스스로 도서관에서 빌린 책을 잃어버릴 수도 있다. 누가 누구를 보았는지는 화용상 생략된 주어가 복원되어 '나는'처럼 나올 수 있으므로, 동수가 순이를 볼 수도 있고, 내가 순이를 볼 수도 있다. 어떤 것이든지 모두 이렇게도 저렇게도 해석될 수 있다. 그러나 보통은 독자나 청자는 먼저 관련 상황을 인출하여 이런 문장을 해석하기 때문에 스스로 중의성을 잘 깨닫지 못한다. 더 자세한 설명은 또한 148쪽 §.2-5-5의 역주 63)을 보기 바란다.

"글자를 읽지 못하는 어린이들도 이미 요점을 파악할 수 있다. 자신의 모어(모국어)에 대한 음운 및 통사지식을 머릿속에 갖고 있고, 수천 개의 낱말을 습득하였으며, (입말로 된) 서사 이야기를 이해하고 지시 내용들도 실행할 수 있다. 어린이들이 할 수 없는 것은 이야기책을 읽거나 인쇄된 지시사항을 따라할 수 없는 것이다." (고프 외 1992b: 36쪽)

(Pre-literate children can already comprehend. They have internalized the phonology and syntax of their native language, they have acquired a vocabulary of thousands of words and they can understand stories and follow instructions. What they cannot do is read stories or follow instructions in print. Gough et al., 1992b: 36)

그럼에도 불구하고 구조적 지식이 읽기에서 촉진 효과를 지닌다고 알려져 있다(Perfetti 1989; Rayner 1990; Garnham 1985). 낱말 지식은 오랫동안 제1 언어 읽기에서 중요한 것으로 인식되어 왔다. 유창한 제1 언어 독자의 낱말 숫자에 대한 추정치는 1만 낱말에서 10만 낱말까지 변동된다.[7] 이 총서에 있는 뤼드(Read 2000; 배도용·전영미 뒤침 2014) 『어휘

---

[7] (역주) 본문에서는 vocabulary(낱말, 총체적인 의미에서 어휘)와 word(낱말)라는 용어를 쓰고 있다. 고슴도치를 가리키는 한자 '휘(彙)'는 등에 박힌 가시들로부터 '다 모아져 있다'는 뜻으로 확대되므로, 상의어로서의 낱말을 가리키며, 고정되어 있는 관용구나 속담까지 포괄한다. 이 책의 저자는 'a vocabulary of roughly 5,000 words'(원문 36쪽)라는 표현을 쓰고 있으므로, vocabulary(집합체로서의 낱말)는 상의어로 쓰고 word(개별 낱말)는 하의어로 쓰고 있음을 알 수 있다. 국어학에서도 대체로 이런 방식을 택하는데, 낱말들을 다루는 분야를 '어휘론'이라고 부르지만, '낱말론, 단어론'이란 말을 거의 잘 안 쓴다. 또한 lexis(곡용/활용을 하나로 싸안을 수 있는 원형 낱말)도 같이 쓰는데(§.6-3 '상황 2'의 ③에서와 '상황 4'의 ③에서 쓰임), 아래에 설명할 담화교육에서 이 용어를 자주 쓴다.

그런데 파생어를 만들어 주는 접사까지 포함하기 위하여 생성문법에서는 lexicon(어휘부, 낱말 요소 집합체)이라는 말을 쓴다. 여기서 파생된 형용사 lexical(어휘의, 어휘적인)은 어느 분야에서든 자주 쓰이며, 이 책에서도 vocabulary의 형용사로 쓰인다. 심리학에서는 우리 머릿속에 있는 낱말 저장고에는 소리와 뜻이 따로 들어가 있다고 가정한다. 이를 구분해 주기 위하여 켐픈·호이버즈(Kempen and Huijbers 1983)에서 처음으로 lexeme(낱말의 형태·음운 정보)와 lemma(낱말의 통사·의미 정보)라는 용어를 썼는데, 심리학에서는 낱말의 두 영역을 구분하는 일이 관례가 되어 있다(Levelt 1989; 김지홍 2008 뒤침, 『말하기: 그 의도에서 조음까지 I』, 나남: 그곳 30쪽의 역주 4와 383쪽 이하를 보기 바람).

한편 담화 연구에서는 낱말의 곡용과 활용을 동일하게 하나의 원형으로만 간주하기 위하

평가』(글로벌콘텐츠)의 §.4-4 '어휘 양 측정'을 참고하기 바란다.[8] 독자가 지닌 낱말 지식에 대한 측정치는 타성적으로 읽기 이해의 측정치와 긴밀하게 서로 관련되어 왔으며, 실제로 종종 덩잇글 이해에 대한 유일한 최상의 예측 변수이다.

모르는 낱말들로 말미암아 읽어 나가면서 어려움을 겪는 일이 명백히 읽기로부터 이해(요점 파악)에 영향을 주며, (의미를 짐작하여 일관되게 해석을 하게 된다면) 즐거움을 지니게 될 것이다. 라우풔(Laufer 1989)와 리우·네이션(Liu and Nation 1985)의 조사 연구에서는 적합한 이해를 얻어내기 위해서 덩잇글에 있는 낱말의 95%를 잘 알고 있어야 하고, 뜻을 모르는 (5% 미만의) 낱말을 맥락으로부터 짐작할 수 있음을 보여 준다. 허어슈·네이션(Hirsh and Nation 1992)에서는 덩잇글에 있는 97%의 낱말

여 lexis(낱말의 원형)란 용어를 쓴다. 호이(Hoey 1991), 『덩잇글에서 낱말 사슬들의 여러 유형(*Patterns of Lexis in Text*)』(Oxford University Press). 가령 영어에서 대명사 곡용 형태 I, my, me는 모두 동일한 하나의 낱말로 취급되고, am, are, is, were, was도 모두 동일한 하나의 낱말로 세는 것이다. 만일 이들 변이체를 언급하려면, 철학자 뤄쓸(Russell)이 썼던 용어를 빌려 type(유형, 낱말 원형)과 token(구현 사례, 개별 변이체)으로 부른다.

낱말에 대한 책자는 넘쳐나고 넘쳐난다. 어떤 책을 읽더라도 많든 적든 중요한 지식들을 얻을 수 있을 것이다. 필자는 하버드 대학 심리학자 핑커(Pinker 1999; 김한영 2009 뒤침), 『단어와 규칙: 스티븐 핑커가 들려주는 언어와 마음의 비밀』(사이언스 북스)을 추천하는데, 뛰어난 통찰력이 들어있다. 가령, 왜 빈도가 높은 낱말이 언제나 변이형(변이형태, 불규칙 형태)을 지녀야 하는지를 '지각상의 두드러짐'이란 측면에서 설명한다. 여태까지 구조주의 언어학에서 규정한 변이형태의 '존재론'에 대한 대답을 아무도 제시해 본 적이 없다.

8) (역주) 대략 40만 낱말을 담고 있는 큰 사전을 두고서 무작위 추출법을 이용하여 특정 쪽의 특정 줄에서 낱말을 뽑고, 다시 조정하여 대략 1시간 분량의 낱말 검사지를 만들어 내어야 하며, 또한 그 결과를 거꾸로 역산한 추정치이기 때문에 서로 숫자가 크게 달라지는 것이다. 개별 연구자가 채택하는 통계 추정 방법에 따라 숫자가 크게 달라져 버리는 것이다. 언어 교육에서 가장 많이 인용되는 것으로 나쥐·허어먼(Nagy and Herman), 「낱말 지식의 너비와 깊이: 습득과 교실 수업을 위한 함의(Breadth and Depth of Vocabulary Knowledge: Implications for Acquisition and Instruction)」; 머큐언·커어티스 엮음(McKeown and Curtis 1987), 『낱말 습득의 본질(*The Nature of Vocabulary Acquisition*)』(Lawrence Erlbaum)을 읽어 보기 바란다(Nagy는 '내기'로도 발음되는데, 배도용 번역에서는 무엇을 참고했는지 '너지'로 적혀 있음). 미국에서 고등학교를 졸업한 어른의 경우 대략 5만 개의 낱말을 머릿속에 지니고 있다고 보는데, 핑커 교수는 고유명사들을 더 합쳐 6만 개 낱말 정도로 추산한다. 중국 북경의 학자들은 일반 서적들을 귀납하여 낱말 숫자를 훨씬 낮춰 추정하는데, 5천 개 정도의 낱말이면 한자로 쓰인 어떤 책이든지 다 읽을 수 있다고 보며(모택동 전집에 5천 글자 정도가 들어 있다고 함), 1716년 5만 개의 글자를 담아 완성된 『강희 자전』도 근본적으로 1세기에 나온 허신(許愼)이 지은 9천 글자의 『설문 해자』에서 비롯된다.

들에 익숙해지기 위해서 독자가 대략 <u>5천 개 정도의 낱말</u>을 배울 필요가 있다고 추정하였다. 웨스트(West 1953) 『공용낱말 목록(*General Service List*)』에서 모아져 있는 대로, 영어에서 오직 <u>가장 자주 나오는 2천 개의 낱말들</u>만 잘 알고 있는 독자는, 덩잇글에 있는 낱말 중에서 대략 90%만을 이해할 것이다. 허어슈·네이션(1992)에서는 자신들이 분석한 소설 속에 있는 약 40%의 낱말이 웨스트(1953) 『공용낱말 목록』에 들어 있지 않음을 보여 주었다. 더욱이 사용 빈도가 낮은 (즉, 공용낱말의 범위를 벗어난) 이들 낱말의 ¾ 또는 그 이상이 오직 그 소설들 속에서 한 번 또는 두 번만 나왔을 뿐이다.

덩잇글의 언어 외적인 단서 및 통사·의미 단서에 근거한 담화 전략이 폰대익·킨취(van Dijk and Kintsch 1983)에서 탐구되었으며, 읽기 수행과 관련되는 것으로 밝혀졌으나, 여전히 그런 연구는 전형적으로 직접 독자의 지식을 측정할 수 없다. 오히려 그들은 덩잇글 변인들의 조작의 결과로부터 독자의 지식을 추론하였다. §.2-3을 보기 바란다.

반면에 놀랄 것도 없이 제2 언어와 외국어 읽기 연구들에서는 통사 지식뿐만 아니라 어휘지식의 중요성을 일찍부터 강조해 왔고, 오직 최근에 들어서야 수사학적 전개 지식 및 상위 언어지식이 어떤 깊이로든지 연구되고 있다.

제2 언어와 외국어 읽기에서는 언제나 학습자가 먼저 읽을 수 있기 전에 언어지식을 습득해야 한다고 가정되어 왔다. 예를 들어, 일찍이 1970년대에 특정 목적을 위한 영어 교육에 대한 접근에서는, 교과목 영역에 있는 교재들을 읽어 나가기 위하여 학습자들이 알 필요가 있는 것은 해당 교과목의 언어에 대한 지식이라고 가정하였다. 우선 낱말 (lexis, 낱말 원형: 80쪽의 역주 7 참고)을 배우고 나서 다음에 통사 및 수사학적 전개 특징들을 익혀야 하는 것이다. 가령 '군대용 교재(Military Texts)', '지리학(Geography)', '농업(Agriculture)'과 같은 제목을 지닌 매킨 (Mackin)의 『영어 학습(*English Studies*)』 총서에서 보듯이, 가장 이른 시기의 특정 목적을 위한 영어(ESP) 교재들은 학습자에게 읽히게 될 전문직 교재들을 제공해 주었다. 그 책에서는 각 부분마다 동일한 유형을 따랐다. ㉠ 검사지, ㉡ 낱말 단순화, ㉢ 구조 단순화가 있고, 이어서 ㉣ 낱말 연습, ㉤ 구조 연습, ㉥ 본문에 대한 질문, ㉦ 본문 내용의 요약이 있으며, 마지막으로 ㉧ 본문을 학생 자신의 나라 또는 경험에 응용하기로 끝난다. 그런 총서는 물론 또한 1970년대 후반에 나온 교재와 강좌의 목적은, 독자가 필요한 언어형식의 얼개를 지니도록 보장해 주기 위해서 해당 전문 분야의 언어를 교육하는 데에 집중하는 것이었다.

그렇지만 대부분 이런 교육이 조사 연구 발견내용에 의해 뒷받침되지 못하였다. 예를 들어, 연구자들이 전형적으로 수동태 구조를 많이 포함하는 것으로 언급된 과학 분야의 덩잇글을 독자가 처리할 수 있도록 해 주려고 영어에서 수동태에 대한 지식이 얼마나 중요한지를 탐구하였을 때, 그 결과는 애매모호하였다.[9] 수동태의 지식이 수동 구문을

---

9) (역주) 당시 학계의 수준이 언어 사용, 그 의도, 사회적 동기 등에 대하여 전혀 알려진 것이 없기 때문에 빚어진 결과이다. 대표적으로 생성문법에서는 수동태와 능동태의 심층 의미(의미역 구조)가 동일하다고 잘못 가정하였었다. 최근에 들어서야 수동태와 능동태 표현의 사용 의도는 비판적 담화 분석(Critical Discourse Analysis)에서 본격적으로 실체가 밝혀지기 시작하였고, 다른 표현 범주들도 동일한 작동 원리를 담고 있음이 드러났다(모두 다섯 가지 부류임). ① 과학 논문뿐만 아니라 행정 공문과 신문에서도 의도적으로 거의 수동태의 문장들만을 쓴다. ② 영어의 비인칭 구문(it seems that~, it says that~)도 또한 수동태를 쓰는 동기를 그대로 담고 있고, ③ 피해 수동태(get-passive)도 마찬가지이다(모두 '결과 상태'만을 표현함). 피상적으로는 이런 표현을 주관성을 벗어나 객관적인 표현이 되게 만든다고 주장한다. 과학 논문의 경우에 그렇다고 할 수 있겠으나, 실제로 이는 인간이 자유의지에 의해 일으킨 사건이라 하더라도, 마치 그 사건이 자연계에서 저절로 일어난 것인 양 호도하여 책임을 벗어나려는 의도와 효과를 노리는 것이다. 따라서 수동태라는 특정한 구문 형식에만 제한되는 것이 아니다. ④ 더 나아가 문장의 모습을 명사구와 같이 줄여 표현하는 경우나 또는 ⑤ 책임 경감(hedge 완화) 표현에서도 마찬가지 효과를 지닌다. 우리말로 예를 들기로 한다.

"철수가 영이를 사랑한다."

라는 문장에서 사랑하는 사건에 책임을 지는 주체는 '철수'이다(이를 한 사건의 '진행 과정'에 초점 모은다고 말함). 그렇지만 아무런 제약이 없이 동일한 사건을

"영이가 사랑받는다."

라고 표현할 수도 있다. 이는 전형적으로 한 사건의 '결과 상태'만을 가리키는 것이다. 그렇지만 이제 이런 표현에서 누가 그 사건의 주체인지 전혀 알 수 없다. 이 표현의 속뜻은 마치 영이가 비너스로 태어났기 때문에 운명적으로 모든 이들로부터 사랑을 받는 듯이 표

담고 있는 덩잇글을 처리하는 데 필수적임을 보여줄 수도 없었다. 궁색한 뒷궁리로서 분명해 보이는 점은, 덩잇글의 낱말에 대한 지식뿐만 아니라 마찬가지로 일반적이고 특정한 내용 지식도 또한 언어지식의 결여를 보상해 줄 수 있다는 것이다.

그럼에도 불구하고, 과도 일반화의 위험이 있겠지만, 지금까지 조사 연구에서는 제2 언어 읽기의 몇 측면을 놓고서 특정 통사 구조의 지식이나 그것을 처리하는 능력에 대한 중요성을 보여 주었다. 버어먼(Berman 1984)에서는 이스라엘 학습자들이 가령 물질(=무생물)이 주요 동사 앞에 놓이거나 수의적인 부사절이 주절보다 더 앞에 오는 경우처럼10) 복

현되어 있다(영이의 내부 속성을 언급하는 것으로 해석함). 마찬가지로 이 사건을 명사처럼 만들어 표현할 수도 있다(④의 경우임). '철수의 영이 사랑'은 문장으로 표현된 것과 동일한 의미역을 담고 있다. 그렇지만 명사 구문에서는 핵어 명사만 제외하고 모두 수의적으로 생략될 수 있다. '영이 사랑'이나 '사랑' 또한 가능하기 때문이다. 어느 언어에서나 자주 동원되는 ⑤ '책임 경감' 표현(hedge, 이원표 교수는 '완화 표현'을 썼음: 단, 조명원·나익주 교수는 '울타리' 표현으로 썼으나 우리말에서는 '울타리'의 속뜻이 달리 작동함)도 화자가 직접적인 책임을 지지 않고자 하는 동기를 담고 있다. '지구가 해를 돈다'는 표현은 단정적인 표현(참·거짓의 범주적 표현)으로, 만일 거짓으로 판명될 경우에 응분의 책임을 떠맡게 된다. 그렇지만 [지구가 해를 돈다]고 본다/한다/믿는다' 따위의 표현이나, 또는 밑줄 친 상위 동사를 부사로 만들어 '아마도 [지구가 해를 돈다]'로 표현할 경우에 거짓말쟁이라고 비난받기보다는 우연한 착각이나 실수로 변호하며 빠져나갈 길이 마련된다. 이런 점 때문에 언제나 교묘하게 속임수 표현이 가능해지는 것이다. 이런 측면들을 충분히 익히고 표현 동기들을 비판하려면 가장 좋은 안내서로서 페어클럽(Fairclough 2003; 김지홍 뒤침 2012), 『담화 분석 방법: 사회 조사 연구를 위한 텍스트 분석』(도서출판 경진)을 읽어 보기 바란다.
10) (역주) 학습자의 모어 또는 제1 언어의 표현 방식에 의해 간섭받는 현상으로 해석된다. 결론만을 놓고서 추측하건대, 아마 히브리 어도 우리말과 비슷한 특성을 지니고 있을 법하다. 우리말에서는 자유의지를 지닌 인간이나 본능을 지닌 생명체가 주어로 나온다. 그렇지만 영어에서는 무생물 또는 물질 대상이 주어로 나오기 일쑤이다. 따라서 우리나라 사람들은 의인화 구문인 듯이 느껴진다. 가령, 교실에 들어가다가 출입문에 부닥친 경우에 "(나는) 문에 얻어맞았다."라는 표현을 쓴다(전통문법에서는 이를 부사어로 부르고, 생성문법에서는 사격 논항으로 부름). 그러나 아무런 제약도 없이 영어에서는 무생물을 주어로 내세워 "문이 나를 때렸다(The door hit me)."라고 말할 수 있다. 결과적으로, 우리말에서는 속뜻으로 나 자신의 부주의함 때문에 일어났음이 부각될 수 있겠으나, 반면에 영어 표현에서는 충돌 사건의 직접성(=중간의 매개자가 없음)이 더욱 강조될 수 있다. 남아시아 언어들에서도 우리말처럼 사람이 주어로 나오고 사건을 유발한 무생물(대상)이 부사어로 나타난다. 붜어먼·모해넌 엮음(Verma and Mohanan 1990), 『남아시아 여러 언어들에서의 경험주 의미역 주어(*Experiencer Subjects in South Asian Languages*)』(CSLI at Stanford University)를 보기 바란다.
보편적으로 물질 또는 무생물 대상이 주어로 나오는 경우가 있다. 어느 언어에서든지 형용사 구문과 같은 경우가 그러한데, 전문 용어로는 '바대격' 구문이라고 불린다. 심층 표상에

84

합적인 또는 이례적인 통사 구조를 지닌 문장에서 구성성분 구조를 찾아내는 데에 어려움을 지님을 보여 주었다. 덩잇글을 이해하는 데에 있어서 문장을 올바른 통사 구조로 분해하는 능력은 중요한 요소로 보인다. 놀랄 것도 없이, 그녀의 제자가 행한 후속 연구로서 히브리 어를 모국어로 쓰는 학습자들은 히브리 어의 구조와 차이가 나는 영어의 통사 구조들을 처리하기가 더 어렵다는 점을 찾아내었다.

버어먼은 '버거움, 불명료함'과 같은 지각 요인들뿐만 아니라, 상호의존 요소들에 있어서의 물리적 불연속성(=한 문장 안에서라도 서로 간에 멀리 떨어져 있음)도 언급한다. 불명료함(opacity)은 명제들 사이에 대응하는(=동일한) 간단한 동사와 형용사를 그대로 쓰는 것이 아니라, 생략과 대치와 같은 특정한 통사 기제들(=역주 11의 ③과 ④ 방식)을 쓴다거나 또는 명사화 구문을 쓰는 일로 말미암아 생겨날 수 있다.11) 버거

서 대상 의미역을 받는 물체(대상)가 표면 구조에서도 응당 대격(을, 를)을 받아야 하겠으나, 관찰 주체이자 화자인 주어는 대화에서 잉여적인 요소로 치부되어 항상 주어 자리가 비어 있기 때문에, 대격 논항이 의무적인 이동을 하여 주격을 받게 되는 것이다. 레뷘·뢰퍼포엇호봡(Levin and Rappaport Hovav 1995), 『비-대격 속성(Unaccusativity)』(MIT Press)과 알렉지어두 외 엮음(Alexiadou et al. 2004), 『비-대격 속성의 수수께끼(The Unaccusativity Puzzle)』(Oxford University Press)를 참고하기 바란다.

그리고 핵어를 담고 있는 절이 영어처럼 핵을 앞으로 내세우는 선핵 언어에서는 주절이 먼저 표현되고, 'although'와 같은 부차적인 조건절이 나중에 표현된다. 그렇지만 우리말에서는 핵어가 담긴 절이 뒤에 나오는 후핵 언어이므로, '비록 ~하더라도'와 같은 부사절(수의적인 부가절로 불림)이 먼저 나온 뒤에 주절이 뒤따르는 표현법이 전형적/기본적이다.

11) (역주) 담화를 읽어 나가는 영역은 크게 둘로 나뉜다. 낱개의 문장들을 서로 단단히 얽어 매는 방식인데(우스개 소리로, 문장과 문장을 '왕자풀'로 붙여놓는 방식), 그 결과 하나의 단락(또는 의미 단락이나 문단)이 생겨난다. 이런 단락들도 다시 느슨하더라도 서로서로 일관되게 이어져 나가야 하며, 그 결과 전체 덩잇글이나 덩잇말이 나오게 된다. 전자의 영역을 미시영역으로 부르고, 후자의 영역을 거시영역으로 부른다. 미시영역을 묶어 놓는 방식과 거시영역을 묶어 놓는 방식은 서로 다르다. 전자는 명백한 언어 기제를 이용하여 묶는 것이다. 그렇지만 후자는 머릿속에 저장해 놓은 배경지식을 작업기억 속에 인출하여 추리 또는 추론을 해 나가면서 일관성을 찾거나 부여하여 묶는 것이다.

담화 전개의 미시영역을 묶는 일은 cohesion('서로 달라붙다' stick together는 뜻임)이라고 하며, 이를 통사 결속 또는 문장 결속으로 부를 수 있다(Cook 1989; 김지홍 뒤침 2003, 『담화: 옥스퍼드 언어 교육 지침서』, 범문사를 보기 바람). 국어과 교육과정에서 '응집성'(한 점으로 모아져 엉기는 속성)이라는 번역은 잘못이다. 문장은 '펼쳐져'(전개되어) 나가는 것이지, 결코 한 점에 엉기는 것이 아니기 때문이다. 국어교육 전공자들이 말뜻을 제대로 새기지 못한 채 국어를 망치고 있어서 안타깝다. 통사 결속은 처음으로 핼러데이·허싼(Halliday

움(heaviness, 무거움: 문장이 너무 길어서 뜻을 알아차리기가 버겁게 느껴짐)
은 내포문과 수식어를 여러 개 지닌 문장 구성으로 말미암아 생겨난다.
이는 하나의 구성체로부터 다른 구성체로 처리를 진행해 나가는 경우

and Hasan 1976), 『영어에서의 결속 모습(*Cohesion in English*)』(Longman)에서 다섯 가지 방
식을 논의하였다. 이는 하나의 문장이 서로 다른 사건을 표현할 경우 및 유사한 사건을
표현할 경우로 대분될 수 있다. 전자에서는

① 대명사처럼 가리키는 표현을 쓰거나(대명사 지시 표현)
② 유사한 낱말들을 달리 선택하여 낱말 사슬을 만들어 줄 수 있다(낱말 사슬 형성).

특히 대명사를 이용한 지시표현은, 생성문법에서 결속(binding)으로 불리며, 또한 결속 기제
에 대한 해석이 언어 심리학에서 단골 소재로 연구되어 왔다. 다른 낱말을 선택해 주면서
사건이 전개되는 측면을 드러내는 방식을 낱말 사슬(lexical chain) 형성이라고 부른다(95쪽
§.2-2의 역주 21과 132쪽 §.2-4-2의 역주 53 참고). 그렇지만 같은 사건들이 계속 나열될
경우가 있다(가령 여러 사람이 식당에서 음식을 주문하는 경우처럼). 이럴 경우에는

③ 반복되는 요소를 생략하거나
④ 대동사(do so, 그러하다)나 '이하 같음' 따위로 대치할 수 있다.

위의 네 가지 방식 이외에도 어린 학습자들이 많이 쓰는 ⑤ 접속사 이용도 있는데, 사춘기를
벗어나면서 접속사 사용이 현격히 줄어드는 것으로 알려져 있다.

그런데 임의의 문장은 명사 구성으로 표현될 수도 있는데(명사절에서부터 시작하여 명사
구를 거쳐 단일한 명사로도 표현 가능함), 그럴 경우에 참값이 전제되어 버리므로 참·거짓
을 따질 수 있는 문장의 모습과는 존재 가치가 변경된다. 어느 언어에서이든지 명사 구성으
로 되면 다시 주어나 목적어 자리에 나타날 수 있다. 가령,

"철수가 영이를 사랑한다."

는 문장이 명사절로서 '철수가 영이를 사랑하는 것, 철수가 영이를 사랑함'을 거쳐, 명사구
로서 '철수의 영이 사랑, 철수의 사랑'뿐만 아니라, 오직 하나의 핵어 명사만 표시되어 '사랑'
으로도 말할 수 있다. 이런 명사 부류들은 자유롭게 다시 다음과 같이 '__' 속에 들어가
서술 형식을 띨 수 있다.

"__가 거짓이다, __가 사람들을 울렸다, __가 복잡한 사건의 빌미가 되었다....."

등등 서술 방식이 열려 있다. 이렇게 명사 부류로 바뀌어 표현되면, 이미 그 명사 부류가
실세계에서 참·거짓의 논란을 벗어나, 이미 참으로 주어져 있는 듯이 착각하게 된다. 마치
하나의 명사가 실세계에서 어떤 사물이나 대상을 가리키듯이, 일부러 명사 부류로 표현하
는 일은 모종의 의도를 깔고 있는 것이다(페어클럽 2003; 김지홍 뒤침 2012, 『담화 분석
방법』, 도서출판 경진의 제8장을 보기 바람).

담화 전개 방식은 이런 미시영역(문장 결속, 통사 결속)을 벗어나서 문단들이 연결되는
거시영역으로 진행하게 된다. 거시영역을 표시해 주는 고정된 언어 기제는 없으며, 흔히
추론이나 추리로 불리기도 한다. 이는 머릿속에 있는 관련 배경지식을 인출해서 덩어리진
일련의 사건들 사이의 관계를 찾아내는 방식이다. 전문 용어로는 coherence(의미 연결, 일관
성 부여)라고 불리는데, 어원을 앞의 cohesion(통사 결속)과 동일하다. 심리학에서는 두 용어
를 쓰지 않고, coherence만을 써서 미시영역을 local coherence(지엽적 연결)로 부르고 거시영
역을 global coherence(전반적 연결)로 부르기도 한다. 그렇지만 미시영역은 반드시 언어 기
제를 이용하는 것이나, 거시영역은 배경지식을 이용한다는 차이점을 도외시하거나 왜곡해
버리는 잘못된 조어이다.

에 기억에 저장해 두어야 하는 정보의 분량 및 깊이를 늘여 놓는다. 그녀는 성공적인 독자가 좀 더 복잡한 문장의 핵심을 잘 파악할 수 있다고 제안하였다. 그렇지만 흥미롭게도 복잡한 통사를 처리하는 능력이 덩잇글의 골자를 이해하는 일보다는 오히려 문장에 있는 세세한 정보들을 이해하는 데에 좀 더 중요할 수 있다고 언급하였다.

쿠퍼(Cooper 1984)에서는 스스로 이름 붙여, 영어가 모국어가 아니지만 대체로 영어를 의사소통 매체로 하여 교육을 받은 '잘 연습된' 독자를 '연습이 없는' 독자와 서로 대비시키고서, 이 두 부류를 구별해 놓는 것이 시제·상·양태 등과 같이 일정 범위의 통사적 특징과 접사들에서의[12] 현저한 취약성은 아니라고 결론을 내렸다. 심지어 잘 연습 받은 독자들도 이들 영역에서 취약점을 지니고 있었다. 오히려 연습 없는 독자는 빈약한 낱말(특히 전문 기술 용어에 준하는 낱말) 지식으로 말미암아 불이익을 받고, 낱말들 사이에 있는 의미 관계뿐만 아니라 또한 일반적인 문장 연결 접속사의 의미를 제대로 이해하지 못하여 불이익을 받았다. 빈약한 독자들은 낱말 의미를 이끌어 내고, 문장들 사이에서 낱말 관계 및 의미 관계를 이해하기 위하여 더 큰 맥락에 있는 언어적 단서를 이용하는 능력이 현저히 결여되어 있음을 보여 주었다. 잘 연습 받은 독자들의 우수한 어휘 능력은 빈약한 독자와 구별해 주는 핵심 특징이었다.

언어지식의 중요성에 대한 상식적 가정에도 아랑곳하지 않고, 일정

---

12) (역주) 원문의 affixation(접사)은 낱말(파생어)을 만드는 데에 동원되는 접사가 아니라, 흔히 '통사적 접사'로 부르는 것들이다. 일부 서구 언어에서는 목적격으로 나온 대명사들이 동사에 달라붙으며, clitic(통사 접사)이란 용어로도 부른다. 우리말에서 접사 '-답다'는 '아름답다'(파생어)처럼 어근에 붙어 낱말을 만들어 준다. 그런데, '신사답다, 숙녀답다, 너답다, ~는 것답다'에서처럼 명사에 붙으면 구나 절로 확장된다. "그가 참으로 [멋진 신사]답다"나 "[일 하는 것]답게 제대로 해 봐라!"에서 보듯이, '-은/-을'로 된 관형절 수식어를 허용한다. 만일 '신사답다'라는 파생 형용사를 꾸몄더라면 응당 부사 형태로 나왔어야 했다. 그뿐 아니라 또한 "그가 신사만 다웠더라면 문제가 없었을 텐데…"에서 보듯이, 보조사 '만'에 의해 서로 떨어질 수 있는 느슨한 측면도 있다. 따라서 이를 통사적 접사로 불러 낱말 파생 접사와 구분하기도 한다.

기간 동안 만일 학습자들이 모어(모국어)에서 제대로 읽을 수 없다면 제2 언어/외국어에서도 마찬가지로 잘 읽을 수 없을 것이라는 신념이 존재해 왔다. 이런 믿음에 대한 논의는 §.1-8과 올더슨(1984)를 보기 바란다(=공통적 읽기 전략이 전이된다는 믿음). 그런 신념으로부터 제2 언어지식을 제공해 주는 일을 희생시킨 채(=제2 언어지식을 도외시한 채) 제1 언어는 물론 제2 언어에서 학습자 읽기 전략을 가르치는 일에 중점을 둔 교육적 접근으로 발전되었다. 예를 들어 쎌라니 외(Celani et al. 1988)과 다른 곳에서 보고된 브라질 특정 목적의 영어 프로젝트를 보기 바란다.

제2 언어 읽기가 언어 문제인지, 아니면 읽기 문제인지에 대한 물음을 탐구하거나 해결하려는 조사 연구에서는 언어지식의 문턱값에[13] 대한 개념을 제시하였다. 이런 문턱값을 넘는 크기의 지식이 없다면 독자들이 제1 언어 읽기 능력이 어떤 것이든 제2 언어로 옮겨가지(전이되지) 못할 것이다. 클락(Clarke)의 '너무 짧은 배선 가정(short-circuit hypothesis)'에서는 제2 언어의 부적합한 지식이 유능한 제1 언어 독자들을 제2 언어로 된 읽기를 잘 하지 못하도록 방해하거나 막아버린다고 보았다.

버언하앗·카밀(Bernhardt and Kamil 1995)에서는 다수의 연구 결과들을 조사하고서 제1 언어의 읽는 힘이 제2 언어 읽기 능력에 대한 강력한 예측 요소가 됨을 주장하였다(응시생들의 점수에서 변동 가능성을 가리키

---

13) (역주) 57쪽 §.1-8에 있는 역주 67)과 §.3-2-1의 논의를 참고하기 바란다. 임계값(critical value)나 임계 크기(critical size, 결정적 크기)로도 불린다. 미국 심리학의 아버지로 칭송되는 윌리엄 제임스가 두뇌 신경세포들이 다발을 이루고, 이 다발들이 일정한 정도로 자극을 받으면서 특정한 값을 넘어야 '의식'이 비로소 싹튼다고 가정하면서 썼던 용어이다. 의식 발현 과정에서 이런 문턱값(=임계치) 가정을 충실하게 계승하고 있는 노벨상 수상자 에들먼(Edelman 1992; 황희숙 뒤침 2006 개정판),『신경과학과 마음의 세계』(범양사)의 제9장 신경 다윈주의에서도 다음과 같이 가정한다. 한 다발의 신경세포들이 있고, 이것이 다른 다발의 신경세포들과 연결되어 있는데, 이를 '재유입 연결 핵심단위(reentrant core)'로 부른다. 이들 재유입 연결 핵심단위들에서 자극물로부터 얻은 정보가 균질적으로 배분될 경우에 우리가 스스로 느끼는 의식이 비로소 생겨나는 것이다(의식이 발현하는 것이다). 에들먼 교수의 책은 김한영 뒤침(2006),『뇌는 하늘보다 넓다』(해나무)와 김창대 뒤침(2009),『세컨트 네이처(=의식이 빚어낸 2차적 자연)』(이음)도 나와 있다.

는 분산의[14] 20% 이상이 예측되는 것으로 설명되었음). 그러나 제2 언어지식은 일관되게 분산의 30%보다 더 넘게 설명력을 지닌 더욱 강력한 예측 요소이다. 그들은 제2 언어 읽기 문제가 '그렇다/아니다'의 양자택일 물음이 아니라, 다음과 같이 두 능력/지식 자원들 사이에 있는 상호작용의 물음으로 다시 만들어져야 마땅하다고 결론을 내렸다.

제2 언어지식이 제대로 작동하도록 하려면, 제2 언어 독자가 지닌 모국어로 읽는 힘이 얼마만큼이나 되어야 할까?

(*How L1 literate does a second-language reader have to be to make the second-language knowledge work?*)

모국어의 읽는 힘에 관련된 지식을 가동시키기 위하여, 제2 언어 독자가 얼마나 많은 제2 언어지식을 갖고 있어야 할까?

(*How much second-language knowledge does a second-language reader have to have in order to make the L1 literacy knowledge work?*)

물론 이는 본질적으로 제2 언어지식 및 제1 언어 읽기 능력 간의 상호작용을 깔아놓고 있는 '너무 짧은 배선 가정'에 대한 질문 형태이다. 버언하앗·카밀(1995)에서는 또한 대부분의 연구 결과가 제2 언어 읽기에서 분산의 50%를 설명하지 않은 채로 내버려 두었다고 지적하였다.

보써스(Bossers 1992)에서는 제2 언어지식과 제1 언어 읽기 능력이 모두 제2 언어에서 읽기 능력과 관련되지만, 반면에 더 낮은 언어 유창성 수준에서는 제2 언어지식(그리고 문법지식보다는 특히 어휘지식)이 좀 더

---

14) (역주) 원문의 variance(분산, 변량)를 한국 통계학회 엮음(1997), 『통계학 용어집』(자유아카데미)과 대한 수학회 엮음(1994), 『수학 용어집』(청문각)에서는 모두 '분산'으로 번역하였다. 통계를 도구로 쓰는 심리학, 교육학, 사회학 쪽에서는 '변량'으로 번역하는 경우가 있다. 모두 양(+)의 값만을 얻기 위하여 평균값으로부터 편차 S를 제곱한 표준 편차의 제곱 값 S^2이다.

긴밀히 관련됨을 보여 주었다. 오직 비교적 고급 수준의 제2 언어 유창성에서라야만, 제1 언어 읽기 능력이 제2 언어 읽기에 대한 유일한 예측 요소가 된다는 점을 입증하였다. 핵그보어드(Hacquebord 1989)에서는 네덜란드에서 살고 있는 터키 청소년들을 시간상의 변화를 찾는 종단 연구로 검사하였는데, 시간상으로 제2 언어 읽기에 대하여 제1 언어 읽기의 영향력이 점차 감소함을 보여 주었다. 그렇지만 이는 (수업의 매개에 의해서가 아니라) 모국어에서 읽는 능력이 줄어듦과 제2 언어에서 읽는 능력이 커짐에 의해서 설명될 수 있는 것이다. 캐뤌(Carrell 1991)에서도 또한 제1 언어 읽기 및 제2 언어지식이 모두 중요함을 보여 주었다. 다소 놀라운 결과는 스페인 화자들이 자신의 제1 언어 읽기가 제2 언어지식보다 제2 언어 읽기와 좀 더 관련이 있었다는 점이다. 이를 스페인 어로 된 덩잇글을 읽고 있는 토박이 영어 화자들과 비교할 적에, 겉으로 보기에 서로 상충되는 결과인데, 토박이 영어 독자들에게는 제2 언어지식이 더 크게 영향을 주었다. 그렇지만 이는 그 연구에 참여한 토박이 영어 화자들의 낮은 외국어 유창성과는 달리, 스페인 화자들의 뛰어난 제2 언어 유창성에 의해서 설명된다.

그런 연구들의 명백한 결론은 다음과 두 가지이다. ① 제2 언어지식이 제1 언어 읽기 능력보다 더 중요하다. ② 스스로 이해가 가능해지는 언어 문턱값이 존재하며, 이는 제1 언어 읽기 능력이 제2 언어 읽기 맥락으로 옮겨갈 수 있기 전에 서로 교차하여 작동되어야 한다. 그렇지만, 이런 언어 처리의 문턱값은 결코 절대적이지 않고, 응당 과제별로 달라질 것이다. 과제가 요구사항이 더 많으면 많을수록, 언어 처리의 문턱값은 더욱 더 높아진다. 임의의 과제(늑시험)에 요구사항(부담)을 만들어 놓는 바는, '덩잇글 주제·덩잇글 언어·배경지식·과제 유형'과 같은 논제들과 관련될 것이다(§.4-3 참고). 보써스(Bossers 1992)에서 시사해 주듯이, 장래의 읽기 연구는 독자에게 얹어 놓는 요구사항(부담)들이 다양하게 변동하는 과제들을 이용해야 할 것이다. 이는 읽기 능력을 검사하고자 하는 사람들에게 아주 긴밀히 관련된다. 읽기 검사의 타당도가 부분적으로 제1 언어 또는 제2 언어 읽기 능력을 진단하는지 여부에 달려 있는 것으로 개념화될 수 있기 때문에, 어떤 변수들이 그런 전이를 허용하거나 막아버리는지를 알아내는 일이 중요해진다. 그렇지만 마찬가지로 제1 언어 읽기에서는, 읽기 능력의 측정값이 해당 지문(바탕글/본문) 속의 언어에 대한 어려움이나, 해당 과제의 어려움이나, 또는 독자가 지닌 언어지식의 상태에 의해서 부당하게 영향을 받는지 여부를 알아내는 것도 중요하다.

3) 덩잇글 갈래/덩잇글 유형에 대한 지식

덩잇글이 짜여 있는 방식, 즉, 어떤 종류의 정보가 어떤 곳에서 기대되는지를 알아내는 일뿐만 아니라, 또한 어떤 정보가 알려지고 있는지 그리고 전개 내용의 변화들이 어떻게 표시될 수 있는지를 알아차리는 일은, 오랜 동안 읽기를 촉진시켜 주는 일에 중요한 것으로 간주되어 왔다. 예를 들어, 임의의 단락에서 '중심 생각(*main ideas*)'을[15] 어디에서 찾아낼지 알아내는 일, 그리고 부차적인 생각들이 표시되는 방법을 찾아낼 수 있는 일이, 원론상으로 마땅히 독자로 하여금 정보를 처리하는 데에 도움을 주어야 한다. 그렇지만 특정한 갈래를 놓고서 덩잇글 특징(*features*)들에[16] 대하여 독자들이 지닌 지식, 그리고 읽기 처리과정 또

---

15) (역주) 바우먼 엮음(Baumann 1986; 문선모 뒤침 1995), 『중심 내용의 이해와 수업』(교육과학사)에 11편의 논문들이 들어 있다. main ideas는 주요한 생각이나 덩잇글의 주제를 가리키므로, '중심 생각'으로 번역해 둔다. 최근에 '거시 구조'라는 용어도 쓴다. 'subsidiary ideas(부차적인 생각)'와 짝이 된다. 문선모 교수는 40년 넘게 읽기 이해에 대하여 연구를 해 왔다. 문선모(2012), 『읽기 이해: 교재(늑덩잇글) 학습』(시그마프레스)과 싸니·토드먼(Sani and Todman 2006; 문선모 뒤침 2011), 『실험 설계 및 통계의 기초』(시그마프레스)를 읽어 보기 바란다. 읽기 이해에 대한 실험 설계를 구성하는 여러 가지 방법들을 익힐 수 있다.

16) (역주) 'feature'라는 용어가 학문 분야에 따라 달리 번역되고 있다. 흔히 언어학에서는 '자질'로, 심리학에서는 '속성'으로 번역된다. 그렇지만 '자질'은 눈에 안 뜨이지만 심층에 깔려 있는 요소를 가리키고, '속성'은 일반적으로 공유하는 성질을 가리킨다. 따라서 개별

는 읽기 결과와 그런 지식의 관련성을 대상으로 하여 이뤄진 경험적 조사 연구가 놀랍게도 거의 없는 실정이다. 대부분의 조사 연구는 덩잇글의 특징 그 자체에 집중하고, 독자가 지닌 그런 특징들에 대한 지식의 상태보다는 오히려 그런 특징들이 읽기 용이성(*readability*, §.2-5-6과 154쪽의 역주 65 참고)에 어떻게 기여하는지에 집중하는 경향을 보여 왔다. 이는 이미 보아왔듯이 특히 영어 토박이 화자들에[17] 대한 읽기 연구에서 그러하다. 그런 덩잇글 기반 조사 연구를 우리는 §.2-2의 제4항에서 논의할 것이다.

전형적으로 그런 덩잇글 기반 조사 연구가 맨들러(Mandler 1978)인데, 여기서는 덩잇글 내용이 그대로 유지되지만 수사학적 전개 구조가 달라진 경우에(간단한 이야기 얼개와 의도적으로 그런 전개 틀을 위배한 내용이 서로 대조됨), 제1 언어 독자들이 변경된 덩잇글을 이해하기가 더 어렵게 느낀다는 사실을 보여 주었다. 비록 이것이 지식 개념틀에 대한 연구가 아니라 오히려 덩잇글에 대한 연구이지만, 제2 언어 화자를 대상으로 하여 가장 많이 인용된 캐뤌(Carrell 1981)의 연구에서 반복되었기 때문에, 저자가 여기서 이 논문을 인용하고 있다. 캐뤌의 연구 결과는, 일반 형식의 이야기 틀(*formal story schema*)을 위배한 이야기들을 제2 언어로서 영어 학습자에게 처리하도록 요구하였을 적에, 회상의 양 및 회상의 시간적 연결체가 모두 영향을 받았음을 보여 주었다.

캐뤌(1983a)에서는 내용 개념틀 및 형식 개념틀 사이의 관련성을 논의하였는데, 대부분의 연구가 이 둘의 효과를 혼동하였다고 지적하였다. 두 종류의 개념틀을 따로 나누어 놓은 조사 연구를 진행할 필요가

덩잇글에서 쉽게 지각할 수 있는 특정한 요소나 요인을 가리키는 데에는 알맞지 않다고 느껴진다. 여기서는 '특징'으로 번역해 둔다.

17) (역주) 일관되게 독자(readers)라고만 불러도 되겠지만, 이 책의 저자는 토박이 화자(native speakers)라는 표현도 줄곧 같이 쓰고 있다. 전자는 글말을 대상으로 하지만, 후자는 더 넓게 입말을 포함하여 글말도 포함하는 상위 개념으로 쓰는 듯하다. 다시 말하여, 독자는 글자 및 글과 관련되지만, 화자는 언어 및 말과 관련되는 것이다. 따라서 저자는 제2 언어 독자라는 표현보다 오히려 제2 언어 화자라는 표현을 선호하고 있다.

있으며, 특히 서로 다른 여러 문화 및 여러 언어의 맥락 속에서 이것들의 상호작용을 검사할 필요가 있는 것이다.

아마 덩잇글이 조직되는 방식에 대한 독자의 지식 및 상위-언어로 된 텍스트 지식[18] 사이를 구분하기가 어려울 듯하다. 달리 말하여, 독자가 자신의 모어(모국어)에 대한 통사론을 '안다(know)'는 의미에서, 덩잇글이 조직되는 방식을 '알' 수 있겠지만, 그럼에도 불구하고 이런 지식을 스스로 깨닫지 못하며, 그것을 명백하게 말해 줄 수도 없다. 다른 한편으로, '통사론·어휘론·형태론·의미론'으로 이뤄진 좀 더 전통적인 언어지식의 측면들에 대한 조사 연구에서는 '이용하는 방법(how to use)'을 깨닫는 일 및 '자신이 아는 것(what one knows)'을 깨닫는 일 사이를 구분해 줄 수 있겠으나, 조사 연구자들은 덩잇글 수준에서 이들 두 가지 형태의 지식을 구별해 내는 일에 덜 성공적이었다. 따라서 이곳 §.2-2의 제3항에서 언급된 대부분의 조사 연구가 실제로 언어 유창성을 탐구한 것이 아니라, 오히려 상위 언어지식을 탐구해 왔다고 논의할 수 있겠다. 명백하게 대부분은 해당 지식이 이용되는 방식에 달려 있

---

18) (역주) metalinguistic textual knowledge(상위-언어로 된 텍스트 지식)이란 어구는 다소 불명확한 점이 있다. 왜냐하면 수사학적 전개를 이끌어 가는 textual knowledge가 좁은 뜻으로도 쓰이고, 넓은 뜻으로도 쓰일 수 있기 때문이다. ① 좁은 의미에서는 문장들을 연결시켜 하나의 문단 또는 의미 단락을 만들어 주는 지식일 수 있다. 이를 담화 영역에서는 cohesion(통사 결속)으로 부르거나 또는 '미시구조(micro-structure)' 형성 지식이라고 부른다. ② 넓은 의미에서는 언어 표현에 드러나 있지 않지만 덩잇글에 일관성을 부여해 주거나 찾아내는 지식 또는 탐색 전략을 가리킨다. 흔히 이는 coherence(의미 연결)로 부르기도 하고, '거시구조(macro-structure)' 형성 지식으로도 부른다. 만일 그렇다면, 상위 언어가 수식어로 덧붙는 내용은 좁은 의미로 쓰이는지, 아니면 넓은 의미로 쓰이는지에 따라 달라질 수 있다. ①에 대한 상위 언어라면 '거시구조' 형성 지식을 가리키고, ②에 대한 상위 언어라면 미시구조와 거시구조를 합쳐(이를 덩잇글 기반 text-base로 부름) 다시 관련된 감각인상 정보를 덧붙여 놓는 '상황모형' 형성 지식을 가리킬 것인데(상황모형은 장기기억 속에 저장되는 재료가 됨), 이는 §.2-2의 제4항에서 논의될 '상위 인지'와도 겹친다. 이런 점을 볼 때에 이 책의 저자는 textual knowledge(덩잇글 전개 지식)을 좁은 의미에서 쓰고 있다고 판단된다. 최근 심리학자들은 cohesion(통사 결속)과 coherence(의미 연결)을 따로 구분하지 않고, 각각 전자를 local coherence(지엽적 연결), 후자를 global coherence(전반적 연결)로 부르기도 한다(조명한 외 11인 2003, 『언어 심리학』, 학지사). 그러나 전자는 분명히 다섯 가지 언어 기제를 이용하지만, 후자는 온전히 독자의 배경지식을 이용한다는 중요한 차이를 뒤섞어 버린다는 점에서 잘못이다.

다. 즉, 어떤 종류의 도구가 이용되었는지에 관련되는 것이다.

그렇다면 이는 자연스럽게 언어에 대한 명백한 지식 대 암묵적 지식에 대한 주제를 다루도록 이끌어 가는데, 각각 이 책에서 상위 언어지식 및 상위 인지라고 불러온 바이다.

4) 상위 언어지식 및 상위 인지19)

앞에서 살펴보았듯이, 제1 언어 독자들에 대한 읽기 연구는 직접 읽기를 놓고서 상위 인지(metacognition)의 효과를 조사해 왔다. 그간의 조사 연구에서는 상위 인지 및 읽기 수행 사이의 관련성을 드러내었다. 빈약한 독자들은 전략들에 대한 지식을 갖고 있지 않고, 종종 그들이 지니고 있는 그런 지식이 있다고 하더라도 그 지식을 언제 또는 어떻게 적용할지를 자각하지 못한다. 그들은 흔히 표면 차원의 정보로부터 의미를

---

19) (역주) 상위 언어(metalanguage) 지식이 언어지식을 제외한 다른 모든 것을 가리킬 수도 있고(배타적 정의 방식임), 아니면 일반 인지 능력과는 달리 오직 언어와 언어 사용에 대한 지식만을 가리킬 수도 있다. 본문에서는 후자의 범위로만 쓰고 있다. 언어 교육의 흐름에서는 1980년대에 언어에 대한 자각(awareness of language)이 논의되기 시작한다. 이런 언어 자각만이 상위 언어지식이 아니라, 또한 언어 사용을 이끌어 가는 지식(언어 사용 지식)도 포함되어야 한다. 다시 말하여, 상위 언어지식은 언어의 기능과 언어 형식을 사용하는 능력을 스스로 자각하는 내용이다. 그렇지만 번다함으로 줄이고 소략하게 표현하면, 언어 사용에 관한 지식이라고 말할 수 있다. 특히 읽기 교육을 어떻게 계획할지와 관련하여 §.9-5-4에서 블락(1992)와 더퓌 외(1987)이 다시 논의된다.

상위 인지(metacognition)는 자신의 인지 과정을 스스로 자각하고 인지의 목표에 따라 스스로의 인지 내용을 평가할 수 있는 고급 기능을 가리킨다. 여기에는 1차적인 인지내용과 이에 대한 스스로의 평가 및 상위 목표에 비춰 조정하는 과정들이 함께 포함되어 있어야 한다. 이러한 재귀적 또는 반성적 인식기능은 간단치 않으며, 오랜 기간 동안 스스로 훈련을 거쳐서야 비로소 가능해진다.

meta(뒤에, 이면에)라는 접두사는 본디 아리스토텔레스의 『형이상학』에서 나온 것인데, 형이상학 이전의 논의 내용이 물질계(physics)에 관한 것이었으며, 이 장 바로 뒤에서 '물질계 이면의 작용'을 다루었기 때문에 '물질계-뒤의 작용(metaphysics)' 장이라고 불렀었다. 일본에서 이 낱말은 『논어』에서 언급한 '형체가 있되 하늘에 있는(形而上)'이란 말을 빌려 번역하였다. 물질계의 장은 '형체가 있고 아래 세계인 땅에서 관찰할 수 있는' 대상들을 다루므로 '형이하학(形而下學)' 장인 셈이다. 그런데 폴란드 논리학자들을 중심으로 하여, meta(뒤, 이면)의 대립 개념을 object(대상)로 간주하기 시작하면서, 앞뒤 방향에서 점차 상하 방향으로 개념이 바뀌기 시작하였다. 여기서는 언제나 meta를 '더 상층에 있는'의 뜻으로 '상위'라고 번역해 둔다.

추론할 수 없고, 읽기 체계가 작동하는 방법에 대한 지식을 빈약하게 발달시켰으며, '명확성·일관성·가능성'의 측면에서 덩잇글을 평가하는 것이 어렵다고 느낀다. 대신 종종 읽기 목적을 틀리지 않게 낱말을 발음하는 것으로 믿고, 올바른 읽기는 씌어져 있는 대로 정확히 회상하는 일 이외에는 아무것도 포함하지 않는다고 믿는다(≒잘못된 믿음임).

블락(Block 1992)에서는 상위 인지 및 읽기와의 관련성을 놓고서 유용한 개관을 제공해 준다. 상위 언어의 자각은 읽기 학습에 일부 몫을 떠맡고 있다. 이중언어 사용자들은 상위 언어 정보에 대한 민감성으로부터 이득을 얻는다.[20] 제1 언어 독자들을 대상으로 하여, 이해 점검 (*comprehension monitoring*)이 사뭇 자동적으로(≒무의식적으로) 작동하고, 이해 과정에서 모종의 실패가 일어나기 전까지는 쉽게 관찰되지도 않는다는 증거가 있다. 나이가 많고 더 유능한 독자들은 더 어리고 서툰 독자들보다 이런 점검 과정을 놓고서 전반적으로 통제력을 좀 더 많이 지니고 있다. 유능한 독자는 자신의 읽기 과정을 통제하는 방식에 대해 더 많이 자각하고 있으며, 이런 자각 내용을 언어로 좀 더 많이 표현해 줄 수 있다. 설사 심지어 유능한 독자들이라도 항상 모든 비일관성을 주목하거나 보고하는 것은 아니라 하더라도, 또한 덩잇글에 있는 비일관성에 좀 더 예민한 듯이 보인다. 아마 의도적으로 덩잇글 내용을 일관되게 이어지도록 만들어 나가기 때문인 듯하다. 유능한 독자는[21] 자

---

20) (역주) 국어(또는 한국어)를 제대로 연구하려면 괴테의 주장을 깊이 새겨볼 필요가 있다. 독일어로도 아름다운 문학 작품을 쓸 수 있음을 자각시킨 괴테는, 자신의 모어(모국어)를 잘 바라보려면 외국어를 익혀야 한다고 주장하였다. 즉, 국어의 국어다운 특성은 다른 언어와의 비교를 통해서 쉽게 부각되는 것이다. 수학 기초론에서도 동일한 주장이 성립된다. 하나의 집합 속에만 갇혀 있을 경우에는 그 집합 구성원들의 일부만을 접할 뿐이다(항상 진부분 집합이 됨). 그러나 전체를 보려면 반드시 그 집합으로부터 나와 다른 집합에 관점에서 있어야 하는 것이다. 전라북도 진안에 있는 '마이산'을 보려면, 마이산 안에 갇혀 있을 경우에 오직 일부 돌탑이나 바위 벽만 볼 수 있을 따름이다. 전체를 보려면 반드시 마이산 밖으로 나와 있어야 하는 것이다. 이런 개념이 20세기 괴델에 와서야 수학적으로 명증하게 부각되었다.

21) (역주) 수사학에서는 같은 낱말을 피하고 다른 표현을 쓰도록 권한다. 이를 '낱말 사슬 (lexical chain, 어휘 연쇄)' 형성이라고 부른다. proficient reader, good reader, efficient reader,

신이 읽은 바를 이해하였는지 평가(점검)하기 위하여 '의미에 기반한 단서(*meaning-based cues*)'들을 이용하는 경향이 있다. 반면에 빈약한 독자들은 '낱말 수준의 단서(*word-level cues*)'들을 이용하거나 거기에 과도하게 의존하고, 문장을 벗어난 일관성보다는 문장 내부의 일관성에 초점을 모으는 경향이 있다.

하나의 대표적 연구가 더퓌 외(Duffy et al. 1987)에서 제시되었다. 낮은 수준의 3학년 독자들이, 전략(상위-인지의 자각)과 같은 읽기 기술을 이용하는 데 포함된 정신적 처리과정을 어떻게 터득하도록 만들어질 수 있는지를 보여 준다. 그런 다음에 그런 학생들이 얼마만큼 읽기 수업의 내용에 대해 더욱 자각하게 되고, 읽는 동안에 전략적으로 될 필요성을 깨닫는지를 보여 준다. 그런 학생들은 또한 읽기 성취도의 측정값 상으로 더 나은 점수를 받는다.

프뢰즐리 외(Pressley 1987)에서는 읽기 시험(PREP)을[22] 치르기 위한 준비성을 놓고서 학생들 자신의 지각 내용을 세 시점에서 검사하였다. ① 표적이 되는 해당 지문(바탕글/본문)을 읽기 이전에, ② 해당 지문을 읽은 다음에, 그리고 ③ 시험을 치른 다음에이다. 비록 그들의 실제 시험 수행과 비교하여 지각의 정확성에서 증가의 경향이 있었으나, 오직 읽기 이전 및 읽은 이후 지각 내용들 사이에서 찾아진 차이들만이 유의미하였다. 이 연구에서는 시험을 치르는 일이, '시험 수행에 대하여 지각된 준비성(PREP)'에 대한 학생들의 정확성을 늘여 주는 최선의 방법일 수 있음을 시사하였다. 그렇지만 본문을 읽는 동안에 답변을 하도록 학생

---

competent reader 등이 모두 우리말로 '유능한 독자'를 가리킨다. 일제 강점기를 지나면서 생겨난 일천한 역사를 지닌 우리글에서는, 이런 전통이 아직 온축되지도 확립되어 있지도 않다. 따라서 이 번역에서는 이것들을 굳이 따로 번역하지 않았다. 132쪽 §.2-4-2의 역주 53)을 참고하기 바람.

22) (역주) Perceived Readiness for Examination Performance(PREP, 시험 수행에 대하여 스스로 지각된 준비성)의 약자이다. 낱말들로만 짐작한다면, 어떤 시험이나 검사에서 수험생 스스로가 얼마만큼 자신 있게 준비하였는지를 수치로 나타내어 주관적 자신감으로 알아내는 방식이라고 짐작된다.

들에게 딸림 질문들이(본문에 수반된 질문들이며, 아래에서 좀 더 일반적으로 딸림 질문들의 효과에 대한 논의를 보기 바람) 주어진 경우에는, 학생들의 '시험 수행에 대하여 지각된 준비성(PREP)'이 본문 읽기 뒤에서뿐만 아니라, 또한 시험 치른 뒤에도 유의미하게 증가하였다. 따라서 이들 연구자는 본문에 대한 학습자의 이해를 놓고서 학습자들의 상위-인지적 자각을 늘여 주는 데에 딸림 질문들이 가치가 있다고 제안하였다.

블락(Block 1992)에서는 미국의 어느 대학에서 유창한 토박이 독자 및 제2 언어(ESL)로서 영어 독자들로 된 집단과, 덜 유능한 토박이 및 제2 언어로서의 영어 독자들로 된 집단을 서로 비교하였다. 먼저 생각을 언어로 표현해 준 반응(*verbal protocols*)들을23) 수집하였고, 특히 응시생

---

23) (역주) 머릿속에서 스스로 떠오르는 생각들을 여과 없이 언어(주로 입말)로 표현해 주고, 그 내용을 녹음한 뒤 녹취 기록을 만들어 놓은 것을 말한다. '애초생각에 대한 입말 표현'으로도 부를 수 있다. 국어과 교육과정에서는 '사고 구술'이라고 번역하였지만, 이는 §.7-2-6의 '① 자유 회상 시험'에 있는 recall protocol(애초생각 회상)이란 말과 §.9-3-4의 '즉각적인 애초생각 회상(immediate-recall protocols)'을 서로 구별하여 번역해 줄 수 없다. 왜냐하면 분명히 회상의 결과를 입으로 말해 주거나 글로 적어 주는 두 가지 선택이 있기 때문이다. §.9-3-1에서는 명백히 'introspection can be take place *orally* or *in writing*(내성이 입말로 말해지거나 글로 씌어지면서 일어날 수 있다)'고 언급한다. 1980년대와 1990년대에 유행을 탄 적도 있으나, 번역자가 생각하기에 다섯 가지의 한계가 있다.

첫째, 머릿속에 생각이 떠오르는 대로 언어로 말해 줄 수 있으려면, 상당한 정도의 자기 인식을 발달시킨 뒤에라야 가능하다. 둘째, 머릿속 생각은 계몽주의 시대(로크와 흄 등) 이래 감각 재료 및 추상 재료로 이뤄짐을 부인하지 않는다. 언어 표현은 추상 재료 중의 한 가지일 뿐이다. 다른 사고 과정 및 사고의 결정 과정(특히, 카느먼 Kahneman의 'system 1' 체계 1의 결정 과정)은 제대로 포착되지 않는다. 셋째, 애초생각에 대한 착상을 진지하게 논의하던 당시에 '작업기억(working memory)'에 대한 이해가 거의 없었으므로, 이런 역동적인 사고와 결정 과정을 반영해 주지 못하였다. 넷째, 머릿속 생각을 따오는 방식이 동시에 이뤄질 수도 있고, 뒤에 이뤄질 수도 있겠지만, 어느 방식을 택하든지 조사자를 의식하면서 왜곡될 수 있다. 곧 보고자의 주관적 해석에만 의존할 수 있을 뿐, 결코 이를 명시적으로 탐침할 방법이 주어져 있지 않다. 설사 애초생각들을 즉석에서 언어로 표현하면서 녹음을 할 수 있다고 하더라도, 자칫 의식적으로 언어 표현을 해 나가는 동안에 뚜렷한 목적의식이나 상위 자각체계가 없다면 스스로 중간에 교란될 소지가 없지 않다. 다섯째, §.7-2-6의 '① 자유 회상 시험'의 말미에는 이 훈련을 받은 학습자들이 이해에 중요한 중심 생각을 회상하는 것이 아니라, 오히려 가치가 없는 표면의 세부사항만 회상한다는 현장 보고가 있다. 이 점도 애초생각의 자료를 신뢰할 수 없게 만드는 한계로 작용한다. 만일 이 기법을 굳이 이용하고자 한다면, 이런 한계들에 유의하면서 반박받지 않도록 신중하게 이뤄져야 할 것이다. 10쪽 §.1-2의 역주 11)과 12)에서 애초생각을 다룬 기본 문헌을 적어 두었으므로 참고하기 바란다.

들이 지시 대상(*referent*) 문제 및 어휘 문제를 처리하였던 방법을 조사하였다. 그녀는 간여된 점검 과정을 검토한 뒤에 다음과 같이 결론을 내렸다.

> '이런 점검 과정의 다양한 단계에 대한 통제력은, 제1 또는 제2 언어로서 영어 학습자인지 여부에 달려 있기보다는, 오히려 일반적인 읽기 능력에 더 많이 의존하는 듯하다.'
> (control of the various stages of this monitoring process seemed to depend more on reading ability than on whether the reader was a first-or second-language reader of English)

유능한 독자들은 점검 과정을 완벽히 그리고 명백히 이용하였다. 그러나 빈약한 독자들은 능숙하게 어떤 문제가 생겨났음을 인식하지도 못하고, 그 까닭을 찾아내지도 못하였으며, 흔히 해당 문제를 해결하려고 시도할 수 있는 자원도 갖고 있지 않았는데, 특히 지시 대상의 확인 문제에서 그러하였다. 토박이 독자들을 포함하여 능력이 떨어지고 빈약한 독자들은 자주 낱말 문제 때문에 좌절을 겪었다. 한편 덜 유능한 독자는 낱말 문제들에 주목하여 집착하였지만, 다른 한편으로 더 뛰어난 독자들은 어떤 낱말을 이해하지 못하였다고 하더라도 그다지 걱정하지 않는 듯하였다.

> "전략적 해결책들이 ⋯ 이들 유능한 독자들에게는 특정한 언어지식보다 더 중요한 듯하다."(336쪽)
> (Strategic resources ⋯ seem more important than specific linguistic knowledge for these readers, p. 336)

유능한 독자들이 지닌 일부 장점은, 어떤 문제를 무시하고, 어떤 문제를 반드시 해결해야 하는지를 스스로 결정할 수 있는 전략적 능력에 있다.

올더슨 외(1997)에서는 영국 대학에서 불어 학습자들의 상위 언어지식을 조사하였다. 여기서는 ① 품사와 언어 기능을 찾아내고, ② 오류들을 찾아내며, ③ 어떤 규칙들이 위반되었는지를 서술해 주는 대학생들의 능력뿐만 아니라, 또한 ④ 구조상의 유사성들을 찾아내는 (비-상위 언어적) 능력도 그런 유사성들을 꼭 집어 서술해 주도록 요구하지 않은 채 살펴보았다. 그 결과 두 유형의[24] 지식 및 대학생의 불어 읽기 유창성(이것뿐만 아니라 또한 문법 및 공백/빈칸 채우기 검사에서 잘 수행하는 능력과 같은 다른 언어 변인들도 포함) 사이에는 거의 관련성이 없다는 사실을 찾아내었다. 여기서의 결론은 다음과 같다.

> '상위 언어지식은 언어 능력과는 별개의 것이고, 다른 이유들로 말미암아 아무리 언어지식이 바람직하다손 치더라도, 언어 규칙들을 가르쳐 주는 일이 그 언어를 사용하는 학습자의 능력을 늘여주지는 못할 듯하다.'
> (they conclude that metalinguistic knowledge is separate from linguistic ability, and that teaching students the rules of a language is unlikely to enhance their ability to use that language, however desirable such knowledge may be for other reasons)

읽기 검사에 대한 명백한 결론은, ① 임의 덩잇글의 언어에 대하여 말해 주거나 질문에 답변하는 능력이 그 덩잇글을 이해하는 능력과 관련될 것 같지 않고, ② 덩잇글 이해 능력이 언어지식이 없이도 가능할 것 같

---

24) (역주) 맥락으로 보면 아마 상위 언어지식 및 비-상위 언어지식을 가리키는 듯하다. 이를 좀 더 분명히 표현하자면, 각각 '언어 사용'에 대한 지식과 '언어' 지식이라고 말할 수 있다. 이것뿐만이 아니라 일반적 사고에 관련된 전략이 추가되어어야 하는데, 본문에서는 읽기 유창성 지식으로 표현하였다.

다는[25] 점이다.

5) 여러 종류의 내용 개념틀(content schemata, 실세계지식 개념틀)

심리학자, 응용 언어학자,[26] 교육학자들이 비슷하게 제2장의 개관에서 논의하였던 것처럼 오랜 동안 내용 개념틀들을 탐구하는 데에 관심을 지녀 왔다. 고전적인 연구는 뤄멀하앗(Rumelhart 1980, 1985), 브륀스포드 및 그의 동료(가령, Bransford et al. 1984)들인데, 독자들이 덩잇글을 이해할 수 있으려면 본문의 내용에 대한 지식이 필요함을 분명하게 보여 주었다. 더욱이 좀 더 중요한 것으로서 논란거리가 되고 있지만, 정확한 이해에 이용될 예정이라면 그런 지식이 단순히 이용될 정도로만 필요한 것이 아니라,[27] 독자에 의해서 또는 덩잇글에서 (적극적으로) 활성화될 필요가 있는 것이다. 여러 연구에서 독자들이 그들 자신의 지식

---

25) (역주) 임의의 덩잇글이 흔히 우리의 일상생활과 관련되기 때문에, 이미 경험을 통해 쌓아 온 세계지식 및 추론을 통해서 해당 덩잇글의 주제 또는 소재만을 제시해 주더라도 개략적으로 논의 내용을 짐작할 수 있게 되는 것이다. 매우 거칠게 표현하여, 중등학교에서 배우는 내용 중심의 교육은 모두 이런 추론 능력을 높여 주는 쪽으로 모아져 있는 것이다.

26) (역주) applied linguists(응용 언어학자)는 언어 교육 종사자, 언어 정책 종사자, 언어 예절 실천가 등을 모두 포함하겠지만, 그 핵심 주자는 언어 교육 종사자들이다. 개인적으로 필자는 이런 순수 학문과 응용 학문의 구분이 잘못되었고, 우리의 생각을 왜곡시키고 마비시켜 버린다고 본다. 인간에 관련된 지성 작업은 순수와 응용의 구분이 올바르지 못하다. 대신 외가닥의 접근과 여러 가닥의 접근으로 나누어 놓거나, 단일 학문과 융합 학문으로 나눌 필요가 있다. 기본적으로 인간의 능력이 복합적이기 때문에 어느 하나의 가정만으로는 도저히 인간 정신의 실체를 포착할 수 없기 때문이다. 올바른 길은 여러 가닥이 긴밀히 묶여 있거나 융합적이고 통섭적인 다차원 접근이어야 한다. 설사 서로 모순되어 보이는 속성들도 적용 조건을 달리하여 포함시켜야 한다. 김지홍(2015), 『언어 산출 과정에 대한 학제적 접근』(도서출판 경진)의 '머릿글'을 읽어 보기 바란다. 통합적 접근은 한문으로 쓰어진 옛시절의 지성사에서는 '문·사·철' 또는 청나라 때 '경·사·자·집'으로 나눈 적이 있고, 희랍시대에는 '진·선·미'의 삼분 접근법으로, 칸트는 '순수이성·실천이성·판단력'으로 구분한 바 있다. 오늘날에는 이를 인간 능력에 대한 '다중 지능' 접근이라고 부른다.

27) (역주) 원문이 'does not simply need to be available(단순히 이용될 정도로 필요한 것이 아니다)'의 속뜻은 두 가지가 될 수 있다. 첫째, 부정적인 해석으로 그런 지식조차 필요 없다. 둘째, 긍정적인 해석으로서 그런 지식이 더욱 적극적으로 활성화되어 다른 영역까지 영향을 미쳐야 한다. 여기서는 후자의 뜻으로 새겨 놓고, 일부러 후속 문장에서 (적극적으로)를 더 집어넣었다.

개념틀들을 활성화하는 방법을 어떻게 배울 수 있는지, 그리고 그런 훈련의 결과로서 읽기 과제들을 놓고 보인 수행이 어떻게 향상될 수 있는지를 잘 보여 주었다.

배경지식 효과는 매우 강력하다. 심지어 동일한 구조와 통사 그리고 아주 유사한 어휘를 지닌, 동일하게 일반적인 주제를 다룬 여러 가지 다양한 지문(바탕글/본문)들에서도, 좀 더 친숙한 내용일수록 회상이 더욱더 잘 이뤄졌음이 밝혀졌다. 실험실에서의 연구들은 독자(그리고 몇몇 브뢴스포드 연구들에서는 청자)에게 이용될 수 있는 정보를 조절해 놓았는데, 예를 들어, 관련된 시각 도움물을 제거하였거나, 본문을 이해하는 데 필요한 지식을 활성화해 줄 법한 제목과 표제들을 제거하였다. 그런 연구에서는 전형적으로 덩잇글 내용과 직접 관련된 정보만을 포함시켜 놓았다. 다른 연구들에서는 좀 더 일반적인 지식을 살펴보았다.

6) 주제지식(subject matter/topic, 주제거리)

한편 임의 덩잇글의 주제에 대하여 아는 지식이 전혀 없다면 덩잇글을 처리해 나가기가 어려움을 깨닫게 될 것이 분명한 듯이 보이지만, 그런 상식적 접근은 독자들이 새로운 정보를 어떻게 배우고, 사실상 낯선 영역들에서 덩잇글들을 어떻게 이해할 수 있는지를 설명해 줄 수 없다. 제1장에 살펴보았던 지식 개념틀 이론의 가치는, 새로운 정보를 기존 정보 속으로 통합하는 일을 설명하려고 시도하지만, <u>새로운 정보를 머릿속에 존재하지 않은 정보와 통합하도록 다루는 일은 힘들다.</u> 물론 어떠한 정보라도 완벽히 새로운 것은 아니고, 이미 알고 있는 모종의 것과 유사한 속성들이 간취될 수 있으며, 이것이 새로운 정보를 처리하는 데에 이용될 수 있다고 논의할 수 있다. 그러나 이것이 우선 유사한 속성들이 어떻게 주목받게 되는지를 설명해 주지도 못하고, 독자들이 잘못된 유사성 및 비교될 수 있는 나란한 속성에 토대를 두고

덩잇글을 어떻게 오독하는지를[28] 설명해 주지도 못한다. 비슷하게 독
자들이 설사 자신이 지닌 지식이 덩잇글의 정확한 내용이 아니라 그보
다는 더 일반적이거나 차이가 나는 경우에라도, 익숙지 않거나 해당
지식이 없는 영역보다는 이미 학습해 온 익숙한 영역들에 관한 덩잇글
을 읽어 나가기가 좀 더 쉽게 느낄 것임이 분명한 듯하다. 따라서 주제
친숙성이 촉진 효과를 지닐 것으로 기대될 법하다. 기이하게도 이런
영역에서 이뤄져 온 조사 연구가 최근까지도 거의 없고, 분명히 제2
언어 또는 외국어 영역에서도 그러하다.

올더슨·어컷트(Alderson and Urquhart 1985)에서는, 학생들이 학습하고
있거나 학습한 주제 영역들에서 나온 덩잇글을 놓고서 치른 읽기 시험
들이 때로는 그렇지 않은 덩잇글보다 처리하기가 더 쉬웠으나, 항상
그러하였던 것만은 아님을 보여 줄 수 있었다. 주제 영역 밖에서 가져
온 모종의 덩잇글이, 대략 동등한 난이도의 성격에도 불구하고 해당
주제 영역들 속에서 가져온 덩잇글보다 이해하기가 더 쉽다고 입증되
었던 것이다. 다른 연구들에서도 상급의 언어 유창성이 주제지식에 대

---

28) (역주) 이는 특히 애뤼조나 대학 구드먼(Goodman) 교수가 이끄는 '총체 언어(whole language)'
접근에서 중요한 논제이며, '오독(misunderstanding)'이라고 불리기보다는 독자의 능동적 측면
을 부각하여 '단서 착각'에 대한 분석(miscue analysis)으로 불린다. 구드먼(Ken Goodman 1996),
『읽기: 언어의 본질과 읽기 과학에 대한 상식적 견해(On Reading: A Common-sense Look at
the Nature of Language and the Science of Reading)』(Heinemann)을 읽어 보고, 구드먼·왓슨·버억
(Yetta Goodman, Watson, and Burke 1987), 『단서 착각 목록 읽기: 대안이 되는 여러 절차
(Reading Miscue Inventory: Alternative Procedures)』(Richard C. Owen Pub.)와 월드(Wilde 2000),
『쉽게 적용하는 단서 착각 분석: 학습자 강점들에 근거하여 확립하기(Miscue Analysis Made
Easy: Building on Student Strengths)』(Heinemann)를 보기 바란다. 1898~1995년의 관련된 논문
들에 해설을 달아 정리한 책도 있다. 브롸운·구드먼·마렉(Brown, Goodman, and Marek 1996),
『단서 착각 분석들의 연구: 해설을 단 참고문헌(Studies in Miscue Analysis: An Annotated
Bibliography)』(International Reading Association)이다. §.9-4-5에서는 단서 착각을 분석하려면
오직 낭독만 대상으로 하고, 낱말 차원의 오독만 분석하며, 더 심층의 추론 과정은 다룰
수 없음을 한계로 지적한다. 102쪽 §.2-2-6의 역주 28)도 참고 바람.
　　총체 언어 접근은 초등학교 교실에서 자주 시행되어 왔고, 상대적으로 중등학교 교실
수업을 대상으로 하여서는 제2 언어로서의 영어를 다뤄 왔다. 그 까닭은 총체 언어 접근이
주로 언어 형식에 대한 학습자의 자각과 관련하여 이뤄졌기 때문이다. 배경지식이나 상위
차원의 인지적 처리과정에 대해서는 제대로 접근할 수 없는 한계가 있다. 우리말로는 이성
은(1994) 편역, 『총체적 언어 교육: 교실 적용의 이론과 실제』(창지사)를 참고하기 바란다.

한 결여를 보상해 줄 수 있고, 주제에 관한 친숙성이 열등한 언어 유창성을 보상해 줄 수 있다는 증거를 제공해 주었다. 이 주제에 대해서는 제3장에서 다시 다루게 될 것이다.

7) 세계지식(knowledge of the world)

내용 지식의 특정한 속성은 다양하다. 주제 영역에서처럼 임의의 덩잇글 속에서 지식이 그대로 인용되어 있는 것은 아니지만, 관련된 지식이 덩잇글 처리과정에서 어떻게 효력을 지닐 수 있는지 또는 그렇지 않은지를 이미 살펴보았다. 배경지식 또는 세상이 작동하는 방식에 관한 지식이 또한 어떤 효과를 지닌다. 고전적 사례가 뤄멀하앗에서 다음처럼 인용되어 있다.

> 경찰관이 자신의 손을 <u>위로 치켜들었고</u>, 차가 멈추었다. (뤄멀하앗 1985: 267쪽)
>
> The policeman *held up* his hand and the car stopped. (Rumelhart 1985:267)

정상적인 언어 사용자 또는 독자는 그런 문장을 이해하는 데에 어려움이 없다. 그럼에도 그렇게 이해하려면, 자동차에 운전자가 있고, 경찰관이 자신의 손을 치켜드는 일은 운전자로 하여금 차를 멈추도록 하는 신호임 따위를 알고 있거나 추론할 필요가 있다. 이런 것들 중 아무것도 앞 예문 속에 서술되어 있지 않지만, 이는 세계가 작동하는 방식에 대한 우리 지식의 일부이다. 다음과 같은 각본을 상상해 보기 바란다. 자동차들이 어느 고개 위에 주차되어 있고, 자동차 주인들이 주차된 곳을 떠나 버렸다. 갑자기 지진이 일어났고, 자동차들이 언덕 아래로 굴러 떨어지기 시작하였다. 그러자 바로 앞의 문장이 발화되었다.

(경찰관이 자신의 손을 <u>뻗어 떠받쳤고</u>, 차가 멈추었다: 뜻이 완전히 달라짐)

The policeman *held up* his hand and the car stopped. (Rumelhart 1985: 267)

이 문장을 이해하기 위하여 독자들은 이제 자신의 지식 개념틀을 고치고 서, 모종의 불가사의한 힘(작용)이 중간에 개입하였다고 결론을 내린다.

모든 언어 처리과정은 세계지식을 필요로 한다. 그런 지식의 활성화 는 신속하고 자동적(=무의식적)이다. 그런 처리가 전혀 없이 언어 이해 가 조금이라도 일어날 수 있었다면, 그런 이해는 아주 느리고 힘들었을 법하다. 따라서 세계지식은 또한 읽기에 본질적이다.

8) 문화지식(cultural knowledge)

그렇지만, 세계지식은 전형적으로 여러분의 세계, 곧 여러분의 세계 가 작동하는 방식을 가리킨다. 그리고 그런 지식은 제한되어 있을 수 있다. 즉, 다른 사람의 세계가 아주 다르게 작동할 수 있는 것이다. 그런 세계들은 한 개인에게 유일한 경험들과 각자의 인생사 때문에 사람마 다 개별적일 수 있으며, 따라서 예측하거나 제어하기가 힘들 수 있겠 다. 그렇지만 그런 세계가 또한 다른 사람들과 함께 공유할 수도 있다. 다른 사람들이 관습적으로 하나의 문화를 공유한다고 언급되는 정도까 지, 문화지식도 또한 덩잇글 이해에 중요하다.

고전적 연구는 바아틀릿(Bartlett 1932; 75쪽 §.2-2의 역주 2와 123쪽 §.2-3 의 역주 43 참고)인데, 북미 인디언 설화들을 읽는 동안에 영국인 제보자 들이 지속적으로 세계에 대한 그들 자신의 문화적 가정들에 알맞도록 맞추기 위하여 문화지식을 어떻게 바꾸었는지를 보여 준다. 그 이후로 어린이들을 포함하여 제1 언어 독자들을 대상으로 하여 많은 연구들이 독자 집단들 사이에 있는 문화적 차이점들을 조사하였다. 종교 집단 구성원, 흑인과 백인, 도심 내부 주민과 시골 주민, 서로 다른 방언 집단의 구성원들 따위이다. 읽기 회상에서 문화적 차이에 따른 효과, 검사 점수, 읽기 오독(≒단서 착각)이 그런 연구에서 지속적으로 찾아져 왔다. 흥미롭게도, 이런 문화 집단의 차이가 나이에 따라 점차 증가한다는 사실도 찾아내었다. 이는 어린이로부터 어른으로 성장해 나감에 따라 문화지식도 향상된다는 개념을 뒷받침해 준다.

고전적이며 자주 인용되는 연구로서 스테픈슨 외(Steffensen et al. 1984)에서는 인도 등 아대륙(*subcontinent*)으로부터 온 인도 사람들 및 북미 지역의 인디언들 사이에서 문화지식에 있는 차이점들을 조사하였다. 두 집단의 사람들에게 결혼식의 해설을 읽게 하였다. 하나는 그들에게 익숙한 문화적 현장(*setting*)을[29] 지녔고, 다른 하나는 낯선 현장을 지녔다. 실험 참가자들은[30] 낯선 현장보다 익숙한 결혼식 현장으로부터 더 많이 그리고 더 정확히 회상할 수 있었고, 낯선 문화적 현장을 처리하는 데에 더 많은 어려움을 보고하였다. 그뿐만 아니라, 낯선 현장에서 해당 덩잇글에 대한 회상은, 해당 덩잇글에 있는 정보의 왜곡을 보여 주었다. 그들 자신의 문화적 기댓값을 향한 왜곡이었다. 심지어 익숙한 덩잇글에서도 실수를 저질렀다. 그들 나름의 문화적 지식과 어울리도록 해당 덩잇글에 실제 포함되어 있지 않은 정보를 추가하여 가다듬어 놓았다. 따라서 낯선 문화 현장을 담고 있는 덩잇글을 읽는 일이 처리 및 회상의 어려움으로 귀결될 수 있겠지만, 친숙한 현장을 담고 있는

---

29) (역주) setting(현장, 무대, 환경, 배경)란 용어는 원문 52쪽에서 laboratory setting(실험실 현장)이란 용어도 쓰고 있으므로, 통일되게 '현장'이란 말로 번역하는 것이 바람직할 것으로 판단된다. 문화적 현장이란 곧 결혼식 현장을 가리킨다.

30) (역주) subjects(피험자)라는 용어가 마치 실험실 쥐처럼 인격이 없는 동물로 취급하여 무시한다는 점에서, 해석적 조사 연구 또는 질적 조사 연구에서는 가급적 이런 용어를 피한다. 조사나 실험에 참여해 주는 사람들의 정성을 고맙게 여기는 쪽에서는 일찍부터 '실험 참가자(participants)'나 '면담 참여자(interviewee)' 등의 용어를 쓴다. 학교 교육 환경에서 사람을 존중하는 풍조가 중요하므로, 여기서는 후자 용어로 번역해 둔다. 홀리데이(Holliday 2002: 4쪽), 『해석적 조사 연구의 실행과 집필(*Doing and Writing Qualitative Research*)』(Sage)를 보기 바라며, 또한 14쪽 §.1-2의 역주 17)도 같이 참고하기 바란다.

덩잇글을 읽는 일도 또한 오독으로 귀결되거나, 또는 적어도 실제적으로 부정확한 회상을 낳을 수 있다.

내용 및 문화지식에 대한 연구가 대면하는 한 가지 문제점은, 내용/문화에 대한 지식 및 낱말에 대한 지식 사이를 구별해 주는 일이다. 경험 효과가 낱말 지식(형식적 지식)에 말미암는지, 아니면 내용 및 문화지식에 말미암는지 여부를 세밀히 살펴서 결론을 얻어내기 위해서는 더 많은 조사 연구가 필요하다. 이는 물론 제2 언어 교육에서 읽기를 검사하는 주체들에게도 핵심적인데, 이들은 내용 지식에 의한 치우침(bias, 편향, 편의)을 피하면서도 여전히 유관한 낱말들의 결여가 읽기 검사에서 더 낮은 점수의 원인이 됨을 받아들일 준비가 되어 있는 분들이다.

9) 개념틀 이론에 대한 비판

앞에서 서술하였듯이, 개념틀(지식 개념틀)의 가치는 새로운 정보가 어떻게 이전의 머릿속 정보와 통합되는지를 설명해 주려고 하였다. 그렇지만 새로운 정보가 어떻게 처리되는지를 완벽히 설명해 주지는 못하였다. 비록 기존의 유관한 정보와 함께 새로운 정보에 대한 유사성이 포착될 수 있겠지만(결국 개념틀 이론이 원형 이론인[31] 셈이다), 무엇보다

---

31) (역주) '최초의 지각 경험들이 범주를 만들어 낸다'는 주장을 담고 있는 원형 이론(prototype theory)은 특히 심리학자 엘리너 롸슈(Eleanor Rosch)에 의한 일련의 연구가 대표적이다. 초기에는 '지각, 기억, 산출'에 전반적으로 간여하는 아주 강력한 인지 도구로서 가정되었었다. 그러나 자신의 스승을 기념하는 글에서 30년이 넘는 연구를 회고하면서 롸슈(1988), 「몇 가지 일관성 및 범주화: 역사를 개관하는 하나의 견해(Coherences and Categorization: A Historical View)」, F. S. Kessel ed., 『The Development of Language and Language Researchers: Essays in Honor of Roger Brown』(Lawrence Erlbaum)를 보면, 많이 약화된 모습으로 <u>오직 지각 과정에만 도움을 주는 것</u>으로 후퇴하였다. 왜냐하면 우리들에게 고도의 추상적 연산 능력이 우리 문명을 발전시켜 왔는데, 이런 토대를 충분히 설명해 낼 수 없기 때문이다. 인간은 딱정벌레가 아닌 것이다! 원형은 또한 기본 충위(basic level)의 개념이라고도 불리는데, 인지언어학에서도 낱말 의미의 계층과 비교되면서 심도 있게 다뤄져 왔다. 원형 범주(기본 충위)와 대립되는 개념이 흐릿함(fuziness)의 개념인데, 현재 확률 개념이 함께 도입되어 다뤄지고 있다. 미국 철학자 퍼트넘(Putnam)은 원형 범주를 통속 개념 범주로 부르고, 이에 맞서는 개념을 전문가 범주로 부른다. 뷧건슈타인의 용어 'family resemblance(느슨한 유사성,

도 유사성이 어떻게 주목받는지를 설명하지도 못하고, 독자가 잘못된 유사성과 비교/평행 속성에 근거하여 덩잇글을 어떻게 오독하게 되는지를 설명해 주지도 못한다.

개념틀 이론의 비판가들은 비록 이해의 결과물들에 대한 상당한 분량의 조사 연구를 자극해 왔지만, 정작 <u>이해 과정을 놓고서 명백한 정의나 예측을 이끌어가지 못함</u>을 지적한다. 카아뷔(Carver 1992a)에서는 일반적인 읽기 능력, 읽기에 허용된 시간, 읽기의 개인별 '자동 처리 속도(*rauding rate*)',[32] 덩잇글 재료의 상대적 난이도를 측정하는 데에 실패한다고 보아 개념틀 이론에 기반한 다수의 연구들에 대해 비판적이다. 왜냐하면 읽기 속도는 읽기 이해에 대한 중요한 지표로 알려져 있기 때문이다.

카아뷔 교수는 개념틀 이론이 실제로 일반적인 읽기(자동적 처리로서 읽기)에 적용되는 것이 아니라, 오히려 읽기 및 암기하기를 연구하는 데에 적용되는 것이라고 논박한다. 그러므로 개념틀 이론이 덩잇글 재료가 상대적으로 어려울 경우에만 적용된다고 주장한다. 따라서 개념틀 이론의 변인들은, 초등학생들이 아니라 상대적으로 어려운 재료들을 학습하는 대학 수준의 학생들을 놓고서 적용될 것 같다. 대학생들에게 그런 (쉬운) 덩잇글 재료들을 읽도록 요구하는 일이 일반적인 실천

가족끼리 닮은 데가 조금씩 있어 하나로 묶임)'는 '가족 유사성, 가족 상사성' 따위로 직역됨으로써, 느슨하고 매우 약한 유사성이라는 핵심 내용을 가려 버리고 있다.

　이와 관련된 심리학·언어학·철학 분야의 참고문헌이 우리말로 다음처럼 출간되어 있다. 신현정(2000), 『개념과 범주화』(아카넷); 신현정(2011), 『개념과 범주적 사고』(학지사); 봐뢸러·톰슨·롸슈(Varela, Thompson, and Rosch 1992; 석봉래 뒤침 2013), 『몸의 인지과학』(김영사); 테일러(Taylor 1995; 조명원·나익주 뒤침 1997), 『인지 언어학이란 무엇인가?: 언어학과 원형 이론』(한국문화사); 레이코프·존슨(Lakoff and Johnson 1999; 임지룡 외 3인 뒤침 2002), 『몸의 철학: 신체화된 마음의 서구 사상에 대한 도전』(박이정); 퍼트넘(1988; 김영정 뒤침 1992), 『표상과 실재』(이화여자대학교 출판부).

32) (역주) 아무런 어려움도 없이 진행되는 전형적인 읽기이며, §.2-4에서는 읽기와 듣기에서 모두 1분당 3백 개의 낱말을 처리한다고 소개하고 있다. 30쪽 §.1-4의 역주 34)와 35쪽 §.1-5의 역주 39)들도 참고하기 바란다. rate(속도, 비율)는 이 맥락에서 읽기 속도를 가리키며, 저자가 때로 speed(빠르기)라고 달리 언급하기도 하였다.

모습이 아니기 때문이다.

카아붜 교수는 개념틀 이론이 예측하는 효과를 뒷받침한다고 주장하는 두 가지 고전적 연구를 개관하고서(Valencia and Stallman 1989; Johnston 1984), 그 연구들의 주장이 성립할 수 없음을 보여 주었다. 읽은 다음의 검사에서 수행에 대한 예측 활동의 효과가 전무하였고, 기존 지식의 효과도 일반적인 읽기 능력의 효과보다 훨씬 덜 중요하였다.

그럼에도 불구하고 미국에 있는 다수의 학교 운영위원회에서는 개념틀 이론에 근거한 검사들을 채택한 듯이 보인다. 이는 흔히

① 예측 활동,
② 기존 지식의 측정,
③ 간단한 길이의 지문(바탕글/본문)에 대한 질문

들을 담고 있다. 겉으로 보기에는 표준화된 읽기 이해 검사를 배제하기 위한 시도들이 있어왔다. 부분적으로 그런 표준 검사가 개념틀 이론에서 이론적 근거를 전혀 갖고 있지 못한 것으로 언급되었기 때문이고, 기존 지식을 전혀 측정하지 않으므로 읽기 검사가 실질적으로 한쪽으로만 치우쳐 왜곡되어 있다고 관념되었기 때문이다. 카아붜 교수는 그런 편견에 대해서도 비판적이며, 또한 학교 운영위원회에서 단지 유행을 타고 있다는 이유만으로 경험상 아무런 효과도 없는 듯이 보이는 수업상의 실천을 도입한 데 대해서도 다음과 같이 비판하였다.

"기존 지식을 활성화하는 일이 전형적이거나 일반적인 읽기 동안에 이해를 촉진한다는 직접적인 증거는 아주 의심스럽다. 표준화된 읽기 이해 검사가 아무런 기존 지식을 측정하는 바가 없다는 이유로 한쪽으로 치우쳐 왜곡되어 있다는 직접적인 증거 또한 아주 의문이 든다. 마지막으로 덩잇글 유형이 일반적이거나 일상적인 읽기에서 이해에 영향을 준다는 직접적인 증거

도 아주 의심의 대상이다.

만일 개념틀 이론으로부터 도출된 수업상의 착상들이 사실상 일반적인 읽기 상황과 거의 무관하다면(공부하는 데 요구되는 상대적으로 어려운 덩잇글 재료들을 전혀 포함하고 있지 않기 때문임), 지금 유행하고 있으나 몇 첩 큰 분량의 닭죽 정도밖에 효과를 지니지 못하는 수업상의 기술을 놓고서 우리가 상당량의 소중한 시간을 허비하고 있을 가능성에 대하여 걱정을 해야 할 필요가 있다."(카아붤 1992a: 173쪽)

§.2-3. 독자의 기술 및 능력

지금까지 독자들이 지닌 지식에 대하여 논의하여 왔다. 그렇지만 독자들이 지식을 가질 뿐만 아니라 또한 능력도 지니고 있다. 새로운 지식을 배우는 능력뿐만이 아니라 또한 정보를 처리하는 능력들이다.[33] 조사 연구자들은 오랫동안 독자들이 유관한 지식을 지니지만 덩잇글을 처리하는 능력이나 기술을 갖고 있지 않거나 혹은 배워 보지 못하였을 것이라는 사실에 관심을 쏟아 왔다. 이하에서는 능력(*ability*)과 기술(*skill*)이란[34] 용어를 서로 바꿔가면서(동일한 뜻으로) 써 나가기로 한다.

---

33) (역주) 인간의 복합적 능력 또는 총체적 지성에 대한 시각은 중국 쪽에서는 앎과 삶(이론과 실천, 지식과 행위)로 구분해 왔고, 희랍 쪽에서는 진·선·미의 총체로 보거나 칸트의 관점에서 순수이성·실천이성·판단력으로 구분해 왔다. 오늘날에 지능 검사도 인간이 사회 속에서 살아나가는 데에 필요한 몇 가지 능력들을 영역별로 나눠 놓는다. 흔히 얘기되는 다중 지능(multiple intelligence) 이론은 진·선·미에서 모두 2분하고 난 뒤(각각 언어 능력과 수리능력, 자연 친화능력과 사교적 능력, 신체율동 능력과 음악가락 능력) 여기 포함되지 않는 두 가지 능력을 더해 놓고서(공간 파악 능력과 재귀적 반성 능력) 대략 8개의 영역으로 인간의 지능을 바라본다. 이런 시각을 읽기에 적용하면, 읽기가 언어 능력만으로 이뤄지지 않으므로, 이를 도구 능력으로 간주한다면, 이 도구를 쓰는 주인이 상정되어야 한다. 흔히 주인을 상위 인지 능력이나 전략적 능력이라고 불러왔지만, 이 두 가지 영역을 통제하고 이끌어 갈 수 있는 제3의 능력도 상정되어야 마땅하다. 55쪽 §.1-7의 역주 65)에서 언급한 '삼원체계' 모형을 읽어 보기 바란다.

34) (역주) skill(기술)이란 말은 흔히 연습이나 실전을 통해서 점차적으로 터득되는 것을 가리키지만, 결과적으로 보면 능력(ability)을 얻는 일이나 동일하다. §.8-4에 인용된 영국의 읽기

유능한 독자로부터 빈약한 독자를 구별하거나, 뛰어난 이해로부터 모자란 이해를 구별해 내는 바는, 크게 유관한 지식 개념틀 또는 심지어 그런 개념틀을 활성화해 주는 능력의 존재에 달려 있는 것이 아니라, 오히려 좀 더 일반적인 인지 능력, 즉 일부 연구자들이 '개념 지식틀 형성(*Schematic Concept Formation*)'으로 불러온 바와 더욱 관련될 수 있다. 이는 언어적이거나 비-언어적일 수 있다. 퍼킨즈(Perkins 1987)에서는 제2 언어로서의 영어를 배우는 학습자들을 놓고서, 일련의 자극물에서 단일한 도형이나 복합 도형을 구성하는 공통된 속성의 다발을 찾아내는 능숙도(*proficiency*, 능통성) 및 덩잇글과 특히 덩잇글들의 이야기 구조를 이해하는 능력(*ability*) 사이에 아주 긴밀한 관련성이 있음을 보여 주었다. 이는 이야기의 관례적 구조를 탐지하는 작동 방식 및 비-언어적 지식 개념틀 형성 과제를 수행하는 일이 서로 비슷할 수 있음을 시사해 준다. 제1장에서는 대부분의 읽기가 일반적 인지를 요구하는 '문제해결 능력'이라고 언급된 논점을 뒷받침하는 어떤 증거도 다 제공해 주는데, 이는 듣기를 포함하여 모든 종류의 언어 처리 밑바닥에 깔려 있으며, 꼭 읽기에만 특징적인 것이 아니다.

그럼에도 불구하고, 조사 연구자들은 오랫동안 어떤 언어 기술이 덩잇글 이해에 본질적인지, 그리고 유능한 독자가 되는 데에 어떤 능력이 포함되는지를 찾아내려고 애써 왔다. 전형적으로 이는 두 가지 접근법을 포함해 왔다. 하나는 유능하다고 알려진 독자들을 찾아내고, 그들의 이해 내용(과정 및 결과로 이뤄짐)을 빈약하다고 알려진 독자와 비교하는 접근법이다. 다른 접근법에서는 선험적으로 어떤 기술들이 필요한 것으로 생각되는지를 찾아내고 나서, 그런 기술들을 측정하려는 목적의

검사에서도 'skills/ability focus(여러 기술/능력 초점)'라고 공식적으로 쓰는 점을 고려한다면, skill(기술)과 ability(능력)를 동일한 용어로 쓰는 전통이 확립된 듯하다. 다만, 우리 문화 전통에서는 '기술'을 손재주 정도로 보아 평가 절하해 왔기 때문에(조선조의 기술 천시 풍조), 국어과 교육과정에서는 기술이란 말 대신에 거의 '능력'이라고만 쓰고 있다. 이는 문화 배경이 서로 다른 데에서 오는 차이로 보인다. 28쪽 §.1-4의 역주 29)도 참고 바람.

검사를 마련하는 일을 포함한다. 그런 다음에 전형적으로 상이한 기술들을 검사하는 항목들 간의 관련성이 분석되고, 어떤 범위까지 그 항목들이 실제적으로 따로 떼어낼 수 있는지(따라서 그럴 듯하게 검사되고 가르쳐질 수 있는지)를 살펴보게 된다.

그런 조사 연구를 둘러싸고 많은 논란이 있다. 이들 '기술'이 따로따로 찾아질 수 있는지 여부에 대하여 반대 증거가 있다. 기술들에 대한 동일한 자료기반들을 놓고서, 상이한 분석들에 힘입어 적합한 이해 밑바닥에 깔려 있는 듯한 인자(요인)들이 많든 적든 귀결되어 나왔다. 데이비스(Davis 1968)에서는 §.1-4에서 인용된[35] 기술 중

① 낱말 의미 회상
③ 명백한 답변 또는 풀어준 질문에 대한 답변
⑤ 내용에 근거한 추론
⑥ 집필자의 목적과 태도와 어조 인식
⑧ 본문 구조 추적(따라가기)

이 경험상 서로 구별될 수 있다고 주장하였다. 반면에 해당 자료를 재분석한 쏘언다익(Thorndike 1974)에서는 오직 첫 번째 기술인 낱말 지식만이 다른 기술들로부터 구별될 수 있다고 주장하였다. 스피어륏(Spearitt 1972)에서도 재분석을 한 뒤에, 구별 가능한 인자가 네 가지 있다고 주장하였다. ① 낱말 의미 회상하기, ⑤ 본문 내용으로부터 추론하기, ⑥ 집필자의 의도와 어조와 분위기를 인지하기, ⑧ 본문의 구조를 따라가기이다. 그렇지만 뒤의 세 가지 기술은 아주 긴밀히 상관되어 있으며, 다음과

---

35) (역주) 그곳에서 제시된 여덟 항목은 다음 순서로 되어 있다. ① 낱말 의미를 회상하기, ② 맥락에서 낱말의 의미에 대한 추론을 끌어내기, ③ 명백히 답변되거나 또는 풀어쓰기로 된 질문에 답변을 찾아내기, ④ 내용에 있는 생각들을 함께 짜얽어 내기, ⑤ 본문 내용으로부터 추론하기, ⑥ 집필자의 목적·태도·어조·분위기를 인식하기, ⑦ 집필자의 기법을 찾아내기, ⑧ 본문의 구조를 따라가기.

같이 결론을 내렸다.

"낱말 지식 검사와 구별되는 것으로, 현재 읽기 검사의 유형들은 대체로 하나의 기본적인 능력을 측정하는데, 이는 또한 「읽기에서 추론하기」라는 명칭과 대응할 수 있다."36)

(present types of reading tests, as distinct from word knowledge test, largely measure one basic ability, which may well correspond to the label of 'reasoning in reading')

해당 항목이 어떤 기술을 측정하고 있는지 찾아내도록 채점관들이 요청받았던 경우에, 종종 확신할 만한 정도의 합치점을 지니고서 운영할 수는 없었다. 종종 전문 채점관들 사이에 어떤 기술들이 어떤 검사 항목에 의해서 작동하게 되는지를 놓고서 합치된 판정을 얻어내기가 어렵다. 더욱이 제1장에서 지적하였던 것처럼, 시험/검사 수행에 대한 분석들에서도 따로 독립된 별개의 기술들을 드러내 주지도 않고, 분석에 깃들어 있는 척도도 심지어 기술 난이도에 대한 위계도 밝혀 주지 못한다. 따라서 여러 기술들이 따로따로 측정될 수 있는지 여부를 의심하게 만들고, 읽기의 하위 기술들이 특정 종류의 검사 질문들에 답변을 하는 능력이 존재하고 그런 능력과 관련되어 있는지를 의심하도록 만드는 통계적인 판결 근거들이 있다. 실제로 시험 문제들이 애매함이 없이 특정 기술들을 검사하고 있다고 말할 수 있는지 여부는 아주 불분명하다. 제3장에서는 좀 더 자세히 이 문제를 다룰 것이다.

올더슨(1990b: 436쪽)에서는 다음과 같이 결론을 내렸다.

"시험 문항에 답변하는 일은 유일하게 한 가지 또는 심지어 주로 한 가지

---

36) (역주) 결과적으로 스피어륏의 결론도 쏘언다익의 결론과 같아졌다.

의 기술만을 포함하는 것이 아니라, 다양하게 상호 관련된 기술들을 포함할 것 같다. 우리 자신의 읽기 행위에 대하여 합리적 과정으로 분석을 해 봄으로써, 비록 읽기 과정에 별개의 독립된 기술들이 있다고 하겠지만, 검사 또는 조사 연구를 위해서 그런 기술들을 따로 독립시켜 놓는 일이 불가능하지는 않더라도, 극히 어려운 듯이 보인다."

(Answering a test question is likely to involve a variety of interrelated skills, rather than one skill or even mainly. Even if there are separate skills in the reading process which one could identify by a rational process of analysis of one's own reading behaviour, it appears to be extremely difficult if not impossible to isolate them for the sake of testing or research, Alderson 1990b: 436)

이런 논제는 읽기의 평가에 중요하다. 만일 '읽기 능력'이란 용어로 의미하는 바를 정의할 수 없다면, 그런 능력들을 평가하는 수단을 마련하기가 어렵게 될 것이다. 그럼에도 우리가 그런 능력들을 작동시키는 바로 그 일이, 아무리 이론적 구성물로 포착할 수 있다손 치더라도 완벽하지 않을 개연성이 있다. 그리고 기술들을 분석하는 바로 그 행위가 실세계를 잘못되게(왜곡되게) 만들 소지가 있다. 설사 그런 기술들이 존재한다고 하더라도, 그런 기술들은 역동적으로 나란히 또는 보상적인 모습으로 작동할 수 있다. 물론 그런 기술들이 동일한 덩잇글을 놓고서 서로 다른 학습자들에게 상이하게 작동하고, 서로 다른 덩잇글을 놓고서 동일한 학습자들에게 서로 다르게 작동하며, 또는 서로 다른 경우에 동일한 덩잇글을 놓고서도 서로 다르게 작동할 가능성이 있다.

독자 및 읽기에서 주목해 온 변이의 원인들 중 한 가지는, 앞에서 논의하였듯이 손에 들고 있는 덩잇글과 관련하여 독자마다 서로 상이한 양의 지식을 지니고 있을 가능성이 있다. 그런 차이가 일부 독자들에게서는 낱말 뜻 추론하기와 같은 특정한 기술을 불러내어야 하겠지만, 이와는 달리 필요한 지식을 지닌 독자들은 그런 기술을 쓸 필요가 없을 것이다. 그렇지만 한 가지 영역에서 지식 또는 기술의 결여는, 다른 영역에 있는 능력 또는 지식에 의해서 보상될 수도 있다. 이는 '보상 가설(compensation hypothesis)'로 알려져 있다.

스타노뷔치(Stanovich 1980: 63쪽)의 '상호작용적 보상 가설(interactive-compensatory hypothesis)'도 보상 가설과 비슷한데, 유능한 독자 및 빈약한 독자 사이에 차이점들을 설명해 주기 위해 마련되었다.

> "임의 지식 자원의 결여는, 처리 층위의 수준에 상관없이 다른 지식 자원들에 더욱 크게 의존하게 된다. 따라서 상호작용 보상 모형에 따르면, 낱말 분석 기술이 결여된 빈약한 독자의 경우에 아마도 맥락 인자(요인)들에 더 많이 의존하게 됨을 보여 줄 가능성이 있다."
>
> (A deficit in any knowledge source results in heavier reliance on other knowledge sources, regardless of their level in the processing hierarchy. Thus, according to the interactive compensatory model, the poor reader who has deficient word analysis skills might possibly show greater reliance on contextual factors. Stanovich 1980: 63)

이는 아직 경험적 연구에 의해 실증되지 않았다. 가령, 덩잇글에서 높은 수준의 통사 결속이 낱말 처리에 있는 난점들을 보상해 줌을 보여 준 바가 없다. 추가적인 논의는 §.2-4를 보기 바란다. 기술들 간에 있을 수 있는 임의의 상호작용의 본질이 현재로서는 밝혀지지 않고 불분명한 채로 남아 있다.

1) 독자의 읽기 목적

독자 및 읽기 사이에서 우리가 살펴봐야 할 또 다른 가능한 변이의 원인은 서로 다른 독자들이 서로 다른 목적을 지니고서 덩잇글을 읽는다는 사실이다. 만일 여러분이 실행하고자 하는 바가 모두 덩잇글 내용에 대한 일반적인 착상을 얻는 것이라면, 해당 덩잇글의 세부사항들에는 주의를 덜 기울일 것이고, 또한 핵심 정보를 찾아내기 위하여 교과서를 공부하는 경우와는 다르게 아주 다른 방식으로 읽어 나갈 것이다 (각각 우리말에서 '정독'과 '통독'으로 불림: 뒤친이). 그렇다면 또한 이들 상이한 목적에 알맞도록 서로 다른 기술들이 필요할 수 있다. 따라서 여러분이 덩잇글을 읽는 이유(목적)가 읽어 나가는 방식, 요구되거나 사용하는 기술, 해당 덩잇글에 대하여 갖는 궁극적 이해와 회상에 영향을 줄 것임은 이제 거의 진부한 이야기가 되었다. 잠자리에서 즐거움을 위하여 단편 소설을 읽는 일은, 다음날 시험 치르기 위하여 역사 교과서를 읽는 일과는 '읽기 과정·읽은 결과·회상'이라는 세 가지 측면에서 모두 차이가 날 것 같다.

이런 영역에 있는 대부분의 조사 연구가 지닌 문제점이 한 가지 있다. 정보 제공자들이 덩잇글을 읽고 있는 이유가 ① 조사 연구자들로부터 돈(사례금)을 받았기 때문이거나, 또는 ② 시험을 치러야 하기 때문이다. 그들의 목적이 고유하게 그들 자신의 것이 아니라 다른 사람의 목적이 될 수 있는 것이다. 만일 독자가 스스로 세운 이유들로 읽어 나간다면, 과정 및 결과가 아주 달라질 수 있다.

여러 연구에서 다양한 수단들로써 독자 목적(일부에서는 '독자 의도'로 부름)을 조절하려고 노력하였다. 독자들에게 특정 지문(바탕글/본문)을 읽도록 하는 목표가 주어졌고, 검사 상으로 계속 뒤이어 그들의 수행이 조사되었다. 효과들이 뒤섞이어 있지만, 그렇지 않았더라면 무시되었을 법한 덩잇글의 측면들에 학습자들의 주의력을 모으도록 지시하는 목표들이, 일반적으로 이해를 증진시키는 데에 다소 효과적이었음이 밝혀졌다. 다른 연구에서는 덩잇글 속에 해당 질문과 관련된 정보의 앞과 뒤에다 모두 부가적인 질문들을 집어넣었다. 이는 각각 사전(*pre*)

질문과 사후(*post*) 질문으로 불린다. 일부 경우에는 그런 다음에 해당 질문에 따라 그런 부가 질문들이 제공되어 있고, 다른 경우들에서는 그러하지 않았다. 질문의 내용은 학습자들이 더 높은 수준인지, 더 낮은 수준인지에 따라, 필요한 정보 처리 내용에 비춰서 다양하게 달라졌다. 조사 연구자들은 또한 오직 요구된 질문이나 서술된 목적들과 직접 관련된 정보만을 회상하는지 여부, 또는 우연히 그런 질문이나 목적들에 대한 특정 정보를 담고 있는지 여부를 알아내기 위하여 학습자 회상에 있는 정보도 검사하였다. 이는 각각 의도된(*intentional*) 학습 및 우연한(*incidental*) 학습으로도 언급된다.

그 결과, 사후 질문의 삽입이 사전 질문보다 더 큰 효과를 지녔다. 답변을 제공해 주는 일은 아마도 해당 덩잇글에 대하여 노력을 할 필요성을 덜어 주었기 때문에, 학습자들의 수행을 억압하였음이 드러났다. 더 높은 수준의 사후 질문들이, 우연한 학습은 물론 의도된 학습으로도 귀결되었고, 더 낮은 수준의 사전 질문과는 달리, 오랜 시간에 걸쳐 사실적 정보 및 더 상위 수준의 정보를 모두 붙들어 기억하는 것으로 밝혀졌다. 그렇다면 덩잇글로부터 학습자의 학습을 증진시키기 위해서는 (읽기에서 꼭 반드시 동일한 일이 일어나는 것은 아님) 답변이 없이 <u>더 높은 수준의 사후 질문들이 바람직 할 듯</u>이 보인다. 시험/검사를 위한 함의는 학생들이 덩잇글을 처리하기 이전에 미리 질문들을 읽도록 장려하지 말아야 된다는 점일 듯하다.[37] 그렇지만 읽기 시험을 치르는 일에서 종종 학생들이 갖고 있는 유일한 목적은 다른 누군가의 질문에 답변을 하는 것이다. 그렇다면 미리 학생들이 질문들에 접속함을 부인한다면, 목적 없이 읽기를 장려하는 일과 같을 듯하다. 이는 분명히 덜 효율적인 읽기로 귀착될 것 같다.

그렇지만 비록 유의미한 결과들이 실험실 현장에서 성취되었다고 하

---

37) (역주) 아마 시험 관리 주체로서 모든 학생이 공정하게 시험을 치르도록 하려는 목적 때문일 듯하다.

더라도, 그 효과가 과연 전형적으로 아주 작은 표본들이므로 실험실 밖에 있는 실세계에서 재현될 수 있는지 여부가 논란을 부를 수 있음이 주목받아 왔다.

따라서 읽기 과정 및 결과를 놓고서 목적의 효과를 긍정적으로 보여 주는 경험적 뒷받침이 얻어질 수 있겠지만, 아마 유의미하지 않거나 심지어 평가와 관련되지 않을 수 있다. 그럼에도 불구하고, 실제 읽기 목적들에 대한 모의가 읽기 수행에서 어떤 효과를 지닐 것인지를 알아 보려는 조사 연구는 거의 이뤄져 있지 않다. 제3장을 보기 바란다.

그렇지만 카아붜(Carver 1984)에서는 전형적인 읽기('자동적 처리로서 읽기(*rauding*)'라고 불렀던 바임)를 위하여 목적을 바꿔 놓는 일이 학습자 들이 이해한 내용이나 읽기 속도에 대해서 아무런 효과도 없었음을 보여 주었다. 이용된 두 가지 목적은 ㉠ 본문의 골자에 관한 질문으로서, 해당 본문에 대하여 어느 것이 가장 알맞은 제목이 될 것인지를 결정하는 일과 ㉡ 세부사항에 대한 질문으로서, 누락된 동사를 찾아내는 일이 었다. 카아붜 교수는 읽기 목적이 비교적 일반적이거나 전형적인 읽기 상황에서도 이해에 큰 영향을 끼친다고 주장할 법한 사람들에 대하여, (반대로) 자신의 자료가 아무런 뒷받침 증거도 제공해 주지 않았다고 결론을 내렸다.

카아붜(Carver 1990)에서는 또한 자신이 기본적인 다섯 가지 읽기 과 정이 된다고 생각하는

㉠ 해당 대목 찾아 읽기(*scanning*),
㉡ 통독하면서 골자 파악하기(*skimming*),
㉢ 자동적 처리로서의 읽기(*rauding*),
㉣ 학습하기(*learning*),
㉤ 기억하기(*memorising*)

에서 각각의 과정과 관련된 목적이 서로 크게 차이가 있으며, 이들 읽기 과정의 한 가지를 담고 있는 조사 연구 결과가 반드시 또 다른 읽기 과정에서도 일반화될 수 있는 것이 아님을 보여 주는 많은 조사 연구들로부터 가져온 증거를 제공해 준다. 이는 앞의 다섯 가지 읽기 유형에서 입증되듯이, 최소한 우리가 거시-목적들로 부를 법한 것들 중에서 총체적인 구별을 뒷받침해 주는 논의가 될 듯하다. 따라서 읽기 시험 출제자/검사 주체들이 응당 다섯 가지 목적들 가운데 어느 것을 모의하거나 측정하려고 의도하는지를 분명히 해 주어야 한다.

독자들의 목적을 다양하게 만들어 주는 실질적 효과에 대한 확고한 증거가 결여되어 있음에도 불구하고, 채 탐지되지 않으나 치우쳐 왜곡시켜 버릴 수 있는 중요한 효과들이 있을 만한 경우에, 저자는 시험 출제자들이 신중하게 독자들에게 부과하는 과제들이나 또는 시험 응시생들이 치르게 될 목적들을 살펴볼 필요가 있다고 논의하고자 한다. 추가적으로 제5장, 제6장, 제7장에서 이를 논의하게 된다.

2) 실세계 상황 대 시험 응시 상황

심지어 조사 연구 결과들이 실세계의 실제 독자 목적들을 반영해 주는 방식으로 모아져 있다손 치더라도, 다음 사실을 기억해 두는 것이 중요하다. 독자들에게 읽기 시험을 치르도록 요구하는 경우에, 대체로 독자 나름대로의 내재적 이유를 위해서 시험을 실시하는 것은 아니다. 시험을 응시하는 데 포함된 외재적 동기 말고 다른 이유 때문에 그러하다. 많든 적든 강제력을 지니고서 우리 자신의 목적을 그들에게 부과해 놓는 것이다. 설사 주어진 덩잇글을 읽기 위한 실세계 목적들을 모의하려 하더라도, 제5장에서의 논의처럼, 여전히 시험 시행 사건의 궁극적 목적은 독자들의 읽기 능력을 평가하는 것이라는 사실이 대두된다. 대체로 이는 실제 독자들이 실제 덩잇글을 읽는 목적은 아닐 것이다.

그렇지만 저자는 시험을 위한 읽기가 다른 임의의 읽기처럼 실제적이라는 논점을 받아들인다. 논점의 요체는, 시험이 얼마나 실제적(real)인지가 아니라, 오히려 얼마나 다른지(different)이다. 따라서 우리의 결론이 하나의 현장으로부터 다른 현장에 이르기까지 얼마만큼 일반화될 수 있는지에 놓여 있다. 읽기 능력을 평가하는 경우에, 우리는 한 개인이 읽기 시험/검사에서 얼마나 수행을 잘 이룰 수 있는지(≒개개인의 성취도)에 관심이 있는 것이 아니다. 오히려 그런 수행이 다른 현장에서 얼마나 잘 읽을 수 있을지를 제대로 근사치를 만들어 주거나 예측할 수 있는지, 또는 진단 검사의 경우라면 그런 수행이 다른 현장에서 읽기를 얼마나 잘 설명해 줄 수 있는지(≒일반적인 읽기 능력 측정)에 관심을 둔다.

3) 독자의 동기 또는 관심

빈약한 제1 언어 그리고 제2 언어 독자들에 대한 연구에서는 지속적으로 빈약한 독자(Cooper 1984에서는 '미숙한(unpractised)' 독자로 부름)들이 읽기의 동기가 결여되어 있거나, 자신의 읽기 능력을 향상시키려고 시간을 쏟지 않았음을 보여 주었다. 물론 이는 그 원인으로서 빈약한 읽기에서 말미암은 결과일 것 같지만, 일단 그러하다면 빈약한 동기는 의심할 바 없이 문제를 더 악화시킨다. '성공은 또 다른 성공을 낳고, 실패는 또 다른 실패를 부른다.' 문제는 독자의 동기를 증진시키는 방법이다.

독자한테 임의의 목적을 부과하는 일을 피해야 함과 앞서 언급한 동기 결여(빈약한 동기) 사이에서 진퇴양난의 문제는 동기에 대한 연구에서 오랫동안 인식되어 왔다. 흔히 외재적 동기와 내재적 동기 사이에 구분이 이뤄져 있고, 개인의 내부에서 스스로 생성되는 후자가 일반적으로 외재적 동기보다 더 우월하다고 생각된다. 독자 동기는 읽기의 결과에 대한 품질과 관련되어 있는 것으로 여겨져 왔다. 외재적으로 동기가 주어진 학습자들은 해당 덩잇글이 무엇에 대한 것인지, 덩잇글에 있는 착상이 서로 어떻게 관련되는지, 그리고 해당 덩잇글이 다른 덩잇글들과 어떻게 관련되는지 등의 중심 생각이나 또는 해당 주제나 세계에 대하여 독자가 알고 있는 바에 초점을 두기보다는, 사실 및 세부사항 등에 관심을 쏟으면서 표면적으로만 읽기를 진행하는 듯하다. 전자와 같은 유형의 이해는 사실들을 기억하고 뱉어내는 단순한 능력 그 이상으로, 흔히 더 높은 수준의 이해로[38] 불리며, 교육상 바람직한 것으로 여겨진다. 따라서 더 높은 수준의 이해가 어떻게 성취되는지에 대해 상당한 관심을 기울여 왔다. 만일 내재적 동기가 더 높은 수준의 이해로 이끌어 가고, 조사 연구에서도 실제로 그러함을 시사해 준다면, 과연 내재적 동기가 유도될 수 있을 것인가?

프뢴쏜(Fransson 1984)에서는 특정 집단의 학습자들이 흥미를 지니겠지만 다른 집단에서는 그렇지 않을 것으로 그가 짐작한 덩잇글들을 이용하면서, 내재적 동기를 유도하는 일을 시도하였다. 그렇지만 그가 덩잇글에 흥미를 지니리라 예상하였던 학습자들이 그렇지 않았고, 반대의 경우도 성립하였음을 곧바로 발견하였다. 보고된 흥미 수준(그가 내재적 동기로 해석한 수준)에 따라 자신의 결과들을 분석하였을 때에라야 예상된 결과들을 찾아내었다. 즉, 더 높은 수준의 처리 및 회상이다. 그는 내재적 동기를 이끌어내기가 아주 어렵다고 결론을 내렸다. 내재적 동기는 반드시 독자로부터 나오고, 외적으로 부여된 과제에 의해 방해 받지 말아야 하며, 독자 나름대로의 즐거움이나 만족을 위해 읽어야 하는 것이다.

---

38) (역주) 우리말에서는 표면 해석과 심층 해석으로 대립시켜 쓰고 있는데, 각각 낮은 수준의 이해와 높은 수준의 이해에 해당한다. 아마 우리말에서는 '행간 사이를 읽는다, 종이 뒤(紙背)를 꿰뚫어 본다'는 관용구 때문에 표면 더 밑에 중요한 정보가 들어 있다고 관념하는 듯하다. 원문 55쪽에서는 영어에서도 우리말처럼 deeper level(더 깊은 수준)으로도 표현하고 있음을 알 수 있다. 여기서 더 높은(higher)과 더 깊은(deeper)이 모두 동일한 뜻이다.

프뢴쏜은 읽은 뒤에 시험 치를 것을 예상하고 있는 학습자들이, 더 높은 수준의 정보를 찾아내기보다 사실들만 찾아 읽음을 보여 줄 수 있었다. 일부 학습자들에게는 읽은 다음에 동료들 앞에서 해당 덩잇글의 이해 내용을 말로 요약해 주도록 요구받고 그 요약이 녹음될 것임을 알려 주었는데, 시험 치를 상황을 두렵게 생각한 학습자들은 중심 생각이나 연결 내용들보다 또는 해당 덩잇글의 일반적인 의미와 가치보다 훨씬 더 세부사항에 많이 주목을 하였음을 보고하였다. 다시, 학생들이 시험 상황을 두렵게 느끼는 한, 해당 덩잇글에 대하여 동일한 학생들이 다른 현장에서 성취할 수 있을 만한 이해보다도 '더 낮은' 이해를 이끌어내는 모험을 감행하였다(≒추론을 억제하고 표면 사실들만 암기하여 말했음: 뒤친이). 이런 점에서 비격식적인 평가 절차가 시험에 근거한 격식적 평가보다도 양적으로 더 나은 수행으로 귀결될 가능성이 있다.

이것에 대하여 시험 출제자가[39] 할 수 있는 바는 더 뒤에 있는 장들에서 논의가 이뤄질 것이다. 적어도 시험 점수를 해석하는 사람들은 압박감 없이 내재적 동기가 주어진 읽기에 대해서 점수가 과소-추정(*underestimate*)이 될 수 있음을 유의해 두어야 마땅하다.[40]

4) 독자 정서

비격식적인 평가가 더 나은 수행으로 귀결될 수 있는 이유들 중 한 가지는 해당 시험에 의해 유도된 독자의 감정 상태이다.[41] 프뢴쏜

---

39) (역주) test designer(검사 설계 주체), test developer(검사 계발 주체)라는 용어는 우리나라 학교 현장에서 모두 '시험 출제자'로 부른다. 여기서도 쉬운 우리말을 따라 쓰기로 한다.

40) (역주) 만일 이 주장을 받아들인다면, 내재적 동기에 따른 심층 해석(더 높은 수준의 해석)에 가중치가 더 많이 주어져야 마땅하다. 따라서 이를 실행하기 위해서는 반드시 심층 해석과 관련된 문제들이 시험 문항들 중에서 일정한 몫을 차지하고 있어야 하고, 응시생들이 그 문제를 해결하기 위하여 스스로 깊이 생각할 수 있도록 유도해야 한다.

41) (역주) emotional state(정서, 감정 상태)는 원문 83쪽과 123쪽에서 affective response(정서 반응, 감정 반응)로도 쓰고 있다. 주로 불안한 느낌(또는 긴장감)과 관련되며, 불안감이 1회

(Fransson 1984)에서는 시험을 치르는 동안에 불안감을 느끼는 '일시적 불안감'을 알려준 독자들 및 성격상 지속적으로 불안감을 느끼는 '습관적 불안감'을 보고한 독자들을 서로 비교하였다. 그는 후자의 독자들이 성격상 높은 불안감으로 말미암아 명백히 진술된 읽기의 목적을 무시하고, 결코 불안하게 하리라 생각지도 의도치도 않은 위협—시험—을 실험 주체가 예상하고 있음을 발견하였다. 달리 말하여, 명백히 진술된 의도들과 상관없이, 습관적으로 불안한 독자들은 가령 수업 중 읽기 동안에도 위협 조건들을 예상할(느낄) 가능성이 있다. 게다가 내재적 동기 및 일시적 불안감 사이에서 상호작용도 찾아내었는데, 읽는 동안 불안하다고 알려준 학습자들은 미약한 내재적 동기를 보여 주었다(서로 반비례 관계임: 뒤친이). 일시적 불안감도 내재적 동기에 의해 간섭이 일어났고, 강한 내재적 동기를 지닌 학습자들에게서 사실들과 관련된 (factual) 시험 점수를 낮춰 놓았다. 성격상 불안감이 덜한 학습자들은 더 깊은/높은 수준에서 읽기를 진행하는 경향이 있지만, 반면에 일시적 불안감이 아주 높은 학생들은 표면 수준의 처리만 하는 경향이 있다. 그는 다음과 같이 결론을 내렸다.

예상된 시험 요구사항의 적응 및 높은 일시적 불안감을 촉발하는 조건들이, 표면 수준의 처리 및 긴장감 높은 읽기와 긴밀히 관련된다. 대조적으로 준비가 잘 되어 있어서 따로 예상된 시험 요구사항에 적응하지 않고 일시적 불안감도 낮은 실험 참여자들은, 모두 깊은 수준의 처리와 대부분

적이고 일시적인지, 아니면 습관적이고 지속적인지를 하위 구분하게 된다. 전자를 state anxiety(긴장 상태에 따른 일시적 불안감)로, 후자를 trait anxiety(성격상의 내적 불안감)로 부르는데, 'state'는 긴장 상태를 가리키고, 'trait'은 유전 인자로 물려받은 기질이나 인성을 가리킨다. 우리말에서는 시험 치를 걱정으로 긴장하므로 '긴장감'으로 쓸 법하다. 그렇지만 유전 인자로부터 물려받은 성격을 가리키려면 '불안감'(불안한 정서나 성격)을 써야 할 듯하다. 긴장감은 따로 원문 55쪽에서 high/low intensity(높은/낮은 긴장감)로도 쓰고 있다. 우리말에서는 송나라 성리학자들의 논의에 따라, 흔히 외부 자극과 관련된 것을 '감정'으로 부르고, 그런 자극이 일어날 수 있는 잠재적 상태를 '정서'로 부르며, 유전적 기질을 가리키기 위해 '속성'(성격)으로 쓸 듯하다.

의 경우에 긴장감 낮은 읽기를 보고하였다. (프뢴쏜 1984: 112쪽)

(Conditions provoking adaptation to expected test demands and high state anxiety are closely related to surface-level processing and high intensity of reading. In contrast all subjects not adapting to an expected test and low in state anxiety reported deep level processing and in most cases a low intensity of reading. Fransson 1984: 112)

분명히 이들 발견 결과는 부담 큰/높은 시험을[42] 마련하는 사람들과 아주 연관성이 높다. 여기서는 시험 요구사항들에 대한 적응과 높은 일시적 불안감을 유도할 것으로 예상될 수 있다.

읽기 문헌에서 정서 반응들도 적어도 제1 언어 독자들을 대상으로 하여 오랫동안 조사 연구의 주제가 되어 왔다. 마이얼(Miall 1989)에서는 정서를 무시하는 관례적 개념틀 이론 및 다른 인지 모형들이, 문학적 반응을 설명해 주기에는 부적합하다고 주장하였다. 실제로 바아틀릿(Bartlett)은 스스로 실행하는 지식의 조직화 및 활성화가, 감정·흥미·태도 등과 같은 요인들에 의해 중요하게 영향을 받는다고 강조하였었다.[43] 게츠 외(Goetz et al. 1992)에서는 정서 반응을 포함한 독자의 반응

---

42) (역주) 시험 결과가 한 사람의 미래 선택을 뒤바꿔 버리는 경우를 high-stakes test(부담감이 아주 큰 시험)라고 부른다. 수능 시험이나 취업 시험의 경우이다. 교실에서 자주 치르는 쪽지 시험은 그 결과로 나온 점수가 미래 인생에 큰 영향을 주지 않으므로, 상대적으로 부담 없거나 낮은(low-stake) 시험에 해당한다. 한자어로 각각 '고부담 : 저부담'을 쓸 수도 있다. 223쪽 §.3-2-5의 역주 21) 참고.

43) (역주) 감정과 이성은 서구 지성사에서 데카르트에 의해 대립적으로 양분되어 있었다. 그렇지만 제2의 뇌가 손상을 입은 환자들을 관찰하였던 더마지우 교수는 오히려 제3의 뇌(대뇌)가 더 원시적인 제2의 뇌(제1 뇌를 둘러싼 테두리 뇌, 변연계)에 의해서 최종 지배된다는 사실을 밝혀낸 바 있다. 더마지우(Damasio 1994; 김린 뒤침 1999), 『데카르트의 오류』(중앙문화사)를 읽어 보기 바란다. 우리가 늘 쓰는 의사결정 방식과 관련해서 카느먼(Kahneman) 교수는 보다 원시적인 주먹구구식(heuristics, 어림짐작) 결정이, 여러 가능성들을 곰곰이 따져 보면서 내리는 신중한 결정보다 더 우세하다는 주장으로 노벨 경제학상을 받은 바 있다. 카느먼(2011; 이진원 뒤침 2012), 『생각에 관한 생각: 우리의 행동을 지배하는 생각의 반란』(김영사)에서는 전자를 '체계 1'의 결정으로, 후자를 '체계 2'의 결정으로 부른다. 카느먼 외(1982; 이영애 뒤침 2001), 『불확실한 상황에서의 판단: 추단법과 편향』(아카넷)에서는 heuristics를 난해하게 '추단법'(추측하여 결단하는 방법)으로 번역하였다. 그렇지만 우리말에

을 조사하기 위하여, 해석적/질적 또는 통계적/양적 도구를 이용한 다수의 연구들을 보고하였다. 또한 문학 작품을 읽는 동안에 겪은 감정에 대한 독자들의 자기 보고를 놓고서 그들 자신의 연구도 보고하였다. 놀랄 것도 없이, 서로 다른 이야기 삽화들이 서로 다른 정서 반응을 불러일으켰다. 비록 정서 반응에서 독자들 사이에 있는 합치의 정도를 따로 언급하지 않았지만, 그들의 결과는 이야기 및 이야기 삽화들에 대한 독자들의 정서 반응에서 큰 복잡성을 보여 주었다.

읽기 과정과 특히 문학적 경험에 대한 좀 더 완벽한 이해에 이바지하기 위하여, 임의의 덩잇글을 삶 속으로 가져오는 데 필요한 구성적·상상적 과정을 더욱 깊이 있게 이해하는 것이 분명히 중요하다. 서로 다른 독자들이 적어도 부분적으로 서로 다른 정서 반응을 지니게 될 듯함이 사실이라면, 처리과정 동안에 정서 반응을 이해하는 일과 이해 결과물 상의 정서 효과는 읽기의 검사와 평가를 위하여 중요한 함의를 지닌다.

§.2-4. 안정적인 또 다른 독자 특성

1) 읽기의 최적 속도

앞에서 구분한 일시적 불안감 및 성격상의 불안감 사이에 구별은, 일정 기간에 걸쳐서 안정되어 있다(지속적 속성이다)고 여길 만한 독자 변인들의 효과를 살펴보도록 이끌어 간다. 인성(*personality*, 개인 성격)이 그런 것 중 하나이다. 성격상의 불안감 및 일시적 불안감 사이에 있는 차이는 보통 개인들 사이에 있는 인성과 관련되어 있다. 이미 안정적일

서 흔히 쓰는 '주먹구구식 결정'이나 '어림치기 결정'으로 말하는 편이 더 쉽게 이해될 것으로 본다. 46쪽 §.1-6의 역주 54)도 같이 참고하기 바란다.

수도 있고 그렇지 않을 수도 있는 지식과 같은 변인들의 영향에 관해 살펴보았지만, 다른 독자 요인들도 또한 읽기 조사 연구에서 관심거리가 되어 왔다. 그런 것들 중에서 예를 들면, 성별 요인, 사회 계층 요인, 직업 요인, 지능 요인 따위이다. 모든 결과들을 다루는 일은 이 장의 범위를 훨씬 넘어 버린다. 어떤 경우이든 간에 얼마나 많은 요인들이 언어 평가에 관심을 둔 사람들에게 흥밋거리가 될지는 불분명하다.

그럼에도 불구하고, 일반적으로 제1 언어 읽기 검사에서 남학생들보다 여학생들의 수행이 더 나은 것으로 간주되고, 외국어 읽기를 놓고서도 뷔글·벙크(Bügel and Buunk 1996)에서 비슷한 결과를 보여주었다는 사실을 아는 것이 중요하다.44) 시험 출제자들은 응시생들의 성별에 따라 시험 내용을 변경시킬 수 없겠지만, 어느 성별 쪽에도 과도하게 치우치지 않도록 배려해 줄 수 있고, 시험 결과를 분석하면서 있을 수 있는 그런 치우침을 점검할 수 있으며, 각각 남학생과 여학생의 결과들을 해석하는 데에 주의사항을 내어 줄 수도 있다.

두드러지게 주목을 받아온 일련의 독자 특성은 신체적 측면·인지적 측면과 관련된다. ㉠ 독자들이 낱말이나 문장을 인지할 수 있는 속도, ㉡ 단기기억 및 장기기억에서의45) 처리 능력, ㉢ 독자들의 빠른 눈동자

---

44) (역주) 남녀 성별 사이의 차이는 일정 기간에 걸친 기억 종류 및 내용과 밀접하게 관련되어 있으며, 흔히 제2의 뇌(테두리 뇌 또는 변연계) 속에 있는 해마의 크기와 내부 밀도가 다르다고 가정되고 있다. '에스트로겐'으로 불리는 여성 호르몬이 해마의 크기와 내부 밀도에 관련이 있는 셈이다. 동일한 영화를 보고서 그 내용을 회상하면서 말하도록 할 경우에 남녀 성별 간의 차이가 쉽게 확인된다. 대립적으로 표현하면, 여성들은 세부사항들을 기억하여 말하고, 남성들은 전체 줄거리만을 간략하게 말하기 일쑤이다. 서로 간에 '미시영역'의 처리와 '거시영역'의 처리에서 큰 차이를 보여 주는 것이다. 만일 이런 통찰이 사실이라면, 성별 간의 시험 출제에서 문항을 두 영역에서 골고루 내어 주어야 할 것이다.

45) (역주) 스펜스·스펜스(Spence and Spence 1968), 「Human memory: A proposed system and its control processes」에서 처음으로 「다중기억 이론」이 제안된 이래, 오늘날에는 일부 이름이 바뀌었다. 언어 처리와 관련하여서는 '작업기억'과 '장기기억'이 중요하다. 본문에서 저자는 단기·중기·장기 기억으로 언급하였지만, 심리학에서는 중기(medium) 기억이란 용어를 쓰지 않는다. 장기기억이 쇠잔 곡선을 따라 급격히 사라지거나 반복에 의해 유지될 뿐이므로, '중기'라는 시간 간격을 내세울 수 없다. 다만, 자기 자신에 대한 기억 따위를 '영구기억'이라고 따로 부르는 경우도 있다. 이 번역에서는 중기기억을 빼어 버리고 오직 단기기억과 장기기억으로만 번역해 둔다.

움직임 및 일시 멈춤/멎음,46) ㉣ 그리고 읽기 속도와 인지 전략들이다.

눈동자 움직임(안구 운동)에 대한 다수의 연구들에서는 본문 속에 있는 대부분의 낱말에 대한 신속하고 자동적인 처리의 중요성을 보여 주었다. 한 가지 추정값으로 영어에서 유능한 독자가 대략 실사(내용 낱말)의 80%와 허사(문법 낱말, 기능어)의 40%를 처리한다(Grabe 1991; 67쪽 §.1-10의 역주 72 참고). 눈동자 멈춤에서 시지각 간격(*visual span*)도 아주 제한적임이 예증되어 있다. 제1 언어 독자들이 임의의 멈춤에서 15~16개 글자 이상을 볼 수 있는데, 전형적으로 멈춤의 왼쪽으로 3~4개 글자와 멈춤의 오른쪽으로 10~12개 글자를 본다(Rayner and Pollatsek 1989). 유능한 독자를 빈약한 독자로부터 구별해 주는 것은, 눈동자 멈춤 동안에 처리되는 글자들의 숫자도 아니고, 인쇄된 본문의 한 쪽 당 고정된 낱말의 숫자도 아니다. 오히려 낱말 인식의 자동 속성을 나타내는 멈춤의 속도 및 멈춤 기간 동안 일어나는 처리들이다. 뢰이너·폴랫식(Rayner and Pollatsek 1989)에서는 낱말들이 신속히 확인됨을 보고하였다. 유능

단기기억은 대략 0.25초에서 2초 사이에 작동하는데, 배들리(Baddeley 1986), 『작업기억(*Working Memory*)』(Oxford University Press)에서부터 단기기억의 기능이 외부 자극을 가공하여 장기기억으로 보내어 주는 작업을 하므로, '작업기억'이라고 부른다. 전-전두엽(pre-frontal lobe)에 자리 잡고 있으며, 영장류인 인간에서는 사춘기에 와서야 완벽히 갖춰진다. 언어 교육에서는 사춘기 이후에라야 우회 표현이나 비유 표현 또는 관용구의 내용을 쉽게 파악한다고 알려져 있는데(머카시 1998; 김지홍 뒤침, 2010, 『입말, 그리고 담화 중심의 언어교육』, 도서출판 경진을 보기 바람), 작업기억의 발달과 밀접히 관련된다. 배들리(2007), 『작업기억·사고·행위(*Working Memory, Thought, and Action*)』와 배들리 외 엮음(2002), 『구체적 사건 기억: 조사 연구의 새로운 방향(*Episodic Memory: New Directions in Research*)』(두 권 모두 Oxford University Press)도 함께 읽어 보기 바란다.

46) (역주) 책을 읽고 있는 동안 눈동자가 줄을 따라가면서 움직일 경우에는 인쇄된 정보들을 받아들이는 것으로 해석하고, 잠깐 눈동자가 멈추는 경우에는 머릿속에서 관련 정보를 끄집어내는 것으로 해석한다. 자세한 내용은 8쪽 §.1-2의 역주 8)과 44쪽 §.1-6의 역주 51), 그리고 관련된 본문의 논의를 보기 바란다. 전문 용어로서 saccades(빠른 눈동자 움직임)와 fixation(눈동자 잠시 멈춤)이 대립적으로 쓰인다. 다음 누리집에서 자세한 설명을 볼 수 있다.

http://www.jove.com/video/50780/using-eye-movements-to-evaluate-cognitive-processes-involved-text

최근에는 적외선 촬영으로 동공이 확대되는 정도를 알 수 있는데, 동공이 커지면 머릿속 처리가 활발히 일어나고 있다고 보고, 동공이 작아지면 잠시 채 쉬고 있다고 본다. 모두 두뇌 속 처리과정에 대한 간접 증거로 쓰일 수 있다.

한 독자들에게서는 속도가 1초마다 5개 낱말의 인지를 넘어선다.

처음 낱말 확인이 이뤄진 뒤 여전히 잠시 눈동자가 멈춰 있는 동안이라도, 유능한 독자는 더 높은 수준의 예측 및 점검으로 이동할 뿐만 아니라, 또한 바로 뒤이어 일어나는 눈동자 멈춤의 계획도 짠다. 이는 유능한 독자들이 시지각 자극을 분석하는 데에 능력을 덜 쓰므로, 다른 종류의 처리(상위 수준의 처리)를 위해 이용할 수 있는 다른 자원들을 동원하기 때문이라고 여겨진다.

유능한 독자들은 낱말 인식에서 신속할 뿐만 아니라, 또한 정확하기도 하다. 동시에 짧막한 낱말들의 글자 특성들을 취하고, 모든 글자들을 하나의 낱말로 인식하는 듯이 보인다. 낱말을 신속하고 정확하게 인지하는 능력(해독 시간 *decoding time*)은47) 특히 제1 언어의 어린 학습자들에게서 그리고 심지어 대학 수준의 학생들에게서도 읽기 능력에 대한 중요한 예측 지표가 된다. 흥미롭게도 이는 있을 수 있는 진단 도구로서 해독 소요 시간의 이용을 시사해 준다.

카아붜(Carver 1982)에서는 줄글(산문)을 처리하는 최적 속도가 있으며, 대략 1분당 300개 낱말의 처리 속도로서 읽기 및 듣기에서 동등함을 보여 준다. 최적의 처리 속도는 자동적 처리로서의 읽기 이론(*Rauding Theory*)에서 '자동 처리 속도(*rauding rate*)'로 알려져 있다. 더 일찍 나온 옛날 조사 연구에서도 속도 및 이해 사이에 선적인 반비례 관계를 시사해 주었었다. 읽기 속도가 늘어나면 거의 이해에서 그만큼의 손실이 찾아진다.48) 또한 과거에 듣기에 대한 최적 속도가 1분당 200개 낱말의 처리였던 것으로 알려져 있었다. 이는 앞서 언급된 1분당 300개 낱말을 처리하는 속도보다 훨씬 더 낮은 값이다.

---

47) (역주) 원문에는 encoding time(부호 입력 시간, 부호화 소요 시간)이라고 되어 있지만 교정 실수이다. 글자를 해득 또는 해독해야 하므로, 응당 decoding time(글자 해독 시간, 해득 소요 시간)이 일관적이다. 번역에서는 교정된 낱말로 써 둔다.

48) (역주) 원문에는 linear loss(일직선의 손실)라고 하였으나, 1차 함수의 손실인지 반비례 관계인지 명시적으로 드러나지 않는다. 'y=1/x'와 같이 반비례 관계이므로, 의역을 해 두었다.

카아붜 교수의 업적은 그런 가정이 틀렸음을 시사한다. 또한 덩잇글이 담고 있는 정보의 본질에 따라 변동할 것이기 때문에, 개인마다 처리 속도에서 사뭇 융통성이 있다고 보는 구드먼 교수와 스미쓰 교수의 견해에도 도전하고 있다. 글자나 낱말이나 문장들이 더 잉여적이거나 예측 가능할수록, 아마 독자가 더욱 빨리 읽을 것이라고 보았다. 읽는 동안에는 개인마다 자신의 속도에 잘 맞춰 줌으로써 항상 높은 수준에서 너른 범위의 속도에 걸쳐서 두루 효율성을 유지한다고 주장되곤 했었다. 카아버 교수의 결과는 간단히 이것이 참이 아님을 보여 준다.49)

해당 자료들은 읽기 방식에서 본문에 있는 문장들을 더욱 효율적으로 이해하도록 만들어 주는 것이 듣기 방식 이외에는 아무것도 내재적인 것이 없음을 시사해 준다. 설사 임의의 우월한 속성이 있을지언정, 이는 발화를 압착하면서 왜곡된 결과로서의 인위적 처리가 있었든지, 아니면 개개인이 단순히 1분당 150~175개 낱말 이상의 훨씬 더 높은 속도로 듣기를 진행하지 않고 자동 처리의 듣기 속도가 그들의 통제를 벗어나든지 했기 때문이다. (카아붜 1982: 73쪽)

(The data suggest that there is nothing inherent in the reading mode which makes it more efficient for comprehending sentences in passages than the auding mode. Any superiority there might be either be artificial — a result of distortion in compressing the speech — or because individuals are simply not used to listening at rates much higher than 150~175 wpm, and auding rate is beyond their control. Carver 1982: 73)

더욱이 최적 속도는 광범위한 난이도 수준에 두루 걸쳐서 일정하게 되

---

49) (역주) 카아붜 교수는 읽기나 듣기가 모두 한결같이 머릿속에서 자동 처리가 일어나는 사고 과정에 지나지 않으므로, 개개인의 능력별 차이를 인정하지 않을 뿐만 아니라, 또한 일정한 문턱값 수준의 처리가 이뤄진다고 주장하고 있다.

는 경향이 있고, 이 점이 독자의 예측 가정을 검사해 나간다는 읽기 견해와50) 서로 모순을 빚는다. 만일 유능한 독자가 미리 무엇이 전개되는지를 가정하고 난이도 상으로 변화에 걸맞게 속도를 조정하였더라면, 자료들에 적합하게 읽기 속도가 조절되었을 것이다. 카아붜 교수의 결과들은, 전형적인 대학생들에게서 제4 등급이나 제5 등급의 자료들을 읽고 있을 경우에, 1분당 대략 300개 낱말의 처리가 가장 효율적인 속도임을 보여 준다. "유능한 독자가 난이도에서 자료들이 더 낮아짐에 따라 자신의 속도를 거기에 맞춰 낮춘다는 것이 적합하지 않은 듯한데, 그렇게 하는 일이 비효율적일 듯하기 때문이다."(같은 책 85쪽) 자동 처리로서 읽기 이론(Rauding Theory)에서는 개인들이 항상 최적의 속도로 자신의 읽기 속도를 유지해 나가면서 스스로 줄글(산문, prose)을51) 읽는 효율성을 최대화한다고 주장한다. 흥미롭게도 자동 처리로서 읽기 속도는 '문턱값 속도(threshold rate)'이다. 이 값을 넘어서서 속도가 증가하는 경우에는 효율성이 급격하게 떨어지는 것이다. 그러므로 카아붜 교수는 읽기 동안에 상세한 인지 처리와 관련된 미래 이론이라면, 대략 1분당 300개의 낱말 처리 속도로 이뤄지는 전형적인 줄글 읽기(prose reading) 및 1분당 1천 개의 낱말 처리 속도로 이뤄지는 통독하면서 골자 파악하기(skimming)52) 사이에 엄격한 구분을 해 놓아야 마땅하다고

---

50) (역주) 원문 hypothesis-testing view(가정 검사 견해)란 구드먼이나 스미쓰의 주장을 가리킨다. §.1-6에서 그들은 읽기를 심리언어학적 '짐작 놀이(guessing game)'로 부르기도 하였다. 읽기란 임의의 덩잇글이 주어지면 작은 단서를 이용하여 그 내용을 예측하고, 점차 그런 예측을 정교하게 가다듬어 나가는 일이라고 보았던 것이다.

51) (역주) 김수업(2002), 『배달 말꽃: 갈래와 속살』(지식산업사)에서는 아름다운 우리말을 학술/학문 용어로 쓰고 있는데, 우리 숨결이나 심장 박동에 따라 가락을 맞추면 가락글(운문, 시)로 부르고, 그렇지 않을 경우에는 한 줄로 이어져 있다는 뜻으로 줄글(산문)이라고 부른다. 한자만 새긴다면 '흩을 산(散)'이므로 산문이 이리저리 흩어져 있는 글로 오해될 소지도 있다. 세종대왕의 주장을 빌지 않더라도, 주시경 선생의 이름을 들먹이지 않더라도, 응당 줄글과 가락글처럼 쉬운 우리말로 교육도 하고 생활도 하며 사상도 일궈나가야 할 것이다. 어름하게 외래어를 남발하거나 뜻도 모르는 말들을 서슴없이 일삼는 현실이 안타깝다. 묵묵히 실천을 하는 전국의 수많은 교육 동지들이, 김수업(2006), 『말꽃 타령』(지식산업사)과 김수업(2012), 『우리말은 서럽다』(휴머니스트)도 읽고 함께 깨우침을 나눌 수 있기를 바라마지않는다.

결론을 내린다. 이는 골자 파악하기가 무엇인지를 이해하는 데에 중요하며, 이것이 품질상으로 보면 읽기와 구별됨을 시사해 준다.

읽기에 포함된 인지 과정에 대한 여러 이론들은, 첫째 최적 속도에 대하여, 둘째 읽기 및 듣기의 동등한 속성에 대하여, 셋째 줄글 자료들의 난이도를 다양하게 변화시켜 놓더라도 최적 속도의 일정함에 대하여 모두 설명을 해 주어야 한다. (카아붜 1982: 87쪽)

(Theories about the cognitive processes involved in reading need to account for ⓐ the optimal rate, ⓑ the equivalences of reading and auding, and ⓒ the constancy of the optimal rate across varying difficulties of prose materials. Carver 1982: 87)

또한 제2 언어 독자들을 대상으로 하여서도 일부 조사 연구가 이뤄졌다. 씨걸로뷔츠 외(Segalowitz et al. 1991)에서는 심지어 고급 수준의 제2

---

52) (역주) 이는 원문 173쪽에 있는 면밀히 비판적으로 읽기(close and critical reading, 정독)와 대립된다. 25쪽 §.1-4의 역주 28)을 보기 바란다. 만일 듣기와 읽기가 일반적인 사고 과정을 반영해 준다는 카아붜 교수의 주장을 그대로 받아들인다면, 일반적인 사고의 '진행 속도'가 어른들에게 모두 공통적으로 주어져 있고, 그 사고 절차는 낱말들에 의존한다는 함의를 낳는다. 번역자는 이런 두 가지 함의가 모두 성립하지 않는다고 본다. 한 개인에게서 평상시 사고 방식과 집중할 경우의 사고 방식이 다를 수는 있겠지만, 어른들에 공통적인 사고 속도를 상정한다는 것 자체가 자유의지를 지닌 인간의 속성과 정면으로 부딪힌다. 또한 계몽주의 시대 이후로 인간의 사고가 적어도 두 가지 종류의 재료로서 감각 재료(percepts)와 추상적 재료(concepts)를 이용한다는 사실을 내성하여 찾아내었고(Galaburda et al. 2002 eds., 『두뇌 작동의 언어(*The Language of the Brain*)』 Harvard University Press), '정신모형'의 논의에서와 같이 반드시 이런 재료들을 조절할 수 있는 상위 작동이 있어야 하기 때문이다. 뿐만 아니라, 읽기나 듣기의 처리과정을 다루기 위하여 일반적인 사고 과정에 기대는 일 자체가 애매함을 더욱 덧붙여 놓는 것으로 본다.

만일 사고 작용을 논의에 들여오려면, 매우 제약된 형식으로 생각의 기본 단위인 명제(proposition) 정도를 다루게 된다. 이는 우리가 경험하는 실세계의 낱개 사건과 대응하는 단위이며, '사유/논리 도구(organon)'로 불리는 아리스토텔레스의 저작물들로부터 오랫동안 이용해 온 것이다. 뒤친이가 이해하는 상식적인 접근 방식으로는, 거꾸로 사고 과정 자체가 아주 복잡다단하고 한꺼번에 다루기가 힘들므로, 좀 더 다루기 쉬운 통로를 선택하여 그 결과를 놓고서 간접적으로 사고 작용을 추론한다고 믿는다. 다시 말하여, 명시적으로 밝혀낸 읽기 과정을 통하여, 간접적으로 사고 과정과 사고 작용을 조금씩 추정해 가는 것이다.

언어 학습자들에게서조차 자신들의 제1 언어에서만큼 제2 언어에서 쉽거나 신속하게 읽어 가지 못하였음을 보여 주었다. 그 이유는 낱말 지식에서 절대적인 결함을 갖고 있는 것은 아니었지만, 오히려 '기본 낱말 인지에 포함되어 있을 법한 더 낮은 수준의 기제들에서' 더욱 빈약한 처리를 보여 주었기 때문이다(1991: 20쪽). 더 낮은 수준의 처리(≒미시구조 형성 처리)는 토박이 언어의 처리에서만큼 동일한 정도로 자동화되어 있지 않았고, 따라서

> 명제들 연결 짓기(*linking propositions*), 추론하기 작업(*making inferences*),
> 중의성 해소하기(*resolving ambiguities*), 기존 지식 속에 새 정보 통합하기
> (*integrating new information with existing knowledge*)

와 같이 더 높은 수준의 처리(≒거시구조 형성 처리)에 필요한 자원으로서 자신의 능력을 이미 다 소비해 버렸다. 읽는 동안에 신속한 접속을 보장해 주기 위해서 문제로 대두될 만한 바는, 과도하게 낱말들에 대한 다량의 학습이고, 전이 가능하고 흥미로운 맥락에서 엄청난 인지 연습이었다.

시험 출제자들을 위한 질문은 평가 절차에서 어떻게 그런 발견 결과들을 고려할 수 있을지에 대한 것이다. 한 가지 분명한 방식은 이해 이외에도 의식적으로 읽기 속도를 측정하는 것이다. 또 다른 방식은 읽게 될 덩잇글의 길이 및 그것들을 읽는 데 허용된 시간 둘 모두에 주의를 기울이는 것이다. 추가적인 한 가지 가능성은 낮은 수준의 처리 능력을 평가하는 진단적 가치를 고려하는 일이다. 가령, 코다(Koda 1987, 1996)의 업적을 보기 바란다. 컴퓨터로 통제된 읽기 과제가 또한 이런 영역에서 개혁 및 측정을 위한 흥미로운 기회를 제공해 줄 가능성도 있다. 이 장의 끝부분과 제9장에 있는 논의를 참고하기 바란다.

이 절에서 논의된 많은 변인들이 거의 분명히 앞에서 서술된 지식·

관심사항·정서 등의 변인들과 상호작용함을 주목해야 한다. 또한 덩잇글 주제·시사 문제·지면 배치 등의 덩잇글 변인들과도 상당한 정도로 조건화되고 상호작용할 것 같다. 후자의 이런 영역은 이 장의 후속 절들에서 다룰 주제이다. 그렇지만 덩잇글 변인들을 고려하는 논의로 넘어가기 전에, 간략히 살펴볼 필요가 있는 한 가지 주요한 조사 연구 영역이 있는데, 읽기를 배우고 있는 어린 학습자들이다.

2) 초보 독자 및 유능한 독자

초보(*beginning*) 독자 및 유능한(*fluent*)[53] 독자 사이에 있는 차이를 다룬 조사 연구에서의 관심사항은 초보 학습자가 실제로 어떻게 유능한 독자로 되는지, 어떤 변인들이 그 과정에 영향을 주는지, 읽기 교육을 향상시키기 위하여 특히 교사들이 어떻게 간여할 수 있을지에 대한 것이다.

이는 시험 출제자들에게 명백한 관심거리인데, 만일 실패한 독자들로부터 성공적인 독자를 구별해 주는 것이 무엇인지를 규명할 수 있다면, 읽기 능력을 진단하고 싶을 경우에나 또는 읽기 능숙도를 예측하기

---

53) (역주) 서구의 수사학에서 미시구조를 엮으며 담화를 전개해 나가는 방식 중 두 번째로 많이 쓰이는 것이 '낱말 사슬(lexical chain)'이다. 실력 갖춘 유능한 독자를 가리키는 수식어로서

good(좋은), fluent(유창한), competent(유능한), skilled(재주 있는), proficient(능숙한, 숙달된) 등의 비슷한 낱말을 서로 바꿔 쓰면서 담화를 전개하는 것이다. 이런 경우는 또한 글말을 오랫동안 써 온 한문 수사법에서도 그대로 관찰할 수 있다. 몇 천년 거슬러 올라가 이미 기원전에 ① "문상피이(文相避耳, 문장에서 같은 낱말을 서로 피할 따름이다)"(『자치통감 강목』 BC 194년 가을 7월 기록), ② "변문(變文, 문장 속의 낱말을 바꾼다)", ③ "피복(避複, 같은 낱말을 거듭 쓰는 일을 피한다)"(『자치통감 강목』 BC 175년 가의[賈誼]의 상소문), ④ "경위이성문(經緯以成文, 씨줄 날줄이 엮이어 문채로움을 이룬다)"(『서전 대전』, 주나라 강고(康誥)의 제5절 주석)과 같이 글말을 엮고 펴 나가는 원리를 명시적으로 언급하고 있는 것이다. 여기서는 일관되게 '유능한 : 빈약한'의 대립 짝으로만 번역해 둔다. 85쪽 §.2-2의 역주 11) 및 95쪽 역주 21)을 참고하고, 다른 사례로 322쪽 §.6-3의 '상황 1' 역주 3)도 참고 바람.

위하여 이들 차이점에 초점을 모을 수 있기 때문이다. 비슷하게, 초보 독자들이 더 나은 독자가 되기 위하여 반드시 실행해야 할 바에 대한 지식도 또한 수업 내용, 적합한 교실이나 수업 수준에 배치, 성취에 대한 평가에 영향을 준다. 마침내 유능한 독자가 될 어린이들 및 발달 속도가 덜하거나 전혀 없는 아동들을 구별해 주는 바는, 진단 및 배치 평가를 위하여, 그리고 읽기 준비성에 대한 평가를 위하여 똑같은 함의를 지닌다.

제1 언어 읽기 능력 향상에 대한 조사 연구는 광대하다. 앞의 논의에서 일부를 이미 처리 능력, 다른 인지와 신체 특성이란 이름으로 언급하였다. 그렇지만 어린 학습자들을 대상으로 한 대부분의 연구가 제2 언어 또는 외국어에서 읽기 평가와 아주 제한된 관련성만을 지니는데, 가령 이 책에서 다루기에 너무 전문적인 주제인 '읽기 장애(dyslexia, 독서 장애, 실독증)'의 진단과 평가에 훨씬 더 많이 관련된다.

명백하게 제2 언어 독자들에게서 읽기 능력을 향상하는 데에 한 가지 중요한 영역은 분명히 언어 유창성을 늘이는 일이 될 것이다. 이미 §.1-8과 §.2-2-2에서, 독자가 제1 언어로 습득된 읽기 능력을 제2 언어로 전이할 수 있기 전에 반드시 거쳐 가야 하는 언어 문턱값(language threshold)이라는 개념을 살펴보았다. 따라서 제2 언어의 초보 독자 및 유능한 독자 사이에서 한 가지 주요한 차이점은, 반드시 서로 다른 그들의 언어 유창성일 것이다. 그렇지만 이미 논의되었듯이 효과적으로 상위-인지 기술(metacognitive skills)을 이용하고, 읽기를 점검하는 능력도 또한 능숙한 읽기의 중요한 영역이다. 유능한 독자는 상위-인지 기술들을 이용하는 데에 빈약한 독자보다 더욱 효과적이고, 나이가 든 독자들이 더 어린 독자들보다 더 낫다. 그런 상위-인지 기술들 중에는 다음과 같은 것들이 있다.

① 덩잇글에서 좀 더 중요한 정보를 판단하고 인식하기

② 읽기 속도를 적합하게 조절하기

③ 통독하면서 골자 파악하기(skimming)

④ 미리 개관해 보기

⑤ 오해를 해결하기 위하여 맥락을 활용하기

⑥ 정보에 관한 질문들을 만들기

⑦ 덩잇글에 제시된 정보를 지닌 문제를 인식하는 일이나, 덩잇글을 이해하는 능력의 부재를 포함하여 점검용 인지 능력 가동하기

⑧ 미리 계획하기와 같은 자기조절 전략,

⑨ 한 개인 자신의 이해를 검사하기,

⑩ 이용되고 있는 전략을 자각하거나 수정하는 일

등도 또한 유능한 독자의 전형적인 읽기 전략이라고 언급할 수 있다. 제2 언어의 유능한 독자를 빈약한 독자와 구별해 주는 바는 이 책에서 자주 반복되는 주제가 될 것이지만, 특히 제8장에서 어느 정도 자세히 읽기 능력 향상이 어떻게 읽기 시험 및 읽기 능력의 저울눈(*scales*, 눈금)에서 작동되어 왔는지를 다루게 될 것이다.

§.2-5. 덩잇글 변인

독자 및 덩잇글 상호작용에서 동전의 다른 면은 덩잇글 그 자체이다. 읽기 과정을 더 쉽게 만들거나 더 어렵게 만들어 놓는 많은 측면들이 상이한 학문 영역의 다양한 시각들과 더불어 꾸준히 연구되어 왔다. 비록 언어학이 분명히 덩잇글 언어에 대한 주요한 통찰력의 자원이지만, 덩잇글이 종종 독자에 대한 관심을 등한시한 채 언어학적 관점으로부터만 연구되었다. 너무나 빈번하게 분석 주체들이 전형적 독자를 대표한다고 가정되었고, 그러므로 단순히 그런 분석으로부터 귀결되어

나온 바가 임의의 언어 처리 주체에게서도 참이 될 것으로 가정될 수 있을 것으로 믿었다.

그런 가정의 단순한 속성은, 어느 정도 길게 읽기 과정에 영향을 주는 독자의 여러 측면들을 살펴보았던 앞 절로부터 잘못임이 분명해질 것이다. 그러므로 엄격히 말하자면 독자를 무시한 결과로 말미암아, 많은 언어학적 연구가 이 장과는 관계가 없다. 그렇지만 일부 언어학자와 특히 응용 언어학자(≒언어 교육자)들은 사실상 덩잇글 이해의 과정에 대한 언어 변인들의 영향력에 관심을 쏟아 왔다.

그뿐만 아니라, 교육학·심리학·수사학·사회학·언론학·의사소통 연구를 포함하여 다른 배경으로부터 나온 텍스트 분석 주체들도, 우리가 덩잇글에서 처리과정에 영향을 주는 그런 요인들을 이해하는 데에 기여해 왔다. 이들 요인은 그 범위가 덩잇글 내용의 측면으로부터 시작하여 덩잇글 갈래나 유형, 덩잇글 짜임새, 문장 구조, 어휘, 덩잇글 활자 모습, 지면 배열, 언어 텍스트 및 비-언어 텍스트 사이의 관련성, 덩잇글이 제시되는 매체에 이르기까지 광범위하게 걸쳐 있다.

1) 덩잇글 주제(text topic) 및 내용(content)

읽기에서 흔히 독자들이 알고 있는 바가 이해하는 바에 영향을 준다고 가정되듯이, 또한 덩잇글 내용도 흔히 독자들이 덩잇글을 처리하는 방식에 영향을 준다고 가정된다. 그렇지만 기이하게도 덩잇글 내용의 난이도를 설명하기 위하여, 지식 개념틀 이론에 비견할 만한 이론으로서 아직 어떠한 것도 부각되어 있지 않다(§.2-2-9에 있는 한계도 참고하기 바람).

정보 이론이 한 가지 그런 시도였는데, 거기서 조사 연구자들이 덩잇글에 있는 정보 밀도의 지표를 계산해 보려고 하였지만, 이 이론은 아직 해당 영역에 어떠한 유의미한 기여도 이뤄내지 못하였다. 1970년대에 특히 (미시) 사회학자들 사이에 유행했던 '내용 분석'은, 주어진 덩잇글이 무엇에 '관한' 것인지, 그리고 덩잇글 난이도의 추정값에 대하여 객관적 측정이 가능해지도록 하는 방식으로 덩잇글에 있는 명제들의 양을 계산하는 접근 방법이었지만, 성취된 것이 거의 없다. 값싸고 강력한 컴퓨터의 더 넓은 이용 가능성과 더불어, 최근에 내용 분석에 대한 관심이 부활되고 있음이 의미가 있을 법하지만, 여전히 읽기 연구와의 관련성에서 그러한 조사 연구가 제한적으로만 이용된다.

일반적으로 추상적인 덩잇글이 실제적 대상이나 사건이나 활동들을 서술해 주는 덩잇글보다 이해하기가 더 어려울 것이라고 가정되어 왔고, 오랫동안 그러리라고 보아 왔다. 좀 더 구체적이고 상상할 수 있으며 흥미가 있을수록, 더욱 더 덩잇글이 읽기 쉬울 것이다. 한 가지 예로서 만일 한 사람에게 덩잇글 내용과 독자 지식 사이에 친숙하고 복잡한 상호 관련성이 필요하였었더라면, 비록 한 개인에게서 기이하게 느끼는 바가 달리 다른 사람한테는 익숙할 수 있을지라도, 기이한 주제들에 대한 덩잇글은 처리하기가 더 어려울 것 같다. 일상생활 주제에 대하여 익숙한 현장에 자리 잡은 덩잇글은 그렇지 않는 덩잇글보다 처리하기가 더 쉬울 것 같다.

덩잇글에 있는 정보의 분량도 또한 명제들의 밀집도가[54] 영향을 주

---

54) (역주) proposition(진술문, 명제)을 '<u>명령문으로 된 표제</u>'로 일본 젊은이 서주(西周)가 명치 시대에 잘못 번역한 용어이지만(전형적으로 오직 서술 단정의 형식에서만 진리값을 따지게 됨), 아무도 의심을 제기하지 않은 채 여러 분야에서 그대로 따라 쓰고 있다. 아리스토텔레스의 저술에서는 분명히 주어와 술어로 분석되는 형식이며, 이를 바탕으로 논리적 추론이 가능해짐을 깨닫고 있었으나 본디 시제가 없는 형식이었다. 현대에 와서 서술어(=집합 관계)를 중심으로 한 기호 논리학이 성립되고 나서야, 비로소 1항 연산자로서 양화사와 시제와 내포 연산자 등을 갖고 있는 통일된 형식이 확립된다. 일부러 이를 구분하기 위하여 statement(진술문)이라는 용어를 쓰기도 한다. 잘못된 용어 '명제'를 내버린다면, 명확히 본래의 뜻을 붙들어 주기 위하여 '사고 단위'나 '낱개의 생각'을 쓸 수도 있고, 만일 프레게의 합성성 원리를 따른다면 '생각 벽돌'도 후보이다. 여기서는 독자들의 혼란을 줄이기 위하여 일단 '명제'로 번역해 둔다. 155쪽 §.2-5-6의 역주 68)과 423쪽 §.7-2-6의 역주 22)와 23)도 같이 보기 바란다.
　　여러 분야에서 조금 상이한 목적을 지니고서 '명제'라는 용어를 쓰고 있다. 철학 쪽에서는 진리값을 따지기 위한 것이고, 심리학 쪽에서는 생각의 기본 단위를 나누는 것이며, 언어학

듯이 이해 및 회상에 영향을 준다. 추론 작업을 덜 요구하면서 정보가 덩잇글 속에서 명백히 진술되는 정도는 회상에서 효과를 지니지만, 또한 속뜻으로 깔아 놓은 모든 전제들을 명백히 언어로 표현해 놓으려고 하는 덩잇글은 처리하기가 더 어렵다. 법조문들은 따라 읽기가 어렵기로 악명이 높은데, 정확히 그 까닭이 가능한 중의성 및 대안이 되는 해석들을 모두 다 피하고자 하기 때문이다. 상식적으로 수용된 가정들에 호소하는 덩잇글이 더 쉽게 처리될 것으로 보이지만, 역설적으로 오직 그런 가정들을 공유하는 사람들에게서만 그러하다. 그런 가정을 공유하지 않은 사람들에게는 해당 덩잇글을 처리하기가 더 어려울 것이다.

그런 발견 결과에도 불구하고, 너무나 빈번하게 조사 연구들에서 일련의 덩잇글에 근거한 발견 내용들은 다른 덩잇글에 대해서도 일반화할 수 있을 것으로 가정한다는 점에 주목하는 것이 흥미롭다. §.3-2-1에서 다뤄질 클래펌(Clapham 1996)에서는 아주 분명하게 그런 가정이 거의 정당화될 수 없음을 보여 준다. 왜냐하면 대체로 시험 난이도가 덩잇글 내용에 따른 결과로 간주될 수 있는 한, 예측할 수 없게 변동함을 찾아내었기 때문이다. 올더슨·어컷트(Alderson and Urquhart 1985)에서도 외견상 모순되는 결과들로부터 비슷한 결론을 이끌어 내었다.

일반적인 서구 교육의 본질이 주어진다면, 동등한 교육 수준을 배경

쪽에서는 같은 의미를 지닌 문장들을 포착하기 위한 것이다. density of propositions(명제의 밀집도)란 하나의 문장이 하나의 명제로 표현될 수도 있고, 여러 개의 명제로 표현될 수 있다. 단순문은 하나의 명제로 대응되지만, 복합문은 여러 개의 명제를 지니고 있으므로 밀집도 또는 밀도가 더 높다. 복합문은 내포문, 접속문, 수식문 따위를 포괄하여 부르는 말이다. 복합문일수록 명제의 밀집도가 높아서 머릿속에서 처리하고 반응하는 데에 더 시간이 많이 소요된다. 번역자가 판단하기에 명제 분석에서의 문제점은, 자연언어를 중심으로 하여 임의의 명제 숫자가 상정되는데, 그 숫자를 엄격히 제약할 수 없다는 데에 있다. 또한 명제들을 상정하는 일은 반드시 명제들 사이의 관계(명제 계산)를 포함하려는 것이다. 뤄쓸(Russell 1937, 제2판), 『수학의 원리』(Norton)에서는 형식 함의와 실질 함의 관계가 가장 기본적이라고 언급한다. 이 중에서 실질 함의 관계로만 수학 내용을 전개하고 있는데, 명제들의 관계에 대한 표상 방법도 문제가 될 수 있다. 한편, 심리학에서 명제 이용 방식은 2쪽 §.1-1의 역주 1)을 보기 바란다.

으로 지닌 많은 사람들에게 전반적으로 인문 및 예술 분야에서 그리고 어느 정도 사회학 분야에서 나온 비-전문적인 덩잇글이 과학 분야의 덩잇글들보다 처리하기가 더 쉬울 것임은 경험적 연구들로부터 보면 실제 경우인 듯하다. 아마도 이는 적어도 그런 서구 문화에서 더 많은 사람들이 기술 또는 과학 덩잇글을 읽기보다는 오히려 소설, 대중 잡지, 신문, 광고, 간단한 해설문을 읽을 것이기 때문이다. 결국은 자신의 모어로 된 문학과 동시대의 신문기사를 읽는 것이 대부분 사람들이 받은 교육의 일부이다. 그렇지만 일반적으로 서구에서는 과학 교육 및 사회에서 확대되는 기술의 역할에 대하여 점차 강조하는 추세와 함께, 현재 우리 세대들보다 미래 세대에서는 전반적으로 과학 분야의 덩잇글에 더 많이 익숙해질 가능성도 있다.

제3장에서 살펴보겠지만, 시험 출제자들이 이런 모든 것으로부터 이끌어내는 한 가지 결론은 대중적인 소설 및 비-소설 부류로부터 지문(바탕글/본문)을 취하는 것이 더 적합하다는 점이다. 그런 시험이 난이도 상으로 덜 한쪽으로 치우쳐 왜곡되지 않을 것 같고, 그러므로 읽기 시험에 더욱 적합하다는 근거에서 그러하다.

대안이 되는 다른 절차는, 너무 기이하여 아무에게도 익숙하지 않을 그런 주제를 놓고서 덩잇글들을 선택하거나 구성하는 일이다. 이것이 합동 입학허가 위원회(JMB, 지금은 NEA의 UETESOL)에서[55] 썼던 영어 시험에 대한 접근법이었다. 거기에서는 모든 응시자에게 똑같이 어려울 것이라는 가정 아래, 본문의 덩잇글로 종종 중세 무기, 선박 장비, 은제품 식기류의 품질 증명 각인들을 쓰곤 했다. 힐·패뤼(Hill and Parry 1992)에서는 이것이 시험 출제에서 일반적인 실천 모습이라고 잘못된 가정을 내세웠다. 그렇지만 최고 응시자를 위하여 한 쪽으로 치우치게

---

55) (역주) 본딧말이 Joint Matriculation Board(합동 대학입학 허가 위원회)와 National Education Association(전국 교육 연합)과 University Entrance Test in English for Speakers of Other Languages (외국인이 치러야 하는 대학 입학용 영어 시험)이다.

출제하는(*Biasing for Best*) 스웨인(Swain)의 원리를 받아들인다면, 어떤 의미에서 대부분 또는 모든 응시생이 친숙할 것으로 기대되는 덩잇글을 선택하는 대안을 기준 삼을 때 그런 실천 관행은 불필요한 듯하고 아마 비윤리적인 듯하다.

우리가 택하는 것이 어떤 접근 방식이든 간에, 특정 주제 또는 덩잇글 내용의 보편성을 받아들이든 안 그러하든 간에, 시험 출제자는 덩잇글 내용에서의 변이가 서로 다른 시험 결과들로 이끌어 갈 수 있음을 자각하고, 따라서 표본을 만들도록 조언을 받을 것 같다. 일반적으로 양질의 읽기 시험과 양질의 평가 절차는, 독자들이 일정 범위의 상이한 주제들로 이뤄진 덩잇글들을 이해하는 능력에 관하여 평가되었음을 보장해 줄 것이다. 바크먼·파머(Bachman and Palmer 1996: 120~127)에서는 우리가 택하는 접근에서 반드시 응시생들이 지니리라 전제된 배경지식 (BGK, 그들이 주제지식으로 부른 것임)을 살펴보아야 함을 주장하였고, 다음처럼 세 가지 선택지를 제시하여 어느 접근 방식이 주어진 시험 상황에 더 적합한지를 결정하는 데 도움이 되도록 하였다.

① 구성물로부터 배경지식을 배제하기[56]
② 구성물 속에 배경지식과 언어 능력을 모두 포함하기
③ 배경지식과 언어 능력을 별개의 구성물로서 정의하기

2) 덩잇글 유형 및 갈래

특정한 주제가 특정한 유형의 덩잇글과 연합되어 있을 수 있다. 예를 들어, 사물이 작동하는 방식에 대한 서술은 서사 이야기 덩잇글보다는 전자제품 해설서에서 찾아질 가능성이 더 많다. 덩잇글에서 어려움을

---

56) (역주) 초보 수준의 제2 언어 학습자를 대상으로, 오직 목표언어의 형식만 시험에 출제하는 것이다.

일으키는 것은 덩잇글이 씌어진 방식이며, 실제적인 덩잇글 내용이 아니다. 즉, 덩잇글의 문체인데, 하나의 덩잇글을 다른 덩잇글과 구별되게 만드는 특징 및 상이한 여러 덩잇글 유형의 분류를 초래하는 특징들이다.

해설(*expository*) 덩잇글과 서사 이야기(*narrative*) 덩잇글 간의 차이점들을 놓고서 오랜 기간의 조사 연구 전통이 있다. 일반적인 결론은 아마도 더 다양한 내용으로 말미암아, 해설용 덩잇글이 서사 이야기 덩잇글보다 처리하기가 더 어렵다는 것이다. 분명히 이야기(이야기 문법)와 관련된 관습화된 거시구조가57) 독자들에게 신속히 해당 덩잇글의 모형을 구성하도록 허용해 줌으로써 이해를 촉진하는 듯하다. 더 간단한 이야기 문법은 더 복잡한 것보다 또는 기댓값을 위배하는 것보다 따라가기/이해하기 더 쉽다.

특히 서사 이야기 덩잇글에서 한 가지 흥미로운 특징은, 읽기 과정의 일부로서 독자에게서 시각화(*visualisation*)를 유도하는 듯하다는 사실이다(Denis 1982). 독자들이 그런 덩잇글을 읽을 경우에 자신의 머릿속에서 장면들을 '보고 있음'을 보고한다. 이런 과정에 대하여 흥미로운 점은 상이한 독자들이 자신의 기존 경험과 기댓값에 따라 서로 다른 장면들을 시각화할 것 같다는 점이다. 그렇지만 시각화 내용은 새롭게 부각되는 이해의 일부가 되는 듯하다. 많은 시각화 내용이 가능하거나 이미 보고된 덩잇글을 놓고서 계속 이어지는 요약이나 애초생각 회상 내용은 종종 이미 시각화가 이뤄져 있지만, 원래 덩잇글에 없었던 정보와 맞물려 들어간다. 이는 모든 언어 이해의 밑바닥에 깔려 있는 정상적인 추론 과정의 확장 모습이 될 수 있다. 이는 §.2-2-8에서 살펴본 스티픈

---

57) (역주) 특히 트뢰밧소(Trabasso)의 이야기 문법에 대한 개관은 김소영(1998), 「덩잇글 문장 통합: 인과 연결망 모델의 접근」, 이정모·이재호 엮음, 『인지 심리학의 제문제 II』(학지사)와 김소영(2003), 「텍스트의 이해와 기억」, 조명한 외 11인, 『언어 심리학』(학지사)을 읽어 보기 바란다.

슨 외(Steffensen et al. 1984)에서 친숙한 문화 및 낯선 문화로부터 가져온 덩잇글들에 대한 회상과 관련하여 언급된 가다듬기(*elaboration*) 및 왜곡하기(*distortion*, 변형하기)에 유추될 수 있다. 분명히 쉽게 시각화가 이뤄지는 덩잇글이 실제로 무슨 내용을 담고 있는지, 또는 시각화 과정으로부터 생긴 오염으로 말미암아 그런 덩잇글을 회상하기가 더 어려운지 여부를 놓고서 합치를 얻어내기가 더 어려운지를 알아보는 것은 흥미로울 듯하다.

덩잇글 유형에 대한 연구는 최근에 스웨일즈(Swales 1990)의 개척적인 업적으로부터 동력을 얻었다. 과학 논문의 초록들에 대한 그의 연구는 논문 초록의 구조가 요약 기능으로부터 그리고 집필자의 집필 목적들로부터 도출되는 방식을 분명하게 제시해 준 그런 업적의 표지석이다. 비록 갈래 및 독자 처리과정 사이에서의 관련성에 대한 경험적 연구가 드물더라도, 샐리쳐-마이어(Salager-Meyer 1991)에서는 덩잇글 구조 및 본문 주제의 친숙성 사이에 상호작용이 있음을 보여 주었다. ① 의학 논문의 초록을 읽고 있는 실험 참가자가 본문의 주제에 익숙했던 경우에는, 해당 논문을 좀 더 어렵게 만들려고 의도된 덩잇글 구조의 변화들이 예상된 효과를 지니지 못하였다. ② 적당히 낯익은 덩잇글에서는, 결함 있는 구조화 모습은 오직 덜 유능한 독자들에 대해서만 부정적인 효과를 지녔다. ③ 낯선 덩잇글에서는, 아주 높은 수준으로 구조화된 서식이라도 유능한 독자에게나 덜 유능한 독자에게나 읽기 수행을 증진시켜 주지 못하였다. 따라서 덩잇글의 변이 모습은 오직 소재가 개념상으로 더 어렵거나 낯선 경우에만 그리고 독자들이 상대적으로 능력이 떨어지는 경우에만 중요한 몫을 맡는다.

3) 문학류 덩잇글과 비-문학류 덩잇글

덩잇글 유형에 대한 논의는 어떤 것이든 적어도 일반적으로 문학류의 덩잇글과 비-문학류의 덩잇글 사이에 이뤄진 일부 구분을 고려하지 않고서는 완벽하지 않다.58) 비문학류의 덩잇글보다 문학류의 덩잇글에서 가정된 내재적 가치를 논외로 친다면, 때로 문학류 덩잇글들이 담고 있는 여러 겹의 의미로 말미암아서이든지, 아니면 외현되어 있는 언어의 더 넓고 더 복잡한 범위로 말미암아서이든지, 다소간 문학류 덩잇글이 처리하기가 더 어렵다고 가정되어 왔다. 저자의 학생들 중에서 다수가 분명히 시집 읽기를 포기하였다. 비록 이것이 단순히 그들이 줄글이나 연극의 관례에 익숙한 정도로 시적 관례들에59) 덜 친숙하기

---

58) (역주) 필자는 평소에 이런 배타적인 용어 방식이 잘못이라고 생각한다('x' : 'not-x'). 본디 문학 전공자들에 의해 조어되었고, 자기 관심 분야가 아닌 것은 마치 가치가 떨어지는 듯이 느껴지도록 하였기 때문이다. 필자의 생각으로는 언어 교육에서 글말을 가르치는 갈래를 다음처럼 나눌 수 있다.

```
┌ (1) 일반 목적의 덩잇글 ┬ ㉠ 실용적인 일상생활 맞춤 덩잇글
│                      └ ㉡ 감성과 상상력을 기르는 덩잇글(문학류의 덩잇글)
├ (2) 특정 목적의 덩잇글 ┬ ㉢ 취업 목적의 덩잇글
│                      └ ㉣ 학업 목적의 덩잇글
└ (3) 비판 목적의 덩잇글 ── ㉤ 비판적 지성을 길러 주는 비판적 담화 분석
```

이런 바탕 위에서라야 비로소 균형 잡힌 덩잇글의 실체를 제대로 가늠할 수 있는데, 문학류의 덩잇글 ㉡은 오직 1/5의 몫을 맡고 있을 뿐이다. 이를 과장하여 ㉡과 그외의 것만 있다고 말하는 것은 철저히 편견이다. 학년이 높아질수록 (2)의 ㉢과 ㉣과 그리고 ㉤ 비판적 담화 분석에 강조점이 주어져야 마땅하다. 그런데 왜 문학류의 덩잇글을 숭상하는 이런 편견이 남아 있는 것일까? 우리나라의 환경에서만 본다면, 조선조 과거 제도에서 문학류의 글짓기를 통해서 '진사' 시험에 입격할 수 있었기 때문으로 생각된다. 당시 문학류의 글을 짓는다는 것이 지식인이 되고 한 지역사회에서 대접받을 수 있는 안정된 한 가지 길이었던 것이다.
  필자는 문학류 덩잇글의 고급스런 효용을 공자가 서술한 노나라 역사 『춘추』의 좌구명 주석에서 찾는다. 제후국 사절들이 오면 잔치를 베풀고 그곳에서 서로의 소회를 말하는데 주로 '시경'의 노래 구절을 인용하여 상대방으로 하여금 겹쳐 읽도록 만든다. 이런 전통에 따라 외교적 수사에서는 직설적인 표현을 삼가는 것으로 일반화되어 있다. 간접적이고 우설적인 언어 사용은 '작업기억'이 완벽히 갖추어지는 사춘기 이후에나 가능하다고 알려져 있는데, 일상생활에 적용될 수 있는 문학류의 고급 기능들은 고등학교 학습자들에게 가르쳐질 필요가 있다.

59) (역주) 문학의 갈래를 다룰 적에 문학이 언어를 매개로 하여 구현되므로 언어의 속성을 갖고서 구분을 할 수 있다. 흔히 시, 소설, 희곡, 수필의 네 가지 갈래로 나누었었다. 이 중에 시를 제외하고서는 모두 일상 언어를 그대로 이용한다. 시의 언어는 속뜻이 더 들어 있는 말들을 골라 쓰기 일쑤이므로, 흔히 '내포의미'를 지닌 언어라고 부른다. 우리말에서는 한자보다 오히려 고유한 우리말이 더 내포의미를 많이 지니며, 따라서 시에서는 순수한 우리말들을 잘 이용한다. 반대로 외연의미 쪽을 맡고 있는 한자어들은 논문이나 논설 따위에서 많이 쓰일 수 있다. 일상 언어를 쓰는 나머지 갈래들은 각각의 고유한 내적 전개 구조로써 구분이 이뤄진다. 가령, 소설에서는 등장인물들 사이에서 갈등의 증폭과 해소에 특성

때문일 수 있다고 하더라도, 그들은 시가 '이해하기 힘들다'고 말해 주었기 때문이다. 그렇지만 모든 문학류의 덩잇글이 동일한 등급의 난이도로 되어 있는 것도 아니고, 어려움을 일으키는 원인도 또한 복잡한 사안임이 분명하다.

오랫동안 문학에서는 독자들에게 어려움을 늘여 놓으려고 언어를 낯설게 만들기 위하여 그리고 다르게 되돌아보고 처리하도록 '일탈 (deviation)'60)과 같은 형식적 기제들을 이용하는 것으로 시사되어 왔다. 그렇지만 일탈을 산출하는 기제들이 또한 문학 이외의 영역에서도 이용된다는 사실이 잘 확립되어 있다. 뷘피어(Van Peer 1986)에서는 음운적·언어적·의미적 일탈과 관련된 시구의 처리 방식이 자장가·농담·수수께끼·광고·심지어 선거 구호를 처리하는 방식과 아주 유사하다고 결론을 내렸다.

따라서 문학류 덩잇글과 비문학류 덩잇글 사이에 확인될 수 있는 중요한 차이가 있는지, 그리고 서로 다른 종류의 처리 문제들을 일으키는지는 아직 논쟁거리이다. 심지어 문학류 덩잇글에서는 동종의 전체를 대표한다고 가정하지만, 이와는 달리 실제로 흔히 문학으로 여겨져 온 것 속에는 실화(non-finction, 비-허구)는 물론 허구를 포함하여 아주 다른 종류의 갈래들이 있다. 지금까지 어떤 작업이 진행되어 왔는지를 보면, 덩잇글을 이들 두 가지 범주(문학과 비문학)로만 구분하는 일이 정당화되기 어려움을 시사해 준다. 오히려 '문학 속성(literariness)'에 대한 하나

이 있다.

60) (역주) 러시아 형식주의자들은 '낯설게 만들기'가 쉽게 주목을 받음으로써 더욱 가치를 풍요롭게 한다고 여긴다(긍정적 가치를 지님). 이런 주장의 동기는 다시 최근에 밝혀진 언어학의 변이형태에 대한 존재 이유에서도 뒷받침될 수 있다. 하버드 대학 심리학과 펑커 교수는 어느 언어에서나 자주 쓰는 어형들이 규칙 활용을 하지 않고, 불규칙 활용을 하는데, 이는 지각상 두드러진 것이 쉽게 주목받기 때문이라고 설명하고 있다. 변이형태의 존재론에 대한 처음 시도된 심리학적 설명이다. 우리말 '하다'의 사역 형태의 파생어는 '*하이다'가 아니라 '시키다'이다. 영어 'go'의 과거형태도 '*goed'가 아니라 'went'이다. 어형이 다르기 때문에 곧 주목을 받고 해당 의미를 쉽게 인출하는 것이다.

의 연속선(*cline*)이 있으며, 그 위에 덩잇글들이 자리를 잡게 되고, 경험적으로 그런 특징들이 찾아질 수 있을 것이다.

폰대익(van Dijk 1977)에서는 문학류 및 비문학류 담화 이해가 비슷한 방식으로 진행된다고 주장하였지만, 즈완(Zwaan 1993)에서는 독자가 이용하는 전략들에 비춰 문학 속성들을 구분해 놓고자 시도하였다. 스틴(Steen 1994)에서는 신중히 경험적 작업에 근거하여 비유와 독자 반응에 비춰서 문학류 및 비문학류 사이를 구분해 놓았다. 홀라스(Halasz 1991)에서는 자신이 연구한 문학류 덩잇글이 다중적이며 종종 특이한 단서 및 의미들을 불러일으키기 때문에 독자들에게 강한 영향력을 미쳤음을 보여 주었다. 또한 비문학류보다는 문학류 덩잇글에서 독자들이 좀 더 개인적인 체험과 연결 짓고 있으며, 비문학류 덩잇글보다 문학류 덩잇글이 더 많은 긴장감과 호기심, 더 큰 흥미와 감정이입을 일으킴도 찾아내었다. 비록 그가 문학류 및 비문학류 덩잇글 사이에 절대적인 구분이 존재하지 않는다고 결론을 내렸지만, 독자는 ① 개인적으로 의미 있는 사건과 감정을 상기할 뿐만 아니라, 또한 ② 자신이 읽었을 법한 다른 문학류 덩잇글도 같이 떠올린다(늑이를 '겹쳐 읽기'로 부를 수 있음: 뒤친이).

일부 문학 비평가들은 가령, 컬러(Culler 1975)에서처럼, 문학류 덩잇글을 이해하기 위하여 독자에게 특별한 문학적 능력을 필요하다고 가정한다. 이는 결국 많은 이들이 가르쳐져야 한다고 주장하는 내용이다. 그렇지만 그런 믿음은 대체로 경험적 증거를 결여하고 있다. 더욱이 어떤 기술들이 특정 종류의 문학류 덩잇글을 처리하기 위하여 필요할 만한지를 검토하는 작업이 거의 이뤄진 바 없다. 설령 문학류 덩잇글이 처리되는 방식이 다르다고 하더라도, 별도로 다른 기술이 따로 존재할 것 같지는 않다.

문학적 성격을 지닌 많은 덩잇글들이 처리하기 어렵다는 보고가 사실이라면, 시험 출제자들이 단독으로 문학류 덩잇글을 읽는 학습자의 능력을 검사할 수 있는지 여부를 신중하게 살펴보는 일은 현명할 듯하다. 분명히 저자는 교사들에게 한 다발의61) 시험에서 또한 비문학류 덩잇글들도 포함하고서 신중하게 다양한 유형의 덩잇글을 이해하는 능력들 간의 관련성을 검토하도록 조언하고 싶다. 물론 관련성이 긴밀하지 않다면, 이는 문학류 덩잇글을 우리가 이해하는 방식이 실제로 다르다고 주장하는 입장에 맞서는 논점이 될 듯하며, 따라서 검증이 이뤄질 필요가 있다. 그렇지만, 많은 문학류 덩잇글이 종종 문화적으로 특징적임이 사실이라면, 서로 구별되는 난이도가 어떤 것이든 덩잇글 문체에 말미암기보다는 오히려 더욱 그런 덩잇글의 내용에 기인할 가능성이 있다. 그리고 만일 독자들이 문학류 덩잇글을 놓고서 사적인 의미에 따라 종종 독자적인 방식으로 반응하는 경우가 사실이라면, 한 명의 독자가 실제로 어떤 문학류의 덩잇글을 이해하였다고 말하기 위해서, 어떤 종류의 '의미'를 우리가 검사할 수 있는지 알아내기가 어렵다.

4) 덩잇글 짜임새(text organization)

하나의 유형 또는 갈래의 덩잇글을 다른 것으로부터 구분해 내는 한 가지 방식은, 스웨일즈(Swales)의 업적이 보여 주었듯이 해당 덩잇글이 얽히고 짜이는 모양새이다. 덩잇글 짜임새는 단락들이 서로 어떻게 관련되는지, 착상들 사이의 관련성이 어떻게 표현되거나 표현되지 않는지를 놓고서 오랜 동안 연구의 대상이 되어 왔다. 심지어 하나의 갈래 속에서라도 조사 연구자들은 서로 다른 짜임새가 어떻게 상이한 결과나 과정으로 이끌어 나갈 수 있는지를 보여 주는 데 관심을 쏟아 왔다. 수사학 전문가들은 덩잇글을 좀 더 읽기 쉽게 만들어 주기 위하여 종종

---

61) (역주) 일반적으로 시험의 내용은 여러 유형의 능력을 측정하고자 하므로, 다양한 갈래의 문항들을 한꺼번에 시험지 속에 집어넣는다. 이런 여러 유형의 문항들을 한꺼번에 가리키고자 흔히 'a battery(한 묶음의, 한 다발의, 하나로 모아진)'라는 용어를 쓴다.

특정한 형태의 덩잇글 짜임새를 옹호해 왔다. 어컷트(Urquhart 1984)에서 지적하듯이, 놀랍게도 아직까지 그런 조언이 정당함을 보여 주는 경험적 증거는 거의 없다. 그는 덩잇글에 있는 순차적(시간 순서) 나열과 공간적 나열의 효과를 조사하였다. 영어 토박이와 비토박이 독자들 모두로부터 시간 순서가 뒤죽박죽인 덩잇글보다 가령 신문에서 흔히 사건들에 대한 해설에서 그러하듯이 사건의 연결 순서에 따라 짜여 있는 덩잇글이 더욱 빨리 읽히고 더 쉽게 이해되었음을 보여줄 수 있었다. 또한 가령 바깥에서부터 안쪽으로, 왼쪽에서 오른쪽으로 진행하듯이, 명백히 논리적 연결 순서를 따르는 대상들에 대한 서술을 담고 있는 일관된 공간 짜임새를 지닌 덩잇글이 더 쉽게 이해되고 회상되었음을 보여 주었다(늑이를 '유형화된 인지 습성'으로 부름: 뒤친이).

마이어(Meyer 1975)에서는 집필자가 주제를 조직하는(독자가 이해하는) 상이한 방식을 나타내는 다섯 가지 유형의 해설류 덩잇글을 다음과 같이 구별하였다.

① 모음(목록) *collection*(lists)
② 인과성(원인과 결과) *causation*(cause and effect)
③ 반응(문제점-해결책) *response*(problem-solution)
④ 비교(비교와 대조) *comparison*(compare and contrast)
⑤ 서술(속성 묘사) *description*(attribution)

그녀는 두 가지 서로 다른 덩잇글 속에 동일한 단락을 집어넣었다. 그 짜임새에서 해결책으로 나오는 경우에, 그 단락은 목록에 있는 다수의 항목 중 하나로 나오는 경우보다도 더 잘 회상이 이뤄졌다. 따라서 덩잇글의 짜임새가 일부 덩잇글을 따라가기 더 쉽게 만들어 주고, 다른 것보다 더 잘 기억할 수 있게 해 준다고 제안되었다.

의미 연결이 일관되게 이뤄진 덩잇글은 덜 일관적인 덩잇글보다 이해하기가 훨씬 더 쉽다. 가령, 사실들 사이의 관련성에 대한 설명을 미리 하지 않은 채 사실들을 제시한 덩잇글은, 독자들로 하여금 더 많은 연결 추론을 하도록 강요한다(Beck et al. 1991). 제1 언어 독자뿐만 아니라 또한 제2 언어 독자들에게도 하나의 원인을 어떤 사건과 이어 주고, 하나의 사건을 어떤 결과와 이어 주는 추론을 명시적으로 드러내는 일처럼, 그런 방식으로 쓰어진 덩잇글은, 인과 연결을 명백히 해 주지 못한 덩잇글보다 이해하기가 더 쉽다.

덩잇글이 양호한 그리고 부족한 수사학적 짜임새로 조절되는 경우에, 부족한 수사학적 짜임새에 의해 이해가 크게 영향을 받는다. 킨취·야브뤄(Kintsch and Yarbrough 1982)에서 검사한 수사학적 구조는

① 분류하기(*classification*),
② 예시하기(*illustration*),
③ 비교하고 대조하기(*comparison and contrast*),
④ 전개 절차에 따른 서술(*procedural description*),
⑤ 정의(*definitions*)

들이었다. 제1 언어 독자들을 놓고서 맨들러(Mandler 1978)에서 얻은 결과와 제2 언어 독자들을 놓고서 캐뤌(Carrell 1983a)에서 얻어낸 결과들이 이미 §.2-2-3에 언급되어 있다.

덩잇글의 의미 연결성(coherence)은 내용이 어느 정도 낯선 경우에 이해를 가장 잘 촉진해 주지만, 의미 연결이 잘 된 덩잇글이 또한 독자로 하여금 해당 덩잇글을 더 잘 이해할 수 있도록 유관한 배경지식을 쉽게 활성화해 준다(McKeown et al. 1992).

이해 및 회상에 대한 의미 연결성의 효과는 미약하다(Freebody and Anderson 1983 및 Haerup-Neilsen 1977). 연결 접속사가 없더라도 심각하게 이해를 손상시키지 않는다. 의미 연결성의 효과는 아마 독자들이 다리

놓기 추론(*bridging inferences*)을62) 할 수 있기 때문에 미약할 가능성이 있다. 즉, 통사 결속성(*cohesion*)은 읽기 용이성(*readability*)에서 핵심 변수가 아니다. 그렇지만 주제가 덜 친숙한 경우에 접속사를 이용한 연결이 평균 수준의 독자들에게서 담화 처리를 촉진해 준다. 따라서 설령 통사 결속 효과가 실제로 언어학 이론에서 예측하는 만큼 강력한 것이 아니라 하더라도, 통사 결속이 덩잇글 주제와 상호작용을 하여 효과를 만들어 낸다.

5) 전통적인 언어학적 변수

많은 연구에서 덩잇글의 언어가 독자들에게 영향을 주는지 여부에 대한 논제에 관심을 기울여 왔다. 고전적 연구로서 슐레징거(Schlesinger 1968)에서는 제1 언어 독자에게서 통사적 복잡성이 처리상의 어려움을 일으켰다는 가정을 검사하였다. 그렇지만 그가 얻어낸 결과는 통사가 중요한 요인이 아니었음을 가리켰다. 적어도 제1 언어 독자들에게 통사는 오직 발화에 있는 다른 요인들과 상호작용할 경우에만 문제가 됨을 보여 주었다.

언어 처리에서 통사의 효과는 이른바 '미로(*garden-path*)' 문장들에서63) 더욱 심도 있게 연구되었다. 개략적으로 독자들로 하여금 오직

---

62) (역주) 이정모·이재호(1998: 101쪽), 「글 이해의 심리적 과정」, 이정모·이재호 엮음, 『인지 심리학의 제문제 II: 언어와 인지』(학지사)에서는 '다리 놓기 추론'으로 번역하였다. 김소영 (2003: 264쪽), 「텍스트의 이해와 기억」, 조명한 외 11인, 『언어 심리학』(학지사)에서는 '다리 잇기 추론'으로 번역하였다.

그리고 '담화 표지'에 대한 이해 촉진 가능성과 관련하여 쇼드뤈·뤼처드즈(Chaudron and Richards 1986)의 유명한 연구가 있다. 미시구조를 이어주는 접속사(미시구조 표지)들은 결코 이해를 높여 주지 않는다. 그러나 거시구조를 이어주는 접속 어구(거시구조 표지)들은 이해 촉진에 결정적이다. 자세한 것은 누넌(Nunan 1992), 『언어 학습에서 조사 연구 방법 (*Research Methods in Language Learning*)』(Cambridge University Press) 41~47쪽을 보기 바란다.

63) (역주) 만일 '정원길'로 직역하면 무슨 뜻인지 알아차릴 수 없다. 서구의 중세 귀족들이 정원을 만들 때에 길을 잘 찾지 못하도록 만든 경우를 가리키므로, '미로 문장'이라고 불러야 옳다. 전형적으로 우리말에서는 관형절 및 부사절 수식 구조에서 또는 복잡한 내포문들

한 가지 통사 분석만 진행하도록 유도하고 나서 더 이상 의미를 이어가기가 이상하게 느껴지는 문장들이, 통사 구조가 명확하게 부여된 문장보다 처리하기가 더 어려울 것이라고 예측할 수 있다. 아래의 문장 (2)가 앞의 문장 (1)의 미로 문장이며, 문장 (2)를 미로 속에 넣지 않은 내용이 문장 (3)으로 예시되어 있다.

(1) *The experienced soldiers warned about the dangers before the midnight raid.*

　　(노련한 군인들은 자정 공습 앞서서 위험에 대하여 경고하였다)

에서 헷갈리는 해석이 쉽게 일어난다. 가령, "영수가 놓친 범인을 붙잡았다"에서, 누가 범인을 놓쳤고 누가 범인을 잡았는지에 대해 다음 세 가지 해석이 가능하다.

　① 영수가 이전에 놓쳤던 범인을 이제 막 붙잡았다(영수가 자신이 놓친 범인을 붙잡았다)
　② 다른 사람이 영수가 놓친 범인을 붙잡았다(그들이 영수가 놓친 범인을 붙잡았다)
　③ 영수가 다른 사람이 놓친 범인을 붙잡았다(영수가 경찰이 놓친 범인을 붙잡았다)

이를 구분하기 위해서 발화시에 휴지를 집어넣을 수 있는데, 흔히 앞뒤 맥락이나 상황으로 해석에 도움을 받는다. 그런데 이 문장을 다시 관형절로 표현하여 다른 문장과 연결 지어 주면 '미로 문장'이 된다. "영수가 놓친 범인을 붙잡은 철수를 저주한 일"에서는 도저히 누가 누구를 놓쳤고, 누가 누구를 붙잡았으며, 누가 누구를 저주하였는지에 대하여 알쏭달쏭 캄캄하게 느껴진다.

둘째, 부사절로 수식하는 경우에도 미로 문장을 찾을 수 있다. "철수가 뛰어내려 부러졌다"에서도 무엇이 부러졌는지가 명시적으로 나와 있지 않다. ㉠ 철수의 다리와 같이 자신의 신체 일부가 부러졌을 수도 있고, 아니면 ㉡ 나뭇가지와 같이 다른 대상이 철수의 동작 때문에 부러졌을 수도 있다. 이를 더욱 알쏭달쏭한 미로 문장으로 만들 수 있다. "철수가 뛰어내려 부러져서 안타깝게 생각한다"에서는 누가 뛰어내렸고, 무엇이 부러졌고, 누가 안타깝게 여기는지 이 문장만으로는 판정할 수 없다. 해석의 가능성이 여러 가지가 있는데, 각각의 동사에 주어가 서로 다른 개체가 될 수 있기 때문이다.

셋째, 여러 겹의 내포문에서도 이런 미로 문장이 쉽게 만들어진다. "영이한테 철수가 돌쇠가 범인이라고 말한 것으로 알았다고 털어놓았다"에서, 누가 범인이고, 누가 누구에게 무엇을 말했으며, 누가 무엇을 잘못 알았고, 누가 누구에게 무엇을 털어놓았는지 알쏭달쏭 잘 알 수 없다. 만일 각 동사가 만들어낸 절 속에 명백히 관련 명사가 자리 잡도록 한다면, 일시적으로나마 이런 애매함을 다소 줄일 수 있다. 일부러 각 동사마다 다른 주체를 집어넣고서 다시 구성하면 다음과 같다. "돌쇠가 범인이라고 철수가 영이한테 말한 것으로 동수가 잘못 알았다고 병태가 친구들에게 털어놓았다." 동일한 인물이 다른 동사들의 주어가 될 수도 있으며, 그럴 경우에 애매함은 더욱 커진다. 더군다나 우리말에서 소리값이 없는 공범주(empty category) 대명사가 자주 쓰이고, 임의의 어절이 자유롭게 이동할 수 있으므로 미로의 속성이 더욱 증가해 갈 뿐이다. 오직 해결책은 상대방에게 오해를 불러일으키지 않도록 하기 위해서 화자가 최소한의 정보별로 단순한 문장 형식을 빌려 말해 주는 것뿐이다. 79쪽 §.2-2-2의 역주 6)에서도 미로 문장 사례가 일부 언급되었다.

(2) *The experienced soldiers warned about the dangers conducted the midnight raid.*

(위험에 대하여 경고를 받은 노련한 군인들이 자정 공습을 실행하였다)

(노련한 군인들이 위험에 대하여 경고하였고, 자정 공습을 실행하였으며, …)

(3) *The experienced soldiers who were told about the dangers conducted the midnight raid.*

(위험에 대하여 이야기를 들은 노련한 군인들이 자정 공습을 실행하였다)

비록 언어심리학자들이 이런 미로 문장과 구조를 처리하는 연구를 많이 수행해 왔지만, 읽기 이론 및 실세계에서 덩잇글 속에 들어 있는 통사 처리와의 관련성이 확립되기가 아주 어렵다. 따라서 그런 조사 연구가 이 장에서 언급되지는 않을 것이다.

버어먼(Berman 1984)에서는 제2 언어 독자들에게 덩잇글을 처리하기가 더 어렵게 만들어 놓는 다수의 언어적 변수(변인)들을 논의하였다. 이것들에는 독자에게 문장을 분석하기 어렵게 만들어 놓는 문장의 구성성분 구성에 대한 불투명성 및 겹겹이 쌓인 무거움이 들어 있다. 기본 구성요소인

주어＋동사＋목적어,

명사＋동사＋명사

관계 등을 인식하기 어렵게 만드는 것이다. 그렇지만 슐레징거가 보여 주었듯이 특정한 통사 구조가 언제나 어려움을 일으킬 것이라고 믿는 것은 너무나 단순한 생각이다.

그렇지만 통사 및 담화 차이점들이 낱말 확인에 효과를 지닐 수 있

다. 독일어 독자들은 실사(내용어)에 더 관심을 쏟는 듯이 보이는 영어 독자들보다도 허사(기능어)에 더 주의를 기울이는 듯하다(Grabe 1991에 인용된 Bernhardt 1987). 통사 분석 전략이 여러 언어들에 걸쳐 달라질 수 있다는 제안도 있다(Flores d'Arcais 1990; Mitchell et al. 1990).

어휘 이해의 난점(*vocabulary difficulty*)도 지속적으로 제1 언어 독자들은 물론 제2 언어 독자들에게서 이해에 부정적인 효과를 지님을 보여 준다(예를 들어 Freebody and Anderson 1983). 그렇지만 주제 (비)친숙성이 쉬운 낱말들로 보상될 수 없음이 알려졌다. 어려운 낱말과 낮은 친숙성이 모두 이해를 줄여 놓지만, 어려운 낱말들을 지닌 덩잇글이 좀 더 친숙한 주제들이 이용되더라고 더 쉬워지는 것은 아니다. 정반대의 경우도 사실이다. 어휘 이해의 난점, 특히 관용구 표현의 의미는 또한 제2 언어 독자들에게 읽기 어렵도록 만든다(Williams and Dallas 1984). 앞에서 인용된 쿠퍼(Cooper 1984)의 연구를 상기해 보면, 특히 동음이의어는 독자들이 하나의 의미만을 고정해 놓아 제대로 처리하기가 어려운 듯한데, 맥락 속에서 들어맞지 않음을 제대로 탐지하지도 못하였다. 연습이 잘 된 독자들은 동음이의어의 뜻을 분명히 붙들기 위하여 더 확장된 맥락 속에 있는 언어 단서들을 이용하는 데에 훨씬 더 큰 능력을 보여 주었다.

그렇지만 어휘 이해의 난점으로 우리가 무엇을 의미하는지, 그리고 지식이 어떻게 측정되는지를 명백히 해 놓는 것이 중요하다. 카아붜(Carver 1992b)에서는 제1학년과 제2학년 학습자들에게 실시되는 낱말 검사가 제4학년이나 제5학년 학습자들에 대한 낱말 검사와 아주 다르지만, 그럼에도 불구하고 그 시험들이 종종 동일한 명칭으로 주어진다고 지적하였다. 나이 어린 독자들을 위한 낱말 검사에는 정답으로 보이겠지만 다르게 소리 나며 의미가 관련되지 않는 오답 항목들이 있다. 더 어려운 물음에는 오답 항목들이 지각상의 혼란을 표상한다. 따라서 정답이 '*house*(하우스, 집)'일 경우에 오답 항목이 '*horse*(호어스, 말)'이나

'*mouse*(마우스, 쥐)'가 될 수 있다. 시험에서 시각적 낱말로 알려진 것과 같은 낱말들을 덜 이용하거나 또는 좀 더 생소한 글자 결합을 지닌 낱말들을 쓴다면, 낱말 항목들이 더 어려워진다.

반면에 상급 학년의 낱말 시험에서는 어린이들이 씌어진 재료들에서 발견하는 다양한 낱말들을 이해하고 있는지 여부에 더 관심을 기울인다. 읽기 어휘 검사는 많은 집단 지능 검사들의 어휘 부문과 거의 구별되지 않는 검사로 발전해 왔다.

맥락은 흔히 덩잇글 이해에 영향을 주는 것으로 간주된다. 설령 독자들이 종종 낯선 낱말들의 의미를 맥락으로부터 짐작하도록 채근을 받는다고 해도, 데이튼(Deighton 1959)에서는 가정될 법한 정도보다 훨씬 낮은 빈도로 맥락이 의미를 드러냄을 시사하였다(≒맥락이 거의 도움이 되지 않음).64) 맥락이 비록 모르는 낱말의 의미를 결정하겠지만, 맥락이 그 의미를 드러내지 않을 수도 있는 것이다. 맥락과 모르는 낱말 사이에 명백한 연결에 의해서만 제한적으로 계시가 일어나는 것이 아니라, 또한 독자의 경험과 기술에 의해서도 일어나는 것이다. 한편 맥락이 낱말의 자동적 인식에 거의 효과가 없다고 믿어지지만, 반면에 많은 연구들에서는 상이한 종류의 맥락 정보가 모르는 낱말의 의미를 맥락으로부터 찾아내는 데에 도움을 주는 범위를 조사해 왔다. 가령, 카아닌 외(Carnine et al. 1984)에서는 제1 언어 독자로서 제4학년, 제5학년, 제6학년을 대상으로 하여 이를 연구하였다. 단서의 명확함에 대하여 조사되었는데, 비슷한 말, '*not*(아니)'를 첨부한 반대말 형식의 대조, 추

---

64) (역주) 이런 짐작이 활발히 이뤄지려면 적어도 사춘기 이후에 완벽히 발달된다는 작업기억(working memory)을 이용해야 한다. 스스로 내성하면서 모르는 낱말을 빈칸처럼 여기고, 그 빈칸에 들어갈 후보를 찾아야 하는 것이다. 따라서 중학생 이상이라면 이런 짐작이나 추론을 요구할 수 있으나, 초등학생들에게는 두뇌 발달상 준비가 아직 안 되어 있는 것이다. 또한 §.2-2-2에서는 라우풔(Laufer 1989)와 리우·네이션(Liu and Nation 1985)을 인용하면서, 덩잇글 속의 95% 낱말을 이미 잘 알고 있어야, 5% 미만의 뜻을 모르는 낱말의 의미를 짐작할 수 있다는 주장도 참고하기 바란다. 외국어 학습에서 이런 짐작이 가능해지려면 그 목표 언어에서 4천 내지 5천 개의 낱말을 이미 잘 알고 있어야 가능하다는 사실도 매우 중요하다.

론 관계, 모르는 낱말로부터 가깝거나 먼 단서 등이다. 낯선 낱말들의 의미를 결정하는 일은 맥락 속에 제시된 경우에 더 쉽다는 것이 증명되었다(같은 낱말을 '고립된 채 제시함' : '본문 속에 제시함'). 맥락 정보가 모르는 낱말과 더 가까운 경우에, 그리고 추론 형식으로 제시되기보다 오히려 비슷한 형식으로 제시된 경우에, 맥락으로부터 의미를 결정하기가 더 쉬웠다.

덩잇글의 언어가 언뜻 보기에는 읽기 시험 및 평가와 아주 관련되어 보일 것이다. 많은 조사 연구에 대하여 흥미로운 것은 상식적 가정이 너무나 단순한 것으로 입증되고, 줄곧 어려움을 일으키는 덩잇글 변수(변인)를 찾아내는 일이 복잡한 과제라는 사실이다. 분명히 어떤 수준에서는 덩잇글의 통사와 낱말이 텍스트에 기여하고, 따라서 시험 난이도에 기여하겠지만,

통사·어휘·담화·주제

변수들 간의 복합적 상호작용은, 어떤 변수이든지 간에 최우선의 변수가 됨을 보여 줄 수 없다는 사실이다. 더욱이 맥락으로부터 낱말의 의미를 짐작하는 능력도, 반드시 독자의 맥락 및 덩잇글에 있는 다른 변수들로 이뤄진 맥락 속에서 일어남을 보여 주어야 한다. 임의의 덩잇글을 어렵게 만드는 바를 이해할 수 있는지 여부를 알아보기 위하여 이제 덩잇글 용이성(readability)에 대한 조사 연구를 다뤄야 할 차례이다.

6) 읽기 용이성

조사 연구자들은 덩잇글 난이도를 의도된 독자층에 맞추기 위하여 오랫동안 어떤 특징이 덩잇글을 잘 읽게 만들어 주는지를 찾아내는 데에 관심을 기울여 왔다. 이는 특히 교육 맥락에서 중요하게 간주되어

왔다. 따라서 수학 공식이나 또는 다른 간단한 절차를 계발하기 위하여 많은 시도들이 있어 왔는데, 난이도에 대한 경험적 조사 연구에 근거하여 읽기 용이성(*readability*, 이독성)을[65] 추정하는 데에 이용될 수 있다. 이 방법에 대한 유용한 개관과 제2 언어로서 영어(ESL) 영역에 적용 가능성을 보려면 캐륄(Carrell 1987)을 참고하기 바란다.

앞 절에서 살펴보았듯이 통사와 어휘가 덩잇글에서 문제를 일으킬 수 있으므로, 덩잇글의 통사 복잡성 및 실사 밀집도에[66] 대한 추정이 일반적으로 이용되고 있다. 그렇지만 그런 특징들을 놓고서 덩잇글을 분석해야 하고, 따라서 소략한 추정값을 허용하도록 지표가 만들어져야 한다는 점은, 분명히 아주 실용적이라고 말할 수 없다.

실사 부담을 추정하는 한 가지 방식은 목표 덩잇글의 표본에서 있는 낱말이 쏘언다익·로어쥐 목록(Thorndike and Lorge list 1944), 웨스트 목록(West list 1953), 캐륄 외 목록(Carrell et al. list 1971), 데일-췰 목록(Dale-Chall 1965)과 같은 낱말 빈도 목록에서 얼마나 많이 들어 있는지를 점검하는 것이다. 소략한 지표로서는 낱말의 길이를 이용한다. 아주 개략적이지만 영어에서 낱말 길이는 낱말 빈도와 관련된다. 빈출 낱말일수록

---

65) (역주) 흔히 읽기 쉽다고 말하므로 이를 '읽기 용이성'이나 '읽기 쉬운 정도'로 번역할 수 있다. 뢴크머(Renkema 1992; 이원표 뒤침 1997), 『담화 연구의 기초』(한국문화사)의 §.16-1에서도 읽기 용이성 공식과 그 전개 역사를 다루고 있어 도움이 된다. 이원표 교수는 뜻을 살려 '명료성 공식'으로 번역하였다. 아마 덩잇글이 명료해야 읽고 이해하기가 쉽다고 보았기 때문인 듯하다. 윤창욱(2006), 「비문학 지문 이독성 공식 개발에 관한 연구」(한국교원대학교 석사논문)에서는 '이독성'으로 번역하였다. 또한 이외에 '가독성'도 후보이다. 여기서는 쉽게 풀어 '읽기 용이성'으로 써 둔다.

66) (역주) 원문의 lexical density(실사 밀집도, 내용어 밀집도)를 계산할 적에 허사(functional word, 기능어)는 제외하기 때문에, 만일 이를 어휘 밀집도라고 직역한다면 오해를 빚는다. 이 용어는 유뤄(Ure 1971)에서 처음 만들어졌다. 핼러데이(Halliday 1985), 『입말과 글말 (*Spoken and Written Language*)』(Oxford University Press)의 제5장 '글말: 실사 밀집도'를 보면, 읽기 쉬운 덩잇글일수록 문법 기능을 가리키는 허사(기능어)들이 더 많이 들어 있고, 어려운 덩잇글일수록 전체 낱말 중에서 실사들이 점유하는 비율이 높다. 담화 갈래에 따라 변동될 수 있겠지만, 핼러데이 교수는 §.6-2 '입말에서 실사의 희박성'에서 전형적으로 입말 영어에서는 실사 밀집도가 1.5~2.0으로 추정하였고, 글말 영어에서는 3.0~6.0으로 추정하였다. 우리말에서는 특히 학교문법에서 조사를 하나의 단어로 취급하기 때문에, 실사와 허사의 비율이 판이하게 달라져 버리며, 이를 우리말에 적용할 경우에는 반드시 조정 과정이 필요하다.

더 짧아지는 경향이 있다. 낱말 길이에 대한 한 가지 지표는, 낱말이 담고 있는 음절의 숫자이다. '모호함 지수(*FOG index*)'[67]는 덩잇글에서 오직 셋 이상의 음절을 포함하는 낱말 숫자만을 계산한다(Alderson and Urquhart 1984: xxii). 자주 이용되는 또 다른 읽기 용이성 공식은 루돌프 플렛쉬(Rudolf Flesch 1948)가 만든 공식인데, 1948년에 처음 쓰인 뒤로 오늘날에도 계속 이용되고 있다. 아래 공식은 읽기 쉬운 정도의 수치를 계산해 낸다.

읽기용이성 = 206.835 − (0.846 × 낱말 100개당 평균 음절수)

− (1.015 × 문장당 평균 낱말수)

$$RE = 206.835 - (0.846 \times NSYLL) - (1.015 \times W/S)$$

단, *NSYLL*은 1백개 낱말당 평균 음절의 숫자이고, *W/S*는 한 문장당 평균 낱말의 숫자이다(Davies 1984: 188).

통사 복잡성에 대한 소략한 지표는 '종결 가능 단위(*T-Units*)'가[68] 덩 잇글에 얼마나 들어 있는지를 계산하는 것이다(Carrell 1987에 인용된

---

67) (역주) 1944년 로버트 거닝(Robert Gunning)이 신문 기사 등에서 읽기 어려운 덩잇글이 독자의 능력 문제가 아니라 오히려 지문(바탕글/본문) 자체가 불필요하게 복잡성(unnecessary complexity)을 담고 있음을 깨닫고, 이를 'fog(안개, 모호함)'라고 불렀다고 한다. 거닝(1952), 『글을 명백하게 쓰는 기법(*The Technique of Clear Writing*)』(McGraw-Hill)에서는 이용하기 쉬운 '거닝-모호함' 지수 계산법을 6단계로 제시하였다. ① 여러분의 글쓰기 초고에서 온전히 끝나는 지문을 대상으로 하여 100개의 낱말이 되도록 표본을 취한다. ② 이 지문에서 문장의 숫자를 계산한다. ③ 문장의 숫자로 100을 나누면, 평균 문장의 길이(ASL)가 얻어진다. ④ 3음절 이상으로 된 긴 낱말의 숫자(NLW)를 센다. ⑤ 평균 문장 길이와 긴 낱말의 숫자를 더한다. ⑥ 이 값에 0.4를 곱하면, '모호함 지수'(비유적으로, 안개 지수)가 나온다. 만일 지수가 10이면 평균 15세 학습자가 읽기에 적합하고, 11~13이면 전문대학생에게 적합하며, 14~16이 면 일반 대학생에게 적합하다. 만일 18이상이 되면 읽기 힘든 신문기사로 판정한다.

68) (역주) 글쓰기 쪽에서 쓰이는 용어이며, minimum terminable unit(최소 종결 단위)로도 불린 다. 철학이나 심리학에서 쓰는 명제(proposition)와 같은 개념이다. 췌이프(Chafe 1994; 김병 원·성기철 뒤침 2006), 『담화와 의식과 시간: 언어 의식론』(한국문화사)에서는 '억양 단위 (intonation unit)'라고도 불렀다. 일반적으로 언어학에서는 절(clause) 또는 절에 상당하는 단위(clause-like unit, 유사 절 단위)라고도 부른다. 우리가 경험하는 실세계의 '낱개의 사건'과 대응한다. 136쪽 §.2-5-1의 역주 54)와 423쪽 §.7-2-6의 역주 22)와 23)도 참고하기 바란다.

Hunt 1965). 가끔 이용되는 좀 더 엉성한 측정법은, 문장마다 평균하여 얼마나 많은 낱말이 들어 있는지를 계산하는 것이다. 비록 문장을 더 쉽게 이해하도록 만들려면 낱말들이 생략되는 것이 아니라 더 추가되어야 한다는 조사 연구가 상당히 많이 있지만, 흔히 짤막한 문장은 긴 문장보다 통사 구조상 더 단순해지는 경향이 있다. 일부 조사 연구에서는 단순히 주어진 길이의 덩잇글에 있는 글자들의 숫자 계산도 대략 읽기 용이성의 추정값을 제공할 수 있을 것임을 보여 주었다(어휘 및 통사 부담 둘 모두에 대한 지표/지수가 됨).

덩잇글에서 임의의 또는 임의성과 유사하게 낱말을 지워 버리는 공백 채우기(*cloze*)[69] 기법은 테일러(Taylor 1953)에 의해서 덩잇글 용이성을 측정하기 위하여 처음 계발되었다. 많은 연구들에서는 공식을 통해 얻은 읽기 용이성 및 공백/빈칸 채우기로 얻은 용이성 사이에 높은 상관성을 확립해 놓았다. 테일러의 핵심은 공백/빈칸 채우기가 덩잇글을 처리하고 있는 실제 독자를 포함하기 때문에, 읽기 용이성에 대한 좀 더 정확한 추정값을 제공해 줄 수 있다는 것이다. 보머쓰(Bormuth 1968)에서는 광범위하게 읽기 용이성의 측정값으로서 공백/빈칸 채우기 검사를 이용하는 일에 대하여 논의하였고, 적어도 44%의 수치가 읽기 용이성에 요구되거나, 독자가 좌절스러울 정도로 어렵게 느끼지 않을

---

69) (역주) 독일에서 생겨난 전체 형상(Gestalt) 심리학의 주장을 따르는 기법이다. 전체 형상을 파악하면, 비록 세부 항목이 없더라도 채워 넣어 완결시켜 줄 수 있다(closure, 종결)는 가정이다. 원래 의미에 충실하게 cloze를 '완결시키기, 종결짓기'로 번역할 수도 있겠지만, 여기서의 핵심은 지워 버린 일부 '공백' 또는 '빈칸'에 있다. 따라서 공백/빈칸 채우기, 공백/빈칸 완성하기로 부르는 것이 더 합리적일 듯하다.

　공백/빈칸 만들기도 ① 기계적으로 몇 번째 낱말을 지워 버리는 방식, ② 허사나 실사 중에서 어느 한 부류를 대상으로 하여 지우는 방식으로 나눌 수 있다. 어느 쪽이든 문제점이 드러난다. 만일 후자 방식에서 허사를 채워 넣을 수 있다면 언어 검사가 될 소지가 있고, 실사 어휘를 채워 넣는 일은 배경지식에 대한 검사가 될 수 있다. 이런 점을 보완하기 위하여, ③ 임의의 지문(덩잇글)을 읽고 나서 빈칸이 깃든 시험지를 완성하도록 하는 기법이 제안되기도 하였지만, 이 또한 자칫 기억 검사가 될 우려가 있다. 자세한 논의는 §.7-2-2를 보기 바란다. 그곳에서는 기계적으로 n번째 낱말을 지워 버린 것을 '공백(cloze)'으로 불렀고, 실사 어휘만을 대상으로 하여 지운 것을 '빈칸(gap)'으로 불렀다. 따라서 번역에서도 서로 간에 구분이 이뤄지도록 다른 낱말을 써서 각각 '공백'과 '빈칸'이라고도 번역했다.

덩잇글이라고 제시하였다. 임의의 덩잇글이 아무 도움물도 없이 혼자서 독자에 의해 읽힐 수 있으려면, 공백/빈칸 채우기에서 57%의 수치가 요구된다고 말할 수 있다. 어려운 덩잇글 지문(바탕글/본문)을 놓고서 쉬운 택일형 질문을, 그리고 쉬운 덩잇글 지문을 놓고서 어려운 택일형 질문을 마련할 수 있다는 불편한 사실을 잠시 무시하여 논외로 한다면, 이들 공백/빈칸 채우기 수준은 여러 선택지 중 택일형 검사 점수에서 각각 75%와 90%에 해당한다(Bormuth 1968; Rankin and Culhane 1969). 응당 이들 규범적 수준이 토박이 영어 독자들로부터 얻어졌음이 주목되어야 한다. 제2 또는 외국어 학습자들은 다소 다르게 수행을 할 가능성이 있는 것이다.

그렇지만 올더슨(Alderson 1978)과 해뤼슨(Harrison 1979)에서는 공백/빈칸 채우기 검사 결과들에 대한 무비판적 수용을 경고하였다. 해뤼슨은 덩잇글 난이도에 대한 가장 좋은 측정이 전문가 판단이 결합되어 있는 것이고, 이것이 여의치 않을 경우에 읽기 용이성 공식이 결합된 것이라고 주장하였다. 데이뷔스(Davies 1984)에서는 전문가들이 언어적 변수(변인)에 전반적으로 걸쳐서 그리고 그런 변수 이외에 고려하는 것이, 의도된 독자들에게 잠재적인 흥밋거리 및 덩잇글의 이용 가능성과 같은 내용이라고 제안하였다.

읽기 용이성 조사 연구는 덩잇글 단순하게 고치기(*text simplification*)에 대한 조사 연구와 상보적인 관계로서 나란히 수행되어 왔다. 덩잇글들이 의도된 독자층(목표 독자층)에 너무 어려운 것으로 알려지는 경우에 단순하게 만드는 방법이다. 덩잇글 단순하게 고치기에 대한 서로 다른 방법이, 독자 및 덩잇글 이해에 관한 효과를 중심으로 하여 연구되어 왔다. 데이뷔스(Davies 1984)와 위도슨(Widdowson 1978)에서는

‘단순하게 고치기(*simplification*)’ : ‘단순함(*simple*)’

사이를 구분해 놓았다. 단순한 해설은 참된 담화 도막이다. 단순하게 고친 해설은 참된 담화일 수도 있고 그렇지 않을 수도 있는데, 흔히 교육적 의도가 들어 있다. 그렇지만 그것이 단순하지 않을 수도 있다. 많은 조사 연구자들이 확립해 왔듯이, 임의의 덩잇글을 통사적으로 덜 복잡하게 만드는 일은 전달 내용을 왜곡시키거나 또는 다른 특징에서 어려움을 늘여 놓는 결과를 지닐 수도 있다. 그렇지만 마운트퍼드(Mountford 1975)에서는 예를 들어 과학 논문을 단순하게 고치기가 어떻게 그 덩잇글의 언어표현 속에 깃든 힘(함축)을 바꿔 버릴 수 있는지를 보여 주었다. 그럼에도 불구하고, 데이뷔스(Davies 1984)에서는 덩잇글을 단순하게 고치기가 실제로 읽기 용이성 공식 및 공백/빈칸 채우기 검사에 의해 측정되듯이, 그 글을 좀 더 단순하게 만들 수 있음을 보여 줄 수 있었다.

  그렇지만 설사 순진하게 덩잇글의 통사를 단순하게 고치기가 그 덩잇글을 좀 더 읽기 쉽게 만들 수 있다손 치더라도, 스트롸더·율리진(Strother and Ulijin 1987)에서는 본디 덩잇글과 어휘를 제외하고 통사적으로 단순하게 고쳐진 덩잇글을 읽고 있는 토박이 및 비토박이 실험 참가자들을 대상으로 하여 읽기 이해 점수를 비교하였다. 그들은 아무런 차이도 발견할 수 없었다. 따라서 <u>통사를 단순하게 고치는 일이 반드시 덩잇글을 좀 더 읽기 쉽게 만들어 주는 것이 아니라고</u> 결론을 내렸다.[70] 왜냐하면 덩잇글에 대한 철저한 통사 분석이 필요치 않을 수 있기 때문이다. 그들은 통사 전략보다 <u>개념적 전략이 이용된다</u>고 제안하였는데, 이는 실사(내용어) 처리를 포함하며 따라서 어휘 및 내용 지식을 요구한다. 실제로 오랫동안 어휘 부담이 덩잇글 난이도에 대한 가장 중요한 예측 지표/지수라고 알려져 있었다.

---

70) (역주) 린취(Lynch 1996), 『언어 교실 수업에서의 의사소통(*Communication in the Language Classroom*)』(Oxford University Press)의 제2장 '단순하게 고치기와 이해/접속 가능성(simplification and accessability)'에서도 구체적인 실험 결과들을 제시하면서 똑같은 결론을 내린 바 있다. 300쪽 §.5-2-3의 역주 24)도 함께 읽어 보기 바란다.

"일단 어휘 측정이 예측 공식에 들어가 있으면, 문장 구조가 예측 작업에 아주 많은 몫을 맡는 것은 아니다." (췰 1958: 157)

(Once a vocabulary measure is included in a prediction formula, sentence structure does not add very much to the prediction. Chall 1958: 157)

제2 언어 교육 맥락에서 덩잇글을 단순하게 고치는 사뭇 더 복잡한 접근은 윌리엄즈·댈러스(Williams and Dallas 1984)에 예시되어 있는데, 교재가 실질적으로 어떻게 교실 수업과 집에서 (숙제로) 이용될 수 있을지를 살펴보는 일을 옹호한다. 그들은 자신들이 가르치는 홍콩 독자들이 집에서 모르는 영어 낱말을 놓고서 중국어 대응 낱말을 찾아내려고 사전을 이용한 다음에, 교재 속에다 그 낱말들을 적어 놓는다는 사실을 발견하였다. 그러므로 새로운 낱말에 대하여 교재 속에(in-text) 중국어 번역을 제공해 줌으로써 읽기 용이성을 늘여 주는 일을 옹호하였다. 그들은 '용어 풀이·핵심 낱말 글상자·낱말 보정 검사'에 의해서 새로운 낱말을 처리하도록 독자를 도와주고, 제2 언어 독자들에게 내용과 관련된 사안을 배우기 위하여 예상되는 덩잇글의 어휘 부담을 덜어주기 위해서 다양한 방법으로 맥락을 제시하고 정의해 주며 예시하고 더 분명하게 제공해 줌으로써, 일정 범위의 상이한 방법들도 필요함을 시사해 주었다.

시험 출제자들에게 덩잇글 읽기 용이성 및 단순하게 고치기를 다룬 조사 연구의 명백한 관련성은, 이해를 검사하기 위하여 이용된 지문(바탕글/본문/덩잇글)의 읽기 용이성을 살펴볼 필요가 있고, 시험 응시생의 모집단에 대해서 난이도상으로 적합한 지문만을 이용해야 한다는 점이다. 그렇지만 읽기 용이성 공식은 오직 지문 난이도에 대하여 소략한 측정값만 내어 준다. 심지어 영어 지문에 있어서도 제2 언어나 외국어 독자들에게는 거의 알맞지 않다. 더욱이 공백/빈칸 채우기 기법은 그 자체로 하나의 검사 절차이며, 따라서 지문 난이도에 대해서는 한쪽으로 치우친 추정값만을 내어 줄 것이다.

지문(덩잇글) 난이도에 영향을 주는 변수들의 범위가

주제(*topic*)·통사 복잡성(*syntactic complexity*)·통사 결속성(*cohesion*)·
의미 연결성(*coherence*)·어휘(*vocabulary*)·읽기 용이성(*readability*)

여섯 영역으로 주어진다면, 지문을 선택하는 경우에 언어 난이도에 대한 간략한 접근에서는 조심해야 마땅하다(반드시 여섯 가지 변수를 모두 다 고려해야 함). 특히 낮은 수준의 학습자들을 위하여 한 가지 해결책이 지문(덩잇글)을 단순하게 고치고 변형해 줌으로써 지문 난이도를 통제하려고 무모하게 시도하는 일이다. 그렇지만 그러한 경우에 '지문 단순하게 고치기'에 대한 조사 연구에서 보여 주듯이, 시험 관리자는 '좀 더 쉽게' 만들거나 또는 질문이나 평가 문항에 좀 더 알맞게 만들기 위하여 참된 덩잇글에 손대는 일이, 실제상으로 더 처리하기 어렵게 만들어 버리는 전혀 예상치 않은 결과도 초래할 수 있음을 잘 알고 있어야 한다. 다수의 상황에서 지문 난이도가 절대적인 용어로 정의할 수 없을 것이다. 그 대신 시험 관리자는 응시생의 목표언어 사용 상황에서 읽혀야 할 만한 일정 범위의 참된 지문(덩잇글)을 찾아내는 일을 선호할 것이다. 제5장과 제6장을 보기 바란다.

7) 글자체 특성

읽기에서 이른 시기의 많은 조사 연구에서는 인쇄된 글자의 지각과 어떻게 독자들이 그것을 소리로 바꿀 수 있는지에 관심을 보였었다.[71]

---

71) (역주) 특히 어린 학습자들에게 적용되는 40쪽 §.1-6의 phonics(발음 중심) 접근(사람들이 알아차릴 수 없도록 현학적으로 '퐈닉스'로 말함)이 충실히 이를 계승하고 있다. 글자 처리에 익숙지 않은 초등학교 저학년 어린이들은 주로 '낭독'을 위주로 하게 된다. '글자→발음→낱말 뜻 인출'로 이어지는 일련의 경로가 작동해야 하기 때문이다. 34쪽 §.1-5의 역주 36)과 41쪽 §.1-4의 역주 46)을 보기 바란다.

더 뒤에는 연구자들이 인쇄 글자 그 자체에 대한 중요성을 얕보는 경향이 있었다. 스미쓰(Smith 1971)의 고전적 진술

"두뇌가 눈에 말해 준 것이, 눈이 두뇌에게 말하는 것보다 더 중요하다"
(*What the brain tells the eye is more important than what the eye tells the brain*)

는 이미 제1장에서 인용된 바 있다. 그렇지만 좀 더 최근의 조사 연구에서는 지각상의 특징이 독자가 얼마나 신속하게 인쇄 글자를 인지하는지, 따라서 얼마나 신속히 의미를 처리하는지를 잘 보여 주었다. 읽기 쉬움이나 어려움을 초래하는 데 있어서, 글자 크기와 지면 배치 등 인쇄물의 어떤 특징이 중요할 것인지는 연구자들의 관심거리로 남아 있다.

영어에서는 일반적으로 대문자와 소문자가 혼용된 글자의 1행을 뽑아 반절로 나누면, 반절 윗부분이 반절 아랫부분보다 더 정보를 지님이 명백하다. 이를 간단하게 증명할 수 있다. 인쇄물의 1행을 복사하되, 먼저 1행의 절반 윗부분을 가려 놓고, 차례로 절반 아래쪽을 가려 놓은 뒤에, 독자들에게 각각 반절씩 가려진 1행의 줄글을 큰 소리로 읽도록 내어 준다. (절반 윗부분이 보이면 잘 읽지만, 절반 아랫부분만 보이면 잘 읽지 못한다: 뒤친이) 이는 일반적인 영어 인쇄 낱말들의 절반 윗부분에 정보가 더 많이 들어 있기 때문에 그러하다. 즉, 인쇄된 낱말의 상단 부분의 모양새에 더 많은 식별 표지가 있는 것이다. 영어에서도 그리고 아랍 및 히브리 어와 같이 다른 언어에서도, 모음 글자들은 자음 글자들이 전달하는 정보보다 훨씬 적은 정보를 전달하는 것이 또한 실제 사실이다. 다시, 그 까닭은 어쨌거나 모음의 숫자가 훨씬 적기 때문이다. 따라서 자음이나 모음을 모두 **빼어** 변형시켜 놓은 문장에서는 자음들보다 모음을 복원하기가 더 쉽다.[72]

① _n _ngl_sh, th_ c_ns_n_nts _r_ m_r_ _nf_rm_t_v_ th_n v_w_ls.

② _a_ _e _ _i_ i_ _e_au_e _ _e _o_e_ a_e _a_ _e_y _eu_ _a_ _.

영어 낱말을 두 동강이 낼 경우에, 낱말의 절반 앞부분이 절반 뒷부분
보다 정보를 더 많이 담고 있음이 또한 실제 경우이다. 모든 낱말의
절반 뒷부분이 지워져 있는데, 응시생의 과제가 지워진 글자들을 완성
해야 하는 '글자 완성 검사(C-test)'는 교육 받은 토박이 화자가 비교적
완성하기 쉽다. 글자 완성 검사에 대한 논의는 §.7-2-5를 보기 바란다.
그렇지만 거꾸로 각 낱말의 절반 앞부분이 지워져 있을 경우에는 완성
하기가 훨씬 더 어렵다.[73]

③ __ch early __earch in __ding was ___cerned with _he perception _f print,
_nd how __ders could __rn it __to sound.

이 영역에서 훨씬 적은 조사 연구는 다른 언어들을 놓고서, 그리고 특
히 다른 서사체계에 대하여 실행되어 온 듯하다. 하나의 언어와 글자체
계에서 잉여적으로 되는 요소는 여러 언어들에 걸쳐서 다양하게 변동
될 것 같다. 물론 이것이 언어 시험과의 관련성은 공백 채우기 기법과
글자 완성 검사가 영어와 같은 언어에서는 작동할 수 있는 반면에, 다
른 언어들의 상이한 특징과 잉여성을 설명하기 위해서는 상당한 정도
로 수정되어야 할 것이라는 점이다.

---

72) (역주) 원래 문장이 'In English, the consonants are more informative than vowels(영어에서는
자음들이 모음보다 정보를 더 많이 갖고 있다)'이다. 여기서 ①에는 자음들만 써 놓았다.
따라서 정보가 더 많은 자음을 중심으로 하여 모음을 쉽게 복원할 수 있다. 그렇지만 ②에는
모음들만 적혀 있는데, 어떤 문장이 될지 뒤친이로서는 복원할 수 없다. 자음의 숫자가 모음
에 곱절 또는 세 곱절이나 되므로 어떤 자음이 생략되었는지 알아내기가 어려운 것이다.

73) (역주) 원래 문장이 'Much early research in reading was concerned with the perception of
print, and how readers could turn it into sound(읽기에서 대부분의 초기 조사 연구에서는
인쇄 글자의 지각과 독자들이 글자를 어떻게 소리로 바꿀 수 있는지에 관심을 기울였다)'이다.

글자 처리에 있는 어려움이 자동적인 낱말 확인의 속성과 관련되므로, 그리고 낱말 인식의 속도가 읽기의 속도와 효율성에 영향을 주므로, 서로 다른 정서법이나 서사체계를 처리하고 있는 제2 언어 독자들이 더 큰 어려움을 겪을 수 있을 것으로 예상할 법하다. 예를 들어, 영어에서 대문자는 소문자보다 또는 대문자와 소문자가 혼용된 것보다 처리하기가 더 어렵다. 키릴(Cyrillic, 씨릴) 문자를 이용하는 러시아 및 다른 언어들에서는 이 상황이 아주 다를 수 있다. 그러므로 러시아 어 읽기를 학습하는 토박이 영어 화자는, 영어의 대문자로 보이는 바를 놓고서 동일한 글자 특징들에 주목하는 것이 아니기 때문에 특히 어려움을 느끼게 된다(Carrell 1987, Suarez and Meara 1989, 그리고 Koda 1996에 있는 개관을 보기 바람).

그렇지만 적어도 고급 수준의 영어 독자들에게는 읽기 차이들에 대한 주의사항이 거의 문제를 일으키지도 않고, 구두점과 씌어진 형식의 간격에 있는 차이들도 마찬가지로 거의 어려움을 초래하지 않는 듯하다(Rayner and Pollatsek 1989). 이른바 '글자 체계의 투명성(*orthographic transparency*)'으로 불리는 소리-글자의 규칙적 대응을 지닌 언어들은, 영어와 같이 다수의 불규칙한 소리-글자 대응을 지닌 언어들보다도 읽기가 훨씬 더 쉬울 것으로 보인다. 그렇지만 전자의 언어에서도 화자들이 낱말을 발음(소리)을 거쳐 뜻에 접속하는지 여부, 또는 두 유형의 언어에서 발음을 거치기보다는 오히려 직접 머릿속 낱말 창고에 접속하는 것이 더 효율적인지 여부에 대해서는 아직도 많은 논의가 진행되고 있다.[74] 비록 낮은 수준의 제2 언어 유창성에서는 아주 달라질 가능성이 있겠지만, 글자 체계의 투명성 차이가 서로 다른 방식의 유창한 읽기 전략으로 이끌어 가는 것 같지는 않다. 일본어나 중국어와 같이 낱말

---

74) (역주) 언어심리학에서는 글자에 익숙한 독자와 그렇지 않은 초보 독자가 서로 다른 경로로 낱말의 뜻에 접속한다고 결론을 내린다. 이를 '이중 경로' 가정이라고 부르는데, 34쪽 §.1-5의 역주 36)과 41쪽 §.1-6의 역주 46)을 읽어 보기 바란다.

문자(*logographic*)를75) 쓰는 독자들은 낱말 형태의 인식에 직접 접속하는 듯이 보이지만, 그럼에도 불구하고 음운 활성화는 그런 언어의 유능한 독자에게도 중요하다. 동일한 모습이 히브리 또는 아랍 어와 같이 음절 (*syllabic*, 음소) 문자 체계에서도 사실인 것으로 보인다. 조사 연구의 증거는 설사 어휘 접속을76) 위해 선호된 경로가 언어들마다 변동될 수 있더라도, 서로 다른 언어를 쓰더라도, 유능한 독자는 똑같이 신속하게 읽어 나가면서 음운 활성화에 직접 접속을 결합시켜 놓음을 보여 주는

---

75) (역주) 'word, speech'의 뜻을 지닌 logo와 '도표 그림'의 뜻을 지닌 'graph'로 이뤄진 낱말이다. 여기서는 음절 문자 체계와 대립하는 뜻으로 쓰였으며(음절의 하위 단위인 음소 문자라고 말해야 더 옳음), '낱말 문자'라고 번역해 둔다. 본디 낱말 문자라는 것은 마치 상형 문자처럼 대상을 그려 놓고서, 그 그림을 보면서 해당 언어의 낱말을 발음하는 경우를 말한다. 가령, 우리말에서 '냇물'이나 '빈개'나 '사랑'이란 닐밀을 '닐말 문자'로 표현한다면, 각각 '≋'나 '⁄'나 '♡'와 같은 기호를 쓸 수 있다. 그렇다면 사람들이 '≋'나 '⁄'나 '♡'라는 기호를 보고서 각각 단일한 낱말인 [냇물]이나 [번개]나 [사랑]으로 발음할 수 있는 것이다. 공공 화장실 입구에 붙은 🚹🚺 기호도 또한 각각 '신사용'과 '숙녀용'이란 낱말을 대신하고 있기 때문에 '낱말 문자'이다. 하나의 문자가 곧 임의의 낱말과 짝을 이루는 문자 체계인 것이다.

이런 문자 체계는 언어심리학에서 인간의 머릿속에 대략 5만 개의 낱말이 들어 있다고 하므로, 이 중에서 오직 극히 적은 일부만을 100개 이하의 문자로 표현할 수 있을 뿐이라는 데에서 철저하게 한계가 있다. 인간의 말소리도 반복을 통해서 수적 증가를 보이듯이, 문자 체계에도 동일한 기제를 구현해 놓아야만 서로 대응할 수 있는 것이다.

본문에서는 중국과 일본에서 '낱말 문자 체계'를 이용한다고 본 것은 엄격히 말하여 사실과 어긋난다. 중국어의 문자 체계는 '꼴(形)'과 '소리(聲)'를 지닌 형성 글자가 거의 80%에 육박하기 때문에 잘못이며, 한자에는 기본적으로 '꼴·소리·뜻(形聲意)'의 세 가지 정보가 들어 있으므로, '꼴·소리'로만 된 한글(훈민정음)보다 더 닷다고 '한자 병용론자'들이 주장해 오고 있다. 더 많은 정보가 담겨 있으면, 애매성이 더 늘어남을 간과하였다. 일본 글자는 음절을 표시하기 때문에 결코 낱말 문자라고 말할 수 없다. 따라서 저자의 주장이 수용되려면, 오직 음소 문자가 아니라는 배타적 측면에서만 중국과 일본 문자가 하나로 묶이었다고 봐야 할 것이다.

76) (역주) 우리 머릿속에 낱말들이 어떻게 들어 있는지에 대하여 언어 심리학에서는 두 개의 기억 창고를 상정하고 있다. '형태' 관련 기억 창고와 '의미' 관련 기억 창고이다. 심리학의 전문 용어로는 각각 lexeme(음성·형태 정보)과 lemma(통사·의미 정보)로 부른다. 여기서 '어휘 접속(lexical access)'이란 용어는 두 가지 의미를 지닌다. 읽기와 관련하여 하나는 '글자'라는 시지각 입력물을 통해 음성·형태 정보(lexeme)를 인출하는 일이다. 다른 하나는 통사·의미 정보(lemma)를 인출하는 일이다. 이런 일이 두 단계의 연결된 접속 방식으로 일어날 수도 있고(글자 → 음성·형태 정보 → 통사·의미 정보), 각각 따로따로 일어날 수도 있다.

읽기 또는 이해하기 과정에서는 ① 어휘 접속이 첫 단계일 뿐이다. ② 어휘 접속과 인출을 통하여 이어 명제 구성이 일어나고, ③ 명제들이 모여서 미시구조를 수립한 뒤에, ④ 다시 전반적인 거시구조를 세우게 된다. 미시구조와 거시구조의 결합체는 덩잇글 기반(text-base)으로 불리는데, ⑤ 이는 상황모형과 결합하여 비로소 장기기억 속에 저장될 입력물로서의 자격을 갖추게 된다.

듯하다(Rayner and Pollatsek 1989).

책자의 쪽 위에 있는 글자 배치도 특히 초보 독자들에게 중요하다. 일부 지각상의 이유로 말미암아 그러하고, 독자에게 너무 많은 정보로 인해 주눅이 들지 않도록 하기 위해서 일부 그러하다. 초보용 책자와 독본의 쪽들은 쉽게 처리할 수 있도록 흔히 아주 큰 글자로 아주 적은 수의 낱말들만 들어 있고, 더 많은 그림들이 딸려 있으며 본문 언어에 관련된 상황 맥락을 보여 준다. 흥미롭게도 복잡한 문장들이 어린이들에게 구절 구조에 상응하는 마디별로 도표처럼 제시되는 경우에, 도표상 구절 구조를 위배하는 마디로 제시된 덩잇글보다 읽기가 더 쉬워지는 것이 사실인 듯한다(Wood 1974). 우드(Wood 1974: 21)에서는 "문장들을 자연스런 표면 구조로 분석하는 것이 독자의 학년이나 기술 수준에 상관없이 명백히 문장이 처리되는 속도를 촉진해 준다." 따라서 그런 구문 분석을 쉽게 해 주는 시각적 제시 방식은 이해에 긍정적 효과를 지닌다.

비록 제2 언어 또는 외국어 읽기에서 조사 연구에서 그런 변수들에 대한 효과가 온전히 명쾌하게 밝혀진 것은 아니지만, 시험 출제자들에게 덩잇글이 적합하게 제시되고, 적어도 목표언어에서 주어진 임의 갈래의 '정상적' 덩잇글처럼 읽기 쉬운 모습으로 제시됨을 보장하도록 조언할 수 있을 것이다. 독자들이 허술하거나 예외적인 지면 배치 또는 재생으로 인하여 불리해지는 일은 분명히 바람직하지 않다.

8) 언어 정보 및 비-언어 정보

초보 독자들에게서 예시 그림의 이용에 대한 언급은, 자연스럽게 논의를 덩잇글에서 비-언어적 정보나 도표의 이용으로 이끌어 간다. 특히 작은 글씨체로 오직 언어 정보만 담고 있는 덩잇글은 겁을 줄 뿐만 아니라 또한 정보가 더 밀집되어 있어서 처리하기가 훨씬 더 어렵다.

언어 정보 및 비언어 또는 도표 정보 사이의 관련성에 대한 조사 연구는 특히 광고에 집중되어 있다. 많은 광고에서는 전형적으로 덩잇글과 그림 사이에 (의도적인) 분열이 있다. 하나 또는 다른 표현이 놀랍거나 모순되거나 우스꽝스러워 보임으로써, 그 결과 독자들의 관심을 끌고 더 많이 기억할 수 있는 것처럼 보인다.

그렇지만, 응용 언어학에서는 광고 읽기를 실행하고 있는 실제 독자들보다는 광고 내용 그 자체만을 분석하는 경향이 있었다. 상품 판매 회사와 특히 광고 대행사에서는 비록 다수의 결과들이 출간되어 있지는 않더라도 이런 영역에서 경험적인 연구를 더 많이 실행해 왔다.

많은 갈래들에서 부분적으로 정보를 처리하는 대안이나 보충 방식을 제공해 주기 위하여 표, 도표, 다른 형태의 자료 제시법을 이용한다. 그렇지만 도표와 다른 형태로 제시된 정보는 언어 정보의 처리를 위하여 도움을 준다. 학술논문의 독자들은 종종 충분한 이해를 위하여, 그리고 특히 해당 자료를 비판적으로 읽기 위하여 표와 본문을 모두 다 읽을 필요가 있다. 해당되는 본문은 흔히 표에 있는 자료를 완벽한 방식이라기보다는 부분적인 방식으로 서술하고 해석하는데, 결론들에 대한 상이한 시각이 흔히 도표에 대한 비판적이고 정밀한 검토로부터 모아질 수 있다.

더욱이 (과학 기술) 논문들이 종종 비언어적인 도표 자료가 없이는 이해될 수 없다. 이는 일반적으로 표로 제시된 자료보다 오히려 그림 도표와 다른 예시 도표를 지닌 경우에 더욱 그러하다. 어느 영국 시험 위원회(UK examination board)에서는 체계적으로 덩잇글에 있는 비-언어 정보를 언어 정보로부터 구분하고 나서, 예시 도표로부터 나온 정보(흔히 표제나 항목들)를[77] 삭제해 놓은 읽기 검사를 마련하여 쓴 적이 있다. 그렇다면 이들 삭제된 표제는 이른바 '정보 전이(옮기기) 과제'로서 해

---

[77] (역주) 만일 시험 지문에 도표가 주어져 있다면, 도표 제목이나 도표 속의 임의 항목을 지워 버리는 것이다. 그렇다면 응시생은 시험지에 있는 관련 본문을 읽으면서 지워진 제목이나 항목을 채워 넣어야 한다. 제7장에 인용된 도표들에서 유사한 사례들을 볼 수 있다.

당 지문(바탕글/본문)을 읽음으로써 복구되어야 했다. 문제는 두 형식의 제시 방식에 대한 분리, 도표들로부터 표제들의 삭제가 독자로 하여금 힘들고 부자연스럽게 해당 본문에 매달리도록 만들었다는 점이다. 원래의 지문과 표제들이 그대로 있는 도표들보다도 해당 과제가 훨씬 더 어렵게 되었던 것이다.

시험에 대한 함의는 분명하다. 덩잇글에서 언어 및 비언어 사이의 정상적인 관계가 시험 지문에서도 그대로 유지되어야 할 뿐만 아니라, 또한 시험 주관자들은 응당 그런 관계를 이해하는 독자의 능력은 물론 언어 정보를 이해하기 위하여 도표 정보를 이용하는 능력까지도, 그리고 반대의 경우도 평가하도록 고려해야 하는 것이다. 외견상 아무리 매력적으로 보일지라도 다수의 정보 전이 기법들에서처럼 그러한 언어-도표 관계를 교란시키는 시험 항목은 피해야 한다. 또한 제7장을 보기 바란다.

9) 덩잇글 제시 매체(정보 기술 매체)

마지막으로 읽기를 놓고서 덩잇글 변수의 효과에 대한 논의에서, 그리고 특히 20세기 후반의 상황과 관련해서, 덩잇글이 제시되는 매체가 다뤄져야 한다. 학업 현장에서 정보는 흔히 환등기 슬라이드나 텔레비전 화면으로 제시되는데, 특히 원거리 학습 맥락에서 그러하다. 저자는 한때 빨리 읽기 검사(속독 검사)를 마련한 적이 있다. 응시생들에게 본문을 다 보여 줄 수 있도록 완벽히 통제할 필요가 있었고, 따라서 환등기(OHP) 슬라이드로 그 본문을 비춰 주었는데, 응시생들은 질문을 읽고 나서 인쇄된 소책자에다 자신의 답을 적었다. 비록 응시생들이 화면을 쳐다보면서 다 읽고 나서 조명이 부실한 책상 위에서 과제를 풀어나가는 일을 힘들게 여긴다는 사실은 저자가 관찰하였지만, 그런 제시 형태가 응시생들의 읽기에 영향을 주었는지 여부에 대해서는 당시에도 알 수 없었고, 지금도 잘 모르겠다. 분명히 환등기 슬라이드, 텔레비전 화면, 영화, 다른 매체들을 통하여 제시된 정보를 사람들이 어떻게 처리하는지에 대한 조사 연구가 필요하다.

현재 컴퓨터 화면에 더욱 더 많은 정보가, 특히 인터넷과 누리집의 발전, 그리고 컴퓨터를 이용한 자기 학습 자료의 활용과 더불어 쓰일 수 있다. 흥미롭게도 많은 독자들이 덩잇글을 출력하고 느긋하게 처리하기를 선호하지만, 여전히 많은 정보가 화면상으로 처리되고 있다. 이런 정보 기술 매체에서 한 가지 중요한 제약은 독자들이 한 번에 하나의 화면만 처리할 수 있다는 것이다. 화면을 앞으로 그리고 뒤로 진행하면서 오르내리는 일은, 인쇄물의 쪽수를 걷으면서 살피는 일보다도 시간이 더 많이 들고 덜 효율적이다.

더욱 더 많은 시험이 현재 컴퓨터로 치러지고 있다. 컴퓨터를 이용한 TOFEL(외국어로서의 영어 검사) 검사도 1998년에 도입되었다. 현재 컴퓨터를 이용한 시험에 대한 유일한 조사 연구는 TOFEL 점수와 관련하여 컴퓨터 사용 능력의 효과를 살펴보는 것이다(Tayler et al. 1998). 그러나 화면상으로 덩잇글의 처리하는 것이 인쇄물을 처리하는 일과 다른지 여부를 알아내는 것이 중요하다. 눈부신 화면으로 말미암는 잠재적 피곤함 때문만이 아니라, 또한 화면을 이용한 읽기로부터 인쇄물 읽기로 일반화가 입증되지 않을 가능이 있기 때문이다(반대의 경우도 마찬가지임).

올트먼(Oltman 1990)에서는 화면 제시 특징과 이용자 통제의 특성을 포함하여 이용자 상호대면(interface) 특징들에 대한 다수의 연구들을 개관한다. 글자 크기, 색깔, 줄 간격과 같이 화면상으로 보이는 여러 측면이 많은 조사 연구의 주제가 되어 왔다. 화면 글자 크기와 글자체 유형이 읽기의 용이성에 두두러진 효과를 지닐 수 있다. 간격이 적합하게 들어 있는 화면 글자 크기가 더 읽기 쉽고, 대문자와 소문자 혼용이 일반적으로 지속적인 읽기를 위해 더 낫다. 일반적 줄 간격이 있는(늑한 줄 간격) 덩잇글과 오른쪽으로 정렬된 덩잇글은 읽어 나가기가 더 어렵다. 두 줄 간격으로 벌려 놓으면 화면상 읽기가 더 빠르다. 배경 색깔과 글자 사이에 선명한 대조도 도움이 되고, 부드러운 색조 역시 피곤감을 덜어 준다. 높은(선명한) 해상도가 눈의 긴장을 덜어 준다. 화면 깜박거림과 눈부심은 스트레스를 일으킨다. 인쇄물로 읽기가 일반적으로 더 빠르고, 더 정확하며, 덜 피곤하다. 이용자 통제에 비춰 보면, 개별 줄보다는 글상자 영역으로 된 덩잇글이, 화면을 끌고 내리기에 알맞다. 많은 연구가 선택란(menu)을 위한 최적의 설계를 다루고 있다.

많은 시험 출제자들이 응시생에게 길이상 단일한 화면보다 더 많은 화면의 덩잇글을 처리하도록 요구해서는 안 된다고 권고한다. 이런 권고가 타당한지 여부에 대하여 조사 연구가 이뤄질 필요가 있다. 한편, 컴퓨터를 이용한 시험 설계자들을 위한 최상의 조언은, 컴퓨터를 이용한 수업 자료의 설계자들에게 주어진 권고 사항이다. 여기서는 전형적으로 동등한 인쇄물 1쪽(단면)보다도 화면상 더 적은 숫자의 낱말과 더 짤막한 단락과 더 많은 공백/빈칸을 주도록 권고하며, 특정한 색깔이나 혼합색 등을 피하도록 권고한다.

다시 한 번, 컴퓨터를 이용하는 시험에 대한 분명한 함의가 있다. 시험 출제자들이 단순히 덩잇글을 인쇄물로부터 컴퓨터 화면으로 옮겨 놓을 수 있다고 가정하는 일은 삼가야 한다. 이상적으로 컴퓨터를 이용한 읽기 시험은, 가령 인터넷으로 마련된 덩잇글처럼 화면상으로 읽기 위해 설계된 덩잇글을 읽기 위한 능력을 검사하는 데에 집중해야 할 것이다. 컴퓨터를 이용하는 TOFEL(외국어로서 영어 검사)에서처럼 만일 더 광범위한 덩잇글이 요구된다면, 상호대면(interface) 및 화면 설계 특징들에 자세하게 주의를 기울이는 중요하다. 이는 언어로 제시된 정보와 도표로 제시된 정보 사이의 관련성을 포함할 것 같다.

§.2-6. 요약

제2장에서는 읽기의 구성물을 어떻게 개념화할 것인지, 무엇을 평가할 것인지, 어떻게 평가할 것인지에 영향을 줄 것으로 판단되는, 그리고 평가에 대하여 다수의 다른 함의를 지니며 읽기의 여러 측면을 조사해 온 일정 범위의 연구들을 개관해 놓았다. 저자는 독자 및 덩잇글 사이의 구별이 흔히 희망하듯이 명백히 나뉘는 것이 아님을 받아들이면서, 두 가지 변수를 모두 살펴보았다.

읽기의 과정 및 결과에 모두 영향을 주는 독자의 여러 측면들은 독자의 배경지식과 주제지식, 문화적 지식과 목표 덩잇글이 씌어진 언어에 대한 지식을 포함한다. 이런 언어지식은 음운·철자·형태·통사·의미 정보를 포함하지만, 또한 덩잇글 짜임새 및 통사 결속, 덩잇글 유형 및 관련된 관습은 물론, 상위 언어지식까지 아우르는 담화 차원의 지식도 포함한다. 읽기가 제2 언어나 외국어로 진행된다면, 언어지식은 제1 언어지식뿐만 아니라, 모든 언어 층위들에서 제1 언어와 목표언어 사이에 있는 관련성을 포함한다. 제2 언어지식과 제1 언어 읽기 능력의 역할도 또한 제2 언어로 된 읽기의 맥락 속에서 고려되었다. 일반적으로 독자의 내재적 지식을 읽히고 있는 덩잇글의 특징들과 따로 구별해 내기가 실제로 어려움이 입증되었다. 한 쪽이 명백히 다른 쪽에 대한 거울 영상인 것이다.

인쇄된 정보를 처리하는 독자의 능력은 분명히 핵심적이며, 실제로 임의의 평가 절차나 시험의 주요한 목표가 된다고 말해질 수 있다. 이들 여러 가지 읽기 '기술'들의 정확한 본성에 대하여, 그리고 어느 범위까지 이런 기술들이 '읽기'의 일부로서 또는 일반적인 언어 이해 과정의 일부로서 간주될 것인지에 대하여 현재까지 조사 연구는 결론이 명확하지 않다. 그럼에도 불구하고, 낱말 인식 그리고 특히 이것이 진행되는 자동 처리과정이 유능한 읽기에서 중심적임은 분명하다. '더 낮은 수준'에서 낱말과 의미를 신속히 찾아내는 독자의 능력이 읽기 문제나 능력을 진단하는 데에 핵심이 될 것 같다. 그렇지만 여기에 더하여 독자가 덩잇글을 처리하는 목적도 더 중요하며, 독자의 동기와 정서 상태가 일반적으로 얼마나 심도 있게 읽는지 그리고 어떤 정보에 주의를 기울이는지에 영향을 끼칠 것 같다.

덩잇글의 언어 특징들이 분명히 읽기 용이성과 독자의 이해에 영향을 주며, 덩잇글 유형과 짜임새와 갈래 등은 물론 덩잇글 주제가 또한 분명히 독자가 얼마나 잘 의미를 처리할 수 있는지에도 영향을 준다. 마지막으로 덩잇글 지면 배치와 제시 방식의 많은 특징들도 독자가 읽는 방법에 영향을 주는 것으로 밝혀졌으며, 읽기 시험의 설계에 고려될 필요가 있다.

제2장에서 전반적으로 시험 설계 및 출제를 위하여 있을 수 있는 조사 연구의 함의들을 다뤄 왔다. 아래 몇 단락에서는 이들 일부 고려 사항들을 함께 모아놓고자 한다. 그렇지만 이런 논의가 철두철미하게 이뤄질 수는 없다. 독자들이 여기서 논의되지 않은 조사 연구의 함의들도 찾아낼 수 있고, 설사 이하의 요약에서 제시되듯이 명백하게 언급되지 않더라도 다음 장들에서 이 장에서 언급된 변수들을 다시 다룰 기회도 있을 것이다.

명백히 주요한 핵심은 읽기 과정이나 결과에 영향을 미친다고 보여준 임의의 변수가 시험 설계나 마련 과정에 참작될 필요가 있다는 것이다. 만일 읽기 과정이나 결과가 그런 영향력에 따라 변동하고, 그런 영향력이 시험이나 평가 절차에서 발생한다면, 이는 시험 점수의 타당성, 결과들에 대한 일반화 가능성, 수행에 대한 해석에 위협이 된다. 너무 단순한 것이 아니라면 한 가지 간단한 함의는, 시험 출제자들이 다양하게 가능한 일련의 상황들에서 될 수 있는 대로 응당 많이 서로 다른 덩잇글, 과제, 주제, 검사 방법 등을 표본으로 찾아내어야 한다. 그렇지만 불가피하게 어떤 시험이든지 간에 표본으로 삼고 측정할 수 있는 바가 제약되어 있으므로, 관련 덩잇글과 독자와 과제 변수(변인)들에 대한 개연성 있는 효과에 유념하면서, 시험 출제자는 가능한 한 원리 잡힌 방식으로 표본을 만들고 기획을 할 필요가 있다.

이해에서 배경지식·문화지식·주제지식의 중요성은, 시험 출제자가 반드시 그런 지식이 읽기 시험 점수나 측정에 영향을 줄 수 있음을 깨달아야 함을 의미한다. 일반적으로 읽기 시험에서 그런 지식을 측정하는 데에 관심을 두지 않는다. 이는 우리 측정에 대한 타당도에서 낮게 떨어짐을 나타낼 것으로 본다. 그렇다면 한 가지 예방법은 모든 응시생들에게 똑같이 친숙하거나 낯선 것으로 알려진 주제들을 놓고서 덩잇글을 선택하는 일이 될 수 있다. 명백한 문제는 제대로 그런 주제를 찾아내는 일이다.

미국에 있는 일부 주에서 분명히 시행하듯이, 한 가지 대안은 한 다발(*battery*, 한 다발로 묶은)의 검사(종합 검사집) 속에 주제지식의 측정값을 포함한 뒤에, 읽기 점수를 놓고서 그런 지식의 영향력을 추정하는 것이며, 그리고 실제로 지식 검사에 대한 높은(또는 낮은) 점수에 비춰서 읽기 점수를 조정하는 것이다. 이런 방법에 대한 명백한 반론은, 그런 절차를 시행하는 데에 소요될 법한 시간이다. 두 번째 문제는 지식 검사가 그 자체로 읽기 능력을 측정할 것 같고, 따라서 어쨌든 간에 순수한 지식 검사의 추정이 가능할 것 같지 않다는 점이다.

아주 강력하지는 않더라도 제1 언어 읽기 상으로 통사지식과 같이 언어 변수들의 영향력에 대한 증거가 사실로 주어진다면, 시험 출제자들은 시험 응시생 집단의 가능한 능력 범위 속에 들어감을 보장해 주기 위하여 응당 질문과 유의사항과 지문(바탕글/본문)의 언어들을 신중하게 검사해 보아야 한다. 주어진 집단의 학습자들에게 덩잇글이 너무 어렵다고 알려질 경우에, 비록 한 가지 가능한 전략이 해당 덩잇글을 단순하게 고쳐 놓는 것이지만, 이는 본디 덩잇글을 참된 속성을 없앨 뿐만 아니라, 또한 본문을 이해하기 더 어렵게 만들 위험도 있다. 게다가 단순하게 고친 덩잇글을 읽는 능력이 실제 참된 덩잇글을 읽는 능력으로 일반화될 것 같지 않다. 덩잇글 난이도를 조절하는 좀 더 적합한 방식은 더 쉬운 과제나 시험 문항을 계발하는 것일 수 있다.

읽기에서 어휘의 중요성은 신중한 통제가 필요하다. 또는 적어도 본문과 무관한 어려운 어휘들이 들어 있는지 문제지(시험지)를 조사할 필요성을 시사해 준다. 아마 가장 간단한 조언은 읽기 능력을 측정하려고 시도하는 경우에 오직 어휘지식만 검사하는 일을 막는 것이다. 만일 어휘 크기나 품질의 대한 추정값이 이용될 수 있다면, 최종적인 읽기 점수에서 어휘 효과를 추정할 수 있을 것이다. 그러나 시험 출제자와 시험 이용자는 단지 읽기 시험에서 어휘지식을 측정하는 일이 불가피하고 시험 결과를 신중하게 해석해야 함을 깨달아야 한다.

읽기 능력을 향상시키는 데에 상위 인지와 상위 언어지식이 같이 결합되어 있음은, 하나의 지식을 다른 지식과 혼동하지 않도록 주의해야 함을 의미한다. 덩잇글의 언어에 대하여 말하거나 질문에 대답하는 능력은 그 덩잇글을 이해하는 능력과 구별된다. 후자는 특히 제2 언어에서 전자가 없이도 가능할 것 같다. 그렇지만 상위 인지 전략이나 심지어 상위 언어지식에 대한 검사가 진단 목적을 위해 유용한 것으로 입증될 수 있다.

제1 언어 읽기 능력이 제2 언어 읽기 맥락으로 전이될 수 있기 전에 반드시 거치고 넘어서야 하는 '언어 문턱값'의 존재는 관련 문헌으로부터 상당한 정도의 뒷받침을 받고 있다(§.2-2-2 참고). 그렇지만 이런 언어 문턱값은 절대적인 것이 아니라 과제에 따라 변동할 것임이 분명하다. 과제가 요구사항이 많으면 많을수록 언어 문턱값이 더 높다. 임의의 과제를 어렵게 만드는 것은 덩잇글 주제, 덩잇글 언어, 배경지식, 과제 유형과 같은 변수와 관련될 것이다(§.4-3 참고). 읽기 시험의 타당도가 부분적으로 제1 언어 또는 제2 언어 읽기 능력을 이용하는지 여부에 달려 있기 때문에, 어떤 변수들이 그런 전이를 허용하거나 억제하는지를 알아내는 일이 중요하다. 제1 언어와 제2 언어 읽기에서는 읽기 능력의 측정이 덩잇글의 언어에 대한 난이도, 과제의 난이도, 독자의 언어지식의 상태에 크게 영향을 받는지 여부를 알아볼 필요가 있다. 덩잇글 처리와 이해에 대한 읽기 목적의 영향력은 시험 출제자가 시험 문항/과제를 읽기 목적으로 생각할 필요가 있음을 시사해 준다. 시험 실시 상황의 명백한 제약 속에서라도 실생활 목적들에 좀 더 가까이 가면 갈수록, 특정 유형의 읽기에 대한 타당한 그림을 일반화하고 제시하게 될 시험 결과들을 얻어낼 수 있을 것 같다.

서로 구별되는 처리 방식과 목적과 결과들을 지닌 상이한 유형의 읽기가 다섯 가지 정도 있다는 증언은, 읽기 시험 출제자가 이들 다섯 가지 목적 중에서 어느 것을 모의하거나 측정하려고 의도하는지 명백히 해 주어야 함을 의미한다.

읽기에서 동기의 영향력은 시험/검사 해석에 대해 중요하다. 불가피하게, 다른 조건 아래에서보다 시험 응시 현장에 의해서 만들어질 불안감(*anxiety*, 초조함)은 상이한 수행으로 귀결될 것이며, 점수도 적절히 해석될 필요가 있다. 위협적이지 않은 환경에서 비격식적인 평가 절차가 시험에 근거한 평가보다 질적으로 더 나은 수행으로 귀결될 가능성도 있다.

상이한 독자들이 적어도 부분적으로 상이한 정서 반응을 보일 개연성이 있음이 사실이라면, 응시 과정 동안의 정서 반응 및 결과상의 정서 효과가 읽기 시험 및 평가에 대하여 중요한 함의를 지닌다. 한 가지 접근법은 부정적 정서 반응보다 긍정적인 정서 반응을 촉진할 덩잇글 및 맥락을 선택하려고 노력하는 것인데, 여기서 문항 집필자에 대한 조언이 덩잇글에서 괴로움을 줄 만한 주제를 피하는 것이 분명히 관련된다.

조사 연구가 우리들에게 실패한 독자로부터 성공한 독자를 구별해 주는 바를 특성지어 줄 수 있는 범위까지, 시험 출제자들이 만일 읽기 능력을 진단하거나 읽기 능통성을 예측하고자 한다면, 이들 차이에 초점을 모으려고 희망할 수 있다. 특히 읽기 능력 수준들의 정의는 응당 읽기 향상에 대하여 무엇이 알려져야 하는지에 의해서 그 정보가 채워져야 한다.

시험 출제자들은 읽기 용이성에 기여하는 덩잇글의 특징들을 잘 알아둘 필요가 있다. 덩잇글 난이도가 읽기 시험/검사의 결과와 긴밀히 연관되어 있으므로, 시험 주관자는 자신이 뽑은 덩잇글이 다양한 읽기 용이성 공식에 의해 추정되거나 다른 추정값에 따라서 적합한 수준의 난이도를 지녀야 함을 보증해 줄 필요가 있는 것이다.

비슷하게, 덩잇글 내용, 덩잇글 유형/갈래, 덩잇글 짜임새 따위의 효과도 응당 시험 출제자가 잘 알아두어야 하는 것인데, 덩잇글에서의 변이가 상이한 시험/검사 결과로 이끌어 갈 수 있으므로 적절히 표본으로 만들어 두어야 한다. 양질의 읽기 시험 및 양질의 평가 절차가 일반적으로 독자들이 일정 범위의 주제들을 다루는 다양한 덩잇글을 이해하는 능력을 놓고서 평가되었음을 보장해 줄 것이다. 만일 문학류 덩잇글에 대하여 개인적으로 의미 있고 종종 고유한 방식으로 반응하는 경우가 사실이라면, 독자가 임의의 문학류 덩잇글을 이해하였다고 말하기 위해서 우리가 어떤 종류의 의미를 검사할 수 있을지 알아내기는 어렵다. 그렇지만 평가 맥락에서는 적어도 (일정 기간에 걸친) 읽기 수행 기록과 반응을 통해서, 독자들이 실제로 그들에게 부여된 덩잇글을 읽었음을 확정하는 일이 실행될 수 있다.

시험이 컴퓨터로 더욱 더 빈번히 시행되고 있음이 사실이라면, 화면상으로 덩잇글을 처리하는 일이 인쇄물을 처리하는 것과 다른지 여부를 아는 일이 중요하다. 잠재적인 피로감 때문만이 아니라, 또한 화면을 통한 읽기로부터 인쇄물을 이용한 읽기에로의 일반화가 정당화되지 않을 수도 있다.

이것들이 시험 세목을 만들어 내고 도구를 구성하는 경우에 시험 출제자가 염두에 둘 필요가 있는 몇 가지 고려사항들인데, 다음 몇 개의 장을 다뤄 나가면서 다른 고려사항들도 추가로 언급하게 될 것이다. 그렇지만 아마 시험 관리자가 잘 알아야 할 가장 중요한 것은, 시험이 읽기에 대한 자신의 견해를 나타낸다는 사실이다. 읽기가 무엇이 되어야 하는지에 대한 믿음이, 무엇을 검사하고, 어떻게 시험을 치를지에 영향을 준다. 자신이 세운 읽기 능력에 대한 모형이 가령 별개의 읽기 기술을 검사하려고 시도할지 여부, 단순히 전반적인 읽기 능력을 추정할지 여부, 또는 학습자들이 더 나은 독자가 되도록 도와주기 위하여 읽기의 구성영역들을 진단하려고 노력할지 여부를 결정하게 될 것이다. 읽기의 본질에 대한 시각, 읽기 과정 및 결과에 영향을 줄 수 있는 변수들에 대한 지식이 읽기 시험의 타당도와 긴밀하게 연결되어 있다.

이어지는 장들에서는 시험과 평가 절차들이 어떻게 앞에서 살펴본 고려사항들로부터 도출될 수 있을지를 논의하게 될 것이다. 그러나 제3장에서 먼저 어떤 변수들이 우리의 평가에 영향을 주고, 무엇이 더 탐구되어야 할 것으로 남아 있는지 찾아내기 위하여, 읽기 시험 실시 및 평가와 관련하여 기존 조사 연구 문헌에서 확립해 놓은 바를 요약할 필요가 있다.

제3장 읽기 평가에 대한 조사 연구

제3장에서는 언어 검사에 초점 모아온 조사 연구의 주요한 발견 결과들과 그것들의 구성 또는 해석에 영향을 줄 수 있는 변수들을 요약해 놓기로 한다. 제1장에서 살펴보았듯이 많은 연구에서 유도 도구(elicitation instrument)로서 언어 검사를 이용해 왔다. 이것들 중 일부는 이미 제2장에서 개관되었는데, 제2장과 제3장 사이에는 어느 정도 중복이 불가피할 것이다. 그렇지만 제3장의 주요 초점은 시험 설계를 위하여 그리고 평가 절차의 계발을 위하여 언어 시험 조사 연구의 직접적인 함의들에 모아져 있다. 놀라울 것도 없이, 평가 도구를 이용하는 조사 연구라기보다 평가를 대상으로 한 조사 연구는, 직접 읽기의 모형을 적용하는 일을 추구하기보다는 오히려 평가 논제들에 초점을 모아 왔다. 결국 평가는 조사 연구를 위한 그 나름대로 고유한 목적들과 필요성을 지니고 있다.

제3장에서는 다음 질문을 다룰 것이다. 읽기의 평가에 무엇이 영향을 주는지를 어떻게 알 수 있는가? 이하에서는 읽기를 평가하는 데에 관련성을 지닌 것으로 입증된 변수들을 집중적으로 살펴본다.

언어 시험 조사 연구에 대한 한 가지 주요한 영역은 검사 방법들이 되어 왔다. 검사 타당도와 신뢰도, 그리고 그 사용에 영향을 주는 요인들이다. 이것이 아주 광범위한 영역이므로, 검사 시행 절차를 논의하는 경우에는 제7장에서 따로 관련성에 대한 주요 발견 내용들을 제시하게 될 것이다.

최소한도로만 어림하더라도, 오랫동안 읽기 시험의 난이도는 지문(바탕글/본문/덩잇글)[1] 난이도 및 문항 난이도 둘 모두의 함수임이 인식되어 왔다. 임의의 문항은 시험 문항이나 검사 과제이며, 한 문항의 난이도는 간단히 정답을 말하는 후보들의 비율에 따라 측정되고, 오답을 택한 비율과 비교된다. 분명히 어려운 덩잇글에 대하여 쉬운 물음을 던질 수도 있고, 쉬운 덩잇글에 대하여 어려운 물음을 던질 수도 있다. 읽기 점수는 지문(덩잇글) 난이도보다는 문항 난이도 때문에 높아지거나 낮아질 수 있다. 그 반대의 경우도 참이다. 따라서 검사 시행 조사 연구에서 중요한 영역이 문항 난이도에 기여하는 것이 무엇인지를 추정하는 일이 되어 왔다. 지문(덩잇글) 난이도의 원인을 확립하고자 하는 읽기 용이성 조사 연구와도 크게 상보적이다. 이 논제에 대한 좀 더 확장된 논의는 제2장을 참고하기 바란다. 그렇지만 서로 상호작용하므로 불가피하게도 문항 효과 및 지문 효과 사이를 구분해 주기가 어렵다. 이하에서는 먼저 시험 문항에 영향을 주는 변수(변인)들을 강조하고 나서, 지문 난이도에 영향을 주는 요인들을 검토해 나가기로 한다.

---

1) (역주) 원문은 'passages(지문, 바탕글, 본문)'이다. 원래 라틴어 'pace(보폭)' 또는 불어 'passer(통과하다)'에서 나왔다고 하는 passages(길, 통로 등)는 여러 뜻을 지닌다. 그 중에서 여기서는 한 권의 책이나 음악 악보에서 일부를 따온 짤막한 도막을 가리킨다. 이를 가리키기 위해 우리 쪽에서는 편의상 한자어 '지문(地文)'을 써 왔다. 아마 이를 직역하면 '바닥글'(땅바닥+글)이겠지만, 일부에서는 '바탕글'로 쓰기도 하며, 시험 문항과 짝이 되는 표현으로 '본문'이라고 부르기도 한다. 우리말 '바탕글'이 때로 본디 출전(원래 덩잇글)을 모두 가리킬 수도 있다는 점 때문에(중의적임) '바탕글'을 선뜻 따라쓰기가 다소 고민스럽다. 최근 젊은 사람들은 몸통이 되는 글이라는 뜻으로 '몸말'이라고도 하는데, 재치가 돋보인다. 여기서는 일단 '지문'으로 써 두기로 한다. 이 낱말과 교체되어 쓰이는 낱말이 text(덩잇글, 지문, 바탕글), test text(검사 덩잇글), target passage(목표 지문, 목표가 되는 바탕글: §.2-2-4에 나옴) 등인데, 이들도 앞뒤 맥락을 고려하면서 '지문'으로 번역해 둔 경우가 있음을 적어둔다.

§.3-1. 읽기 시험 문항의 난이도에 영향을 주는 요인

1) 질문 언어

아주 분명하게도, 만일 질문의 언어가 지문(바탕글/본문) 그 자체보다 이해하기가 더 어렵다면, 독자에게 추가적으로 어려움을 한 겹 더 안겨 주는 셈이며, 빈약한 수행이 지문의 어려움에 기인하는 것인지, 아니면 그 질문의 어려움에 기인하는 것인지를 제대로 말해 줄 수 없다. 시험 출제자에게 하는 일반적인 충고는, 질문의 언어를 단순하게 하여 확실 히 지문보다 더 쉽게 보장해 주라는 것이다. 이는 종종 제1 언어 초보 독자들을 대상으로 한 시험에서는 어렵다.

그렇지만 제2 언어 독자들에게도 추가적인 논제가 있다. 질문을 응당 지문의 언어인 '목표언어(target language)'로 써 주어야 하는가, 아니면 독자의 제1 언어로 써 주어야 하는가? 만일 응시생 집단이 서로 다른 다수의 제1 언어를 쓰고 있다면, 유일한 실용적 해결책은 가령 TOFEL (외국어로서 영어 검사)에서 일어나듯이 목표언어로 간략히 표현된 질문 들을 내어 주는 것이다. 그렇지만 응시생들이 하나의 제1 언어를 공유하 고 있는 경우라면, 제1 언어로 질문들을 던지는 것이 더 나은 것일까?

쇼허미(Shohamy 1984)에서는 제1 언어로 된 택일형[2] 질문이 제2 언어 로 번역된 동일한 질문들보다 더 쉬웠고, 비슷하게 제1 언어로 된 개방 형(≒서술형) 질문이 제2 언어로 된 개방형 질문들보다 더 쉬웠음을 찾 아내었다. 그녀는 이런 사실이 특히 낮은 수준의 학습자들 사이에서 불안감의 감소로 설명될 수 있을 것으로 추측하였다. 또한 제1 언어로

---

2) (역주) multiple choice(택일형)란 여러 선택지 중에서 올바른 것 하나를 뽑는/고르는 문제 이다. 교육학에서 자주 '선다형'(많은 것을 뽑는 형태)이라는 잘못된 용어를 쓰는데, 오직 하나만 뽑아야 하므로(택일형) 모순된 용어임을 알 수 있다. multiple이 여러 선택지 또는 다지를 가리키지만, 하나를 선택한다(택일)의 말속에 복수 이상의 선택지를 깔아 두고 있으 므로, 여기서는 다만 '택일형' 문항이라고 번역하기로 한다.

된 표현들이 해당 덩잇글의 일반적 의미에 대한 단서를 제공해 줄 수 있고, 따라서 특히 택일형 문항을 놓고서 학생들에게 올바른 답을 짐작하도록 도움을 준다. 질문을 제2 언어(목표언어)로 제시하는 일이 또한 낯선 낱말들 때문에 어느 정도 어려움을 더해 놓을 수도 있다. 이런 가정은 두 가지 언어로 오답지의 판별 난이도를 보여 주는 문항 분석에 의해 뒷받침된다. 쇼허미(1984)에서는 제1 언어로 된 질문을 쓰는 것이, 또한 학생들 스스로 제2 언어 덩잇글의 질문을 자신의 제1 언어로 던질 것 같다는 점에서, 실생활을 반영하여 좀 더 '참된(*authentic*)' 것일 수 있음을 시사해 주었다. 그렇지만 이들 모든 사색이 여전히 조사 연구에 의해서 구체적으로 확정될 필요가 있다.

2) 질문의 유형

명시적으로 덩잇글의 한 부분에만 초점 모은 문항을, 지문(바탕글/본문)의 좀 더 너른 부분으로부터 나온 문항과 서로 구분하는 것은 아주 흔한 일이다. 피어슨·존슨(Pearson and Johnson 1978)에서는 서로 다른 세 가지 유형의 질문을 찾아내고서, 이것들이 난이도 상으로 변동될 수 있음을 시사해 주었다. ① 덩잇글상 명시적인 질문(*textually explicit questions*)들은 질문 정보 및 정답이 모두 동일한 문장 속에서 찾아지는 것이다. 반면에, ② 덩잇글상 암시적인 질문(*textually implicit questions*)들은 응답자가 여러 문장들에 걸친 정보를 결합하도록 요구한다. ③ 각본에 기반한 질문(*script-based questions*)은 때로 각본상 암시적인 질문(*scriptally implicit questions*)으로도 불리는데, 질문에 대한 정답이 덩잇글 자체에서는 찾아질 수 없기 때문에 독자로 하여금 덩잇글 정보를 자신의 배경지식과 통합하도록 유도한다. 이런 질문이 해당 덩잇글 밖에 있는 정보에 의존하기 때문에 이해 질문인지 여부를 물을 수도 있다. 기대한 대로 비록 데이뷔·러써쏘(Davey and Lasasso 1984)에서는 덩잇글상 명시적인 문항들이 암시적인 문항보다 유의미하게 더 쉬웠음을 찾아내었지만, 이들 질문 유형이 난이도에서 지속적으로 변동한다는 점이 여전히 더 입증되어야 한다.

앤더슨 외(Anderson et al. 1991)에서도 이런 분류 형태를 이용하였지만 문항 난이도 또는 식별력과의 관련성을 보고하지 않았는데, 문항 식별력(*item discrimation*)이란 하나의 문항이 유능한 학습자와 빈약한 학습자 사이를 구별해 주는 능력이다. 그렇지만 앤더슨 외(1991)에서는 질문 유형 및 질문에 대답하기 위해 응시생들이 이용한 전략들 사이에 아무런 관련성도 찾아내지 못하였다. 이 분류가 질문 및 지문(바탕글/본문) 사이의 관련성에 있는 차이들을 설명해 주기 위하여 마련되었다는 점에서, 이는 다소 놀랍다. 지문–문항 관련성에 있는 차이들이 사실상 독자가 질문에 접속한 방식 및 문항들을 지문에 관련시킨 방식에 영향을 줄 것이라고 가정해 볼 수 있다. 이들 서로 다른 세 가지 유형의 질문을 처리하는 데 깃들어 있는 바는, 아직 답변이 이뤄지지 않은 채 그대로 남아 있다.

시험 문항들을 범주로 나누어 주는 또 다른 방식은 지엽적인 이해와 전반적인 이해 사이를 구분해 주는 것인데, 피어슨·존슨(1978)에서 언급한 덩잇글상 명시적인 질문 및 암시적인 질문과 관련된 구분이다. 벤소쓴 외(Bensoussan et al. 1984)에서는 지엽적인 질문들이 전반적인 질문보다 더 쉬웠고, 지엽적인 질문들이 문항의 언어의 변화에 의해서 더 영향을 많이 받았다고 결론을 내렸다.

이해 질문에 대한 다른 분류 방식도 시도되었다. 프뤼들·코스틴(Freedle and Kostin 1993)에서는 TOFEL의 읽기 문항 난이도를 조사하였는데, 문항 특성에 대한 일곱 가지 범주가 문항 난이도에서 58%의 분산(variance, 변량)을 예측하였음을 찾아내었다. 분산이란 점수의 변이 가능성을 가리키는 통계값인데,[3] 응시생들이 받은 점수가 퍼져 있는 범위를 가리킨다. 이들 범주는 다음과 같다.

① 덩잇글과 핵심어 사이에서 어휘의 중복, ② 문장 길이, ③ 지문 길이, ④ 단락 길이, ⑤ 수사학적 짜임새, ⑥ 부정문의 이용, ⑦ 지시 용법 및 지문의 길이[4]

데이뷔(Davey 1988)에서는 읽기 수행을 놓고서 (ⅰ) 지문 변수, (ⅱ) 문항 변수, (ⅲ) 서식(문제) 유형 변수의 기여를 평가하였다. 이들은 더 자세히 다음처럼 구분되었다. (ⅱ) 문항 유형 변수는 ⓐ 정보의 위치와 ⓑ 추론 유형이었다. (ⅲ) 택일형 서식 변수는 ㉠ 질문 해설(*stem*)의 길이, ㉡ 질문 해설에 쓰인 내용 낱말, ㉢ 질문 해설에만 유일한 실사, ㉣ 정답 선택지의 길이, ㉤ 오답 가능성과 같은 것들이다. 단, ㉠ 질문 해설(*stem*, 문항 진술)은 택일형 질문의 첫 부분으로 선택지들 바로 앞에 나오게 된다. ㉢ 질문 해설에만 유일한 실사는, 질문에는 나오지만 지문(바탕글/본문)에는 없는 명사·동사·수식어들을 가리킨다.

　이들 중에서 두 가지가 문항 난이도에 가장 큰 기여를 하였다. 답변하는 데 요구되는 정보의 위치와 택일형 문항에서 질문 해설의 길이이다. 추론 유형 및 정보의 위치 사이에 있는 관련성으로 말미암아, 데이뷔(1988)에서는 한 문항의 난이도가 적어도 부분적으로 요구된 추론 과정의 정도에 의해서 설명될 수 있다고 시사해 주었다. 그렇지만 이뿐만

---

3) (역주) 한국통계학회 엮음(1997), 『통계학 용어집』(자유아카데미)과 대한수학회 엮음 (1994), 『수학 용어집』(청문각)에서 모두 '분산'으로 번역하였다. 이순묵·이봉건 뒤침(1995), 『설문·시험·검사의 제작 및 사용을 위한 표준』(학지사)에서는 '변량'이라고 번역하였다. 표준 편차 S에서 음(−)의 숫자가 나오지 않도록 제곱을 하여 얻은, 표준 편차의 제곱값 S^2이다. 89쪽 §.2-2-2의 역주 14)도 보기 바란다.

4) (역주) 원문에 ③ 및 ⑦에서 모두 passage length(지문 길이/본문 길이/바탕글 길이)란 말을 쓰고 있다. ⑦에서는 아마 지시 용법의 대명사가 얼마나 멀리 떨어져 있는 명사를 가리키는지를 알아보려고 하는 듯하다. 대명사가 바로 앞의 문장에서 원래 명사를 찾을 수도 있고, 더 멀리 떨어져 있는 문장에서 원래 명사를 찾을 수도 있기 때문이다. 참스키 교수는 대명사가 자신이 실현된 영역 밖에서 결속될 요소를 찾아야 하는데, 이는 'himself, herself'와 같은 재귀 대명사가 자신이 실현된 영역(문장 또는 명사구) 안에서 결속 요소를 찾는 일과 상보적임을 밝혀 내었다. 때로 대명사는 채 언어표현에 명시적으로 거론되지 않은 대상과 결속되기도 한다. 이를 『지배·결속 강좌』, 61쪽에서 언어표현 밖의(obriative) 결속으로 불렀는데, 언어표현 내부의(proximate) 결속과 대립된다.

아니라, 함의된 정보를 끄집어내는 항목들도, 명시적으로 진술된 정보를 표현하는 항목보다도 더 많은 낱말들을 지니는 경향이 있었다. 더군다나 한 항목이 오답 선택지로 될 가능성의 정도는 어떤 효과를 지녔다. 올바른 답변이 지문에서 명백하게 진술되지 않은 경우에, 가능한 선택지의 숫자가 늘어나는 경향이 있는 것이다. 시사점은 그런 항목에 대한 올바르게 반응하는 일이 더 나은 응시 전략이나 더 큰 문제해결 능력을 포함할 수 있다는 것이다.

앤더슨 외(1991)에서는 읽기 이해 문항들을 검사하기 위하여 여러 가지 방법들을 이용하였다고 보고하였다. ① 응시생들이 이용한 전략들을 찾아내기 위하여 큰 소리로 말해 주는 기법도 쓰고, ② 무엇이 검사되고 있는지(≒구성물)를 놓고서 시험 출제자가 주장한 내용에 근거하여 시험 내용 분석도 이용하였으며, ③ 앞서 언급된 피어슨·존슨(1978) 분류 체계뿐만 아니라, 또한 ④ 검사 수행 결과의 통계치도 같이 이용하였다. 그들이 이용한 삼각 측량법에도5) 불구하고, 아쉽게도 그들의 결론은 읽기 검사 항목에 대한 어떠한 특징들이 특정한 읽기나 응시생 전략을 일으키는지에 관하여, 또는 어떠한 특징들이 문항 난이도와 관련되는지에 대하여 유의미한 통찰력을 어떤 것도 이끌어 낼 수 없었다. 예를 들면, 학생들이 어려운 문항을 놓고서 짐작하기 전략을 쓴다는 진부한 사실만을 보고하였다. 그렇지만 그들의 방법론은 시험 출제자들에게 대규모로 시행되는 시험 및 교실 수업에서 쓰는 시험 둘 모두를

---

5) (역주) 지표면의 특정 지점을 확인하는 일로부터 확대하여 비유적으로 쓴 triangulation(삼각 측량법)은 흔히 인간 행위에 대한 해석적/질적 접근에서 도입된다. 인간 행위의 본질을 해석하는 일이 매우 복잡다단하기 때문에, 여러 가지 이런 저런 그런 방법들을 동원하여 임의의 결론을 거듭거듭 재확인해 나가는 일이다. 앤더슨 외(1991)에서는 네 가지 방법으로 읽기 이해를 제대로 측정하였음을 보이고자 하였지만, 철저히 실패하였는데 아마 주요한 독립 변수와 부차적인 종속 변수들을 구분하지 못하였기 때문일 듯하다. 언어 평가에서는 신뢰도와 타당도를 갖춘 구성물 영역을 명확히 정의해 줌으로써, 관련된 독립 변수들의 짜임새를 한 눈에 파악할 수 있게 된다. 따라서 여러 가지 다른 방법으로 재확인하는 번다함을 덜어 놓을 수 있다. 자세한 논의는 브롸운(Brown 2001), 『언어 교육에서 현지조사 이용(*Using Surveys in Languge Programs*)』(Cambridge University Press)의 제5장을 읽어 보기 바란다.

위하여 상당한 가망성을 제공해 준다.

바크먼 외(Bachman et al. 1996)에서는 시험 문항의 특징들을 문항 통계 값(난이도 및 식별력)과 관련지으려고 하였던 다수의 연구를 개관하였다. 그렇지만 그 결론은 혼합되어 있다.

> 한편으로는 외국어로서의 영어 '전문가'인 시험 출제자들에 의해 찾아진 아주 소수의 내용 특징들이나 실험적인 조사 연구나 이론적인 모형들이 실제로 문항 통계값과 관련되어 있음을 시사해 준다. 다른 한편으로 앞서 살펴본 세 편의 연구에서는 문항 난이도에서 유의미한 양의 변동/변이가 비교적 소수의 내용 특징들에 의해서 설명될 수 있음을 찾아내었다. … 결국, 언어 시험 설계를 위한 토대로서 가장 빈번하게 인용된 많은 특징들이 … 사실상 실제 검사 수행과 관련되지 않을 가능성이 있다. (바크먼 외 1996: 129쪽)
>
> (On the one hand they suggest that very few of the content characteristics that have been identified by test developers, EFL 'experts', experimental research or theoretical models are actually related to item statistics. On the other hand, three of the studies found that a significant amount of variation in item difficulty could be explained by a relatively small number of content characteristics … In balance, many of the features that are most frequently cited as a basis of language test design … may, in fact, not be related to actual test performance. Bachman et al. 1996: 129)

실제로 바크먼(1990)의 얼개에 근거하여 특별히 설계된 채점 도구를 이용하면서, 앞의 논문 집필자들은 케임브리지 대학교 지역시험 연합(UCLES)의 초급영어 자격인증(FCE) 중에서6) 읽기 이해 작문의 상이한

---

6) (역주) 본딧말이 각각 the University of Cambridge Local Examinations Syndicate(케임브리지 대학교 지역 시험 연합)와 the First Certificate in English(초급영어 자격인증, 영어에서의 초

내용 여섯 개를 분석하였다(§.4-6을 보기 바람). 그들은 지문에 대하여 그리고 그 지문과 연결된 개별 문항에 대하여, 검사 방법 특징들을 채점하고 있던 다섯 명의 채점자 사이에서 높은 수준의 채점자 간 신뢰도(채점자들 사이에서 일치하는 정도)를 얻어낼 수 있었다. 그렇지만 의사소통 언어 능력의 구성영역들(즉, 내용 특징들)을 채점하는 일은 훨씬 신뢰도가 떨어졌는데, 전반적인 경향으로 다섯 명의 채점자들 중에서 세 명만이 임의의 특징에 대해 일치하였다. 비록 앞의 논문 집필자들은 자신들이 계발한 것과 같이 적합하게 시험적으로 써 본 채점 도구를 이용하는 일이 도움이 되고 채점자들 사이에 일치를 늘여 주리라는 점을 낙관하고 있지만, 의사소통 언어 능력의 정의를 정밀히 가다듬기 위해서 추가 연구가 필요함을 인정하고 있다.

그들은 문항 특성 및 문항 통계치 사이에 있는 관련성이 크게 변동하였음도 발견하였다. 문항 난이도에서 문항의 특징들로부터 예측될 수 있는 분산의 양이 0으로부터 실질적으로 66%까지 걸쳐 있었다. 그렇지만 아주 소수의 특징만이 검토된 여섯 가지 동등한 검사 서식들 중 둘 이상에 대하여 난이도를 예측할 수 있음이 입증되었는데, 이용된 지문들 속에 들어 있는 검사 및 해당 문항의 실제 본성 사이에 있는 차이점들이 어떤 문항 특성들이 중요한 것으로 부각될 수 있는지를 놓고서 강력한 영향력을 지님을 시사해 준다. 따라서 검사의 난이도에 영향을 주는 문항의 특성들을 놓고서 신뢰할 수 있고 믿을 만한 통찰력을 제공해 주기 위해서는, 사뭇 많은 수의 검사들이 검토될 필요가 있을 것이다.

'규칙 공간 분석(rule space analysis)'으로 알려진 새로운 통계 기법을 이용하면서 다츠오카(Tatsuoka)와 그의 동료들에 의해 이뤄진 최근의 조사 연구에서는 '영역 전문가(domain experts)'들의 판단과 응시생들의 회상과 통계적 분류 절차를 결합시켜 줌으로써, 사실상 개별 문항들이

급 자격인증)에 대한 약자이다.

실제로 검사하고 있는 바를 찾아내는 일이 가능함을 시사해 주었다. 벅 외(Buck et al. 1996)에서는 제2 언어에서 문항에 올바르게 반응하는 데 필요하다고 믿어지는 '인지적 수행 속성(cognitive performance attributes)'에 비추어 읽기에 대한 택일형 검사를 분석하였다. 그들은 두 채점자 사이에서 문항들의 ⅔에 대한 일치가 있었고, 분류 과정에 있는 모든 불합치는 토론으로 해소되었음을 보고하였다. 제대로 작동하지 않았던 (본질적으로 난이도를 전혀 예측하지 못한) 속성들을 제거한 뒤에는, 16개의 속성 및 8개의 속성들 간 상호작용이, 응시하고 있는 실험 참가자들의 91% 수행에 대하여 그리고 실질적으로 전체 검사 점수들에 있는 모든 분산에 대하여 설명해 줄 수 있었다.

찾아진 속성들은 본질적으로 문항 및 덩잇글 특징들이다. 예를 들면 다음과 같다. ① 한 가지 문항 특징은 "필요한 정보가 연속된 하나의 덩잇글에 들어 있지 않고, 두 군데 이상에 걸쳐 흩어져 있습니다." ② 또 다른 문항 특징은 '중심 생각(main idea 주제)' 문항이다. 나머지 특징은 다음과 같다. ③ "필요한 정보가 항목들의 순서로부터 나옵니다." ④ "이 문항에서는 덩잇글에 들어 있지 않은 특별한 배경지식을 요구합니다." ⑤ "배경지식을 이용하면서 두 가지 오답을 지워 버릴 수 있습니다."

이들 특징들 간의 상호작용도 또한 중요하였는데, 가령 다음과 같다. ⑥ 해당 덩잇글이 빽빽이 이어진 서식 배열로 되어 있는 경우에, 정보를 기억 속에 붙들고서 추론을 하는 데 이용하는 능력, ⑦ 단락이나 분절 마디가 사뭇 더 길거나 덩잇글이 빽빽이 이어진 서식 배열 속에 들어 있는 경우에 골자를 이해하는 능력.

몇 가지 이들 특징이 바람직할 수 있겠지만, 많은 것이 택일형 문항의 효과와 관련되어 있으므로, 다른 것들은 검사되고 있다고 가정된 바와는 무관할 가능성이 있다. 가령, "정답은 낮은 빈도의 낱말입니다." 또는 "오답은 길게 쓰이는 경향이 있습니다." 어떤 속성들이 유의미하지 않다고 입증되는지를 알아내는 것이 유용할 듯하지만, 아쉽게도 해당 논문 집필자들이 이를 제시해 주지는 않았다. 저자는 그것들이 시험 출제자들이 포함하려고 의도한 속성이 아니기를 희망할 뿐이다. 벅 외 (1996)에서는 다음처럼 주장하였다.

> "이 조사 연구는 전체 응시생 모집단에 비춰 보거나 또는 특정한 능력 수준과 관련하여 정확히 무엇이 문항들을 어렵게 만드는지, 그리고 각 문항의 어떤 특징이 그 수행과 관련되었는지를 가리켜 준다. 이것이 이전 에는 문항 집필자에게 이용될 수 없었던 정보의 보고이며, 지금까지 가능 했던 것보다 훨씬 더 자세한 명세내역으로 문항들을 집필할 가능성을 시 사해 준다."(벅 외 1996: 38쪽)
>
> (The research indicates exactly what makes items difficult, and what characteristics of each item were relevant to its performance; either in terms of the total test population, or in relation to particular ability levels. This is a mine of information that has not been available to item writers before, and suggests the possibility of writing items to far more precise specification than has been possible. Buck et al. 1996: 38)

그들의 방법론은 난이도에 기여하는 문항의 특징들을 찾아내는 데에 아주 고무적이며, 가까운 장래에 새로운 통찰력도 기대할 수 있을 듯하다.

데이뷔·러써쏘(Davey and Lasasso 1984)에서는 문항 및 독자 변수들에 대한 흥미로운 연구를 보고하는데, 또한 미래의 조사 연구를 위한 방향 도 시사해 준다. 선택지 답변 문항(즉, 택일형 문항)은 서술식 답변 문항 (단답형 문항, §.7-2-6 참고)보다 더 쉬웠다. 지문(바탕글/본문)에서 되돌아 가 찾아보기를 허용해 주는 것이, 그렇지 않은 것보다 더 나은 수행으로 귀결되었다, 등등. 영역 독립적인 독자 및 영역 의존적 독자 사이에는 아무런 차이점도 찾아지지 않았다. 그렇지만 변수들 사이에 상호작용이 검토된 경우에 흥미로운 차이를 찾아내었다. 실험 참가자들에게 다시 되돌아가 지문에서 찾아보기가 허용된 경우에, 택일형 문항 및 단답형 문항 사이에 유의미한 차이가 없었다. 그렇지만 지문에서 되찾아보기가 허용되지 않았던(≒오직 한 번만 읽었던) 경우에는, 택일형 문항이 단답형 문항보다 더 쉬웠다. 흥미롭게도 이는 덩잇글상 명시적인 문항 및 암시적인 문항에 대해서도 모두 참이었다. 반면에 만일 학습자들에게 다시 되돌아가서 찾아보기가 허용되지 않았더라면, 덩잇글상 명시적인 단답형 문항이 더 어려워졌을 것임을 예측할 수 있었다. 왜냐하면 단서가 없이 택일형 문항이 오답들로 제시되었을 것이고, 덩잇글상 암시적인 문항에서보다 더 큰 정도로 기억이 영향을 받았을 것이기 때문이다.

이 연구는 좀 더 복잡한 조사 연구 설계가 검사 수행에 영향을 주는 변수들 사이에서 더 큰 복잡성을 드러낼 수 있음을 보여 준다. 만일 덩잇글이나 문항이나 독자 변수들이라면, 확신을 갖고서 무엇이 문항이나 검사 난이도에 영향을 끼치는지를 말할 수 있기 전에, 그런 변수들 사이의 상호작용이 좀 더 신중하게 검토될 필요가 있다.

잠시 추가 조사 연구의 필요성을 논외로 한다면, 문항 집필에 대한 간단한 조언은 응시 과정의 복잡성을 알려 주는 안내사항으로 대치되어야 한다는 점이 시험 설계 및 이용에 대한 함의이다. 택일형 문항은 모종의 조건 아래에서 단답형 문항보다 더 쉬울 수도 있고, 다른 조건에서 그렇지 않을 수도 있다. 한 유형의 응시생들이 다른 유형의 응시생들과는 다르게 답변할 수 있다. 이런 종류의 복잡한 상호작용이 또한 상이한 종류의 독자(상이한 인지 성향, 상이한 읽기 전략에 대한 선호도)들을 위하여 상이한 종류의 시험이 필요하다고 긍정적으로 논의될 수 있다. 또는 상이한 독자들을 위하여 상이한 시험 방법이 논의될 수 있다. 분명히 그런 상호작용의 가능성은 읽기의 측정에 대한 복잡성 및 읽기 시험 점수를 해석하는 어려움을 강조해 준다.

시험 문항의 난이도를 해설하면서 덩잇글과 과제 변수 사이에서도 (그리고 과제 변수들 사이에서도) 상호작용이 있음을 기억하는 것이 중요하다. 킨취·야브뤄(Kintsch and Yarbrough 1982)에서는 이 점을 예증해 주었다. 그들은 두 수준의 이해 과정을 구별하였다. 전반적 이해와 관련되어야 하는 거시-처리 및 지엽적이며 구절들 사이의 이해와 관련되어야 하는 미시-처리이다.[7]

그들이 던진 거시-수준의 질문은 "이 덩잇글은 무엇에 관한 것인가?" 및 "집필자가 이해시키고자 하는 중심 생각은 무엇인가?"이었다. 미시-수준의 과제는 다섯 번째 낱말마다 공백/빈칸으로 놓아둔 검사였다. §.2-5-4에서 언급하였듯이, 그들의 목적은

분류하기, 예시하기, 비교하고 대조하기, 전개 절차에 따른 서술, 정의

와 같이 수사학적 구조들을 처리하는 데에 필요한 전략들을 조사하는 것이었다. 그들은 이런 구조를 담고 있는 덩잇글을 조작하여, 양호한 수사학적 짜임새와 빈약한 수사학적 짜임새로 서로 다르게 만들어 놓았다.

그들은 비록 거시 차원의 과제들에 대한 수행이 언제나 빈약한 수사학적 짜임새에 의해 영향을 받았지만, 미시 차원의 과제들은 수사학적 짜임새에 의해 영향을 받지 않았음을 찾아내었다. 달리 말하여 과제 유형과의 상호작용을 발견한 것이다. 응시생들은 친숙한 수사학적 구조에 따라 분명히 조직된 덩잇글에 대해서, 동일한 내용이지만 그런 짜임새를 갖추지 못한 덩잇글에 대해서보다, 주제와 중심 생각을 묻는 질문에 대답을 더 잘 할 수 있었다. 그러나 공백/빈칸 채우기 검사에서의 수행은 빈약한 수사학적 구조에 의해서 영향을 입지 않았다. <u>수사학적 구조는 오직 거시 차원의 처리에 예민하게 설계된 이해 검사가 이용</u>

---

7) (역주) 킨취 교수는 연결주의(늑제약 만족 이론) 가정 위에서 작동하는 덩잇글의 이해 방식이 또한 인간의 전반적 인지 특성까지 다룰 수 있다고 본다. 자세한 논의는 킨취(1998, 김지홍·문선모 뒤침 2010), 『이해: 인지 패러다임, I~II』(나남)와 그곳의 번역자 해설을 읽어 보기 바란다.

된 경우에라야 효과가 있었다. 그들은 공백/빈칸 채우기 검사상의 수행이 전반적인 짜임새 처리와는 사뭇 독립적인 지엽적 처리에 의해서 결정된다고 시사하였다. 이는 제7장에서 좀 더 자세히 살펴보게 될 논쟁거리이다(§.7-2-2에서는 두 개의 용어가 구별되어 쓰이는데, 기계적으로 n번째 낱말을 지워 버려 생긴 'cloze'를 '공백'으로 번역하고, 실사 어휘만을 대상으로 하여 틈틈이 지운 'gap'을 '빈칸'으로 번역하였음: 뒤친이).

킨취·야브뤄(1982)에서는 '이해'가 심리학적 처리과정들의 복잡성을 드러냄을 지적하였고, 반드시 이들 과정이 각각 별도로 평가되어야 한다고 결론을 내렸다.

> "이해에서 거시 및 미시 처리에 대한 이런 분리는 이해 검사에 대하여 중요한 함의를 지닌다. ⋯ 전체 처리과정의 어떤 특정한 측면에 각자 맞춰진 한 다발의 검사만이 적합한 결과를 제공해 줄 것이다."(킨취·야브뤄 1982: 828쪽과 834쪽)
>
> (This dissociation of macro and microprocesses in comprehension has important implications for comprehension testing ⋯ Only a collection of tests, each attuned to some specific aspect of the total process, will provide adequate results. Kintsch and Yarbrough 1982: 828 and 834)

이런 결론은 그런 처리들이 사실상 별도로 검사될 수 있는지 여부, 그리고 어느 방법이 어떤 처리를 검사하는 데에 가장 적합할 수 있는지를 살펴봐야 할 필요성을 함의한다. 다음 절에서 첫 번째 논제를 살펴보고, 더 뒤에 있는 제7장에서는 두 번째 논제를 논의하려고 한다.

3) 시험 시행 기술

우리는 이미 제1장과 제2장에서 이른바 읽기의 기술에 대한 논제를 살펴보았다. 읽기라는 행위는 일정 범위의 별개 기술들(또는 능력들이나 전략들)을 채택하여 진행된다는 개념이다. 관련 문헌에서는 '기술·능력·전략'이라는 이들 관련 용어를 분명하게 구분하지 않고 뒤섞어 쓴다(굳이 구분을 한다면 28쪽 §.1-4의 역주 29와 같이 나눌 수도 있음: 뒤친이). 만일 읽기가 다수의 상이한 구성영역들을 지닌다면, 이들 구성영역이 특정한 독자들에게서 다르게 발달될 가능성이 있다. 따라서 가령 독자들이 문장의 축자 의미를 이해할 수 있더라도, 집필자에 의해 만들어지되 명시적으로 진술되지 않은 가정들을 추론할 수 없을 가능성도 있다. 또는 입말 맥락에서 언어를 이해하는 일반적인 능력을 지녔음에도 불구하고, 초보 독자들이 낱말 인식 기술을 발달시키지 않았을 가능성도 있다. 특히 초보 독자들에 대한 연구에서는 어린이들이 읽기를 좀 더 많은 이해력을 지니고서 더 빠르게 더 효율적으로 배울 수 있도록 도와주기 위하여, 그런 구성영역 기술들을 찾아내는 일에 관심을 많이 기울여 왔다. 따라서 학습자의 기술 발달 상태(또는 단계)를 진단할 수 있는 검사들이 아주 가치가 높을 것이다. 그렇지만 이미 살펴보았듯이 그런 기술들의 존재가 적어도 별도로 그 기술들을 찾아내고 검사할 수 있을 만큼 거꾸로 의심스러운 점도 약간 있다. 한편 이른바 많은 기술 검사들이 제1 언어로 읽기 학습을 하고 있는 이른 시기의 어린이들뿐만 아니라 아주 고급 수준의 독자들을 위하여 계발되어 왔지만, 다른 한편으로 해당 기술들이 실제로 검사되고 있다는 것이 착각으로 입증되었다 (≒복합 영역의 기술들이 동시에 작동되어야 하기 때문임: 뒤친이).

기술 검사와 관련된 다수의 논제들이 탐구되어 왔다. 예를 들면, ① 밑바닥에 깔려 있는 요인들이나 또는 경험적으로 따로 구별해 놓을 수 있는 기술들이 얼마나 많이 있는 것일까? ② 읽기가 단순히 하나의 통합적인 기술일까? ③ 점수 판정자들이 문항에서 검사하고 있는 것이 어느 기술인지 구별해 줄 수 있을까? ④ 어떤 기술이 읽기 시험의 수행에 가장 기여를 많이 하는 것일까? ⑤ 특히 더 높은 수준의 기술들로서 어느 기술이 언어 기술이 아니라, 지능과 관련되고 좀 더 인지적인 복합 기술에 해당하는 것일까?

지금까지 이론으로 거론되거나 모색되어 온 기술들의 숫자는 아주 변동이 많다. 안락의자 속에 파묻혀 사색하는 거의 모든 사람이, 다소 상이한 기술 목록을 제안하는 듯하다. §.1-4에서 보았던 먼비(Munby) 목록처럼 그것들 중 일부는 독자가 의미를 처리하는 방식의 일부 측면에 관련되기보다는, 읽기의 결과와 좀 더 관련되는 듯하다. 다시 말하여 '이런 차원의 의미를 처리해 왔다'. 그러나 심지어 좀 더 분명히 읽기 처리과정에 관련된 것들도(다시 말하여, '모르는 낱말의 의미를 이끌어 내기 위하여 맥락을 탐색할 수 있는' 능력)도 숫자상으로 크게 변동된다. 자주 논의되어 온 바에서 핵심 대목이 얼마나 많은 기술들을 생각해 낼 수 있는지가 아니라, 오히려 검사상 얼마나 많은 기술이 존재함을 보일 수 있는지에 대한 것이다. 그렇지만 얼마나 많은 요인들이 찾아질 수 있는지는, 자료를 분석하는 데에 이용된 통계 기법의 본성 및 다양한 측정법에서 이용된 검사 항목들의 본성에 따라서 상당한 정도로 불일치를 보여 왔다.

고전적인 논문으로서 레넌(Lennon 1962)에서는 다음처럼 질문한다. "무엇이 측정될 수 있는가?" 무수한 시험들을 포함하여, 지난 반세기 동안 읽기에서 출간된 문헌을 되돌아 본 뒤에, 그는 만일 검사의 표제들이 신뢰받을 수 있을 만한 것이라면, 대략 70개 내지 80개의 읽기 기술과 능력을 검사할 수 있을 것이라고 말하였다(≒숫자가 너무 많으므로 자의적인 측정이라는 속뜻이 깃듦: 뒤친이). 그는 1940년대까지 되돌아 가서 다수의 연구들을 개관하였는데, 이는 별개의 기술들을 측정한다고 주장된 검사 구성영역들 중에서 아주 높은 상관성(곧, 관련성에 대한 통계적 지수를 뜻함)을 보여 준다. 보고된 대부분의 연구들에서는 모든 측정들에 공통된 유일한 한 가지 능력이 있음을 결론지었다. 그것이 바로 일반적 읽기 능력이다. 그는 다음과 같이 요약하였다.

"다양한 읽기 능력들 사이에 이뤄진 구분의 실재성에 대하여, 그리고 읽기 기술들을 놓고서 추정된 진단 윤곽의 타당성에 대하여, 여전히 우리가 실험적 증거가 거의 없다는 사실이 참값으로 남아 있다."(레넌 1962: 332쪽) (It remains true that we still have little experimental evidence about the reality of the distinctions that are made among the various reading abilities and about the validity of supposed diagnostic profiles of reading skills. Lennon 1962: 332)

그는 기껏해야 믿을 만하게 읽기 능력의 다음 구성영역들을 측정할 수 있을 뿐이라고 결론을 내렸다.

㉠ 일반적인 언어 요인: 사실상 낱말 지식

㉡ 명백하게 진술된 자료에 대한 이해: 대부분의 검사에서 측정하는 것

㉢ 암시적이거나 잠재적인 의미에 대한 이해: 그가 '읽기에서의 추론'으로 부른 것. 흥미롭게도 레넌은 "추론으로서 양질의 읽기 검사가 지능으로 부르는 몇 측면들의 복잡성에 대한 타당한 측정으로 되어서는 안 된다는 사실을[8] 너무나 당연한 것으로" 간주하였음(레넌 1962: 334쪽).

㉣ 그가 감상 능력(*appreciation*)으로 명명한 요소: 이에 대하여 증거가 거의 제시되지 않았지만, 레넌은 이것이 감상하는 그런 능력을 측정해 보려고도 하지 않은 출제자들의 오류라고 생각하였음.

측정될 수 있는 것(*what can*)으로서 적어도 레넌에게 중요한 것은, (당시

---

8) (역주) 1960년대에는 옛 소련의 파블로프 등이 제창한 유물주의 심리학이 미국에서 '행동주의'라는 이름으로 크게 유행하던 때이므로, 밖에서 관찰할 수 없는 '내재적인 대상'을 다룰 수 없다고 보았었다. 오직 입력과 출력만을 문제 삼고, 머릿속 실체를 이른바 블랙박스(black box)로 불렀었다. '추론'은 머릿속의 사고 작용이며, 행동주의 원리에 따라서 당연히 금기시될 수밖에 없었을 듯하다. 그렇다면 읽기에서의 추론이란 삼단 논리 추론이나 낱말 의미들 사이의 상하관계 등에 따라 진행되는 매우 제약된 것으로 이해되어야만 서로 모순이 생기지 않을 것이다.

행동주의 유행에서는: 뒤친이) 측정될 수 없는 요소(*what cannot*)이다. 그는 덩잇글에 대한 개인별 해석이 독자의 배경지식·경험·흥미와 관련하여 다양하게 변동됨을 지적하였고, 개인마다 고유한 해석의 품질이나 풍부함 또는 올바름을 놓고서 임의의 검사를 상상해 내기란 어렵다고 말하였다. 사람들이 무엇을 읽을지에 관한 지혜나 또는 독서로부터 사람들이 얼마나 이득을 보는지에 대한 범위도 측정해 내기가 똑같은 정도로 어렵다고 보았다.

좀 더 최근에 로스트(Rost 1993)에서는 독일 제1 언어 독자들에게서 '일반적인 읽기 능력(*general reading competence*)'이라는 유일하게 한 가지 광범위한 요인을 찾아내었거나, 또는 서로 다른 통계 기법을 이용하면서 기껏해야 두 가지 요인을 찾아내었는데, '추론적 읽기 이해(*inferential reading comprehension*)' 및 '어휘(*vocabulary*)'이다. 다른 읽기 검사들을 이용하는 다른 연구들에서 찾아내었듯이, 그는 자신이 이용한 검사가

"읽기 이해에 대하여 분명히 구별될 수 있는 여러 가지 구성영역을 측정할 수 없다고 결론을 내렸다. 전형적으로 제1 언어 읽기 이해 윤곽에 대한 믿을 만하고 타당한 진단은 불가능하다."(로스트 1993: 80쪽)
(cannot measure several clearly distinguishable components of reading comprehension. A reliable and valid diagnosis of typical L1 reading comprehension profiles is not possible. Rost 1993: 80)

캐뤌(Carrell 1993)에서는 30개 요인-분석 연구들을 놓고서 재분석을 한 다음에, 읽기에 있는 공통된 네 가지 요인을 찾아내었다. ① 일반적인 읽기 이해, ② 특정한 읽기 이해, ③ 읽기 해독력, ④ 읽기 속도이다.

서로 다른 통계 기법(다중 회귀)을 이용하면서 다른 연구들에서는 별개의 하위 기술들을 찾아내는 일에 더 많은 성공을 거두었다. 드륌 외(Drum et al. 1981)에서는 다수의 제1 언어 읽기 검사에서 분산의 94%에

이르기까지 설명해 낼 수 있는 10가지 하위 기술 변수들을 찾아내었다. 폴릿 외(Pollit et al. 1985)에서는 분산의 61%를 예측할 수 있는 22개의 변수를 찾아내었고, 데이뷔(Davey 1988)에서는 성공적인 독자들을 대상으로 분산의 29%를 설명해 주고, 실패한 독자들을 대상으로 분산의 41%를 설명해 주는 2개의 변수를 찾아내었다(모두 벅 외 Buck et al. 1996에 인용되어 있음).

그렇지만 여태까지 '기술들의 분리 가능성'에 대한 물음을 놓고서 어떤 합의도 존재하지 않는다. 제1장에서 논의되었듯이, 이 물음에 대하여 흔히 세 가지 다른 입장이 있다.

(1) 첫 번째 입장: 읽기는 통합적인 하나의 기술이다.
(2) 두 번째 입장: 읽기는 여러 영역으로 나눌 수 있다. 그렇지만 경험상 몇 가지 기술이 구별될 수 있을지 아직 합의된 바 없다.
(3) 세 번째 입장: 읽기가 두 가지 방식(읽기+어휘)으로 나뉜다.

위어(Weir 1994)에서는 검사 문헌들을 개관한 뒤에, 올더슨(1990b)의 결과들을 재분석하고, 일부 EFL(외국어로서의 영어) 읽기 검사를 놓고서 자신의 검사에 기반한 결과들을 분석하면서, 어휘가 응당 일반적으로 읽기 이해로부터 따로 구별되는 구성영역으로 간주되어야 한다는 분명한 증거가 있다고 결론을 지었다. 설령 어휘가 읽기의 일부로서 간주되어야 한다고 해도, 여전히 '읽기+어휘' 둘로 구분될 수 있는 접근이 더 적합할 것이라고 말하였다. 그렇지만 계속하여 그는 세 가지 '읽기 운영 방법'을 제안하였는데, 세 번째 요소는 일반적인 읽기 능력과 거의 관련되지 않는다. 이것들은 다음과 같다.

㉠ 통독하면서 골자 파악하기(*skimming*): 신속히 덩잇글을 통독해 나가기
㉡ 중심 생각과 중요한 세부사항들을 이해하기 위하여 신중히 읽기

ⓒ 각별히 좀 더 언어적으로 기여하는 기술들에 대한 지식을 이용하기9):
(원인, 결과, 목적과 같이) 문법적 개념, 통사 구조, 담화 표지, 어휘적
그리고/또는 통사적 결속, 어휘 이해하기

그는 ⓒ의 운영 방식이 ⊙과 ⓛ의 운영에도 기여한다고 주장하지만,
이런 운영 방식들이 필요한 범위나 또는 실제로 보상될 수 있는 범위는
알려져 있지 않고, 아마 수량으로 표현하기가 어려울 것으로 본다. 이
런 운영 방식을 '미시-언어적(*microlinguistic*)'이라고 부르며, 다음과 같이
결론을 내렸다.

> "관련 문헌으로부터 나온 증거와 … 우리 자신의 초기 조사들은 응시생의
> 읽기 능력에 대하여 직접 진술을 해 주는 것으로 표명하는 검사 속에서
> 특정한 언어 요소들에 초점을 모으는 항목을 어떤 것이든 포함해 놓는
> 일의 가치를 의심스럽게 만든다. … 그런 변별적인 언어 항목들을 읽기
> 이해의 검사에 포함해 놓음으로써 일부 응시생들이 심각하게 불리해질
> 수 있다."(위어 1994: 8쪽)
>
> (The evidence from the literature … and our own initial investigations throw
> some doubt on the value of including any items which focus on specific
> linguistic elements in tests which purport to make direct statements about
> a candidate's reading ability … some candidates might be seriously
> disadvantaged by the inclusion of such discrete linguistic items in tests of
> reading comprehension. Weir 1994: 8)

---

9) (역주) 이것들은 모두 미시구조를 형성해 주는 요소들이다. 이는 문장과 문장을 엮어 가는
방식이며, 최종 결과는 하나의 문단이 된다. 문단과 문단을 엮어 주면 최종적으로 거시구조
가 나오는데, 거시구조를 형성하려면 덩잇글에 들어 있지 않은 개념들이나 배경지식 또는
일반 인지 능력을 동원해야 한다. 따라서 위어(1994)의 주장은 결국 일부만 강조하고 있는
셈이다.

올더슨(1990b와 1990c), 그리고 올더슨·룩마니(Alderson and Lukmani 1989)에서는 특정한 항목들을 놓고서 어느 기술이 검사되고 있는지를 결정하기 위한 '전문가' 판정의 능력에 의문을 제기하였다(제1장 참고). 그런 훈련이 인위적 복제에 상당할 것이라고 논의하였지만, 이런 조사 연구는 믿을 수 있는 구별을 하도록 판정관을 훈련하는 일에 실패하였기 때문에 비판을 받아 왔다. 저자는 복제된 채점자들 사이에 있는 일치가 어떤 것이든 간에 단순히 복제 과정의 성공만을 가리킬 것으로 믿는다. 그렇지만 다른 연구자들은 판정들 사이에 더 큰 일치를 보고하였다. 바크먼 외(1996)에서는 항목별로 검사되고 있는 기술들을 담은 시험 내용을 위하여, 채점 도구를 마련하고 시험해 보았다. 비록 의사소통 언어 능력의 측면에서는 검사 방법 효과에서보다도 일치가 훨씬 덜 찾아졌지만, 그들은 채점자들 사이에서 사뭇 높은 수준의 일치를 성취할 수 있었다. 럼리(Lumley 1993)에서는 검사되고 있는 기술들을 놓고서 확대된 토론과 예시와 재범주화를 한 다음에, 채점자들 사이에서 검사 항목들에 대한 높은 수준의 일치를 보고하였다.

안타깝게도, 그런 판정관들은 일반적으로 그 검사에서 원래 의도했던 사람들이 아니다. 따라서 목표로 삼은 응시생들과는 다소 다르게 검사 항목을 처리할 것으로 기대될 개연성이 있다. 응시생들의 회상을 이용하는 연구들에서는 시험 질문에 답변하는 일이 고도로 복잡하고, 독자들마다 그 과정이 변동한다는 사실을 잘 보여 준다. 따라서 한 사람의 개인에게서 임의 문항이 실제로 주요하게 한 가지 기술을 측정하고 있는 것으로 언급될 수 있겠지만, 다른 사람에게서는 상호작용하는 여러 가지 기술들을 측정하고 있을 개연성도 있는 것이다. 검사의 타당도는 문항들에 대한 정답의 해석과 관련된다. 따라서 문제가 되는 사안은, 하나의 문항을 놓고서 시험 구성 주체가 무엇이 측정되고 있는지 믿는 내용이 아니라, 오히려 어떤 답변이 올바른 것으로 간주되고, 그런 답변들 밑에 어떤 과정이 깔려 있는지에 대한 것이다. 만일 서로 다른 응시자가 하나의 문항에 대하여 상이하게 답변을 하면서도 여전히 그 문항을 올바르게 여긴다면, 그 항목과 시험이 무엇을 검사하고 있는지를 결정하는 데에 실제로 문제가 깃들어 있는 것이다.

앤더슨 외(1991)에서는 읽기 시험을 치르는 독자들의 애초생각(*protocols*)을10) 분석함으로써 독자 전략들을 조사하였다. 그렇지만 이용된 전략과 문항 유형 사이에서 아무런 관련성도 찾아내지 못하였고, 문항 난이도와 중심 생각을 이해하는 독자들의 능력 사이에서도, 직접적 진술과 추론 사이에서도 어떠한 관련성도 찾아내지 못하였다.

초보 독자나 빈약한 독자나 읽기 장애를 지닌 독자들을 상대로 한 검사들에서, 좀 더 쉽게 하위 기술들이 찾아질 수 있는 경우도 생각해 볼 수 있다.11) 분명히 제1 언어 초보 읽기에 대한 대부분의 문헌에서는 그런 기술들이 확인될 수 있음을 시사해 준다. 카아·레뷔(Carr and Levy 1990)에서는 길게 사례 연구를 논의하였다. 그렇지만 로스트(Rost 1993)에 의한 비판에서는 다르게 시사해 준다. 보고된 연구들에서는 서로 다르다고 추정된 검사들 및 하위 검사들 사이에 아주 높은 상관성을

---

10) (역주) 애초생각(protocol)의 이용에는 일정한 한계가 다섯 가지나 있어, 그 신뢰도를 떨어뜨리는 주범이 되고 있다. 10쪽 §.1-2의 역주 11)과 12)를 보기 바라며, 또한 97쪽 §.2-2-4의 역주 23)을 참고하기 바란다. 한편 §.7-2-5에서는 '애초생각 회상(recall protocol)'을 이용하는 평가 방식을 소개하고 있다. 국어과 교육과정에서처럼 만일 protocol을 '사고 구술'로 번역한다면, recall(회상)이 언어로 표현될 경우에 입말로(orally) 되거나 글말로(in writing) 된다는 선택을 반영해 줄 수 없게 된다. 설사 '구술'(입으로 말해 줌)을 제거한다면 '사고'만 남는데, 이때 사고는 다시 423쪽 §.7-2-5의 역주 23)에서 구별 방법이 자세히 논의되었듯이, ideas, thinking, thoughts, notions, concepts, conceptions와 뒤섞여 버린다. protocol은 스스로 자각할 수 있는 내적 언어에 의한 사고를 가리키며, 이런 점을 고려하면서 번역 용어를 만들어야 옳다. 여기서는 '애초생각'으로 번역해 놓기로 한다. 언어학에서 자주 나오는 mentalese(정신 언어, Fodor의 용어임)나 I-language(머릿속 언어, Chomsky의 용어), inner speech(내적 발화, Vygostky의 용어)도 protocol(애초생각)과 비슷하게 쓰일 수 있다.

11) (역주) 두뇌의 작동 방식에 대한 연구사에서 기능성 자기공명 촬영술(fMRI)이나 양전자 방출 단층촬영술(PET)로 두뇌 사진을 얻기 전까지는 특정한 두뇌 부위에 손상을 입은 환자들을 대상으로 하여 임상 관찰 연구가 계속 이어져 왔다. 이런 전통에 따라, 장애를 지닌 것으로 판정된 독자들의 읽기 반응을 관찰하고 제대로 해석할 수 있다면, 복잡한 읽기 행위와 관련된 복합기능들을 하나씩 나눠 구성영역들을 찾아 줄 수 있을 것으로 가정할 수 있는 것이다. 그렇지만 이것은 첫 단계일 뿐이고, 최종적인 결론으로 이끌어 갈 수는 없다.

보여 주었다. 일단 기본 낱말 인식기술이 습득되고 어린이가 이어진 덩잇글을 이해할 수 있게 된다면, 전반적 읽기 과정이 아주 높게 하나로 통합되기 시작하므로, 설사 다양한 기술들이 필요하다손 치더라도, 읽기 과정 동안에는 경험적으로 석연히 따로 떼어 놓고 확인할 수 있는 것이 아니다. 따라서 읽기 검사에 대한 기술별 접근의 연관성이나 타당성은 독자가 검사받고 있는 발달 단계에 달려 있을 소지가 있다. 구성 영역 기술별 접근도 또한 초보 독자나 빈약한 독자나 읽기 장애를 지닌 환자나, 낮은 수준의 제2 언어 독자들에게서 타당하고 정당화될 수도 있겠지만, 통합 능력을 상당히 지닌 더 고급수준의 독자들에게서는 그러하지 않다.

4) 읽기 시험에서 문법의 역할

제2 언어 읽기 시험을 출제하는 많은 사람들이 다루는 한 가지 논제는, 자신들이 만든 시험이 과연 언어 능력을 검사하는지 여부, 그리고 특별히 문법적 능력뿐만 아니라 실제로 그 이상인 읽기 이해를 검사하고 있는지 여부이다.

바크먼 외(1989)에서는 TOEFL(외국어로서의 영어 검사) 읽기 하위 검사를 놓고서 문항 난이도에서 거의 70%의 분산(variance, 표준편차 제곱 S^2)이 문법과 관련되며, 읽기 문항들의 학술·주제별 내용과 관련된 여러 측면의 검사 내용들로 설명될 수 있음을 밝혀내었다. 이는 학업용 읽기 능력의 검사를 놓고서 기대될 법한 것보다 훨씬 더 높은 수치이다.

영국의 국제적 영어 검사제도(IELTS) 시험 출제의 일부로서 실행된 것으로서, 올더슨(1993)에서는 의사소통 문법 검사 및 학업상 읽기 능력의 검사 사이에 걱정스러울 만큼 높은 상관성을 보고하였다. 때로 '문법' 검사는 읽기 검사가 다른 종류의 동등한 읽기 검사와 관련된 정도보다도 더욱 긴밀히 학업상 읽기 검사와 관련되어 보인다. 그 결과는 문법을 쓰는 능력 및 학업 목적으로서 읽기 능력 사이에 가까운 관계를 함의하는 것으로 해석될 수 있다. 제2 언어 또는 외국어로 읽을 수 있으려면 언어 능력이 필요하다는 상식적인 가정을 이미 살펴보았다. 그러나 학업 목적의 읽기 능력에 대한 많은 시험에서 언어 능력과는 다른 어떤 것을 검사하고 있다고 가정하는데, 따라서 다른 종류의 검사에서 얻어진 점수들과는 달리 별도로 읽기 시험상의 점수에 관하여 광범위한 보고가 있는 것이다. 만일 문법 및 읽기 시험이 광범위한 정도로 중첩된다면, (비록 다른 쪽에서는 왜 '문법'을 검사하는지 묻겠지만) 왜 굳이 '읽기'를 검사하는 것일까? 만일 읽기 시험이 거의 문법 이상의 것을 측정하지 못하였음을 보여 주었었더라면, 설령 읽기가 언어지식의 이용보다 더 많은 것을 포함하고 있다고 굳게 믿더라도, 읽기 시험의 타당도가 또한 허물어져 버릴 소지가 있다.

그렇지만 시험 출제의 관점에서 보면, 문법 시험이 학업 목적의 언어 능통성에 대한 한 다발의 검사에다 가외의 정보를 거의 더해 놓지 않았음(그리고 신뢰도가 한 다발로 묶은 그 시험으로부터 문법 검사를 빼어 놓더라도 불리하게 영향을 받지 않았음)을 보여 주었기 때문에 조사 연구가 유용하였다.

5) 읽기 시험에서 어휘의 몫

제2장에서 살펴보았듯이, 지속적으로 읽기의 요인 분석 연구들에서는 어휘 검사가 부담을 많이 더해 놓는 낱말 지식 요인을 찾아내었다('어휘'의 정의와 범위에 대해서는 80쪽 §.2-2-2의 역주 7을 보기 바람). 어휘 시험은 읽기 이해의 검사에 있는 수행을 아주 잘 예측해 준다. 읽기 용이성의 연구에서는 어휘 난이도에 대한 대부분의 지수(*indeces*, 지표값)가 예측된 분산의 대략 80%를 설명해 준다(§.2-5-6 참고). 간단히 말하여, 어휘가 읽기 시험에서 아주 중요한 역할을 맡고 있는 것이다.

존스튼(Johnston 1984)에서는 미리 지닌 지식(기존 지식)에 기인한 검사 치우침(bias)을[12] 추정하기 위하여, 특정 내용에 관한 어휘 검사를 이용하였다. 기존 지식/어휘 검사 및 읽기 이해 검사 사이에서 평균 상관은 보통 0.35였다(a moderate .35). 그는 자신의 어휘 검사를 특수 어휘 및 일반 어휘로 나누어 놓을 수 있었다. 후자는 거기에 이용된 지문의 내용과 덜 관련되었다. 특수 어휘 및 읽기 검사에서 수행 사이의 상관은 0.39이었지만, 일반 어휘는 더 낮게 0.33의 상관을 얻었다. 그렇지만 흥미롭게도 한편 특수 어휘가 지능 검사와 평균 0.25의 상관을 이뤘지만, 일반 어휘는 더 높게 0.32의 상관을 보였다. 전반적인 어휘 검사 및 지능 검사의 상관은, 0.35인 읽기 이해와의 상관보다 더 높은 0.37을 보여 주었다.

그런 상관은 어휘 검사가 단순히 어휘지식 또는 심지어 주제지식에 대한 측정이 아닐 수 있음을 함의한다. 분명히 덩잇글 이해에서 어휘는 중요하며, 따라서 시험 수행에서도 그러하다. 그렇지만 '어휘'에 대한 좀 더 자세하고 제대로 된 정의가 요구된다. 다시 말하여, 낱말을 알고 쓰는 일이 무엇을 의미하는지를 놓고서 훨씬 더 나은 생각이 요구되는 것이다.[13] 그리고 그런 조사 연구로부터 시험 출제를 위하여 유용한 통찰력을 도출해 낼 수 있기 전에, 그런 구성물을 놓고서 좀 더 신중하게 구성된 검사가 필요하다. 최근까지의 시각을 알려면 이 총서에 있는

---

12) (역주) 대한수학회 엮음(1994), 『수학 용어집』(청문각)에서는 '치우침, 편의'로 번역했고, 한국통계학회 엮음(1997), 『통계학 용어집』(자유아카데미)에서는 '편향, 치우침, 편의(偏倚)'로 제시하였다. 한쪽으로 쏠려 있다는 뜻이므로, 이와 반대되는 개념은 '균형 잡힌(balanced)' 정도가 될 듯한데, 말뭉치(corpus) 언어학에서는 매우 중요한 개념이다. 일상적으로는 '공정한'이란 말을 쓰는데, 긍정적 가치가 깔려 있다. 여기서는 순수한 우리말 '치우침'을 쓰기로 한다.

13) (역주) 번역자는 저자가 낱말이나 어휘를 '사고 단위'로 잘못 착각하는 듯이 느껴진다. 일련의 생각 흐름에서 기본적인 사고 단위는, 어휘를 넘어서서 단위 사건을 가리키는 명제 또는 절이다. 낱말이나 어휘들이 아무리 결합하더라도 실세계의 낱개 사건을 가리켜 줄 수 없다. 이는 아리스토텔레스와 프레게가 모순을 피하기 위하여 모두 기본적으로 받아들이는 공리에 해당한다. 자세한 논의는 김지홍(2015), 『언어 산출 과정에 대한 학제적 접근』 (도서출판 경진)을 읽어 보기 바란다.

뤼드(Read 2000; 배도용·전영미 뒤침 2015) 『어휘 평가』(글로벌콘텐츠)를 읽어 보기 바란다.

6) 읽기 시험에서 사전의 활용

읽기 이해의 측정에서 어휘지식의 효과를 줄여 놓으려면, 학생들로 하여금 직접 사전을 찾아보게 함으로써 어휘 결여를 보충하도록 허용해 줌이 현명할 듯하다. 그렇지만 일부에서는 읽기 시험 동안에 사전들을 이용하도록 허용하는 일이 검사되고 있는 바의 일부 정보를 사전이 제공해 주기 때문에 그 시험을 무효로 만들어 버린다고 논의해 왔다. 또한 지문(바탕글/본문)을 읽어 나가는 데에 쏟아야 더 나을 법한 시간을 낱말들을 찾아보느라고 낭비해 버릴 것이라고도 논의되었다. 벤써쓴 외(Bensoussan et al. 1984)에서는 EFL(외국어로서의 영어) 검사 수행을 놓고서 사전의 이용에 대한 효과를 조사하였다. 비록 학생들이 영어 대역 사전(영한사전 따위: 뒤친이)을 쓰기를 분명히 선호하였지만, 영영사전이든지 영어 대역 사전이든 상관없이, 사전의 이용이 학생들의 시험 점수에서 아무런 효과도 없었다고 결론을 내렸다. 흥미롭게도 학생들이 사전에서 찾아보고 싶다고 말한 낱말들 및 실제로 찾아본 낱말들 사이에 차이가 있었는데, 어쨌든 간에 실제로는 비교적 소수의 낱말들만을 찾아보았다. 학생들이 사전을 이용하는지 여부 및 시험을 끝내는 데에 걸린 시간 사이에는 거의 관계가 없었지만, 좀 더 유능한 학생들이 사전을 덜 이용하였다. 그렇지만 학생들이 얼마나 사전들을 잘 쓸 수 있는지, 그리고 그런 능력이 어떻게 시험 수행과 관련되는지에 대한 자료는 거의 없다. 그들은 읽기 시험 동안에 학생들에게 사전들을 이용하도록 허용할지 여부는 여전히 열린 질문이라고 결론을 맺었다.

니시·미뤄(Nesi and Meara 1991)에서는 부분적으로 벤써쓴 외(1984)를 그대로 반복 시행하고서, 사전들의 이용이 유의미하게 시험 점수에 영향을 주지 않았다는 발견 결과를 재확인하였지만, 사전을 이용하는 학생들이 읽기 시험을 끝마치는 데에 유의미하게 더 오랜 시간이 걸렸음을 찾아내었다. 그렇지만 이용할 수 있는 사전을 갖고 있었으나 실제로 쓰지 않았던 학생들도 시험을 끝마치는 데에 사전을 실제 이용하였던 학생들과 동일한 양의 시간이 소요되었다.

그들은 시험 점수상의 효과를 보여 주기 위하여 실제로 아주 소수의 시험 문항들만이

> "개별 낱말들의 이해에 어느 정도 의존하였다. … 개별 낱말에 대한 지식이 결정적인 문항을 다수 포함하고 있는 시험은, 이런 유형의 문항을 적게 담고 있는 시험보다도 사전의 이용 가능성에 의해 더 많이 영향을 받을 수 있다."(니쉬·미뤄 1991: 639쪽과 641쪽)

고 지적해 줌으로써 학생들의 능력 부재를 설명하였다. 또한 이용된 사전들이 이용된 지문에 있는 낱말들의 의미를 제공해 주지 못하였음도 보여 주었다. 달리 말하여, 낱말 지식이 요구되는 그런 문항들에서조차 어떻든지 사전이 이용될 것 같지 않은 것이다. 마지막으로, 많은 응시생들이 특정한 문항을 답변하는 데 필요한 핵심 낱말들을 찾아본 것이 아니라, 덜 관련된 낱말들을 찾아보았음을 밝혀냈다.

우리는 사전을 이용하는 일이 읽기 시험에서 독자들에게 도움을 주지 못함을 안전하게 말할 수 있기 전에, 니시·미뤄(1991)에서와 같이 훨씬 더 자세하고 예민한 연구가 필요하다고 결론을 내릴 수 있다. 사전에서 찾아본 실제 낱말들 및 시험 문제의 요구 사항 사이에 있는 관계, 그리고 찾아본 낱말들과 관련하여 사전의 적합성 및 정답들과 관련하여 사전 이용의 성공 사이의 관계를 연구하는 일도 중요하다.

7) 읽기와 지능의 관계

한 가지 성가신 물음은 제1장과 제2장에서 논의하였듯이 읽기 시험의 여러 측면들이, 특히 이른바 더 수준 높은 기술 문항들이, 본질적으로 언어보다는 지능과 같은 인지적 변수와 관련되어 있는지 여부이다. 제1 언어 독자들을 대상으로 한 읽기 시험이 종종 적당하게 지능의 측정과 상관됨이 밝혀져 왔지만, 이게 큰 문제가 되지 않을 수 있다. 그러나 제2 언어에서 읽기 시험을 마련하는 경우에는, 그 목적이 일반적으로 지능이 아니라 언어와 관련된 능력을 검사하는 것이다. 따라서 제2 언어 읽기 및 지능 사이에 상관은 어떤 것이든 걱정스러운 것이다. 예를 들어, 버어먼(Berman 1991)에서는 이스라엘에서 영어 읽기 이해 검사 및 히브리 어 추론 검사 사이에서 적당히 높은 상관을(평균 0.60) 보이는 관심거리를 보고한다. 흥미롭게도 심지어(§.3-1-3과 그곳의 역주 2에 언급된) 위어(Weir)의 ㉢ 수준에서 작동하는 것으로 말해질 수 있는 별개의 언어지식에 관한 읽기 문항들을 선택하였던 경우에도, 읽기 검사와의 적당한 상관값을 찾아내었다. 달리 말하여, 설령 두 묶음의 문항들 사이에 차이가 있다고 믿더라도, 심지어 언어지식 문항들도 어느 정도까지는 '추론 능력'을 검사할 가능성이 있는 것이다.

그렇지만 오랫동안 '읽기는 추론이다(*reading is reasoning*)'라는 생각이 견지되어 왔다(Thorndike 1917). 그렇지만 카아붜(Carver 1974)에서는 쏘언다익(Thorndike) 교수의 조사 연구에 대하여 사뭇 비판적이다. 카아붜는 다음처럼 네 가지 서로 다른 층위를 구분하였다.

① 낱말(*word*), ② 문장(*sentence*), ③ 문단이나 그 이상(*paragraph or above*), ④ 특정하지 않은 개별 단위(*no particular unit*)

그는 뒤의 두 층위가 분명히 추론을 포함하고 있다고 말하지만, 앞의 두 층위인 낱말과 문장은 추론을 포함하고 있지 않다고 본다. 읽기가 추론을 포함하고 있는지 여부에 대한 논제는, 카아붜 교수의 주장에 따르면 정의상의 문제이다. 그는 쏘언다익 교수를, 아주 어려운 지문(바탕글/본문)을 이용하여 명백히 추론을 요구하는 질문들을 던졌다고 하여 비판한다. 그는 "읽기가 본질적으로 추론이 아니지만, 표준화된 대부분의 읽기 검사가 실제로 표준화된 추론 검사이다."라고 논의한다 (Carver 1974: 51쪽).

한 가지 사례로서 다음 문항을 인용하고 있는데, 퐈아(Farr 1971)에서 따왔다.

The sheep were playing in the woods and eating grass. The wolf came to the woods. Then the sheep
  ① went on eating
  ② ran to the barn
  ③ ran to the wolf

양떼가 숲에서 놀면서 풀을 뜯어먹고 있었다. 늑대가 숲으로 왔다. 그러자 양떼는
  ① 먹는 일을 시작하였다.
  ② 헛간으로 달아났다.
  ③ 늑대에게 달려갔다.

*출처: Farr 1971: 50쪽에 인용되어 있는 Carver

카아붜 교수는 시험이 출제되는 인위적 방법으로서 읽기 검사 및 지능 검사 사이에 있는 높은 상관(때로는 0.80 이상임)에 주목한다. 오답이 어떤 답변도 이끌어 내지 못하는 경우에는, 그 오답지들이 실수를 유발하는 선택지들로 대치된다. 그는 오답들 사이에 잘못 선택하는 과정도 다양한 정도의 추론을 요구할 수 있다고 논의한다. 비슷하게 만일 읽기 지문을 놓고서 모든 독자들이 정답을 찾아낸다면, 분산이 최소화될 것

이고, 해당 문항이 변경될 것이다. 여전히 모든 독자가 간단히 지문의 그런 측면을 다 이해하였을 수 있다. 모두 맞춘 문항을 독자들의 능력을 잘 식별해 주는 어려운 문항으로 바꾸어 놓는 일은, 추론에 근거하여 사실상 측정값 속으로 무관한 분산을 도입할 소지가 있다.

그는 지능 검사가 응당 추론을 측정하는 일을 추구해야 하겠지만, 만일 읽기 및 추론 사이의 실제 관계가 제대로 조사될 수 있다면, 읽기 검사는 추론이 아니라 응당 읽기를 측정해야 한다고 논의한다.

> "이 시점에서 필요한 것은 단락 상으로 추론 유형의 질문에 답변하는 능력이 아니라, 단락을 만들어 놓는 문장들을 읽는 능력을 놓고서 절대적 수준의 측정 쪽으로 향해진 많은 관심이다. 필요한 것이 절대적 수준의 읽기 및 절대적 수준의 추론 사이에 있는 관련성에 대한 탐구이다. 앞으로 이어질 반세기 동안에는, 읽기 검사 자료를 이용하면서 추론 유형의 질문에 답변하는 능력이 주로 추론하는 능력을 포함한다고 결론을 내리는, 지금과 똑같이 부끄러운 상황의 읽기 조사 연구를 더 이상 만나지 않게 되기를 희망한다."(카아뷔 1974: 55쪽)
>
> (What is needed at this time is more attention directed toward the measurement of absolute levels of the ability to read sentences that make up paragraphs, not the ability to answer reasoning-type questions on paragraphs. What is needed is an investigation of the relationship between absolute levels of reading and absolute levels of reasoning. Hopefully the next fifty years will not find reading researches in the same embarrassing situation of concluding from reading test data that the ability to answer reasoning-type questions on paragraphs mainly involves the ability to reason. Carver 1974: 55)

§.3-2. 읽기 시험 지문의 난이도에 영향을 주는 요인

1) 배경지식 대 지문(덩잇글)의 내용

대부분의 읽기 시험 연구에서는 덩잇글의 선택이 두드러진 효과를 지님을 보여 준다. 하나의 사례만을 인용한다면, 쇼허미(Shohamy 1984)에서는 시험 점수 상에 덩잇글 지문이, 시험 점수가 택일형에 근거하는지 단답형에 근거하는지에 따라, 그리고 질문이 제1 언어나 제2 언어로 제시되어 있는지에 따라, 중요한 효과를 지녔음을 보여 주었다. 분명히 이것은 크든 작든 이용된 덩잇글의 읽기 용이성에 기인한 것이거나, 내용 효과에 말미암거나, 또는 응시하는 학생에게서 다양한 배경지식으로부터 귀결되었을 가능성이 있다.

읽기 덩잇글의 내용 영역에 있는 배경지식이 한편으로 학생들로 하여금 자신의 능력을 마음껏 발휘하도록 해 줄 수도 있겠지만, 다른 한편으로 너무 전문화되어 있는 덩잇글에 근거한 시험이 읽기 능력보다는 오히려 주제지식을 검사할 소지가 있다고 주장할 수 있다. 주제 관련 덩잇글이 또한 특정 영역에서 우연히 배경지식을 덜 지닌 개인들을, 낮은 수행에 근거하여 찾아낼 수도 있다. 영국 자문위 ELTS(영어 평가원) 검사와 영국의 국제적 영어 검사제도(IELTS)의 초기 모습(UCLES 1989)에서[14] 그러하였듯이, 만일 서로 다르게 전문화된 덩잇글이 학생들을 검사하기 위하여 쓰인다면, 반드시 덩잇글 및 시험에 대하여 비교할 만한 난이도의 문제와 직면하게 된다.

보통 주제와 관련된 특정 목적을 위한 읽기 검사의 계발은 덩잇글

---

14) (역주) 차례대로 영국의 ELTS(the English Language Testing Service 영어 평가원), 영국의 IELTS(the International English Language Testing System 국제적 영어 검사제도), UCLES(the University of Cambridge Local Examinations Syndicate 케임브리지 대학교 지역시험 연합)의 약자들이다. 영국의 국제적 영어 검사제도에 대한 언급은 §.4-7에서 다시 이뤄진다.

및 배경지식 효과가 핵심적이라고 간주될 수 있는 영역이다. 슬프게도 이 영역에서 상당량의 조사 연구가 아직 진행되어 있지 않지만, 이 영역에 있는 바는 유관한 영역에서 덩잇글을 확보하도록 촉진하는 효과에 대한 가정이 너무 단순할(따라서 잘못될: 뒤친이) 수 있음을 시사해 준다.

에뤽슨·몰로이(Erickson and Molloy 1983)과 브롸운(Brown 1984)에서는 모두 공학 계열 학생들을 위해 마련된 특정 목적의 시험이 실제로 비-기술자들보다 비-토박이 기술자에게 더 쉬웠음을 보여 주었다. 흥미롭게도 에뤽슨·몰로이(1983)을 보면, 토박이 공학 전공자가 토박이 비-공학 전공자들보다 언어 문항(비-전문적 어휘 및 덩잇글 결속에 대한 지식을 검사하는 질문들임)뿐만 아니라 또한 특정한 공학기술 내용을 지닌 질문들을 놓고서도 더 나은 점수를 받았다. 이는 내용 친숙성을 수월케 해 주는 효과가, 언어 기술들이 더 잘 채택되고 발휘되도록 확장될 수 있음을 시사해 준다.

그렇지만 캐뤌(Carrell 1983a)에서는 토박이 영어 화자와 비교하여 비-토박이 학생들이 실질적으로 배경지식의 효과가 전혀 없음을 보여 주었다. 그녀는 토박이 독자들과는 달리, 비-토박이 독자들이 아마 언어상 '너무나 짧은 배선 때문'에[15] 덩잇글의 내용을 적합한 배경지식과 연결시키는 일에 실패함으로써 내용 개념틀을 쉽게 활성화하지 못할 수 있음을 시사하였다(제1장과 제2장을 보기 바람).

모이(Moy 1975), 고(Koh 1985), 피뤼츠·쇼엄(Peretz and Shoham 1990)에서는 상반되는 결과를 보여 주었다. 주어진 덩잇글 상으로 가장 높은 수행이, 종종 해당 덩잇글이 선호되리라고 예상된 집단에 의해서는 얻어지지 않았던 것이다. 학생들이 반드시 자기 자신의 학술 분야에 있는

---

15) (역주) §.2-2-2에서 클락(Clarke)의 '너무 짧은 배선 가정(short-circuit hypothesis)'을 소개하였다. 아무리 유능한 제1 언어 독자일지라도, 제2 언어를 배울 경우에 제2 언어의 부적합한 지식으로 말미암아 제2 언어로 된 읽기가 방해를 받는다는 주장이다.

자료들을 놓고서 더 잘하는 것은 아니다. 이는 주제 사안에 대한 무지를 보충해 줄 수 있는 더 나은 언어 유창성에 말미암은 것일 수 있다.

호크(Hock 1990)에서는 읽기 이해와 관련된 능력에 대하여 가장 좋은 예측자가 검사 내용과의 친숙성인지, 아니면 언어 유창성의 수준인지를 검사하였다. 의학·법률·경제가 주제 분야인데, 검사된 모든 주제 영역에서 주제 분야와 관련된 덩잇글에 대한 이해가 주제 영역의 지식에 의해서 그리고 언어 수준에 의해서 모두 예측될 수 있었지만, 언어 수준이 더 나은 예측 요소였음을 밝혀내었다.

올더슨·어컷트(Alderson and Urquhart 1985)에서는 그들 자신의 다소 모순되는 결과들이 배경지식 및 언어 능통성 사이에 있는 상호작용에 비춰 설명될 수 있다고 논의하였다. 비교적 쉬운 덩잇글에서는 언어 능통성이 시험 질문들에 적합하게 답변을 하기에 충분할 수 있겠지만, 반면에 더욱 어려운 덩잇글에서는 좀 더 많은 주제 영역 지식이나 더 높은 언어 능통성을 요구할 가능성이 있는 것이다.

클래펌(Clapham 1996)의 연구는 특히 이 논제와 관련된다. 내용의 효과, 특히 주제지식에 대한 연구의 일부로서, 학업 목적을 위하여 영국의 국제적 영어 검사제도(IELTS) 읽기 검사에 응시하는 학생들의 언어 능력 및 그들 자신의 주제 분야 내부와 외부에 있는 덩잇글들을 이해하는 능력 사이에 관련성을 조사하였다. 그녀는 하나가 아니라 두 개의 언어 문턱값을 발견하였다.

그녀가 마련한 문법 검사 상 대략 60%의 점수에 있는 첫 번째 문턱값은 언어지식의 수준을 나타내었는데, 이 점수 이하에서는 학생들이 심지어 그들 자신의 주제 분야에 있는 덩잇글들조차 이해할 수 없었다. 동일한 검사 상으로 대략 80%의 점수에 있는 두 번째 문턱값은 언어지식의 수준을 나타내었는데, 이 점수 이상에서는 학생들이 그들 자신의 분야 밖에서 가져온 덩잇글을 읽는 데에도 어려움이 거의 없었다.

그들 자신의 주제 영역 안에 들어 있는 덩잇글의 이해를 주제지식이 촉진해 줄 수 있는 중요한 영역은 그 검사 상으로 60~80%였다. 이런 경우에 일단 지식이 일단 최소한의 값에 도달하였다면, 이해를 촉진해 줄 수 있었다. 동일한 내용이 제1 언어 읽기 능력에 대해서도 참이 될 수 있다. 읽기 능력이 제2 언어나 외국어로 전이되려면, 최소한의 언어 지식이 필요할 수 있겠지만, 제1 언어에서 읽기 능력의 결여가 또한 제2 언어에서 높은 수준의 언어 능력에 의해 보충될 수도 있다.16)

말할 필요도 없이, 클래쀔(1996)의 결과들은 반복되고 확장될 필요가 있다. 그럼에도 불구하고 그들은 언어 시험 주관자들이 미래의 어느 시점에서는 덩잇글 난이도를 특정한 덩잇글을 이해하기 위하여 독자가 반드시 지녀야 할 어떤 수준의 언어 능력인지에 비춰 정의할 수 있고, 반대의 경우로서 주어진 수준의 언어 능력을 지닌 학습자가 어떤 종류의 덩잇글을 읽을 수 있을 것으로 기대될 것인지를 정의할 수 있음을 시사해 준다. 이것이 마침내 지금까지 오직 직관적으로만 이뤄진 외국어 교육을 위한 미국 협의체(ACTFL)와 호주의 제2 언어 능통성 채점등급(ASLPR)과17) 같이 검사의 눈금들에 포함된 모든 종류의 읽기 능력의 수준들을 놓고서 어떤 경험적 정당성을 제공해 줄 수 있다. 제8장을 보기 바란다.

헤일(Hale 1988)에서는 외국어로서의 영어 검사(TOEFL) 읽기 시험상의 수행을 검사하였고, 인문학/사회과학을 공부하는 그리고 생물학/물리학을 공부하는 학생들이 그들 자신의 집단과 관련된 지문들을 놓고서 다른 영역의 지문들보다 더 낮게 수행을 하였음을 확립하였다. 그렇

---

16) (역주) 비록 약한 주장이지만, 과연 그럴지에 대해서는 아주 의심스럽다. 번역자의 믿음으로는 언어 능력이 기본적으로 깔려 있어야 하고, 그 위에 읽기 능력 또는 독서 능력이 세워질 수 있을 것 같기 때문이다. 그렇지만 만일 언어 능력과 읽기 능력이 별개의 것이라면 혹 이런 주장도 가능해질지 모른다. 그랬더라면 읽기 평가가 지금 이 책에서의 복잡하고 방대한 논의와는 달리 매우 간단하고 쉬웠을 것이다.

17) (역주) 각각 ACTFL(American Council for the Teaching of Foreign Language 외국어 교육을 위한 미국 협의체)와 ASLPR(Australian Second Language Proficiency Ratings 호주의 제2 언어 능숙도 채점등급)를 가리키는 약자이다.

지만 설사 유의미하다고 하더라도 그 효과가 TOEFL(외국어로서의 영어 검사) 눈금 상의 점수들로 드러나듯이 비교적 작았고, 실질적인 중요성을 거의 지니지 못하였다. 이것이 TOEFL(외국어로서의 영어 검사)에서 이용된 읽기 지문들이 전문화된 교재들로부터 가져왔다기보다는, 상대적으로 비전문적이고 일반 독자들이 이해할 수 있도록 의도된 일반적인 읽기 교재들로부터 가져왔기 때문임이 시사되었다.

헤일(1988)에서는 있을 법한 치우침을 어떤 것이든 막기 위하여 인문학/사회 과학과 생물학/물리학에 두루 걸쳐서 읽기 지문들의 균형을 유지하도록 추구하는 데에서 TOEFL(외국어로서의 영어 검사) 검사 계발자들이 옳다고 결론을 내렸다. 그렇지만 비교적 작은 효과만 있음이 사실이라면, 임의의 한 가지 시험 형태에서 균형을 유지하지 못한 결과가 큰 차이를 낳을 만큼 실질적이지는 않을 것 같다.

그렇지만 클래펌(1996)에서 보여 주었듯이, '일반적인' 또는 '일반화된' 지식을 정의하는 일은 문제가 많다. 영국의 국제적 영어 검사제도(IELTS) 시험 문항에 이용된 덩잇글들을 다루면서, 그녀는 일부 덩잇글이 의도된 응시생들에게 그들의 경험적 어려움에 비춰 너무나 전문적이었지만(따라서 일부 응시생들에게서 예상된 것보다 더 낮은 점수로 귀결되었지만), 반면에 다른 덩잇글들은 너무나 일반적이어서 배경지식을 허용해도 예상된 촉진 효과를 지니지 않을 것임을 찾아내었다.

한편으로 특정 목적의 검사에서, 특히 학업 맥락 속에서 덩잇글 효과를 기대할 수 있겠지만, 비-학업 맥락에서 가져온 일반적인 덩잇글에서도 그런 효과가 기대될 수 있을까?

치하라 외(Chihara 1989)에서는 두 가지 영어 덩잇글에 대하여 일본인 독자들의 기대에 알맞도록 자잘한 조정을 가하였는데, 인명과 지명이 바뀌었고, 한 가지 사례에는 낱말 '입맞춤'이 '껴안음'로 바뀌었다. 그런 작은 차이에도 불구하고, 학생들은 원래 글보다 수정된 지문에 근거한 공백/빈칸 채우기 검사 상으로 유의미하게 수행을 더 잘하였으며, 심지어 문화상의 지역이나 내용에 비춰 외견상 덩잇글에 있는 작은 차이들조차 검사 동안에 읽기 이해 상으로 중요한 효과를 지닐 수 있다고 결론을 내렸다.

§.3-1-5에서도 언급된 존스튼(Johnston 1984)에서는 제1 언어 독자들을 상대로 하여 읽기 시험에서 치우침과 관련된 것으로서 기존 지식의 효과에 대한 문제를 언급하였다. 빈약한 수행이 개인별 읽기 능력이나 또는 그 사람의 기존 지식의 결함에 기인할 수도 있다. 그렇다면 시험 점수들이 잘못 해석되기 쉽다. 기존 지식을 추정하기 위하여 내용과 특정하게 관련된 어휘 검사를 이용함으로써, 그는 도시 및 시골에 사는 제1 언어 8학년 학생들의 두 집단을 대상으로 하여 치우침의 제거를 성취하였다고 주장하였다.

이미 제2장에서 서술되었듯이 이런 연구는 표준화된 제1 언어 읽기 이해 시험을 이용하는 시험관이, 흔한 방식으로 기존 지식의 검사를 또한 실시함으로써, 기존 지식의 효과를 제어하려고 시도하는 상황으로 이끌어 가는 듯하기 때문에 중요하다. 게다가 이는 다양한 주제들에 대한 다수의 더 짤막한 지문들보다는 긴 길이의 단일한 지문을 시험 내용으로 실시하도록 장려하는 듯이 보인다.

그렇지만 카아붜(1992a)에서는 이런 연구에 대해 비판적이다. 그는 기존 지식 효과가 실험 참가자 내부의 분산에 대하여 단지 3.5%만을 설명해 주므로 아주 작았음을 지적하였다. '실험 참가자 내부의 분산(within-subject variance, 피험자 내부 분산)'이란 한 개인이 여러 가지 다른 시험들을 치러서 얻어진 서로 구별되는 수행 결과를 가리킨다. 그는 기존 지식의 효과에 대한 더 나은 추정이 지능지수보다는 오히려 일반적인 읽기 능력에 대한 통제력이 될 것이라고 말하였다. 그리고 그런 분석이 시행되었더라면, 기존 지식에 의해 유일하게 설명된 '실험 참가자들 사이에 있는 분산'(여러 실험 참가자들에 걸쳐 얻은 서로 다른 수행의 결과임)이 훨씬 더 작았을 것이라고 시사하였다. 또한 존스튼의 자료가 읽기 과제가 어려웠던 것임을 보여줌에 주목하고서, 학생들이 일반적인 읽기(그는 이를 자동 처리로서의 읽기[rauding]로 부름)를 한 것이 아니라, 실제로 학업 목적을 위한 읽기로서 학습하거나 심지어 암기를 했던 것으로 보았다. 제2장에서 살펴보았듯이, 그런 읽기가, 특히 부담이 높은 시험의 경우에 시험의 질문과 지문에 아주 신중한 주의를 기울일 것으로(다시 말하여 자동 처리로서의 읽기가 아닐 것으로) 기대되듯이, 설사 시험 동안 일어나는 전형적 읽기가 될 수 있다손 치더라도, 대부분의 읽기 상황에서는 예외적일 것 같다. 물론 이런 구별이 타당한 범위까지, 읽기 시험이 어떤 것이든 자동 처리로서의 읽기를 측정하지는 못하겠지만, 아마 시험 실시 상황에 유일한 어떤 다른 종류의 읽기를 측정한다.

2) 질문에 답변을 하는 동안에 지문 제시하기

읽기 시험과 관련하여 자주 논의된 논제는 질문에 답변하는 경우에 학생들에게 해당 지문을 도로 살펴보도록 허용할지 여부, 또는 학생들에게 답변하도록 허용하기 전에 해당 덩잇글을 제거할지 여부이다. 상식적 가정은 해당 덩잇글을 제거함으로써 비록 이해하는 과정이 늘어나는 게 아니더라도, 답변을 하는 과정에서 기억의 몫이 늘어난다는 것이다.

이미 언급된 데이뷔·러써쏘(Davey and Lasasso 1984)에서는 질문 유형 및 답변하기 전에 덩잇글을 제거하는 일 사이에 상호작용을 찾아내었다. 실험 참가자들에게 해당 지문을 도로 살펴보도록 허용된 경우에, 허용되지 않은 경우보다 더 수행을 잘하였지만, 또한 문항 유형과의 상호작용도 있었다. 실험 참가자들에게 지문을 도로 살펴보도록 허용된 경우에 택일형 문항 및 서술형 문항 사이에 큰 차이가 없었다. 그렇지만 지문을 도로 살펴보도록 허용되지 않았던 경우에는 택일형 문항이 서술형 문항보다 더 쉬웠다.

§.3-2-1에서도 인용된 존스튼(1984)에서는 학생들이 질문에 답변을 한 경우에 해당 지문의 이용 가능성이 문항 유형상의 수행에 영향을 주었음을 찾아내었다. 해당 덩잇글의 핵심적 이해와 동떨어진 문항들은 그런 영향에 가장 민감하였지만, 반대로 해당 덩잇글의 이해에 핵심적인 질문들 및 (성공적인 완성에 배경지식이 요구되는) 각본상 암시적인 질문들은 가장 덜 예민하였다. 사실상 독자들이 해당 덩잇글을 도로 가리킬 수 없었을 경우에 핵심적 질문들에 대한 수행은 실질적으로 향상되었다. 그는 해당 덩잇글이 이용될 수 있는 경우에, 질문에 답변하는 과정이 '실제적 이해'보다 오히려 '탐색-및-부합/일치' 전략들을 포함한다고 가정하였고, 일반적 능력을 더 많이 지닌 독자들이 그런 전략을 가장 잘 이용할 수 있는 독자일 가능성이 있다고 시사하였다. 해당 덩잇글 읽기 및 질문에 답변하기 사이에 지연 시간이 길어지면 길어질수록 지능지수 및 덩잇글 이해 사이에 상관은 떨어졌다. 함의는 이해와 지능의 분리가 오직 해당 지문을 제거하고 약간의 지연 시간을 도입한 뒤에 학생들에게 이해 질문에 답변하도록 허용함으로써만 가장 잘 달성될 수 있다는 점이다.

질문에 답변이 이뤄지기 전에 해당 지문을 제거하는 일은 시험 점수상 기억의 효과에 대한 논제를 제기한다. 지문의 이해에 지엽적인 질문과 핵심이 되는 질문들을 모두 조사하였기 때문에, 존스튼 교수는 질문 유형 및 본문 제거 사이에 있는 상호작용을 탐구할 수 있었다. 해당 지문이 이용되는 경우에는 지엽적인 질문들이 아주 쉬웠지만, 제거되어 버린 경우에는 아주 어려워졌다. 지엽적인 정보가 해당 지문의 탐색으로부터 쉽게 얻어지지만, 쉽게 저장되거나 회상되지는 않는다. 반면에 핵심이 되는 질문들은 해당 지문이 없이도 쉽게 답변할 수 있었다. 그는 이런 이유를 다음처럼 추측하였다. 해당 덩잇글이 이용될 수 있는 경우에 독자가 심지어 핵심이 되는 항목들에 대해서도 탐색 전략을 이용할 터인데, 관련성이 떨어지는 덩잇글 속의 정보에 의해서 교란될 소지가 있다. 반면에 해당 덩잇글이 없다면 그런 전략이 이용될 수 없으므로 답변을 반드시 기억으로부터 인출해야 한다. 이로써 아마도 더 성공적으로 해당 덩잇글에 대한 개념틀 속으로 핵심 정보가 통합되었을 것이다. 다시 말하여 이해가 더 잘 이뤄진 것이다.

불가피하게 독자들이 답변을 하는 동안에 해당 덩잇글에 접속하지 못한 경우에, 덩잇글 상으로 명시적인 문항들(즉, 하나의 문장으로부터 나온 정보를 요구하는 문항)이 훨씬 더 답변하기가 어려워졌다. 배경지식에 근거한 각본상의 질문들은 해당 덩잇글이 없는 경우에도 다소 더 쉬웠다. 아마도 해당 덩잇글이 이용될 수 있는 경우에는 가급적 기존 지식을 이용하는 일을 하지 않겠지만, 반면에 해당 덩잇글이 없는 경우에는 좀 더 그런 기존 지식에 많이 의존하기 때문일 것이다.

해당 덩잇글이 제거된 경우에 독자들이 기존 지식에 더 많이 의존할 것이라고 예상할 수 있다. 존스튼(1984)에서는 덩잇글 제거가 이해에서 기존 지식의 역할을 증가시켰음을 찾아내었다. 해당 덩잇글이 이용될 수 있었던 경우에 기존 지식과 이해의 상관이 0.23이었다. 해당 덩잇글이 제거되고 학생들이 즉각 질문에 답변을 하였던 경우에는 상관이 여전히 0.24에 머물러 있었다. 해당 덩잇글이 제거되고 일정 시간이 지난 뒤에야 학생들이 답변을 할 수 있도록 허용된 경우에 상관은 0.33까지 증가되었다.

요약하면, 해당 덩잇글의 제거에 장점과 단점이 있는 듯하다. 핵심이 되는 질문들은 덩잇글이 제거되고서도 답변하기가 더 쉽다. 아마 중심 생각이 개념틀 속으로 맞물려들어 있었고, 인출하여 재해석되었기 때문일 듯하다. 반면에 지엽적인 질문들은 덩잇글이 주어져 있어야 답변하기가 더 쉬웠는데, 독자들이 부합시키기 또는 탐색-및-인출 전략들을 이용할 수 있기 때문일 것이다. 이는 해당 덩잇글을 제거하는 일을 옹호할 수 있다. 해당 덩잇글이 제거된다면 기존 지식이 좀 더 중요해진다. 아마 이는 (또한 새 정보에 주목하도록 하기 위하여: 뒤친이) 해당 덩잇글을 제거하지 말도록 옹호하는 듯하다.

이런 조사 연구의 함의는 무엇을 측정하고자 하는지에 달려 있다. 응시생들이 비교적 낮은 수준의 언어 쪽으로 지향된 명시적 질문들을 대답할 수 있는지 여부를 알아보려고 관심을 둔다면, 그들이 해당 덩잇글을 참고할 수 있도록 허용해 주어야 한다. 반면에 응시생이 해당 덩잇글의 중심 생각을 이해할 수 있는지 알아보려고 관심을 둔다면, 질문에 답변을 하도록 허용하기 전에 해당 덩잇글을 제거하는 것이 더 나을 듯하다. 그렇지만 그런 절차에서 이해뿐만 아니라 또한 기억까지 검사할 가능성이 있다는 우려를 인정하는 것이 중요하다.

3) 지문(덩잇글) 길이

모든 읽기 시험 출제자가 대면하는 한 가지 문제는 자신의 시험이 근거하고 있는 덩잇글이 응당 얼마만큼 길어야 하는지에 대한 것이다. 덩잇글 길이는 놀랍게도 조사 연구가 미진한 영역이다.

엔지니어(Engineer 1977)에서는 1천 낱말보다 더 긴 덩잇글이 이용된 경우에 측정될 수 있는 능력들이 변동하였음을 찾아내었다. 시사점은 길이가 더 긴 덩잇글이 시험 주관자들에게 좀 더 학업과 관련된 능력들을 평가하도록 허용해 주고, 담화 처리 능력보다 통사 및 어휘지식을 끌어낼 법한 문장 처리 능력들 상의 의존을 줄여 준다는 것이다. 비슷하게 긴 덩잇글의 중심 생각을 찾아내는 능력은, 더 짤막한 덩잇글에서 중심 생각을 찾아내는 능력과는 질적으로 다를 것으로 여겨질 가능성도 있다. 또한 길이가 더 긴 덩잇글을 이용하면서 읽기 속도를 측정하는 것이 훨씬 더 쉬울 것 같다. 예를 들면, 다수의 짤막한 지문들 및 지문에 관련된 질문들에서보다 '영어 능숙도 검사다발(EPTB)'로 불리는 데이뷔스 검사(Davies Test)의 검사 읽기 속도에서 그러한데, 올더슨 외 (1985)에 있는 개관을 참고하기 바란다.

가령, 학업 목적을 위한 시험에서 더 긴 덩잇글의 이용을 선호하는 일반적 논의는, 이런 실천이 학생들이 긴 덩잇글을 읽고 공부해야 하는 상황을 좀 더 긴밀하게 반영해 준다는 것이다. 따라서 설사 조사 연구에서 여전히 더 긴 덩잇글을 이용하면서 어떤 능력들이 유일하게 평가될 수 있는지를 보여 주어야 할지라도, 참된 실생활 속성(*authenticity*) 논의는 좀 더 긴 덩잇글을 이용하는 쪽을 선호하여 진행된다. 예를 들어 짤막한 지문만이 이용되는 외국어로서의 영어 검사(TOEFL)와는 대조적으로, 영국의 국제적 영어 검사제도(IELTS)에서 따르는 실천 방식이 그러하다. 외국어로서의 영어 검사(TOEFL) 기획에서 다수의 짤막한 지문을 이용하는 일을 옹호하는 이유는 더 광범위한 주제들이 다뤄질 수 있도록 허용해 주며, 따라서 제한된 영역의 주제 영역으로부터 한쪽으로만 쏠릴 잠재적인 치우침을 줄여주기를 희망하기 때문이다. 이는 시험에서 종종 제시되는 종류의 타협을 강조해 준다. 이 경우에는 한편으로 학생들이 학업 과정에서 읽어야 할 긴 덩잇글의 종류를 이용함으로써 참된 실생활 속성을 극대화하는 일, 그리고 다른 한편으로 여러 가지 더 짤막한 지문들을 이용함으로써 내용의 치우침을 극소화하는 일 사이의 타협인 것이다.

4) 한 다발의 하위 검사지

TOEFL(외국어로서의 영어 검사)과 같이 많은 읽기 검사는 다수의 (흔히 짤막한) 지문들에 의해 특성이 지어지는데, 지문들에는 각각 이해 질문이 뒤따른다. 질문들이 모두 동일한 덩잇글과 관련되므로, 흔히 하위 검사로 간주되며, 점차 '하위 검사지(*testlets*)'로 언급되고 있다.

그런 하위 검사지의 이용에서 한 가지 중요한 논제는 문항들이 서로 간에 독립적인지 여부이다. 문항들이 명백히 모두 덩잇글의 동일한 지문과 관련되고 그런 점에서 서로 간에 연관되지만, 문항 상호의존성에 대한 더욱 엄격한 정의는, 하나의 문항에 대한 답변이 임의의 다른 문항에 대한 답변에 영향을 미치거나 결정하는지 여부이다. 비록 항상 상호 의존할(중복될) 위험이 있지만, 조사 연구가 아직까지 결정적으로 실제로 하위 검사지들에서 그런 엄격한 상호의존성이 일어나고 있음을 보여 주지는 못하였다.

컴퓨터를 이용하는 수준-맞춤 검사에서(질문의 난이도가 응시생이 바로 앞의 문제를 올바르게 답변하는 능력이 점차 향상되는 측정값에 따라 조정됨), 한 가지 논제는 다음 단계가 어떤 수준으로 맞추어져야 하는지를 결정하기 전에 응시생이 하위 검사지에 있는 모든 문항에 대해 답변할 때까지 기다려야 하는지 여부이다. 만일 문항들이 진짜 독립적이라면, 아마 하나의 문항에 대한 수행이 응당 동일한 덩잇글 상으로 또 다른 좀 더 쉽거나 더 어려운 문항을 상기시킬 것이다. 짤막한 지문을 놓고서 많은 문항을 집필하기가 어렵다는 점이 사실이라면, 이는 실용적이지 않을 것 같다. 한 가지 대안은 서로 다른 지문들에 근거하여 좀 더 어려운/좀 더 쉬운 문항을 제시하는 것이다. 그렇지만 그런 실천 방식은 비록 독자가 온전한 지문을 처리하고 있음에도 불구하고, 제시된 문항에 대하여 하나가 오직 하나만을 모은다는 점에서 비효율적이다. 독자들에게 각 지문마다 여러 가지 물음에 답변을 하도록 요구하는 편이 좀 더 효율적인 듯이 보인다.

만일 컴퓨터를 이용하는 검사가 응시생들에게 답변을 검토하고 고치는 일을 허용하지 못한다면, 종이 위에 쓰는 시험과의 비교 가능성이 아주 제한될 것이다. 이것은 특히 컴퓨터를 이용한 수준-맞춤 검사들에 있는 한 가지 문제점이다. 문항 선택 흐름도의 작동법이 흔히 앞의 응답에 따라 진행되므로, 응시자들이 답변들을 되돌아보면서 스스로 고칠 기회를 제공해 줄 수 없기 때문이다. 그리고 서로 다른 응시생이 컴퓨터를 이용한 수준-맞춤 검사에서 서로 다른 문항을 받게 되므로, 있을 수 있는 가장 긴밀한 맞춤 정도가 검사 명세내역 및 검사 내용

사이에 존재해야 마땅하다(Oltman 1990).

5) 읽기과정 조사 연구와 읽기평가 조사 연구와 읽기평가의 본질 사이에 있는 관계

제2장에서 개관된 읽기에 대한 조사 연구 및 읽기 시험에 대한 조사 연구 사이에 분리된 모종의 것이 있다. 실제로 일부 학자들은(가령, Grabe 2000을 보기 바람) 설사 읽기에 대한 우리의 이해가 지난 15년에 걸쳐 두드러지게 약진하였다고 하더라도, 이것이 읽기의 평가에는 영향을 주지 못하였다고 믿는다. 흔히 읽기 평가가 신뢰도 및 심리 측정의 타당도에 대한 관심으로 지배되어 왔다고 주장된다.

> "지문들을 놓고서 중심 생각 및 자세한 이해 질문에 대한 간단하고 직접적인 측정값이, 어휘의 영역 질문들과 결합되어, 이들 검사 접근을 위하여 강력한 신뢰도 및 최소한 논의의 여지가 있는 타당도를 제공해 왔다. 전통적인 접근법들도 여전히 인기가 있는데, 시행하기 쉽고, 채점하고 등급 매기기 쉬우며, 경제적이기 때문이다."(그뢰이브 1991: 21쪽)
> (Simple and straightforward measures of main idea and detail comprehension questions on passages, combined with sections on vocabulary, provide strong reliability and at least arguable validity for these testing approaches. The traditional approaches are also popular because they are easy to administer, to score, and to scale, and they are economical. Grabe 1991: 21)

그렇지만 저자는 읽기 조사 연구가 반드시 읽기 평가에 대한 조사 연구에도 영향을 주어야 한다는 가정을 잘못되었다고 문제 삼는다. 또한 신뢰도와 타당도의 '전통적인' 가치에 관심이 모아진다면 우리에게 대안이 어떤 것이든 있을지 여부에 대해서도 부정적으로 본다. 이들 논제를 아래에서 차례로 다뤄 나가고자 한다.

이 책의 많은 부분에서 읽기 조사 연구 및 평가에 대한 조사 연구 사이의 관계가 일방적인 것이 아니라 응당 쌍방향이 되어야 함을 시사해 왔다. 많은 조사 연구가 평가 도구들로부터 자료를 모아 놓는 것에 근거를 두고 있는 것이다. 타당화 작업은 검사 업무에서 핵심적이고, 적합한 구성물 또는 구성물들을 찾아내는 일이 그런 타당화 작업에 핵심이 된다.[18] 그러므로 읽기 평가가 그 자체로 오직 이용 가능한 최상의 구성물들에 근거를 두는 것만이 논리적으로 보일 듯하다. 제1장과 제2장에서 살펴보았듯이 아쉽게도 그런 구성물이 무엇이 되어야 할지에 대해서는 주요한 합치가 존재하지 않는다. 더 고급 수준의 처리에 대해서도, 추론 작업의 본질과 기여에 대해서도, 다른 인지 과정의 역할 및 읽기에서 작동하는 능력에 대해서도 여전히 현저한 불일치가 있다. 심지어 더 낮은 수준의 덩잇글 처리와 관련하여서도, 검사

---

18) (역주) 19세기까지만 하더라도 심리학은 별을 보고 점을 치는 일만큼 '사이비' 취급을 받아왔었다. 20세기에 와서 인간의 심리도 몇 가지 구성 영역을 정확히 붙들어 냄으로써 각 영역마다 작동 방식을 종합하여 심리 작용을 측정할 수 있다는 가정이 받아들여지기 시작하였다. 이른바 심리측정학이 탄생한 것인데, 지능 검사(IQ)라는 것도 이런 심리측정학의 부산물이다. 최근에는 다중 지능 이론도 논의된다(190쪽 §.2-3의 역주 33 참고). 인간의 정신 작용을 여러 복합 요소의 종합으로 보는 전통은 희랍에서 진·선·미의 결합체로 봤던 일이라든지(칸트는 각각 순수이성·실천이성·판단력으로 불렀음), 중국 쪽에서 생각과 실천(말과 행동)의 결합으로 봤던 일에 뿌리를 두고 있다(독일 사회철학자 하버마스는 후자를 각각 '의사소통 행위'와 '전략적 행위'로 부름). 20세기 초기에 연구자들에 따라 이를 traits(기질), characteristics(특성), constructs(구성물) 등으로 달리 부르다가, 점차 constructs(구성물, 정신의 복합적 구성 영역)이란 용어로 통일되어 쓰이기 시작하였다. 가장 정확한 풀이는 우리 복합 정신 작용을 구성하고 있는 몇 가지 필수 영역들을 가리킨다. 가끔 '구인'이란 말을 보는데, 아마 '구성 인자'라는 뜻으로 만들었을 법하지만 본디 동기를 포착하여 드러내기에는 부족하다. 제4장에서는 읽기 행위에 대한 구성물을 본격적으로 다루게 된다.
　언어 교육에서는 크게 두 가지 구성물을 내세우는 일이 흔하다. 언어 능력과 인지 능력이다. 때로 소쉬르와 참스키 용어를 써서 후자를 parole(언어 수행의 개별체)이나 performance(언어 수행)이란 말을 쓰는 경우도 있고, 교육학에서 더러 '전략적 능력'이란 말도 쓰지만, 한참 모자라다. 이런 일이 일어나도록 조정하는 '상위 기관'이 있어야 하기 때문인데, 이는 반드시 재귀적 의식을 통해 발현될 수 있다. '전략'이란 말은 반드시 '목표'의 하위 개념으로 사용되어야 한다. 하인과 주인의 관계이다. 그렇지만 자각 없이 '전략 만능주의'의 타성에 젖은 글들도 많다. 인간의 정신작용을 제약하면서 최소한의 필수 부서들을 상정하면서, 존슨-레어드(Johnson-Laird) 교수는 삼원체계 모형을 내세우기도 하였는데, 10쪽 §.1-2의 역주 12)와 55쪽 §.1-7의 역주 65)를 참고하기 바란다.

되어야 할 현상이 정확히 무엇인지에 대하여 합치된 의견이 없다. 따라서 시험 출제자들이 혼란스런 조사 연구 상황을 접하는 불합리하지 않은 한 가지 방식은 기다리면서 마침내 어떤 합의가 부각되는지 살펴보는 일이다.

그럼에도 불구하고, 저자는 일반적으로 읽기 평가가 자동 처리, 낱말 인식 기술 등에 대한 최근의 조사 연구에 전혀 주의를 기울이지 않음이 사실이 아니라고 믿는다. 실제로 대부분의 제1 언어 읽기 평가에서 그런 구성 영역들을 찾아내기에 관심이 모아져 있고, 많은 종합 검사집들에서도[19] 각별히 진단용으로 측정하다고 주장한다. 이미 보여 주었듯이, 문제는 그런 기술들이 별도로 존재함을 증명하기가 어렵다는 점이다. 그렇다면 이것이 검사 구성 주체나 모형 수립 주체들의 잘못일까? 이론이 그 자체로 각기 따로 나뉘어 있는 경우에는 빈약한 검사들에 대하여 검사 구성 주체들을 비난하는 일이 부당한 듯하다. 아마 문제는 모형 수립 주체들이 이들 기술이 실질적으로 무엇과 '같아 보일지'에 대해서 명시적이지 않다(애매하게 넘어간다)는 점인데, 제9장에서 다시 다뤄질 것이다.

더욱이 많은 종합 검사들에서는 명백히 읽기에 대한 개념틀-이론 접근에 명백히 근거하고 있다고 주장한다. 제2장에서 인용된 존스튼 (1984)의 연구와 이런 실천을 비웃는 카아붜(1982, 1983, 1984, 1990, 1992) 들을 보기 바란다(§.2-2-9). 저자는 개념틀 이론에 문제가 있음을 인정하는데, 한때 많은 연구자들 사이에 '현재의 첨단 기술'로 여겨졌었고, 의심의 여지없이 바로 이것이 읽기 시험 출제자들이 그 선두에 뛰어들었던 까닭이다. 일이 다 끝난 뒤의 궁리로서, 과연 우리는 시험 출제자들

---

19) (역주) test battery(한 다발의 검사 묶음, 종합 검사집)는 말하기·듣기·읽기·쓰기 등의 하위 검사영역들을 모두 함께 모아 놓은 것이므로 '종합 검사집'이나 '검사다발/묶음/모음'이라고 부를 수 있다. 만일 battery(묶음, 다발)이란 낱말이 없다면, 개별 영역만을 검사하는 것이다. 여기서는 '종합 검사집'으로 번역해 둔다.

이 현행 읽기 조사 연구에 의해서 영향을 받아왔다고 비판을 해야 하는 것일까? 이는 아마 좀 더 제2 언어 읽기 평가들과 관련된 논제가 될 듯하다. 왜냐하면 대다수의 읽기 조사 연구가 제1 언어를 중심으로 특히 읽기를 시작하는 학습자들을 대상으로 하여 일어나고, 이것이 제2 언어 평가 주체들에게는 관련이 덜할 듯하기 때문이다.

그렇지만 제2 언어 읽기 조사 연구에서 많은 평가 질문들에 대하여 만족스런 답변을 제시해 주는지는 분명치 않다. 앞의 제1장과 제2장에서 제기된 논제들을 다시 언급한다면, 다음처럼 질문할 수 있다. 제2 언어 읽기가 읽기의 문제인가, 아니면 언어 문제인가? 해당 조사 연구에서의 합의는 아주 분명하다. 제2 언어 독자들에게는 제1 언어 읽기 기술들이 간여되기 전에 '언어 문턱값'을 통과할 필요가 있다. 또한 이런 문턱값이 배경지식 및 덩잇글과 상호작용을 하므로, 어떤 주제를 지닌 덩잇글에 대해서는 다른 덩잇글과 주제들보다 언어 능통성이 덜 필요함을 아주 일관되게 보여 준다. 언어 문턱값이 더 낮은 것이다. 그런 조사 연구의 분명한 함의 한 가지는, 낮은 수준의 제2 언어 독자들이 지닌 '참된' 읽기 능력이 추정될 수 있기 전에, 먼저 그들의 언어 능통성이 향상되어야 하고 따라서 이것이 평가될 필요가 있다는 점이다.[20]

전통적인 심리측정의 가치와 거의 관련되지 않지만 두 번째 논제는 측정 대상의 문제이다. 즉, 제2 언어 읽기 시험이 응당 읽기 능력보다는

---

20) (역주) 언어는 도구이고, 인지 능력은 주인이다. 제1 언어이든 제2 언어이든 모두 도구에 지나지 않는다. 여기서 읽기 능력이라고 표현된 인지 능력은 어떤 도구를 쓰든지 간에 동일하게 작동하는 것이다. 동일한 주인이 다른 언어 도구를 사용하는 일에 지나지 않는다. 그러나 일부 국어교육에서는 '말은 얼이다'라는 얼빠진 주장으로 말미암아, 언어/도구가 다르면 인지 능력까지도 다르게 작동하는 듯이 착각하기 일쑤이다. 제1 언어의 읽기 능력이 제2 언어 쪽으로 전이되려면 반드시 동일한 인지 능력이 전제되어야 하는 것이다. 다만, 스스로의 자각 정도에 따라 인지 능력은 학습자마다 각기 다르게 이용될 수 있으므로, 읽기 교육에서의 초점은 스스로 이런 복합적인 읽기 과정(덩잇글과 그 속의 사회 가치와 자신의 처리과정)을 자각하는 데 모아져 있어야 한다. 국어 시간의 읽기와 영어 시간의 읽기와 중국어 시간의 읽기가 오직 초보 수준에서는 강조점이 달라질 수 있다. 외국어의 형식을 전혀 알수 없기 때문이다. 그러나 외국어 형식들에 익숙해지는 중급 수준 이상에서는 내용과 관련된 동일한 읽기 능력이 평가 목표 속에 들어 있어야 하는 것이다.

좀 더 언어 능력을 측정해야 하는지 여부, 그리고 일반 지능이나 읽기 시험을 치르는 데에 끼어들 수 있는 다른 임의의 구성물보다는 좀 더 읽기 능력을 측정해야 하는지 여부이다. 이에 대한 답변은 신뢰도에서 만큼 공평함(*equity*) 및 정당함(*justice*)과 관련되어야 한다. 만일 우리의 검사가 제2 언어에서 읽기를 측정하다고 말한다면, 그 검사가 실제로 그렇게 함을 확실히 해 줄 필요가 있다. 이는 제2 언어에서 읽기 및 해당 언어를 아는 일 사이에 차이가 무엇이고, 제2 언어에서 읽기 및 제1 언어 읽기 능력 사이에 차이가 무엇인지를 알 필요가 있음을 의미한다. 최근의 조사 연구 및 최근의 모형들은 이런 사안을 놓고서 적합하게 분명한 안내를 제시해 주지 않는다. 그렇다면 제2 언어 읽기 평가가 왜 영향을 받지 않는 것일까?

장래의 읽기 평가 절차를 탐구하는 경우에, 우리가 검사/시험 타당도 및 신뢰도를 평정하는 전통적인 기준들을 계속 이용해야 하는 것일까? 물론 그런 기준이 적용되는 범위는 검사/시험의 목적, 그리고 부담이 큰 시험인지 아니면 낮은 부담의 시험인지 여부에 달려 있다. 저자는 컴퓨터를 이용한 TOEFL(외국어로서의 영어 검사) 상으로 읽기 능력을 측정하는 데 이용된 새로운 기법들이 신뢰도가 낮다는 것을 알고서 기뻐할 TOEFL(외국어로서의 영어 검사) 응시생이 있을지 상상할 수 없다. 분명히 그들의 능력에 대한 평가가 정확해야 함을 확실히 해 둘 필요가 있는 것일까? 응시생들이 신뢰도가 없음에도 현행 읽기 모형들에 근거한 시험을 기꺼이 치를 수 있을 것인가? 분명히 그렇지 않다. 핵심 논점은 많은 검사/시험들이 부담 높은 검사/시험으로서[21] 현장에서 이용된

---

21) (역주) high stake(부담이 크다, 높다)이란 말은 검사/시험 결과가 응시생의 장래에 큰 영향력이 지니므로 응시하는 과정에서 좋은 점수를 받으려고 하는 심적 부담이 크다/높다는 뜻이다. 비유적으로 쓰인 stake는 내기에 건 판돈이나 패 또는 상금 따위를 가리킨다. 가령, "How much was the stake(내기에 얼마나 많이 걸었느냐?)", "They were playing cards for high stakes(많은 판돈을 걸고서 화투를 치고 있다)", "Stakes are high(실패할 경우에 위험 부담이 크다)"라는 표현들이 쓰인다. 70쪽 §.1-10의 역주 75)를 같이 보기 바란다.

다는 것이다. 심지어 읽기 교정 읽기 과정에 배정되거나 끝마치는 일조 차도 어린 학습자들에게는 아주 부담이 높을 수 있거나 상당량의 충격을 지닐 수 있다. 기준들을 완화할 수 있기 전에, 임의의 시험이나 결과가 낮은 신뢰도를 지니더라도 받아들일 수 있음을 확실히 해 둘 필요가 있다.

실제로 읽기에 대한 조사 연구 및 읽기 평가에 대한 조사 연구 사이에 분리가 존재한다면, 이는 두 유형의 조사 연구에 대한 목적들이 서로 다르기 때문일 수도 있고, 채택된 방법이 다르기 때문일 수도 있으며, 결과가 해석되고 이용되는 방법 분명히 다르거나 또는 오용되기 때문일 수도 있다. 읽기 조사 연구에서 그리고 심지어 읽기 평가 조사 연구에서 이용된 방법들이 많은 읽기 평가 현장에서 실용상 편리한 것과는 근본적으로 다를 가능성도 있다. 실용성·영향력·다른 측면(자원, 관계자 등)의 결과들에 대한 논제가 조사 연구 실험실에서보다 또는 각별히 마련된 평가 조사 연구 현장에서보다 비중이 더 클 수도 있다. 그럼에도 불구하고, 저자는 읽기 평가에 대한 조사 연구가 더 나은 검사 및 평가 절차의 발전에뿐만 아니라 또한 읽기에 대한 우리의 이해에 영향을 미칠 수 있기를 희망한다.

§.3-3. 요약

제3장에서는 어느 변수가 제1 언어에서와 제2 언어에서 읽기의 평가에 영향을 주는지를 검토한 조사 연구들을 개관해 놓았다. 주어진 질문 그리고 이해가 평가되는 지문 둘 모두의 영향력이 똑같이 중요하다. 읽기 검사/시험의 난이도도 또한 덩잇글 및 문항 사이에 있는 관계에 달려 있다.

문항의 많은 특징들이 질문의 난이도에 영향을 끼침이 밝혀졌고, 이들 상이한 특징이 또한 난이도에 기여한다. 질문에 쓰인 언어, 그것들의 표현 방식, 문항 및 선택지에 이용된 낱말의 빈도가 모두 중요하다. 지엽적이든 전체적이든 간에 하나의 질문에 의해 요구되는 정보의 수준, 그리고 질문 및 덩잇글에서 요구된 정보 사이의 관련성이 분명히 핵심적이다. 덩잇글 상으로 명백한 질문들이 덩잇글 상으로 암시적인 질문보다 더 쉬울 것 같다. 덩잇글에서 다양한 지점들로부터 나온 정보의 통합을 요구하는 질문이 오직 한 군데에 있는 정보를 가리키는 질문보다 더 어렵다. 응시생들에게 적극적으로 추론을 작동하도록 요구하는 질문이 단순히 질문 및 덩잇글의 부합을 요구하는 것보다도 더 어려울 것 같다. 배경지식을 인출하도록 요구하는 질문은 단지 덩잇글에 포함된 정보만 요구하는 질문과 난이도에서 다를 것이다. 가능한 선택지를 지닌 택일형 질문이 선택지가 없는 질문보다 더 어려울 것이다. 덩잇글 및 질문 사이에 어휘가 중복되어 있는 질문들이 그 중복의 본질에 따라서 그리고 정답으로 이끌어 가는지 아니면 오답을 유도하는지 여부에 따라서 서로 다른 종류의 처리를 요구할 것이다.

　거시 수준의 이해는 시험 구현의 특정 형식을 이용함으로써 다른 형식들보다 가장 적합하게 평가받을 수 있다. 그렇지만 문항들이 서로 다른 읽기 기술을 검사할 수 있음을 입증하기는 어렵다. 채점/판정 주체들이 믿을 만하게 검사되고 있는 기술(들)을 찾아내기가 어려운 것이다. '읽기'를 검사하고 있는 문항 및 '언어 기술들'로 불리는 바를 검사하고 있는 시험 사이의 관계가 읽기 검사/시험을 마련하는 경우에 유념해야 하는 어떤 것이다. 읽기가 아니라 지능 또는 추론 능력을 검사함으로써 또는 덩잇글의 이해로부터 얻어진 정보가 아니라 오히려 배경지식을 검사함으로써 검사/시험이 한쪽으로 치우칠 가능성이, 또한 무엇보다도 읽기에 무엇을 포함하는지에 대한 시각에 따라서 잠재적으로 검사/시험을 망칠 오염 변수가 된다. 비슷하게 어휘지식이 읽기 평가에서 관련된 변수인지 아니면 오염원인지 여부도 중요한 고려사항이다.

비록 현행 조사 연구에서 사전의 이용이 우리가 예상한 만큼이나 생산적이지 않을 수 있음(도움이 없음)을 시사해 주더라도, 이것이 읽기 검사/시험 동안에 사전을 활용하는 일이 바람직한지 여부에 대한 시각에 영향을 미칠 것이다.

검사되고 있는 지문을 도로 들여다봄을 허용해 주는 일이 다수의 흥미로운 효과를 지니는 듯한데, 그 효과들이 모두 꼭 부정적인 것만은 아니다. 질문을 처리하는 동안에 학생들에게 해당 덩잇글에 접속할 수 있도록 허용된다면 탐색-일치의 전략이 좀 더 많이 쓰일 것이지만, 반면에 해당 덩잇글이 제거된 뒤 오직 질문만을 보고 답변하는 일은 오직 일치만 찾도록 하는 일보다도 학생들로 하여금 배경지식을 더 많이 이용하도록 만들거나 종합하는 능력을 더 많이 요구할 수 있다. 덩잇글 주제가 분명히 이해에 중요한 효과를 지니는데, 특히 배경지식을 간여하게 만드는 범위에서 그러하다. 덩잇글 길이도 또한 덩잇글 짜임새의 측면들, 덩잇글 표현 방식, 덩잇글을 놓고서 던져진 질문의 숫자가 그러하듯이 중요한 변수가 된다. 여러 가지 짤막한 지문들에 대한 이해가 검사되어야 하는지, 아니면 단일하고 긴 지문에 대한 이해가 검사되어야 하는지 여부는 배경지식의 잠재적인 치우침 효과를 줄여 놓거나 또는 늘여 놓을 수 있다.

마지막으로 바로 시험 응시 행위가 그 자체로 비-시험 상황의 읽기와는 다른 종류의 읽기를 요구할 수 있으므로, 능력의 종류들이나 검사될 수 있는 이해 내용에 제약을 줄 가능성이 있다. 완미하기나 즐기기나 개인적 해석과 같이 읽기의 어떤 측면들은 간단히 측정될 수 없고 다른 방식으로 평가되거나 보고될 필요가 있음이 실제 경우일 수 있다.

설사 검사/시험 주관 주체가 실제로 검사/시험할 수 있는 바에서 제약되어 있음이 사실이라 할지라도, 검사/시험이 측정하는 바가 될 수 있는 대로 그 검사 방법에서 의해서 거의 오염이 없도록 함이 중요하고, 읽기 시험/검사의 결과가 가능한 대로 비-시험/비-검사 상황으로까지 일반화될 수 있도록 함이 분명히 중요하다. 따라서 검사에 근거한 수행이 실세계의 읽기에 관련될 수 있도록 하는 것이 중요한데,22) 제4장~제6장에서 다루는 주제이다. 또한 가능한 대로 검사 방법에 따른 변이 효과를 회피하는 것이 중요한데, 이는 제7장에서 논의될 것이다.

---

22) (역주) 시험 또는 검사는 본디 평상시의 능력을 그대로 드러내기 위한 도구에 지나지 않는다. 우리가 지닌 능력을 고스란히 드러내고 밝힐 수 있는 방법이 없으므로, 불가피하게 주요한 영역이나 변수들을 구성물로 따로 떼어 놓고서 구성물을 자세히 명세한 뒤에, 그 명세표에 따라서 여러 가지 질문들을 만들고서 답변의 수치를 측정할 수밖에 없다. 이런 운명적인 한계를 '평가의 간접성' 및 '추론의 불가피성'이라고 부른다. §.4-1에서는 시험 결과를 '일반화할 수 있는 가능성'이라고 언급하였다.

제**4**장 독자: 읽기 능력의 구성물 정의

§.4-1. 들머리

앞의 세 개의 장에서는 읽기 및 읽기 평가의 본질을 놓고서 현저한 분량의 조사 연구들을 개관해 놓았다. 또한 각 장의 마무리 부분에서 저자는 발견 결과의 관련성이나 검사 및 평가 절차들에 대한 소견을 나름대로 덧붙여 놓았다. 이제 다양한 경로들을 함께 모아놓고서 검사/시험 설계의 논제들을 다루고, 읽기 이론, 실세계에서의 읽기, 읽기 평가 사이에 있는 관련성을 논의할 필요가 있다.

이 시점에서 독자들은 읽기에 대한 이론이나 조사 연구의 개관으로부터 생겨난 대량의 세부 내용들에 의해서, 그리고 얽어 짜놓은 틀이 없기 때문에 다소 압도당하는 느낌을 받을 듯함이 참이다. 저자는 '독자·덩잇글·상호작용'이라는 세 가닥의 조직화 원리에 따라 제시해 놓았지만, 이것이 그 자체로 시험/검사 설계의 목적에 이용하려면 오히려 사뭇 광범위하다. 결국 검사/시험에서는 초점이 반드시 독자에게, 독자의 읽기 능력에 모아져야 한다. 이것이 그들의 검사/시험 수행으로부터 우리가 측정하고 추론해 내려고 하는 것이기 때문이다.

제4장에서는 검사/시험 구성물 및 읽기의 구성물을 다루게 되는데,

이것들이 어떻게 운영되어 왔는지를 예시하게 될 것이다. 제5장에서는 검사/시험 과제 및 실세계에서의 읽기 사이에 있는 관련성을 어느 정도 길게 살펴보게 될 것이다. 이는 구성물의 이해를 위해 중요한 것으로 밝혀진 읽기의 여러 측면들을 일관되고 사뭇 포괄적인 틀 속으로 부분적으로 가져 오게 될 것이다. 또한 실세계에서의 읽기를 검사/시험에 근거한 읽기 및 검사/시험 수행의 해석과 관련짓는 일을 시작하기 위해서이다.

그런 다음에 제7장에서는 추가 논제를 살펴볼 것이다. 검사/시험 방법 및 우리 검사 방법이 읽기의 측정에 영향을 미치는(오염시키거나 늘여 주는) 범위에 대한 논제이다. 우리는 독자가 택일형 검사를 수행하거나 요약을 서술할 수 있는지 여부를 아는 일에 관심이 없다. 그보다는 학생들이 얼마나 잘 읽는지, 그리고 이것 이외에도 자발적인 즐거움 때문이 아니라면, 그들이 모종의 목적을 위하여 어느 정도의 효험을 지니고서 특정한 대상을 얼마나 잘 읽는지에 관심을 두고 있다. 따라서 검사 방법이 우리의 측정에서 잠재적인 치우침(편의)의 원천이 된다. 그렇지만 검사상 실제적으로 우리가 측정하는 바가 능력 및 검사 방법 사이에 있는 상호작용의 결과이므로, 적합한 검사 방법의 이용이 만일 적합하게 선택되고 명백하게 우리의 구성물과 관련되는 경우에 우리의 추론에 대한 타당성을 늘어줄 수 있다.

결국에 문제가 되는 것은 평가 절차나 검사로부터 실세계에 있는 읽기 수행으로까지 일반화할 수 있는 정도이다. 우리는 응시생들이 시험을 얼마나 잘 치를 수 있는지를 아는 데에 관심이 없고, 대신 그들의 읽기 능력이나 검사 상황을 벗어나서 읽기 행위에 대하여 무엇인가를 알고 싶다. 흔히 검사 결과들을 일반화할 수 있는 가능성으로 언급되는 바이다.

곧 예시하게 될 '일반화 가능성'의 논제를 다루는 한 가지 방식은 읽기 능력에 대한 추상적 개념, 곧 사실상 읽기의 이론을 취하고 나서,

이런 이론을 우리 시험 상황에 운영해 보는 일을 추구하는 것이다. 구성물의 정의는 읽기에 대한 이론으로부터 나온다. 이것들은 ㉠ 우리가 선택하는 덩잇글, ㉡ 응시생들에게 수행하기를 요구하는 과제, ㉢ 응시생들이 드러내는 이해, ㉣ 전형적으로 검사 점수에 반영되어 있는 그런 이해들로부터 우리가 만드는 추론을 통해서 구현된다. 이런 접근에서는 이론에 기대어서 '일반화 가능성'을 추구한다. 우리의 검사/시험이 이론을 적합하게 반영되는 정도까지, 그리고 읽기에 포함된 바에 대한 적합한 설명으로서 그 이론이 '올바른' 정도까지 일반화될 수 있는 것이다. 이미 앞 장들에서 살펴보았듯이 이런 전통은 오래되고 존경받고 영향력 있는 역사를 지니고 있다.

검사 계발/시험 출제에서는, 주어진 목적이나 또는 주어진 현장을 위하여 '구성물'을[1] 정의하는 일과 더불어 시작할 수 있다. 그리고 나서 아주 신속히 검사 과제/시험 문제들을 대상으로 제5장에서 좀 더 상세히 논의하게 될 특성을 운영해 나가도록 추구하는 일로 옮겨갈 것이다. 그렇다면 우리가 이끌어 내고자 하는 수행이 과연 실제로 우리 구성물을 측정해 내는 일에 성공하였음을 시사해 주는지 여부를 알아보기 위하여, 우리는 반드시 한 개인이 우리가 마련한 검사 과제/시험 문제를 어떻게 처리할 수 있는지, 또는 사실상 어떻게 더 잘 처리할 수 있는지를 살펴보아야 한다. 검사 설계/시험 출제를 진행하는 경우에 우리의 구성물이 모든 과정에 두루 스며들어 있다. 검사/시험 명시내용(명세내역)과 검사 과제/시험 문제들이 서로 간에 차츰차츰 진전해 나가

---

1) (역주) 라틴어 'heaped together(겹쳐 쌓아올리다)', 'built together(함께 세워지다)', 'put together(함께 놓이다)'를 의미하는 'construct(구성물, 구성물 영역)'는 원문에 때로 단수로도 쓰이고, 때로 복수로도 쓰인다. 단수일 경우에는 여러 하위 영역들을 한데 모은 '구성물 영역'이란 상의어이고, 복수일 경우에는 하의어로서 하위 영역들을 가리키게 된다. 언어상 단수·복수의 구분이 필수적이지 않은 우리말에서는 '구성물'이란 말로써 상의어로도 쓰고, 하의어로도 쓸 수 있다. 만일 맥락이 하의어로서의 용법을 분명히 밝힐 필요가 있을 경우에는 '여러 하위 구성물들'이라고 명시적으로 써 놓을 것이다. 3쪽 §.1-1의 역주 3)과 55쪽 §.1-7의 역주 65)와 109쪽 §.2-3의 역주 33)을 같이 보기 바란다.

듯이, 구성물을 명시적으로 만들어 주는 일도 반복적인 과정이다. 제4장에서 읽기의 하위 구성물들에 초점을 모은 결과로서, 비록 덩잇글 변수와 독자 변수가 긴밀하게 뒤엉켜 있음을 거듭거듭 살펴보았지만, 덩잇글의 특징들보다는 오히려 불가피하게 독자들의 여러 측면, 그들의 정신 능력과 처리과정에 집중하게 될 것이다.

이하의 논의에서는 구성물로써 의미하는 바가 무엇인지를 논의하고, 최근까지 학계에서의 결론들을 개관한 다음에, 검사 명세내역(명시내용)과 읽기 능통성의 눈금들 속에 들어 있는 읽기 능력의 서술 내용을 면밀히 검토함으로써 읽기의 가능한 구성물 내용을 예시하고 논의하는 쪽으로 진행해 나갈 것이다.

§.4-2. 구성물

모든 검사/시험은 하나 또는 둘 이상의 구성물을[2] 측정하고자 한다. 구성물은 심리학적 개념으로서, 검사될 능력에 대한 이론으로부터 도출되어 나온다. 하위 구성물들은 그 이론의 주요 구성영역들이며, 이들 구성영역들 사이에 있는 관련성이 또한 그 이론에 의해 구체화된다. 예를 들면,

---

2) (역주) 명시적으로 서술되어 있지 않지만, 인간의 정신 능력은 여러 층위가 '복합적으로 작용한' 결과라는 전제가 깔려 있다. 옛날에서부터 매우 소박하게 인간의 복합적인 정신 능력을 이분 내지 삼분하는 통찰력이 내려오고 있다. 말과 행위, 이론과 실천, 지식과 행동, 의사소통 행위와 전략적 행위 따위가 이분 접근이고, 진·선·미, 순수이성·실천이성·판단력 따위가 대표적인 삼분 접근이다. 그러다가 근대에 들어와서 우리의 두뇌 작용에 관심을 집중하면서, 이런 능력들을 머릿속에서 통괄하고 조정하는 상위 부서가 필요함을 깨닫고, 막연하게 자기 자신, 주체의식, 또 다른 자기로 부르던 것들을 '상위 인지'란 개념으로 묶기 시작하였는데, 이는 지각·판단·결정까지도 관여하는 포괄적인 부서이다. 이것이 두뇌 속의 단일 부서의 작동이라기보다는 전전두엽에 있는 작업기억을 매개로 하여 여러 복합 부서들이 통합된 동시 작동의 결과라고 가정하는 것이 더 합리적이다. 언어 교육 평가에서 자주 접하게 되는 구성물은 바크먼·파머의 의사소통 중심 접근법에 근거한 것인데, 크게 이분되어 언어와 관련된 부서 및 이를 이용하는 일반 인지와 관련된 부서로 나뉜다.

"일부 읽기 이론에서는 상이하게 많은 구성물 영역이 읽기에 포함되어 있고(통독하면서 골자 파악하기, 정보 찾아 읽기 등), 구성물 영역들이 서로서로 다르다고 서술한다."(올더슨 외 1995: 17쪽; 김창구·이선진 뒤침 2013: 28쪽)

(Some theories of reading state that there are many different constructs involved in reading (skimming, scanning, etc.) and that the constructs are different from one another. Alderson et al. 1995: 17)

따라서 우리는 그런 기술들을 평가할 만한 시험(검사)을 따로따로이든지 아니면 모종의 통합된 모습으로든지 출제(마련)하고자 한다. 어떻게 평가가 이뤄지든지, 이런 것들이 읽기의 이론적 구성물의 일부를 형성할 것이며,[3] 이것들이 서로 다르게 작동을 하게 될 듯하다.

또 다른 예를 들어 보면, 종합(*synthesis*, 적요)[4] 및 평가 기술이 일부

---

3) (역주) 원문에는 역접 접속사 'but(그러나)'를 쓰고 있다. 영어에서는 사실들 사이의 관계만을 따지는데, 구성물의 일부라면 응당 동일하게 시험 운영과정도 같아야 할 것이지만(but), 실제로는 다른 방식으로 운영되기 때문에 사실들의 역접 관계를 드러내기 위하여 but을 써 놓았다. 우리말에서는 사실들에 대한 관계를 따지는 것이 아니라, 그 사실을 바라보는 시각이나 의견에 대한 관계를 접속사로 이어주게 된다. 우리말에서는 읽기 구성물 선택과 운영이 동일한 시험 출제자의 판단에 따라 순서대로 이뤄진다고 보기 때문에 선후 순접 관계 '~며'로 번역해 놓는다. 만일 영어에서처럼 "일부를 형성할 것이나, 다르게 작동할 것이다"로 번역한다면, 중간에 "일부를 형성할 것이나, 이상하게도/예상과는 달리, 다르게 작동할 것이다"라고 역접 관계를 부연해 주어야 쉽게 읽힐 듯하다. 두 언어 사이에 이런 접속사 사용 방식의 차이는 '예-아니오(yes-no)' 답변 방식의 차이와 질서가 동일하다. 원문 119쪽의 두 번째 단락 둘째 줄에서는 순접 접속사 and로 묶고 yet을 추가하고 있다. 따라서 이곳의 역접 접속사 but과 대조를 보인다. 뒤에서는 구성물 정의와 운영 방식이 출제자의 의도에 의해 이뤄지기 때문에 뒤에서는 순접 접속사로 묶어 놓은 것이다. 51쪽 §.1-6의 역주 58)도 보기 바람.

4) (역주) 낱말 사슬로서 원문의 synthesis(종합, 적요)는 summary(줄임, 요약), abstract(개요, 적요) 등의 낱말도 같이 쓰고 있다. 적요(摘要)는 요점들을 뽑았다는 뜻으로서, 중요한 것들로만 줄였다는 뜻의 요약(要約)과 같은 낱말이다. 요(要)는 본디 팔장을 끼고 다리를 꼬고 서 있는 사람(또는 얼굴 몸통 다리의 모습)을 가운데 그리고, 양옆에다 다른 사람의 손으로 '허리(腰)'를 잡고 있는 모습을 표시해 놓은 그림글자(상형)이다. 이런 허리가 몸통의 위와 아래를 이어 주는 중요한 신체 부위이므로, '긴요하다, 중요하다, 요구하다, 핵심이다, 장차 ~할 것이다'의 뜻으로 넓혀졌다. 개요(槪要)에서 '평미레 개(槪)'는 옛날 네모진 됫박으로 쌀을 잴 적에, 동산처럼 솟아 있는 부분을 평평하게 밀어 주는 도구이며(어원은 '쭈+밀(다)+개'), 평목(平木)으로도 불린다(50쪽 §.1-6의 역주 57 참고). 따라서 '개요'란 높거나 낮은 부분

읽기의 이론적 구성물을 형성할 수 있다. 그렇지만 이것들이 시험 상으로 어떻게 구현되는지는 거의 전적으로 시험(검사)이 이용되고 있는 목적에 달려 있을 것이다. 그런 구성물이 증거 및 의견을 찾아내고, 구별하며, 비교하고, 평가하는 능력으로 더욱 협소하게 정의될 수 있다. 그러나 이것이 또한 천문학사에 관한 짤막한 지문에 근거하여 택일형 문항에서 올바른 추론과 그릇된 추론 사이를 구별해 내는 능력으로 작동될 수도 있고, 아니면 천문학사에서 서로 경합하는 설명들을 제시하고 있는 서로 다른 사뭇 긴 세 가지 덩잇들을 읽어 내는 능력으로 작동될 수도 있는데, 후자는 응시생이 본문을 짤막하게 종합한 모습(≒총괄 요약)으로 요약해 주어야 한다.

구성물이 심리학상으로 우리 머릿속에 존재하는 실제 대상물인 것은 아님(*constructs are not psychologically real entities*)을[5] 강조하는 것이 중요

을 가지런하고 평평하게 고르고 나서, 허리처럼 중요한 요점들을 가지런히 모아 놓았다는 뜻임을 알 수 있다. 또 이 책에서는 executive summary(총괄 요약본, 임의의 기관에서 최고위층으로서 의사결정권을 쥔 사람들에게 배부되는 종합적인 전체 얼개의 축약본)라는 용어도 쓰고 있는데(§.5-2-2-1과 §.5-2-2-4), 이는 흔히 한 기관의 의사결정권자들이 배경과 내용을 모두 아울러 전체적으로 곧장 파악할 수 있도록 만들어 놓은 것이다. 여기서는 '총괄 요약본' (전체 요약본)이라고 번역해 둔다.

5) (역주) 잘못된 용어 사용이다. 심리학상(psychologically)으로는 실재물(reality)로 가정하고 있으나, 다만 아직 신경-생리학상(neuro-physiologically)으로는 전혀 검증되어 있지 않을 뿐이기 때문이다. 심리학상이란 말이 신경-생리학상이란 말로 바뀌어야만 옳은 진술이다. 아직 고등 정신을 작동시키는 복잡한 신경 생리학적 기제에 대해서는 노벨상 수상자들 사이에서도 합의가 이뤄지지 않았다. 하등 생명체의 기억과 고등 동물의 기억이 동일한 것인지에 대해서도 잘 알 수 없기 때문이다. 켄들(Kandel)은 새로운 연합부의 형성을 낮은 차원의 기억으로 보고 있지만(환원주의 입장이므로 이것이 또한 고등 기억으로도 확장될 것이라는 함의가 깔림), 에들먼(Edelman)은 두뇌 신경계들의 다발이 한데 모여 다시 다른 다발과 연결이 이뤄진 다음에 두 단위 사이에 정보의 안정 상태에 이른 모습을 고등 기억의 신경 기반으로 상정한다.

심리철학자 포더(Fodor)는 신경생리학적 토대를 명시적으로 언급하지 않지만, 고등 정신의 최소 기능 단위를 단원체(module)라고 부르는데, 생성문법에서는 언어 능력이라는 단원체가 하위 단원체로서 통사부·어휘부·의미부·음운부로 나뉜다고 가정한다. 여기서 하위 단원체들은 거의 구성물(construct)의 정의와 비슷한 개념들이다. 문제는 아직까지 아무도 우리가 스스로 느끼는 정신을 신경-생리학적 모형으로 구현해 내지 못했다는 명백한 사실이다. 이런 시도가 가능할지 여부에서도 심리철학자들 사이에도 태도가 분명히 엇갈린다. 긍정적인 쪽을 보려면 처칠랜드(Churchland 1989; 박제윤 뒤침 2006), 『뇌과학과 철학: 마음-뇌 통합 과학을 향하여』(철학과현실사)와 핑커(Pinker 1997; 김한영 뒤침 2007), 『마음은 어떻게 작동하는가: 과학이 발견한 인간 마음의 작동 원리와 진화심리학의 관점』(동녘 사이

하다. 오히려 구성물은 우리가 특정한 평가 목적을 위하여 정의해 놓은 추상적 내용(abstractions, 추상물)인 것이다. 시험 출제에서는 우리가 측정하고자 하는 '심리적 대상(psychological entity)'을 골몰하여 뽑아내지 않는데, 궁극적으로 그런 대상을 작동될 수 있는 방식으로 정의하려고 하기 때문이다.6) 저자가 특정한 시험(검사) 목적을 위해 이용하는, 구성물에 대한 '이론상의 정의'로 부르는 것은, 우리 시험(검사) 목적과 특정한 관련성을 지니는 능력의 한 측면에 초점을 모은 정의가 될 수 있거나, 또는 이전의 조사 연구나 실천으로부터 통틀어 그대로 받아들인 정의가 될 수 있다. 물론 특정한 시험(검사) 목적을 위하여 정의한 구성물은 조사 연구 및 이론에 근거를 두어야 할 필요가 있겠지만, 그 초점이나 상세함의 수준에서는 해당 이론으로부터 일정 거리를 벗어나 있을 수 있다.

따라서 초보 제1 언어 독자들을 대상으로 하여 '통독하면서 골자 파악하기(skimming)'를 평가하기 위해서는 한 가지 정의를 구성할 수 있겠지만, 그럼에도 불구하고 특정 목적을 위하여 덩잇글을 읽고 있는 성인 제2 언어 독자들에게서 읽기를 평가하려는 목적을 지닌 경우에 우리가 운영할 법한 방식과는 아주 다르게 운영할 수도 있다. 따라서 '통독하며 골자 추리기'의 구성물이 평가 상황에 따라 각각 변동될 수 있다. 이미 살펴보았듯이 이것이 종종 조사 연구를 의미 있게 만들려고 하는 시도에서 볼 수 있는 문제점들 중 한 가지이다. 조사 연구 주체들이 명확하게 해당 구성물을 어떻게 정의하였는지를 언급하지 않는 것이다.

언스)을 읽어 보기 바란다. 반대의 입장은 핑커의 책에 대한 명백한 반론인 포더(Fodor), 『마음은 그런 방식으로 작동하는 것이 아니다(The Mind doesn't Work that Way)』(MIT Press)가 있다. 신경생리학적 기반과 심리학적 기반이 둘 모두 다 필요하다는 수반이론의 제창자인 김재권(1996; 하종호·김선희 뒤침 1997), 『심리철학』(철학과현실사), 김재권(1998; 하종호 뒤침 1999), 『물리계 안에서의 마음』(철학과현실사)을 읽어 보기 바란다.
6) (역주) 평가 주체들은 심리학자들이 아니기 때문에 심리적 실체 또는 심리적 대상인 구성물을 놓고 이론상으로 씨름하는 것이 아니라, 오히려 시험 문항으로 그런 것들이 잘 반영되도록 조정하는 데에만 골몰할 뿐이다.

더 앞쪽에서 길게 읽기의 이론들을 논의해 왔고, 제1 언어이든지 제2 언어이든지 간에 얼마나 많은 서로 다른 구성물들이 읽기 능력을 위하여 존재할 수 있는지를 살펴보았다. 메씩(Messick 1996)에서는 검사의 타당성이 구성물에 대한 부적당하거나 불완전한 표집(그는 이를 '불충분한 구성물 표상'으로 부름)에 의해서,[7] 그리고 단순히 우리 구성물과 무관한 대상들의 측정(그는 이를 '구성물 무관 분산'으로[8] 부름)에 의해서 영향을 받음을 상기시켜 준다.

"터무니없이 낮은 점수가 생겨나서는 안 된다. 왜냐하면 평가가 초점이되는 구성물과 관련된 모종의 것을 놓치고 있으며, 그렇지 않았더라면 영향을 받은 응시생들이 그들의 능력을 보여 주도록 허용되었을 것이기 때문이다. 더욱이나, 터무니없이 낮은 점수가 다음의 이유라면 생겨나지 말아야 한다. 그 측정이 영향을 받은 응시생의 능력 구현에 간섭을 하는 모종의 무관한 것을 담고 있기 때문이다. … 표상된 기술(능력)들에서는

---

7) (역주) representation(표현, 표상, 재현, 대표함)이란 용어가 오늘날 줄곧 여러 분야에서 쓰이고 있는데, 세계적 수학자 박재걸 교수는 수학의 기본 용어 function(함수, 특수한 기능)도 representation(표현)을 쓰자고 주장한다. 본디 실세계의 대상이나 사건이 presentation(제시, 표현, 발표, 드러남)되어 있음이 전제되고, 이것이 다시 우리 머릿속에서 생각으로 구현된다는 특성을 포착하고자 썼던 칸트(Kant)의 용어이다(물론 15쪽 §.1-2의 역주 20에 있는 툴민 책을 보면 그의 스승 뷧건슈타인의 vor-stellung[바로 앞에 서 있음]을 비판하면서 dar-stellung [멀리 떨어져 서 있음]으로 부를 것을 주장하였음). 영어의 접두사 're-(다시, 재)'가 그런 측면을 드러내고자 붙어 있는 것이다.

그렇지만 오늘날 인지과학에서는 머릿속에 들어 있는 것들을 모두 representation(표상)이라고 부르기 일쑤이다. 표상(表象)이란 한자어는 그림(象)을 드러낸다(表)는 뜻이므로, 엄격히 따질 적에 추상적 대상물과 관련되지 않지만, 이런 구분이 없이 두루 상의어처럼 쓰고 있는 게 현실이다. 이런 점에서, 번역자는 개인적으로 표상보다는 표현(表現, 남이 알아차릴 수 있도록 밖으로 드러냄)이란 말이 오히려 더 나은 선택으로 판단한다. 그렇더라도 '상(象)'이란 말이 구체물/추상물을 구분하는 쪽보다, 전반적인 '머릿속 작용 모습'으로 쓴다고 보아, '표상'이란 말로 번역해 두기로 한다. under-representation(불충분한 표상, 미달 표상, 과소 표상)은 필요한 내용들이 다 들어가 있지 않다는 뜻으로 쓴 것이므로, 불충분하다는 수식어를 써서 나타내기로 한다.

8) (역주) 구성물과 무관한 '분산(variance)'이라고 부르고 있으므로, 메씩은 통계치를 놓고서 분산(=표준편차 S의 제곱값 S^2임)을 기준으로 하여 판정하였던 듯하다. 그러나 개인적으로는 분산을 '변인(variable)'으로 바꿔도 무난할 듯하다. 원인은 변인에 있고, 결과는 분산으로 나오기 때문이다.

잘 준비되어 있으나 불충분하게 표상된 기술(능력)은 제대로 준비되지 않은 학생들에게서 터무니없이 높은 점수가 성취될 수 있다. … 터무니없이 높은 점수는 또한 구성물(시험 내용)과 무관한 난점들을 능란히 처리하며 시험 위주의 피상적인 학생들에 의해서도 얻어질 수 있다. (메씩 1996: 252쪽)

(Invalidly low scores should not occur because the assessment is missing something relevant to the focal construct that, if present, would have permitted the affected persons to display their competence. Moreover, invalidly low scores should not occur because the measurement contains something irrelevant that interferes with the affected persons' demonstration of competence … Invalidly high scores may be attained by students well-prepared on the represented skills but ill-prepared on the underrepresented ones … Invalid high scores may also be obtained by testwise students who are facile in dealing with construct-irrelevant difficulty. Messick 1996: 225)

비록 구성물이 측정되고 있는 능력에 대한 하나의 이론으로부터 도출되어 나오더라도, 왜 우리 검사(시험)의 밑바닥에 깔려 있는 구성물에 대하여 관심을 지닐 필요가 있는지에 대한 실용적이고 이론적인 근거들이 있다.

"만일 시험/검사 상으로 중요한 구성물들 또는 구성물의 여러 측면이 불충분하게 표상되어 있다면, 교사들이 치우치게 표상되어 있는 그런 구성물들을 과도하게 강조하고, 표상되어 있지 않은 구성물들을 무시해 버릴 우려가 있다."(메씩 1996: 252쪽)

(If important constructs or aspects of constructs are underrepresented on the test, teachers might come to overemphasize those constructs that are well-represented and downplay those that are not. Messick 1996: 252)

달리 말하여 부적합한 구성물은 검사/시험으로부터 시작하여 교수와 학습에 이르기까지 부정적인 역파급(*washback*)9) 효과로 귀결될 소지가 있다. 왜냐하면 교사들이 검사/시험 속에 포함되어 있지 않다면 중요한 구성물이라고 무시해 버릴 것이기 때문이다.

요약한다면, 우리는 검사하고자 하는 일정 범위의 구성물들을 시험으로 검사해야 하고, 구성물과 무관한 분산인 시험 위주의 연습 효과와 다른 기여 속성들을 피해야 마땅하다. 제2장으로부터 결론을 가져와 매듭을 짓기로 한다. 시험 출제자(검사 설계자)는 시험이 읽기의 본질에 대한 자신의 모형을 그대로 반영함을 자각해야 하고, 따라서 응당 최근 조사 연구가 읽기의 과정 및 결과에 대하여 제시하고 있는 바에 토대를 두고 반영하도록 보장하는 노력을 기울여야 한다.

§.4-3. 읽기의 구성물

읽기의 구성물은 읽기에 대한 하나의 모형 및 구성물의 평가에 관련되는 한 읽기에 영향을 주는 요인들에 바탕을 두고 있다.

앞 장들에서는 읽기의 이해가 평가 도구의 계발에 중요함을 논의해 왔고, 검사와 평가를 위하여 특정한 읽기의 모형을 받아들이는 일이

---

9) (역주) 부담 많은 시험에 있는 지문이 어느 책으로부터 나왔을 경우에, 다음 응시생들이 그 책을 사 읽게 되는 효과를 가리킨다. 그런 시험 문항들이 도로 교육 내용 속으로 스며드는 현상이다. 시험이 교육한 결과를 측정하거나 응시생이 길러온 능력을 측정하는 것이라면 오직 한 방향으로만 진행되어야 할 것이다. 그렇지만 시험 점수가 응시생들의 장래에 많은 영향력을 지니게 된다면, 시험 점수를 높이는 데에만 급급하게 되고, 기출 시험 지문과 문항이 거꾸로 중고등학교의 교육 내용을 결정할 경우도 생기는 것이다('편식'으로 비유할 수 있는 이런 현상을 저자는 '부정적'으로 보고 있음). 미리 짜인 교육 내용이 골고루 가르쳐지는 것이 기본이지만, 교육 현장에서는 별도의 시간을 내어 '기출 문제 풀이'로 이런 요구를 만족시키게 된다. 영어에서는 wash-back(역파급, 도로 스며듦)이란 용어 이외에도, back-wash(역류, 거꾸로 흘러감), backward impact(반대 방향의 영향) 등도 같이 쓴다. §.6-3의 '상황 4'에 있는 ⑥ 논의 사항도 참고하기 바람.

지닌 가능한 함의들을 살펴보았다. 독자 및 덩잇글 변인들을 모두 다뤄 왔지만, 한편 이들 양자 사이를 구분하는 것이 흔히 희망하듯이 아주 분명히 이뤄지는 것이 아니라는 점도 받아들였다. 그렇지만 제4장에서 는 독자와 관련된 사안에 집중하게 될 것이다. 이론상으로 우리 구성물 속에 덩잇글 변인들을 포함할 수도 있겠지만, 지금까지 다뤄온 어떠한 읽기 모형도 명백히 한 종류의 덩잇글을 처리하는 능력과 다른 종류의 덩잇글을 처리하는 능력을 서로 구분해 놓은 것이 없다(≒갈래별 덩잇글 처리 능력을 다루지 못하고 일반적인 것만 다뤄 왔음). 분명히 덩잇글의 상 이한 언어 특징들이 독자에게 필요한 지식 및 능력의 종류들에 대하여 함의를 지닌다. 그러나 구성물 속에 가능한 모든 언어 변인들을 포함하 는 것은 그릇된(≒비합리적인) 것이라고 생각된다. 오히려 목표언어 사 용상황의10) 맥락에서 과제 및 덩잇글 특징들을 고려하는 경우에 저자 는 제5장과 제6장에 다뤄진 특징들을 취급하도록 제안한다.

그럼에도 불구하고, 읽기 과정이나 그 결과에 영향력을 지닌 어떤 변인이든지 시험 출제(검사 설계) 또는 타당화 작업 동안에 고려될 필요 가 있음이 명백하다. 만일 읽기 과정이나 결과가 그런 영향에 따라 변 동된다면, 그리고 만일 우리 시험이나 평가 절차에서 그런 영향력이 생겨난다면, 이는 우리 시험의 타당성에 대한 위협이 된다.

우리는 독자의 배경지식, 주제지식/분야별 지식, 문화적 지식, 목표언 어 덩잇글이 씌어 있는 해당 언어에 대한 지식의 중요성을 살펴보았다. 맨 마지막에 언급된 순수히 언어적 차원 및 상위 언어(≒언어 사용) 차원

---

10) (역주) 목표언어(target language, TL)란 용어는 모국어 교육일 경우에 모국어가 되고, 외국 어 또는 제2 언어 교육일 경우에는 그 외국어나 제2 언어가 된다. 의사소통 중심 언어 교육에 서는 과거처럼 낱말과 문법을 익히더라도 목표언어를 쓰지 못하는 경우가 있으므로, 이를 피하기 위하여 직접 의사소통을 할 필요가 있는 상황들을 교육 속에 도입하도록 주장한다. 의사소통의 필요성이 학습자들에게 목표언어를 완벽히 구사하도록 박차를 가하는 것이다. 가령 '영어의 바다에 빠뜨려라!'라는 구호도 의사소통의 필요성을 학습자들이 실제로 느끼도 록 만들어 주라는 말이다. 이런 경우를 바크먼 교수는 '목표언어 사용상황(target language use situation, TLUS)' 또는 '목표언어 사용(TLU)'이란 용어로 부른다. §.5-2의 논의를 보기 바란다.

의 언어지식은 분명히 우리 구성물과 관련되지만, 더 앞에 있는 지식들은 훨씬 덜 관련된다. 비록 읽기 과정과 결과에 영향을 주는 중요성을 인정한다손 치더라도, 우리는 일반적으로 배경지식을 평가될 구성물 속에 함께 집어넣고자 하지 않는다. 마땅히 배경지식은 모든 이해 과정에 영향을 주는 것으로 인식되어야 한다. 그러므로 우리가 제약하고 중립화하고자 하는 변인의 종류들에 대한 후보가 되며, 배경지식이 없어서 수행을 가로막기보다는 배경지식을 이용하여 수행을 촉진하도록 허용하는 모든 시도가 이뤄져야 한다. 이 총서에서 특정 목적의 언어 평가를 다루는 더글러스(Douglas 2000)에서는 특정 목적과 관련된 능력을 놓고서 실제로 자신의 구성물 정의 속에 배경지식을 포함해 놓았다. 사실상 학업 목적의 읽기를 평가하는 일과 같이, 구성물의 일부로서 주제지식을 포함하는 것이 알맞을 수 있는 상황들이 있는 것이다.

만일 제2 언어나 외국어에서 읽기 능력을 평가하고 있다면, 언어지식에는 제1 언어에 대한 지식도 포함한다. 그렇지만 일반적으로는 독자의 제1 언어지식이나 심지어 제1 언어에서의 읽기 능력을 평가하는 데에도 관심을 갖지 않을 듯하다. 오히려 구성물을 정의하면서 제2 언어에서의 유관한 능력들에 초점을 모을 듯하다.

우리가 살펴보았던 조사 연구 증거는, 제1 언어 읽기 능력이 제2 언어 읽기 능력으로 옮겨갈 수 있기 전에, 반드시 교차하여 작동되어야 하는 일정한 '언어 문턱값'의 존재를 강력히 시사해 준다(§.1-8, §.2-2-2, 그리고 두 가지 문턱값을 언급한 §.3-2-1을 보기 바람). 더욱이 이런 언어 문턱값은 분명히 과제에 따라 변동한다. 과제에서 요구가 많으면 많을수록 더 높은 언어 문턱값이 필요한 것이다. 임의의 과제를 더 어렵게 만드는 것은 덩잇글 주제, 덩잇글 언어, 배경지식, 과제 유형과 같은 변인들과 관련된다. 시험 출제자에게서의 어려움은, 무관한 구성물을 배제할 수 있는 방식으로 그런 변인들을 고려하는 일이다. 제2 언어 읽기 구성물에 대한 엄격한 정의는, 그 자체로 언어지식은 물론 제1

언어 읽기 능력도 배제해 버릴 듯하다. 그렇지만 언어 문턱값의 존재가 사실이라면, 그렇게 배타적인 구성물을 목표로 삼는 일이 거의 불가능할 것이다. 그런 문턱값보다 아래로 간다면 언어지식만을 검사하는 것이고, 그 문턱값보다 위로 간다면 제1 언어 읽기 능력으로부터 오염되는 위험을 감수해야 하기 때문이다. 모순 어법으로 비춰지지 않는다면, 좀 더 자유롭고 실천적인 구성물은 언어지식 및 제2 언어 읽기에 대한 제1 언어 읽기 능력의 기여를 둘 모두 인정하지만, 덩잇글과 과제의 난이도를 신중히 도달 목표로 삼음으로써 한쪽의 일방적 지배를 피하는 일이 될 것이다.[11]

대부분의 읽기 모형에서는 읽기에서 작동하는 다수의 기술 또는 하위 처리과정을 참고하고 있다. 그러므로 적어도 학습자들은 될 수 있는 대로 전체 얼개에 근거한 진단적 형식에서 제공되고 있는 결과들과 더불어, 일정 범위의 관련 기술들 및 전략들을 놓고 검사되어야 한다.

그렇지만 이미 살펴보았듯이 지금까지 조사 연구는 이들 많은 읽기 '기술'들의 정확한 본성에 관해서, 그런 기술들이 어느 범위까지 '읽기'의 일부나 일반적인 언어 이해 과정의 일부로 간주될지에 관해서 불분명하다. 낱말 인식과 이것이 일어나는 자동 처리 속성이 분명히 유능한 읽기에 중심적이고, 낱말과 의미를 신속히 확인하는(알아내는) 독자의 능력이 읽기 능력의 진단에서 중요할 것 같다. 따라서 확인 기술들이 검사될 필요가 있고, 향상되는 자동 처리 속성 및 읽기 속도에 대한 진단 방식을 계발할 필요가 있다.

종합 및 평가 기술들도 읽기의 많은 모형들에서 중요한 구성부문이

---

11) (역주) §.3-2-1에서는 특히 두 종류의 문턱값이 설정되어야 한다는 클래쥠(Clapham) 교수의 주장을 소개하였다. 그녀가 마련한 검사 점수상 60% 성취 수준의 학습자에게서는 덩잇글 내부의 언어 문턱값이 존재하고, 80% 성취 수준에서는 덩잇글 외부에 있는 언어 문턱값(즉, 주제지식이나 배경지식 따위)이 존재한다고 보았다. 달리 말하여, 이런 언어 문턱값에 도달하지 못한 학습자에게는 온전한 이해가 일어나지 않음을 뜻한다. 57쪽 §.1-8의 역주 67)을 같이 읽어 보기 바란다.

며, 따라서 구성물에 추가되어야 한다. 상위 인지 기술 및 스스로 점검하기도 또한 유능한 읽기에 대하여 핵심적으로 간주되므로, 시험 출제자들은 자신이 마련하는 시험에서 어느 범위까지 읽기 구성물의 그런 구성부문을 포함하여 다룰지, 그리고 통합된 모습으로든 아니면 비교적 각각 구별되는 모습으로든 이것이 어느 정도로 실행되어야 하는지를 고려할 필요가 있다.

많은 시험 현장에서 모든 유관한 기술들이 포함될 것이라는 믿음으로, 가능한 한 통합적이거나 전반적인 방식으로 읽기를 검사하는 것이라면 충분할 것이다. 비록 그러하나 안타깝게도 '통합된' 접근에서 어휘/통사 기술, 담화 기술, 덩잇글로부터 축자 의미(*literal meaning*)를 이해하는 능력에 대한 평가에 집중되는 결과를 빚을 소지가 있고, 유관한 다른 능력들을 무시된다. 이는 '불충분한 구성물 표상'이다.

'읽기'를 검사하는 문항 및 '언어 기술들'로 불릴 만한 것을 검사하는 문항 간의 관계는 읽기 시험을 출제하는 경우에 유의해야 할 내용이다. 읽기가 포함하는 바를 놓고서 어떤 견해를 받아들이는지에 따라서, 해당 시험이 '언어 기술들'을 검사하는 것이 아니라 오히려 읽기를 검사해야 함을 느낄 수도 있다. 이는 구성물 무관 분산(*variance*)이다(메씩 1996).

비록 상위 인지 및 상위 언어지식이 향상되어 나가는 읽기 능력과 연관되어 있다고 보이더라도, 반드시 두 영역을 서로 혼동하지 않도록 조심해야 한다. 덩잇글의 언어를 분석하거나 논의하는 능력은, 덩잇글 내용을 이해하는 능력과 차이가 난다. 하나가 다른 지식이 없이도 가능할 것 같다. 그러므로 다시 <u>우리 구성물이 무엇인지를 신중하게 정의하고, 어느 정도까지 상위 언어나 상위 인지 능력들을 포함하거나 배제해야 하는지를 정의해 줄 필요가 있다.</u> 물론 이는 우리가 시험을 출제하고 있는 목적과 관련될 것이다. 진단의 목적을 위해서는 상위 인지 전략이나 심지어 상위 언어지식에 대한 시험이 유용함이 입증될 수도 있다.

그뿐만 아니라, 독자가 읽기를 하고 있는 목적도 중요하며, 일반적으로 독자의 동기 및 감정 상태가 얼마나 깊이 또는 얼마나 피상적으로 읽어 갈지, 그리고 어떤 정보에 주의를 기울일지에 영향을 줄 것 같다.

서로 다른 독자가 감정 반응을 서로 다르게 보일 것이라는 가능성이 참이라면, 읽기 동안 정서 반응 및 이해와 해석에서의 효과를 이해하는 일은 읽기 검사와 평가에서 중요한 함의를 지닌다. 그렇지만 읽기 구성물에서 어느 정도까지 그런 효과를 포함해야 하는지는 논란거리이다.

불가피하게 많은 시험 환경으로 야기되는 불안도 다른 여느 조건에서보다 상이한 수행으로 귀결될 것이며, 따라서 점수들이 제대로 해석될 필요가 있다. 걱정 없는 일반 환경에서 치르는 비격식적 평가 절차가 시험 위주의 평가보다 질적으로 더 나은 수행으로 귀결되고, 구성물과 무관한 분산을 덜 포함할 수 있다.

그럼에도 불구하고 외재적 동기의 영향을 제거할 수 없을 현장과 시험(검사)이 있을 것이다. 그런 시험의 결과는 주의를 기울여 해석되어야 하고, 가능한 경우에 읽기 능력에 대한 다른 측정값들을 아울러 함께 참고해야 한다.

시험에 응시하는 바로 그 행위 자체가, 시험에 무관한 읽기와 차이가 있는 다른 종류의 읽기를 요구할 수 있고, 따라서 검사될 수 있는 능력이나 이해의 종류를 제한할 수도 있다. 심층적인 진가 음미, 즐거움, 개인별 선호 반응과 같이 특정 측면의 읽기는 수치로 측정될 수 없고, 다른 방식으로 평가되거나 보고될 필요가 있다. 이는 그것들이 우리의 구성물에 속하지 않음을 의미하는 것이 아니지만, 우리가 출제하는 시험이 불가피하게 그런 구성물들을 충분히 표상할 수 없음을 자각할 필요가 있다.

설사 시험 주체들이 실제로 검사할 수 있는 바에서 많이 제약되어 있음이 사실이라고 하더라도, 시험이 측정하는 바가 될 수 있는 한 검사 방법에 의해 오염되지 않도록 하고, 읽기 시험의 결과가 가능한 한 시험과 무관한 상황으로까지 일반화될 수 있도록 해 주는 일이 분명히 중요하다. 따라서 가능한 경우에 미리 시험 방법만 익힌 효과를 보지 않도록 수립하는 일이 중요하다. 이는 구성물과 무관한 분산(메찍 1996)으로, 시험 방법(검사 기법)에 대한 제7장을 보기 바란다.

§.4-4. 구성물과 시험 명세내역

시험 명세내역(*test specifications*, 검사 명세표)에서는[12] 검사 밑에 깔려 있는 이론적 얼개를 명백히 만들어 놓아야 한다. 달리 말하여 해당 시험의 구성물이 무엇인지, 구성물들 사이의 관련성이 무엇이고 무엇이 되어야 하는지를 자세히 밝혀 두어야 한다. 그렇지만 시험 명세내역을 고려하는 데에서는, 구성물에 대한 이론적이거나 개념상의 정의로부터 '운용상의 정의'로 옮아가야 한다. 시험 명세내역에서는 이론적인 정의 및 운용상의 정의들 사이에 연결을 제공해 준다. 시험 명세내역들이 시험 출제자뿐만 아니라 또한 시험 이용자들에게도 안내 지침을 제공해 주기 때문이다. 시험 명세내역을 이용하는 다양한 독자층에 대한 논의를 보려면 올더슨 외(1995; 김창구·이선진 뒤침 2013)를 보기 바란다. 따라서 시험 명세내역에서는 또한 시험 과제들도 서술해 주는데, 이는 문항 특성들에 대한 고려 사항도 부수적으로 알려 준다.

올더슨 외(1995: 17~18쪽; 김창구·이선진 뒤침 2013: 28~32쪽)에서는 시험 명세내역의 토대를 형성할 수 있는 의사소통 언어 능력에 대한 한

---

12) (역주) specifications(자세한 내용 풀이, 명세내역, 명시내용)는 구성물을 더 크게 확대하여 서술해 놓은 것이다. 구성물에서는 관련된 영역들을 규정해 준다면, 명세내역에서는 각 영역에 대한 자세한 설명을 베풀어 주어야 한다. '왕·돋보기'를 갖고서 구성물을 자세히 들여다보는 셈이다. 명세(明細, 자세히 밝힌) 내역(內譯 내부 풀이)이란 말을 붙여 써 놓기로 한다. 내역이 들어간 말(이음말, 연어)로 '공사내역, 지출내역, 사업내역, 청구내역, 뇌물수수 내역' 따위가 있다. 만일 이 말이 어렵게 느껴진다면, '명시 내용'이나 '자세한 풀이'로 바꿔 써도 무방하다.

가지 이론적 얼개를 예시해 주는데, 바크먼(Lyle Bachman) 교수에 의해 계발된 것이다. 이 얼개는 (문법 및 덩잇글) 조직화 능력 및 (속뜻 관련[13] 및 사회언어학적인) 화용 능력으로 나뉘고, 시험 방법(검사법) 양상들에 대한 진술을 담고 있다. 그렇지만 일반적으로 이런 얼개는 읽기 시험을 구성하는 데에 이용되어 오지 않았다. 비록 그러하지만 §.4-8에서 그런 시도를 하는 노어쓰(North)의 논의를 읽어 보기 바란다. 올더슨 외(1995; 김창구·이선진 뒤침 2013)에서는 다른 이론적 얼개도 가능하고, 실제로 유럽 위원회(Council of Europe 1996)의 유럽 공통 얼개,[14] 먼비(Munby 1978) 모형 등을 포함하여 시험 명세내역의 계발을 위한 토대로 이용되어 왔음을 지적한다. 또한 여전히 조사 연구자들이 어떤 변인들이 구성물 타당도에 영향을 주는지 알 수 없는 상태이므로, 시험 명세내역이 보다 더 완결될 필요가 있음도 지적하였다. 그렇다면 시험 명세내역의 어떤 측면이 운용될 수 있게 만든 구성물에 속하고, 어느 측면이 그렇지 않은지도 늘 명확한 것은 아니다.

　　제5장에서 목표언어 사용상황들을 서술하는 경우에 논의될 것인데,

---

13) (역주) illocutionary(언어 표현 속에 깃든)이란 말은 우리말에서 언어 표현의 속뜻을 가리킨다(여기서 접두사 il-은 within, in, on 등의 뜻을 지녔음). 일상 언어가 모든 인공 언어의 모태가 된다고 깨달은 옥스퍼드 대학의 철학자 오스튼(John L. Austin, 1911~1960)이 언제나 언어가 세 가지 층위로 실현된다고 주장하였는데, 각각 언어 표현 층위(locution), 언어 표현 속에 깃든 속뜻 층위(il-locution), 속뜻 알아차리고 실천하는 층위(per-locution)이라고 표현하였다. 화용 또는 언어 사용 행위란 언제나 이런 속뜻을 알아차리는 일과 관련된다. 오스틴의 후배인 그롸이스(Paul Grice, 1913~1988)는 이를 발전시켜 의도와 관련하여 언어 사용을 다루었다. 따라서 언어 사용의 측면에서 이를 간단히 다음처럼 나타낼 수 있다. 임의의 의사소통 의도가 주어진다면, 이를 언어로 표현해야 한다. 이때 표현 방법은 크게 ① 직접 표현과 ② 간접 표현으로 나뉜다. 후자는 다시 ③ 우회 표현과 ④ 비유 표현으로 나뉘고, 비유 표현은 다시 ⑤ 환유 표현과 ⑥ 은유 표현으로 나뉜다. 따라서 한 가지 의도를 언어로 표현하는 방식이 적어도 세 가지 이상이 있으며, ① ③ ④ 중에서 한 가지 방식을 선택하여 말로 표현하게 된다. 거꾸로, 듣는 사람은 화자가 선택하여 발화한 언어 표현을 놓고서 궁극적으로 화자의 '본디 의도'를 찾아나가야 하는 것이다. 자세한 것은 클락(1996; 김지홍 뒤침 2009), 『언어사용 밑바닥에 깔린 원리』(도서출판 경진)의 제5장을 읽어 보기 바란다.

14) (역주) 독일어 교육학회를 중심으로 김한란 외(2010, 개정판), 『언어 학습, 교수, 평가를 위한 유럽 공통 참조기준』(한국문화사)으로 번역되어 있다. 대폭 수정한 개정판에서도 여전히 번역 용어의 문제가 제대로 해결되지 않은 듯하며, 일선 교육 현장의 교사들이 읽을 수 있도록 좀 더 쉬운 용어들로 바뀌어야 할 것이다.

예를 들어, 시험 과제의 많은 측면들이 또한 임의의 구성물에 대한 필수 구성영역이 될 수 있다. 비록 시험 시간과 장소가 이론적 구성물의 일부를 형성한다고 말할 수 없겠지만, 이것들도 또한 해당 구성물의 측정에 영향을 줄 수도 있으므로, 당연히 구체화될 필요가 있다. 그렇지만 입력물 및 예상 답변의 여러 측면들이 측정될 능력의 명세내역과 훨씬 더욱 분명하게 관련되고, 따라서 설사 읽기 이론이, 가령 덩잇글 유형, 덩잇글의 언어나 화용 특징 따위에 따라 구성물들 사이에 구별을 명확히 하여 가를 수 없다손 치더라도, 해당 구성물의 측정에 영향을 주는 것으로 간주될 수 있다. 예를 들면, 대부분의 읽기 이론에서 읽기에서 배경지식의 역할을 참고하거나 명백히 진술하고 있으므로, 그렇다면 배경지식을 촉발하는 시험의 어떤 측면이든지 반드시 분명하게 구성물과 연관되어야 한다. 읽기 능력의 측정에 영향을 줄 것이기 때문이다.

§.4-5. 시험 명세내역의 실례:
누리집 이용 언어 진단검사(DIALANG)

시험 명세내역이 언제나 얻어내기 쉬운 것은 아니다. 시험에 대한 상세한 서술은 흔히 지적 재산권을 지닌 정보로 여겨진다. 그렇지만 유럽 집행의원회(European Commission)에서 기금을 받고서 언어 능력을 진단하는 검사를 마련한 한 가지 연구 과제인 '누리집 이용 언어 진단검사(DIALANG)'[15]에서는 저자에게 평가 명세내역(*Assessment Specifications*)으로 부르는 것을 이용하도록 해 주었다. 제4장에서는 명세내역과 구성물 사이에 상호관계가 어떠한 것인지를 예시해 주기 위하여 이것들로부터

---

15) (역주) 'Diagnostic Language Testing Through the Internet'의 줄임말로서 '누리집을 통한 진단 목적의 언어 검사'라는 뜻을 지녔다. 이하에서는 '누리집 이용 진단검사(DIALANG)'으로 부를 것이다.

광범위하게 인용될 것이다. 이들 명세내역이 하나의 모형으로 유지되고 있지는 않다. 분명히 아직도 발전하고 있고 추가적인 검토와 수정을 받아야 하므로, 모형이라고 말하기에는 한참 이르다.

'누리집 이용 진단검사(DIALANG)'에서는 네 가지 기술 이외에도, 구조와 어휘를 별개로 평가하려는 목적을 지니며, 또한 자기평가 부문도 담고 있다. 각각의 검사 부문은 그 나름대로 일련의 명세내역을 지니고 있다. 여기서는 읽기에만 집중하기로 한다. 그뿐 아니라 누리집 이용 진단검사(DIALANG)에서는 스스로 의식적으로 유럽 위원회의 유럽 공통 얼개(Common European Framework)에 근거하면서 자주 참고하려고 한다. 왜냐하면 14개의 상이한 유럽 언어들에 걸쳐서 유창성의 평가를 서로 비교할 수 있도록 해 주고자 의도하기 때문이다. 평가 명세내역은 그 자체로 오직 유럽 공통 얼개만을 언급하는데, 구체적으로 서술되어 있는 별도의 문서 '누리집 이용 진단검사 평가표(*DIANANG Assessment Framework, DAF*)'를 이용한다. 세부사항을 보려면 DIALANG 누리집을 살펴보기 바란다.16)

누리집 이용 진단검사(DIALANG)에서는 읽기의 영역으로 부른 바를 정의하는데, 이런 맥락에서 어떤 점으로 보든지 이를 이론적 구성물과 동의어라고 간주하기로 한다. 그렇지만 그 영역의 특성이 과제들을 범주화하기 위하여 이용되진 않는다. 오히려 문항 집필자들에게 배경지식으로서 제시된다. 누리집 이용 진단검사(DIALANG)의 주요 초점은 정보를 찾기 위한 읽기이며, 다음 〈도표 4-1〉에서 첫 번째 줄의 두 칸 ①과 ②에 해당한다. 그러나 또한 ③ 배우고 정신을 풍요롭게 만들어 주는 반성적 읽기, ④ 덩잇글 내용을 판단하고 개선하기 위한 비판적 읽기, ⑤ 느긋이 읽으면서 즐기기 위한 심미적 읽기와 같은 목적도 함

---

16) (역주) 여러 차례 누리집 주소가 바뀌었다. 최근에 누리집 이용 진단검사에 참여한 이 책의 저자 올더슨이 재직하는 랭커스터 대학으로 옮겨져 있다. http://www.lancaster.ac.uk/ researchenterprise/dialang/about.htm

〈도표 4-1〉 누리집 이용 진단검사(DIALANG)의 읽기 영역

주요 의도와 목적 인지 처리의 부담		① 기능적 목적: 정보 찾기	② 지시/배출 목적: 새 정보 획득	③ 반성적 목적: 배우고, 세계관을 확장하며, 정신 풍요 추구	④ 비판적 목적: 덩잇글 분석/평가/판정/개선	⑤ 심미적/기분전환 목적: 느긋이 간접 경험을 즐기거나, 언어를 음미함
㉠ 간단한 이해	사건	시간표, TV/라디오 방송시간, 금주 일정 안내	뉴스 여행담, 활동 보고, 조리법, 업무 지시, 전기물	없음	없음	가락글, 농담, 일화, 대중 잡지
	사실	주변 인쇄물, 기호, 광고, 전화번호부, 도표	서술, 정의			
㉡ 이해+지식의 변형 가공/연결 창조	사건	가령, 여러 가지 다른 정보를 이용한 도보 여행	뉴스, 사건 보도, 지시 사항, 전보, 공고, 회람, 활동 보고 요약	대중적인 과학 잡지, 전문 학술논문, 인기 있는 '비결 소개' 책자	비판적 논문과 보고서, 어느 영역에 대한 현재 최첨단 상태의 개관	부정기 간행 시집
	시지각물, 사실, 정신 상태, 착안	내용들의 목록 활용, 특정한 요점들에 대하여 몇 분간 읽기/점검하기	사용 지침서, 서술, 기술적 설명, 과학 보고서/요약			
㉢ 이해+추론/추리/해석/창출/생성/발견	착안, 정신 상태, 대안 세계	없음	설명적 덩잇글, 학술적 중수필/논문, 논저 개관, 비판적 언급		논쟁/설득 덩잇글, 편집, 비판적 중수필/논문	한담, 만필
			위의 네 종류 목적 가운데 하나 이상의 복합적인 목적으로 전통적으로 다뤄온 문학의 갈래와 모습이 자리잡을 수 있음			

*출처: 「누리집 이용 진단검사의 읽기 이해에 대한 평가 명세내역」제6판, 1998년 2월 18일

께 포함한다. 인지 과정은 처리 부담에 따라서 단계별로

㉠ 이해하기

㉡ 이해하기+지식을 변형하거나 가공하기

㉢ 이해하기+추론하기/추리하기/해석하기/창출하기/생성하기/발견하기

를 담고 있다. 귀결되어 나오는 모형은 이들 목적 및 처리과정과 상응하는 덩잇글 유형들을 규정해 준다(번역에서는 이해가 쉽도록 원문 〈도표 4-1〉의 가로축과 세로축을 바꾸어 놓았음).

덩잇글의 선택을 위한 안내로서 시험 문항 집필자는 덩잇글 유형에 대한 두 번째 분류법을 살펴볼 필요가 있다. 이는 덩잇글을 각각 〈도표

유형 및 하위유형		사례(덩잇글 갈래)
㉮ 서술 유형	인상적인 서술	여행 해설서
	기술적인 서술	가전제품의 사용 해설서
㉯ 서사 이야기	이야기, 농담	
	보고서: 전기 비망록, 뉴스, 역사 해설	
㉰ 설명문 유형	정의	간략히 한 줄로 된 사전적 정의
	설명	추상적 현상 등에 대한 광범위한 설명, 가령 신문 기사, 교육 자료 등
	개관	가령, 시작 부분의 추상적인 도입 단락
	적요	가령, 백과사전에서와 같이 현상에 대한 간략한 요약
	덩잇글 해석	서평 따위
㉱ 논쟁 유형	비평, 촌평	가령, 신문 표제 기사, 편집자에게 건의 편지, 사설, 책자/영화 비평 등
	격식 갖춘 논쟁	과학 논문들
㉲ 지시 유형	개인적 지시내용	가령, 신호, 비망록
	실천적 지시내용	가령, 신호, 조리법, 기술적 지시사항
	문서화된 지시내용	가령, 업무 지시, 규칙, 내규, 법률

*출처: 「누리집 이용 진단검사의 읽기 이해에 대한 평가 명세내역」 제6 판, 1998년 2월 18일

4-2)에서처럼 ㉮ 서술 유형, ㉯ 서사 이야기, ㉰ 설명문 유형, ㉱ 논쟁 유형, ㉲ 사용지침 유형(지시 유형)으로 구분하고 있다.

시험 출제자에게는 일정 범위의 서로 다른 덩잇글 유형을 표본으로 만들도록 요구될 뿐만 아니라, 또한 원래 집필자가 지닌 관점까지 고려 하도록 요구된다. 다시 말하여

'객관적인 사실인지, 하나의 의견인지, 아니면 태도, 분위기, 주관적인 희 망사항인지 여부'(Werlich 1988: 10쪽)

를 고려해야 하는 것이다.

읽기 과제는 덩잇글·과제·독자, 그리고 이것들의 상호작용에 따라서

난이도가 변동한다고 언급된다. 덩잇글은 내용(추상화의 수준, 정보 밀집도, 소재, 덩잇글 형식이나 유형, 맥락화 여부, 문화적 관례들) 및 집필자의 취향(어휘와 구조의 이용, 통사 결속과 의미 연결, 잉여성 이용)에 따라 변동된다. 독자는 공유된 배경지식·언어 기술·전략(기술과 전략이 모두 정의되지 않은 채)·'여타 개인별 특성'에 따라 변동한다.

문항 또는 과제는 쉬운 것부터 어려운 것까지 변동한다. 가령 '특정한 사실을 요구하는 질문들이 보통 통합이나 분석이나 추론을 요구하는 질문보다 더 쉽다'(Werlich 10쪽). 동일한 덩잇글이 더 쉬운 문항뿐만 아니라 또한 좀 더 어려운 문항들과 함께 이용될 수 있음도 지적되었다.

검사는 '전반적' 그리고 '분석적' 부문들로 나뉘어져 있다. 전반적 부문은 '전체 읽기를 이용하는' 문항들을 포함하며, 아마 중심 생각, 골자 등을 의미할 듯하지만, 또한 분석적 부문들에서 초점 모은 세 가지 기술 중에서 둘 이상을 이용하는 문항을 포함할 수 있다. 이것들은 '중심 생각(들)/정보/목적 찾아내기', '특정한 세부사항/정보 읽기', (어휘적 추론을 포함하여) '추론하기/축자 의미를 넘어서 생각하기'들이다(Werlich 11쪽).

이런 기술들에 대한 목록은 축소된 목록임이 강조되는데, 바람직하기로는 이 연구 과제의 장래 측면들로 확장되어야 할 것이다. 장래에 문항들이 '다른 기술들, 가령 덩잇글의 통사 결속 및 의미 연결'에 대한 초점을 포함할 수 있음이 제안된다. 누리집 이용 진단검사 평가표(DAF)에서는 "모의고사(예비시행 검사)로부터 나온 수행 자료가 범주화의 적합성을 평가하기 위해 분석될" 것임을 강조한다.

분명히 여기서 사뭇 최소한의 구성물을 지닌다. 덩잇글 유형과 덩잇글 난이도의 잠재적 자원에 강조점이 놓여 있고, 읽기에 대한 복잡한 견해나 또는 개별 문항들에 의해 특정한 기술들이 검사될 수 있다고 주장하는 입장에 대해서는 거의 충실히 고려하지 않았다. 읽기 이해에 대한 '전반적' 추정치의 개념은 읽기에 관한 통합된 견해를 반영해 주지만(제2장), 이 절에 포함될 방식으로 두 가지 이상의 기술을 이끌어내는 문항을 허용하고, 심지어 세 가지 기술 중에서 오직 한 가지 기술에만 초점을 모으는 문항을 둘 모두 허용함으로써 위험을 줄이고 있다.

§.4-6. 영국의 초급영어 자격인증(FCE)

케임브리지 대학교 지역시험 연합(UCLES)에서 만든 초급영어 자격인증(FCE) 시험은[17] 영국에서 만들어지고 가장 널리 이용되는 외국어로서의 영어(EFL) 검사이다. 별개의 읽기 검사를 담고 있는데, 이 검사가 최근 1996년에 개정되었으므로, 외국어에서 읽기의 구성물에 대한 최신 견해를 반영하고 있다고 기대하는 것이 합리적이다. 비록 자세한 명세 내역을 이용할 수는 없지만, 출간된 『편람』(*Handbook*, 안내서)이 검사 및 그 근거에 대하여 세부사항들을 아주 많이 제공해 준다. 명시적으로 검사 구성물이라는 명칭이 붙어 있는 것은 아니지만, 검사 계발자(시험 출제자)들이 운영된 검사 구성물로 간주한 바를 드러내기 위하여 『편람』에 있는 검사의 서술 내용을 살펴보는 것이 합리적일 듯하다.

1996년 이전까지 영국의 초급영어 자격인증의 읽기 검사는 적어도 읽기를 언어 검사(≒문법 검사)로 취급한다고 논박을 받았었다. 읽기 이해라고 제1부에서 제목을 달았지만, A난에서는 관련 없는 별개의 문장들을 단순히 집어넣었고, 그 문장들을 놓고서 25개의 질문을 담고 있었는데, 네 가지 선택지 중에서 하나를 고르는 형식(택일형)이었다. 오직 B난에서만 전통적으로 이해되어 온 읽기를 검사하였다. 서너 가지 덩잇글 지문을 이용하면서 그 지문과 관련되는 15개의 질문을 담고 있었

---

17) (역주) 본딧말이 각각 the University of Cambridge Local Examinations Syndicate(케임브리지 대학 지역 시험 연합)와 the First Certificate in English(초급영어 자격인증, 영어에서 초급 자격)이다.

는데, 네 가지 선택지 중에서 하나를 고르는 형식(택일형)이었다.

그렇지만 1996년 이후로 읽기 검사에서는 더 이상 별도의 문법 질문을 담고 있지 않다. 지금은 제1부에 하위의 4개 난이 있는데, 전체적으로 넷 또는 세 가지 긴 덩잇글 지문과 두 가지 짤막한 덩잇글을 포함하여, 35개의 '읽기 이해 질문'을 담고 있다. 그 구성은 다음과 같은데, 괄호 속에 있는 각 부마다의 검사 목적은 후술될 『편람』으로부터 가져온 것이다.

각 부문	내 용
제1부 (중심 생각 검사)	알맞은 것끼리 잇기 질문이 6~7개, 덩잇글보다 먼저 앞에 나온다
제2부 (세부사항 이해 검사)	네 가지 선택지 중 택일하는 질문이 6~7개, 덩잇글 바로 뒤에 나온다.
제3부 (덩잇글 구조 검사)	한 덩잇글에서 문단 또는 문장이 6~7개 제거된 뒤에 그 덩잇글 다음에 뒤죽박죽 뒤섞인 채 있다. 해당 문단이나 문장이 덩잇글의 어느 부분에서 가져왔는지 결정하는 과제이다.
제4부 (정보 찾기 검사)	하나의 덩잇글에 근거하여 알맞은 것끼리 잇기 질문이 13~15개 들어 있다.

영국의 영어초급 자격인증(FCE)은 유럽의 언어 검사자 연합(ALTE) 얼개 중에서 제3 수준을 목표로 하는데(제8장을 보기 바람), '독자적인 언어 구사자(An Independent User)'라고 명칭이 붙어 있다. 1977년 판 『초급영어 자격인증 편람』에서는 이 수준의 학습자들이 "언어의 주요 구조들을 자신감을 갖고서 처리할 수 있고, 광범위한 어휘의 지식을 보여 줄 것으로 예상된다."고 언급하였다. 덩잇글에 대한 이해는 "응당 사실적 정보의 항목들을 뽑아내는 일을 넘어서서, 중심 및 부차 논점 사이를 구분하고, 덩잇글의 골자 및 특정한 세부사항 사이를 구분해 줄 수 있다. … 이 수준에 도달한 학습자는 다수의 사무직·비서직·관리직 업무에서 효율적으로 영어로 처리하는 능력을 충분히 지니고 있는 것으로 간주될 수 있다."(『초급영어 자격인증 편람(FCE Handbook)』 1997: 6쪽)

읽기 검사의 서술 내용은 다음과 같다. "응시생들은 조금 가공된 다양한 종류의 참된 실생활 덩잇글을18) 읽고서 골자·세부사항·덩잇글 구조에 대한 이해를 보여 주고 의미를 이끌어낼 수 있을 것으로 예상된 다."(『초급영어 자격인증 편람』 1997: 7쪽)

덩잇글은 각 지문마다 350~700개의 낱말 길이로 변동하며, 전체적으 로 1,900~2,300개의 낱말이 주어져 있다. 덩잇글의 유형은 "광고, 편지, 소설, 비격식적 자료(홍보 책자, 안내서, 사용서 등), 전달내용, 신문과 잡 지 기사, 보고서"들이다. 전체 시험 시간은 75분이 걸리고, 응시생들은 35개의 물음에 답을 해야 하는데, 여러 선택지 중 택일형, 알맞은 것끼 리 잇기 여러 문항, 빈칸이 있는 덩잇글들을 포함한다(지문에서 일부 문 단이나 문장들이 제거되어 있는데, 앞의 논의를 보기 바람).

『편람』에 따르면, 제1부는 중심 생각을 검사하고, 제2부에서는 세부 적인 이해와 전체적인 이해, 그리고 의미와 어휘 지시내용을 추론하는 능력을 검사하며, 제3부는 덩잇글이 조직되는 방법을 검사하고, 제4부 에서는 덩잇글의 하위 절에 있는 정보의 위치를 찾도록 요구한다.

서로 다른 과제들이 서로 다른 읽기 유형을 독려하도록 마련되었다 고 주장되어 있다. 가령, 골자를 파악하며 읽기 또는 특정한 정보의 위 치를 찾아내면서 읽기이다. 검사 준비에 관한 절에서는, 응시생들에게 질문이 덩잇글 앞에 위치해 있는지 아니면 뒤에 나오는지 여부에 따라 서 채택할 알맞은 전략들을 결정하도록 장려할 수 있다고 제안되어 있 다. 덩잇글의 본질과 출처를 예측하는 데 도움이 되도록 덩잇글의 배치 법과 같은 신호도 또한 이용하도록 장려받을 수 있다(『초급영어 자격인 증 편람』 1997: 10쪽).

---

18) (역주) semi-authentic text(반쯤 가공된 참된 실생활 자료의 덩잇글)에서 semi(반쯤)이란 접사는 초급 수준에 맞추기 위하여 어려운 낱말과 문장 구조를 피하면서 일부 가다듬었다 는 뜻이다. authentic text(참된 실생활 덩잇글, 실생활에서 직접 쓰이는 덩잇글)는 전혀 가공 하지 않은 채 직접 응시생들에게 제공되는 자료이다. §.2-5-6의 논의, 그리고 281쪽 §.5-2-2) 의 역주 9)와 351쪽 §.6-3의 역주 12)를 함께 참고하기 바란다.

§.4-7. 영국의 국제적 영어 검사제도(IELTS)

영국의 초급영어 자격인증의 읽기 구성물과 케임브리지 대학교 지역 시험 연합(UCLES)에서 만든 영국의 국제적 영어 검사제도(IELTS)의[19] 읽기 구성물을 대조해 보는 것은 흥미롭다. 영국의 국제적 영어 검사제도(IELTS)는 비토박이 영어 화자들이 영어로 강의하는 대학들에 입학자격을 갖추기 위하여 만들어졌다.

영국의 국제적 영어 검사제도(IELTS)에서 읽기는 (명백하게 검사가 이뤄지지 않는) 언어 능력과는 아주 별개로 검사된다. 이 검사는 일부 목표 언어 사용상황에 대한 분석(특히 Munby 1978과 Weir 1983의 업적)에 근거하고 있다. 덩잇글은 대학생 독자가 실행할 것으로 기대되는 일반적인 용어들을 반영하도록 의도되어 있다.

> "덩잇글은 잡지, 학술지, 책자, 신문들로부터 가져왔다. 덩잇글이 비전문 독자층을 위하여 쓰여져 있는 것이다. 모든 주제는 일반적인 관심거리이다. 응시생들은 흥미로운 주제들을 다루게 되는데, 대학원이나 학부 과정에 입학하는 후보들에게 적합해 보이고 접속 가능할 것으로 보인다. 적어도 하나의 덩잇글은 자세한 논리적 논쟁을 담고 있다."(국제적 영어 검사 제도 편람 1999: 6쪽)

이 검사에서는 비록 다수의 과제들이 고립된 채로 또는 서로 간에 독립적으로 검사될 수 있다고 함의되어 있는 것은 아니지만, 이것들을 수행할 응시생들의 능력을 표본으로 찾아내고자 한다. 그런 능력들이 적어도 다음과 같이 영국의 국제적 영어 검사제도(IELTS)의 초기 판에서 측

---

19) (역주) 차례대로 the University of Cambridge Local Examinations Syndicate(케임브리지 대학 지역시험 연합)와 the International English Language Testing System(국제적 영어 검사제도)의 첫 글자를 모은 것이다.

정하고자 시도했던 구성물에 해당된다.

영국의 국제적 영어 검사제도(IELTS)에 있는 읽기 구성물

ⓘ 구조, 내용, 사건 연결체 및 전개 절차를 찾아내기

ⓘⓘ 지시사항 따르기

ⓘⓘⓘ 집필자가 두드러지게 만들고자 시도한 중심 생각 찾아내기

ⓘⓥ 밑바닥에 깔려 있는 주제나 개념을 찾아내기

ⓥ 덩잇글에 있는 착상들과 그것들 사이의 관계를 찾아내기, 가령 개연성,
해결책, 원인, 결과 등

ⓥⓘ 사실, 증거, 의견, 함의, 정의, 가정들을 찾아내고, 구별하고, 비교하기

ⓥⓘⓘ 증거를 평가하고 도전하며 반박하기

ⓥⓘⓘⓘ 밑바닥에 깔려 있는 주제, 개념, 증거들로부터 가정을 만들어 내기

ⓘ 뒷받침 증거들을 중심 생각과 관련지음으로써 결론에 도달하기

ⓧ 논리적 추론을 진행하기

---

*출처: 영국의 「국제적 영어 검사제도(IELTS)」 명세내역, 1989년 12월.

영국의 국제적 영어 검사제도(IELTS)의 밑바닥에 깔려 있다고 생각되는 구성물에 대한 추가 정보는 드윗(de Witt 1997)에서 약간 살펴볼 수 있는데, 학생들이 알아야 할 주요 기술들, 그리고 학생들이 수행해야 할 것들이 다음과 같은 것이라고 주장한다. "① 중심 생각을 이해하는 방법과 특정한 정보를 찾아내는 방법(지식); ② 덩잇글을 조사하기(수행); ③ 질문들을 분석하기; ④ 정답을 찾기 위하여 덩잇글로 돌아가기; ⑤ 자신의 답을 점검하기"

이런 영국의 국제적 영어 검사제도(IELTS)의 구성물에 대한 설명은 이 검사 준비 책자의 본문 속에 풍부하게 들어 있는데, 학생들에게 영국의 국제적 영어 검사제도(IELTS)가 즐거움을 위한 읽기 능력을 검사하는 것이 아니며, 정보를 신속하고 정확하게 찾아내는 능력을 검사하는 것이라고 알려 준다. 그러므로 응시생들은 모든 낱말을 읽기보다

지문을 조사하면서 신속하고 효율적으로 읽는 방법을 향상시킬 필요가 있다. 신중하게 지시사항을 읽고 나서, 필요한 특정 정보를 찾아내고, 자신의 답변을 점검할 시간을 벌면서 자신이 없는 답변을 다시 되돌아 보는 일이다. 응시생들은 정확히 무엇이 요구되는지를 알아내기 위하여 질문을 분석하면서 어느 질문이 일반적인 정보를 요구하고, 어느 질문이 특정한 정보를 요구하는지에 유의할 필요가 있다. 그리고 언제 특정한 정보를 살펴봐야 하고, 어떻게 그것을 찾는지를 알 필요가 있는 것이다. 영국의 국제적 영어 검사제도(IELTS) 및 영국의 초급영어 자격 인증(FCE)을 비교한 결과는, 분명히 읽기에 대하여 서로 아주 다른 구성물들이 지닐 수 있음을 보여 준다. 그렇지만 만일 임의의 검사가 반드시 밑바닥에 깔려 있는 구성물에 대한 표본이라는 사실이 옳다면, 그런 상이한 구성물들이 상호간에 배타적인 것이 아니며, 각각의 고유한 목적을 위하여 동등하게 유효할 수 있다.

§.4-8. 언어 능숙도의 저울눈에서 읽기 능력에 대한 해설

검사 명세내역이 평가 절차의 밑바닥에 깔려 있는 구성물에 대한 유일한 정보 자원인 것만은 아니다. 능숙도의[20] 저울눈을 마련함으로써 언어 능숙도의 구성물을 정의하고자 하는 시도는 긴 역사를 지니고 있다. 이는 능숙도를 여러 가지 발전 단계로 나누어 놓는다. 능숙도

---

20) (역주) proficiency(능숙도, 숙달도, 능통성)는 fluency(유창성)와 서로 교차되어 쓰이는 용어이다. 능숙한 정도를 가리키려면 '능숙도, 숙달도'를 쓸 수 있고, 능숙한 상태를 가리키려면 '능통성, 능숙성'을 쓸 수 있다. 평가에서 여러 등급을 가리키기 위하여, 여기서는 '능숙도'(능숙한 정도)라고 번역해 둔다. 단, 영국에서 실시되는 자격시험으로서 The Certificate of Proficiency in English(영어통달 자격인증)만은 고유명사로서 한 낱말로 만들어 '영어통달'로 번역해 둔다. 담화를 전개하는 한 가지 방식으로 낱말들끼리 사슬을 이루기 위하여 유의어, 상의어, 하의어, 반의어 따위를 이용한다. 자세한 언급은 95쪽 §.2-2-4)의 역주 21)과 132쪽 §.2-4-1의 역주 53)을 보기 바란다.

의 연속체를 놓고서 자세한 해설이 각각의 요점이나 단계마다 제공될 수 있다.

노어쓰·슈나이더(North and Schneider 1998)에서 보여 주듯이, 그런 저울눈을 고안하는 데에서 시험 출제자는 이론뿐만 아니라 또한 다른 눈금 계발 주체의 체험들에도 의지한다. 귀결되어 나오는 저울 눈금 및 관련된 해설은, 실제로 서술되고 있는 능력이 무엇이 '되는지'를 놓고서 시험 출제자가 지닌 최상의 견해를 드러낸다. 대부분의 저울눈은 말하기 및 쓰기의 산출 기술들에 관한 것이다. 그런 저울눈이 수행을 평가하기 위해 이용될 수 있다는 명백한 이유 때문이다. 그렇지만 산출 기술에 관한 저울눈이 더 일반적인 또 다른 이유는, 이 저울눈이 실제 수행들과 관련될 수 있다는 것이다. 학습자의 미완성 단계 중간언어가21) 두드러진 특징들에 대하여 기록되고 분석됨으로써 중간언어 발달의 여러 단계들과 관련될 수 있다. 읽기 및 듣기 능력 둘 모두에 대하여 이해의 산출물은 어떤 것이든 적어도 부분적으로 이끌어내기 절차의 인공물이며, 따라서 그런 저울눈에 대한 사례가 더 적다. 그런 저울눈은 대체로 직관적으로 도출되는데, 읽기 능력이 어떻게 향상되는지에 대한 출제자 자신의 견해로부터 나오는 것이다. 저자는 제8장에서

---

21) (역주) 중간 언어라는 말은 셀린커(Selinker 1972), 「Interlanguage」, *International Review of Applied Linguistics* 10-3』(209~231)에서 처음 쓰였다. 외국어나 제2 언어를 배울 때, 학습자가 본디 지니고 있던 모국어의 문법에서 점차적으로 벗어나 점차 목표언어의 문법을 익혀 자신의 것으로 만든다. 그런데 최종적으로 완벽한 목표언어 문법을 고정해 놓기 이전까지, 기간이 길든 짧든 중간 과정에서 모국어 문법의 영향을 받으면서, 점차 목표언어의 문법 모습으로 변화되어 나간다. 중간 언어는 학습이 진전되면서 오류의 양이 차츰 줄어들고, 궁극적으로는 목표언어와 거의 일치하게 된다. 목표언어를 완벽히 습득한 마지막 상태에서는 학습자에게서 중간 언어의 존재가 없어진다.

예를 들어, 우리말에서는 명사를 수식하는 말을 여러 개 쓸 경우에 연결어미 '-고'를 쓴다. '착하고 예쁜 영이'라고 말하면 부드러우나 ^{??}착한 예쁜 영이'는 관형형 어미 '-은'이 두 번 중복되어 어색하게 들린다. 영어는 이런 수식 어구의 경우에 결코 and라는 접속사를 쓰지 않고, 그대로 수식어들을 나열하게 된다. '*honest <u>and</u> pretty Mary'라고 말해서는 비문이 되는데, 바로 이것이 중간 언어가 된다. 그렇지만 차츰 이런 표현이 영어 문법에 없음을 깨닫고서 목표언어에 맞춰 언어를 구사하게 된다. 다시 말하여, 속성이 불변의 것일수록 명사와 바짝 붙어 있어야 하기 때문에, 'honest, <u>pretty Mary</u>'로 말하거나, 착한 성격이 더욱 불변의 속성이라고 본다면 'pretty, <u>honest Mary</u>'로 말하게 되는 것이다.

좀 더 자세하게 읽기 능력을 향상시키는 주제를 다룰 것이다.

그러므로 유럽 위원회(Council of Europe) 및 스위스 언어 사용 수행철 (*Swiss Language Portfolio*)에 대한 노어쓰(North)의 업적은 주목할 만하다. 많은 저울눈에 대한 모색을 넘어 그 이상의 논의로 우리를 데려가며, 철저히 일련의 읽기 저울눈에 대한 경험적 실증을 제공해 주려고 시도를 하였기 때문이다. 읽기 능력에 대한 저울눈을 계발하기 위하여, 그는 읽기 능력에 대한 서로 다른 많은 저울눈을 연구하고, 읽기에 대한 교사들 자신의 구성물을 얻어내려고 시도함으로써 읽기에 대한 구성물을 탐구하고 있다.

경험적 작업은 두 단계로 일어났다. 첫째, 일련의 토론회에서 노련한 교사들에게 서로 다른 많은 저울눈으로부터 가져온 읽기 능력의 해설에 의해 읽기의 어떤 측면이 서술되고 있는 것인지, 그리고 그 해설이 어떤 수준의 난이도를 나타내는지를 판정하도록 요구하였다. 또한 장황하거나 애매하거나 이해하기 힘들다고 생각되는 해설들을 거절하도록 요청하였다.

둘째, 주제 및 수준과 관련하여 교사들이 가장 일관된 것으로 판단한 해설이 설문지 형식으로 바꿔 듣기 및 말하기에 대한 해설과 더불어 제시되었다. 그 후에 교사들이 자신의 학생들을 평가하기 위해 1년의 학업 기간이 끝날 무렵에 평가 절차의 일부로서 해당 설문지가 이용되었다. 그리고 나서 이 자료가 분석되었는데, 귀결되어 나오는 해설들이 말하기·듣기·읽기의 공통 저울눈으로 가동되었다.

이 결과들에 대한 분석에서는 읽기가 듣기 및 말하기에 대한 저울눈의 차원과는 잘 들어맞지 않았으며, 따라서 반드시 읽기가 별도의 저울눈으로 측정되어야 하고, 두 계열의 저울눈이 동등하였음을 보여 주었다. 이는 하나의 구성물로서 읽기가 다소 듣기나 말하기와 다름을 재보장해 주는 증거이다.

노어쓰·슈나이더(1998)에서 보고되었듯이, 교사들은 이들 저울눈이 아주 유용함을 깨달았고, 읽기 능력을 측정하기 위하여 제공된 측정값이 읽기에 대한 객관적 측정값과 아주 밀접하게 대응하였다.

저울눈은 그 자체로 읽기의 구성물에 대한 흥미로운 전망을 보여 준다. 저울눈은 먼저 종합적인 눈금(C, B, A)으로 나뉘어져 있고, 그런 다음에 네 가지 하위 저울눈이 들어 있다. ① 서신(*correspondence*) 읽기, ② 개관(*orientation*)을 위한 읽기, ③ 정보와 논점을 찾기 위한 읽기, ④ 해설서(instructions) 읽기(이전 판에서는 두 가지 하위 저울눈이 더 들어 있었는데, ⑤ 즐거움을 위해 소설 읽기, ⑥ 읽고 처리하기였지만, 그 이후로 이것들이 빠져 있음).

하위 저울눈은 덩잇글에 따른 읽기 능력을 구분해 준다. 서신(모사전송, 다양한 종류의 편지, 우편엽서)과 해설(가령 새로운 기계나 절차, 또는 규칙에 대한 해설)이다. 그리고 목적에 따른 읽기 능력도 구분해 주는데, 정보와 논점을 찾아 읽기 또는 개관을 위한 읽기이다. 그렇지만 목적은 오히려 덩잇글 유형과 더욱 긴밀히 관련된다. 예를 들면, 정보 및 논의의 목적들은 사교적이거나 전문 직업적이거나 또는 학술적 덩잇글, 전문 지식 덩잇글이나 신문 기사를 가리킨다. 그리고 개관의 목적은 그 자체의 목적보다는 오히려 뉴스 표제, 글자, 소책자, 공식적 문서, 광고, 일상생활 속의 기호(*everyday signs*), 공고문 따위를 가리킨다.

종합적인 저울눈이 〈도표 4-3〉에서 보듯이 또한 읽게 될 덩잇글의 속성에 따라 읽기 수준들을 구별해 준다. ㉠ 포함된 언어의 난이도, ㉡

---

22) (역주) 능동적 어휘와 수동적 어휘라는 용어는, 화자 자신이 언어 산출과 언어 이해에 모두 이용할 수 있는 부류의 낱말(능동적 어휘)과 그렇지 않고 오직 이해만 가능한 부류의 낱말을 구분해 주기 위한 것이다(수동적 어휘). 이해에 관여하는 낱말의 숫자가 산출에 이용할 수 있는 낱말의 숫자보다 더 많은 것으로 알려져 있다. 언어 교육에서는 흔히 나쥬·허어먼(Nagy and Herman 1987), 「어휘지식의 너비와 깊이: 습득과 교육을 위한 함의」, 머키오운·커티즈(McKeown and Curtis) 엮음, 『어휘 습득의 본질(*The Nature of Vocabulary Acquisition*)』(Lawrence Erlbaum)에 따라 고등학교를 졸업하면 대략 5만 개의 낱말이 머릿속에 들어 있다고 본다. 그렇다면 이 중에서 언어 산출에 쓸 수 있는 능동적인 낱말의 숫자는 더욱 떨어질 것인데, 사람들마다 변이가 심할 듯하다. 참고로, 읽기 수준에 대한 해설 내용에서 모두 '긍정문 진술'로 이뤄져 있음(학습자에게 내재적 동기를 북돋기 위함)에 주목하기 바란다.

〈도표 4-3〉 종합적인 읽기 이해

상	C2	추상적이고 복잡한 구조를 지니거나 고도로 입말투로 된 문학류·비문학류 글감들을 포함하여 실질적으로 글말의 모든 형식을 이해하고 비판적으로 해석할 수 있다.
		문체의 미세한 차이, 그리고 암시적인 의미뿐만 아니라 명시적인 의미도 음미하면서, 길고 복잡한 덩잇글을 광범위하게 이해할 수 있다.
	C1	자신의 전문 영역과 관련되는지에 무관하게 어려운 부분들을 다시 읽을 수 있도록 허용한다면 길고 복잡한 덩잇글을 자세히 이해할 수 있다.
중	B2	서로 다른 덩잇글을 놓고서 문체와 읽기 속도를 알맞게 조절하고 선별적으로 적합한 사전류를 이용하면서 대체로 독립적으로 읽을 수 있다. 광범위한 능동적[20] 읽기 어휘를 지니고 있지만, 빈출도가 낮은 관용구에 대해서는 약간 어려움을 느낄 수 있다.
	B1	자신의 분야 및 관심거리와 관련된 주제를 놓고서 충분한 수준으로 이해를 하면서 쉽고 사실적인 덩잇글을 읽을 수 있다.
하	A2	높은 빈출도의 일상적이거나 직업 관련 언어로 이뤄진 구체적인 유형의 친숙한 주제를 놓고서 짤막하고 간단한 덩잇글을 이해할 수 있다.
		일정 비율로 국제적 통용어를 담고 있고 가장 높은 빈출도의 낱말로 씌어진 짤막하고 간단한 덩잇글을 이해할 수 있다.
	A1	친숙한 이름과 낱말과 기본 구절들을 알아차리고 요구된 대로 다시 읽으면서 아주 짤막하고 단순한 덩잇글을 한 번에 한 구절씩 이해할 수 있다.

*출처: '읽기 능력 향상의 저울눈', 유럽 위원회 「유럽 공통 얼개」

해당 덩잇글의 주제에 대한 친숙성 정도, ㉢ 덩잇글의 길이와 복잡성이다. 그뿐만 아니라, ㉣ 해당 덩잇글에 접속하는 데에서 독자의 융통성을 의미하는 독립성의 정도도 더 높은 수준의 능력과 관련하여 중요하고, ㉤ 독자가 비판적으로 읽을 수 있는 범위, ㉥ 의미의 미세한 그림자(≒속뜻)를 이해하는 일뿐만 아니라, ㉦ 만족스럽게 이해하기 위해서 해당 덩잇글을 다시 읽어야 하는 정도가 또한 구성물에서 중요한 것으로 보인다. 비록 비판적 읽기, 음미하며 읽기, 세부사항 이해하기와 같이 앞에서 언급한 개념이 일부 포함되어 있지만, 그러한 읽기의 기술들이 명백하게 언급되어 있는 것은 아니다.

§.4-9. 읽기의 구성물 및 의사소통 언어 능력의 구성물

더욱이나 노어쓰·슈나이더(1998)에서는 바크먼(1990)에서 좀 더 일반적으로 발전되었고 §.4-2에서 논의된 것과 같은 의사소통 언어 능력의 구성물과 읽기 구성물이 어떻게 관련될 수 있는지를 고려함으로써, 읽기의 전통적인 저울눈을 넘어선 논의를 하고 있다.

비록 노어쓰·슈나이더(1998)의 교사-판정관들이 전략적·언어적·담화적·사회언어학적 능력에 대한 개념을 읽기 구성물 속으로 통합하려고 하는 그들의 노력에 비판적이었지만, 이들 저울눈에 대한 밑그림은 구성물의 관점에서 흥미로운 것인데, 별도로 제시된 다양한 읽기의 저울눈들로부터 가져왔음을 상기하기 바란다. 아래는 노어쓰·슈나이더(1998)의 시도를 예시해 준다.

읽기의 구성물 영역에 따른 두 가지 수준(예시)

구성물	두 수준	자세한 서술 내용
전략 구사 능력	숙달됨	서로 다른 덩잇글과 목적에 대하여 문체와 읽기 속도를 알맞게 조절할 수 있다.
	효과적임	선택적으로 적합한 사전류를 이용하면서 대체로 독립적으로 읽을 수 있다.
언어 처리 능력	숙달 이상임	복잡하고 익숙지 않은 언어를 담고 있는 덩잇글을 이해할 수 있다.
	효과적임	능동적인 읽기 어휘를 광범위하게 지니고 있지만, 빈출도가 낮은 관용구에 대해서는 약간 어려움을 겪을 수 있다. 학업적/전문직업적 읽기에서 일상적으로 마주치는 문법 유형과 어휘를 이해할 수 있다.
담화 처리 능력	숙달됨	주제를 취급하는 다양한 부분들을 상세하게 구별하고, 그것들 사이의 상호관련성을 이해할 수 있다.
	효과적임	중심 생각 및 세부사항을 덜 그러한 것들과 구별해 낼 수 있다. 비록 세부사항들에 대해서 반드시 그런 것은 아니더라도, 제시된 논의를 취급하는 방식에서 논지 전개의 노선을 인식할 수 있다.
사회 언어학적 능력	숙달 이상임	광범위하고 다양하게 속어 및 문화 관련 내용들을 이해할 수 있다. 농담과 의미나 문체의 미세한 문화 의존적 어감들도 음미할 수 있다.
	효과적임	많은 사회언어학적인 그리고 문화적인 내용들을 이해할 수 있다.

*출처: 노어쓰·슈나이더(1998), 『언어 능숙도 눈금에 대한 저울눈 서술내용』

이들 해설은 일반적인 언어 능통성의 구성물에 비춰서, 좀 더 광범위하게 말하여 커넬리·스웨인(Canale and Swain 1980) 및 바크먼(1990) 집단의 모형에 비춰서, 다양한 능숙도 저울눈에 들어 있는 것으로서 읽기 능력의 서술 내용을 분류해 내려는 시도이다. (비록 실제로 그 모형이 오히려 긴밀하게 입말 상호작용에 필요한 능통성과 관련된다고 말하기에는 반론이 있고, 본디 읽기 능력을 염두에 두고 계발된 것이 아니지만) 그 집단의 모형은 본질적으로 독립된 기술이다. 노어쓰·슈나이더(1998)에서 제공해 준 것은 읽기 능력의 모형을 의사소통 언어 능력의 모형에 맞춰 조절하는 일에서 소략한 첫 근사값이 된다.

다음 단계는 반대의 방향이 될 듯하다. (전략·담화·언어·사회언어학 능력) 각각의 광범위한 능력과 더불어 하나씩 시작하고서, 주어진 임의의 능력 수준에 대하여 읽기 능력에 비추어 그것이 무엇을 의미하는지를 서술해 놓는 시도인 것이다. 그렇다면 의사소통 언어 능력을 주창한 학파의 모형에 근거한 일련의 진술이, 언어학적으로 지향되고 이론적으로 입증된 모형을 제공해 줄 듯하다. 그렇지만 그런 노력은 이 책자의 논의 범위를 벗어나 있다.

§.4-10. 요약

이 장에서는 '구성물(*construct*)'의 개념으로 무엇이 의미되는지를 논의하였고, 이론으로부터 도출된 읽기의 구성물이 검사 명세내역 및 읽기 능력의 평가나 서술을 위한 저울눈 속으로 어떻게 맞물려 들어갈 수 있고 그리고 어떻게 맞물려 들어가 있는지를 예시해 놓았다. 더 뒤의 제8장에서는 본질적으로 읽기 능력에 대한 이론과 관련된 읽기 능력 향상(*development*, 발달)의 수준들을 놓고서 다수의 서술 내용을 제시함으로써, 제4장에서 서술한 읽기 능력의 구성물에 대한 서술을 보완시켜 준다.

제4장에서는 구성물의 정의에 대한 접근과 검사 명세내역과 저울눈을 통한 운영 방식을 예시해 주었다. 이런 접근은 유서 깊은 역사를 지니고 있다. 일반적으로 검사 구성물에 대하여 명백히 해 놓는 일은, 검사 정당성 입증의 목적뿐만 아니라, 또한 우리의 검사 방법이 어떻게 우리가 측정하고자 하는 구성물로부터 분리되어 있거나 관련되어 있는지를 보여주기 위해서도 중요한 것으로 받아들여진다.

그렇지만 밑에 깔려 있는 구성물의 정의에 근거한 검사 계발(≒시험 출제)은, 대체로 두 가지 요인 때문에 문제가 있다. 하나는 실제로 그 이론을 운영하는 일이 가능해지는 범위이다. 가령, 구성부문 읽기 기술들에 대한 개념을 운영하는 경우에 그러하다. 다른 하나는 그 이론이 적합해지는 범위이다. 이는 앞 장들에서 언급했던 문제이며, 다양한 경합 이론들을 살펴보았다. 시험 출제자(≒검사 계발 주체)에게서의 문제는 두 가지인데, 어느 이론을 옹호하고, 어떻게 그것을 가장 잘 운영할지에 대한 것이다. 만일 임의의 시험(≒검사)이 적합하게 이론에 근거하고 있지만 뒤이어 그 이론이 그릇된 것으로 밝혀진다면, 논리적으로 그 시험은 부적합하고, 어떤 의미에서 반드시 실용적인 것이 아니라면 귀결되어 나온 점수들을 갖고서 이용하는 일도 아무런 설득력이 없다.

그렇지만 분명히 임의의 시험 상황이 주어질 경우에 이론 속에 들어 있는 모든 구성부문들을 검사하고 싶어 할 것 같지는 않다. 대신 우리 검사 목적과 관련되고 이론상으로 그리고 운영상으로 이런 목적에 적합한 방식으로 구성부문들을 정의하여, 그 이론의 일부에 초점을 모으게 된다. 실제로 경합하는 이론들이 서로 배타적인 경우는 거의 없고 많든 적든 중복되기 때문에, 시험 출제자는 바라건대 모종의 원리 잡힌 기반 위에서 시험 출제를 위하여 서로 다른 이론들의 일부를 받아들일 수 있다. 부적합하거나 경합하는 이론에도 불구하고 이런 실용주의는 시험 출제자에게 시험을 출제하는 방식을 제공해 준다.

제5장에서는 독자들이 실제로 실세계 현장에서 실행하는 바를 성격 지어 주고자 하는 시도를 예시하고, 이를 시험 현장에서 복제하는 시도를 하게 될 것이다. 제4장의 들머리에서 저자는 그런 접근이 구성물에 근거한 접근에 반대가 아니라, 오히려 그런 접근을 서로 보완해 준다고 논의하였다. 우리는 시험 문항들을 실세계 속에서 읽기 필요성 및 활동들에 비춰 마련하고 나서, 문항들에 정답을 성공적으로 맞추기 위하여 어떤 능력들이 요구하는지, 따라서 그 문항들이 어떤 구성물을 측정할 수 있는지를 살펴볼 필요가 있는 것이다.

제5장 시험 출제를 위한 얼개

§.5-1. 들머리

제4장에서는 어느 정도 길게 시험 출제(*test design*, 검사 설계)에 대한 고전적 접근을 검토해 보았다. ① 읽기의 이론에 비추어 시험 명세내역의 집필을 통한 우리의 구성물 계발, ② 우리가 선택한 덩잇글을 통한 명세내역의 구현, ③ 우리가 독자들에게 수행하도록 요구하는 과제, ④ 학습자들이 보여주는 이해, ⑤ 전형적으로 점수로 반영된 학습자들의 이해 내용으로부터 우리가 만드는 추론들이었다.

하나의 대안이 되는 접근, 그리고 제5장에서 탐구하도록 제안하는 접근은 바크먼(1990)에서 '목표언어 사용상황'으로 부른 바를 검토하고 (239쪽 §.4-3 역주 10), 우리의 평가 절차 속에서 비판적 특징들을 복제하도록 추구하는 일이다.

우리의 평가 목표는 전형적으로 실세계에서 독자가 얼마나 읽기를 잘하는지를 알아내는 것이다. 이미 살펴보았듯이, 실세계에서 일어나는 읽기는 복잡하고 다양한 활동이다. 서로 다른 독자들이 상이한 모든 종류의 목적들을 위하여 상이한 모든 종류의 결과를 지닌 상이한 모든 종류의 덩잇글들을 읽는다. 측정이나 평가가 그런 실세계와 관련될 수 있도록 하기 위해서는, 우리의 시험이나 평가 절차를 실세계 활동 및 결과와 비교할 수 있는 모종의 얼개가 필요하다. 일단 그런 얼개를 지녔다면, 우리의 결과를 시험 상황을 넘어서서 일반화할 수 있는 범위를 검토할 수 있다(§.4-1의 일반화 가능성).

그렇지만 독자의 능력이나 이해를 평가하고자 한다면, 동시에 모종의 방식으로 읽기 수행을 이끌어 낼 필요가 있음을 인정해야 한다. 따라서 일련의 검사 방법이 필요한데, 다른 연구자들이 이끌어내기 절차(유도 절차)로 부를 법하다. 우리는 독자들로 하여금 읽게 하고, 그 읽기와 관련하여 뭔가를 수행하도록 해야 한다. 그런 절차가 전통적으로 검사 방법이나 검사 기법으로 불려왔다. 제7장에서 다룰 예정인데 많은 양의 조사 연구가 그런 검사 방법의 효과를 검토해 왔지만, 저자는 제5장에서 비슷한 이유로 그것들을 바크먼·파머(1996)[1]에 따라 '과제(*tasks*)'[2]로 서

---

1) (역주) 최근에 5백쪽이 넘는 바크먼·파머(Bachman and Palmer 2010), 『실제의 언어 평가 (*Language Assessment in Practice*)』(Oxford University Press)가 출간되어 있다. 파머에서 'I'은 묶음이다. 바크먼·파머(1996)은 최인철·김영규·정향기 뒤침(2004), 『언어 테스팅의 설계와 계발』(범문사)로 나와 있지만, 공동 번역자들 사이에 용어들이 서로 통일되어 있지 않다.

2) (역주) task(과제, 업무, 시험 문항)는 여러 상황에서 두루 쓰이는 낱말이다. 우리말로 번역할 경우에는 맥락에 따라 다른 낱말을 선택해야 할 것으로 본다. 흔히 일선현장에서 수업시간에 쓰이는 경우에는 '과제'라는 말로 쓰는 것이 무난하고, 스스로 혼자 해 보는 것이라면 '숙제' 라고 부를 수도 있다. 그러나 이를 시험 문제 속에서 쓸 경우에는 '문항'이라고 부르는 것이 적합하며, 때로는 개별 문항들을 묶은 시험의 하위부문을 가리킬 수도 있다. task-force(업무 전담 처리, 전담 업무 처리)라는 말을 쓰는데, 일상생활에서는 '업무' 정도로 쓸 법하다.

그런데 이 용어가 보편화되기 이전인 1990년대에는 input(입력물, 과제)이란 용어도 곧잘 쓰였었다. 이는 언어학습에 필요한 언어 자료 및 비-언어 자료를 포괄하기 위하여 상의어로 쓰였다. §.5-2-3에서도 시험 지문 및 질문을 모두 아우르는 상의어로 쓰이고 있다(과제 입력 물로 번역함). 또한 학습의 결과 스스로 만들어 낸 결과를 output(산출물)이라고 부른 적이 있다. 특히 제2 언어로서 영어 교육의 대가인 크뢰션(Krashen, 1941~) 교수는 뷔고츠키의 근접 발달 영역을 'i+1' 단계의 자료로 규정하고, comprehensible input(이해 가능한 입력물) 가정이라고 불렀고, 이런 자료들에 기대어 학습이 최적화될 수 있다고 주장하였다. 한편 캐나다에서 불어를 쓰는 학생들이 영어를 배우는 과정에서, 산출물이 상대방으로 하여금 이해될 수 있도록 만들어 주어야 한다는 제약을 가함으로써, 정확한 표현의 산출 비율이 높아짐을 확인하였다. 스웨인(Swain, 1944~) 교수는 이를 앞의 가정과 짝을 맞춰 '이해 가능한 산출물(comprehensible output)' 제약 가정이라고 부른 바 있다. 69쪽 §.1-10의 역주 74)도 같이 참고하기 바란다. 또한 한 문장 속에서 두 번 나온 task가 앞쪽에서는 상의어 시험의 '하위부문'으로, 뒤쪽에서는 하의어 '하위부문의 문항'으로 쓰인 사례도 있다. 337쪽 §.6-3의 '상황 2'에 있는 역주 7)을 보기 바란다.

술할 것을 제안한다.

실제로 평가를 포함하여 교육 활동을 실세계와 관련짓는 접근법은, 먼비(Munby 1980) 업적과 의사소통 요구 처리기(*Communicative Needs Processor*)에서의 초기 모범 형식에 이르기까지 아주 긴 역사를 지니고 있다. 먼비 교수의 업적은 언어 교육과정을 마련하는 경우에 교과과정 수립 주체들이 설명될 필요가 있는 실제의 의사소통 현장에 있는 특징들을 찾아내는 데 도움을 주려고 의도되었다. 좀 더 가다듬어진 분류법 내지, 더 쉽게 표현하여, 현장·기술·언어 따위에 대한 목록이 간략하게 앞쪽에서 논의된 것처럼 계발되었다. 언어 시험에서는 이런 접근이 위어(Weir) 교수의 업적으로 가장 잘 예시된다. 그가 쓴 두 권의 교재(위어 1990과 1993)와 학업 목적의 영어 검사(*Test of English for Educational Purposes*)의 계발로 이끌어간 조사 연구이다. 개관을 보려면 올더슨 외(1985)를 참고하기 바란다. 이런 접근 및 먼비 교수의 글은 특히 각각 미이드(Mead)와 데이뷔스(Davies)와 스끼언(Skehan)에 의해서 어느 정도 자세히 비판되었다(제1장을 보기 바람). 곧 보게 될 터이지만 분명히 이에 대한 단점도 있다. 이것이 만능 해결책은 아니다. 그럼에도 불구하고, 저자는 이것이 이론적 문제가 무엇이든지 간에, 검사 설계(시험 출제)에 대하여 유용한 사고방식을 제공해 주는 것으로 믿고 있다. 바크먼·파머(1996)에서도 다르지 않은 얼개를 제시해 주지만, 좀 더 언어 검사의 맥락 속에서 그 내용을 발전시켜 놓았다. 비록 아직 철저한 경험적 조사와 수정을 받지 않았으나, 앞으로도 이 모형은 일정 시간 동안 영향력을 지닐 것으로 본다.

지금까지 저자는 두 가지 이유 때문에 아직 이 책자에서 제시된 읽기의 설명을 위하여 조직화 원리로서 이 얼개를 이용하지 않았다. 첫째, 실천상의 이유이다. 이전의 조사 연구가 그런 얼개 속에서 실행되어 오지 않았고, 따라서 이질적인 얼개 속에서 이전 연구를 제시해 놓음으로써, 조사 연구와 목적과 결과물을 오류에 빠뜨리는 위험을 감수해야 할 듯하다. 둘째, 전체 책자를 위한 조직화 원리로서 그런 얼개를 이용함으로써, 읽기 및 평가를 이해하기 위하여 이것만이 유일하고 심지어 가장 좋은 접근법임을 암시하고자 하는 것이 아니다. 실제의 사실은 의사소통 접근법이 다른 좀 더 전통적인 접근법보다 유의미한 경험적 이점을 어떤 것이든지 제공해 주는지 여부를 아직 우리가 알 수 없다는 점이다.

§.5-2. 바크먼·파머(1996)의 얼개

바크먼·파머(1996)에서는 '언어 사용 과제들의 특징적인 성격'들로 부른 바를 서술해 놓고, '언어 사용 영역을 서술해 주기 위하여 이들 성격을 이용하는 일'(44쪽)을 설명해 준다. 더 앞서 바크먼(1990)에서는 '목표언어 사용상황(*a target language use situation*)'으로 불렸던 것이다. 그들은 대부분의 언어 시험이 모든 또는 임의의 언어 사용 영역을 일반화하고자 추구하지는 않고 (가능할 것 같지도 않음) 오히려 시험 출제자들이 '응시생들이 언어를 이용할 필요가 있을 것 같은 이들 특정한 영역을 놓고서 일반화된 추론을 시행하기'를 원한다고 주장한다. 여기서 먼비 교수의 '필요성 분석 절차(*needs analysis procedures*)'와 연결되는 모습이 가장 분명해지는 듯하다. 그들은 목표언어 사용 영역을

"응시생들이 검사 그 자체의 바깥 영역에서 마주치게 될 것 같은, 그리고 언어 능력에 대한 우리의 추론을 일반화하려고 하는 일련의 특정한 언어 사용 과제들"(앞과 같은 쪽)

(a set of specific language use tasks that the test taker is likely to encounter outside of the test itself and to which we want our inferences about language ability to generalize. loc. cit.)

로 정의한다. 그들은 두 가지 주요한 영역을 구분해 준다. 실생활 영역
및 언어 수업 영역이다. 이런 구분은 읽기 평가를 생각해 보려는 우리
의 목적을 위하여 유용할 것이다. 읽기 시험은 결국 실생활 읽기 능력
을 예측하기 위해 쓰일 뿐만 아니라, 또한 진단 및 성취(수업 목표 달성)
목적을 위해서도 이용된다. 후자는 가령 적합한 교정 수업을 마련하기
위하여 시험 주관자가 학습자의 단점이 어디에 놓여 있는지 알고 싶거
나, 또는 다시 교육상으로 다음 단계의 처방을 위하여 읽기 향상 과정
에서 어느 단계에 도달하였는지를 아는 데에 관심을 갖는 것이다.

앞에서 살펴보았듯이 언어 시험이 '개별적 언어 능력에 대하여 추론
을 행하게 될 언어 사용의 사례들을 이끌어 내는 절차'로 간주될 수
있기 때문에(바크먼·파머 1996: 45쪽), 분명히 목표언어 사용(*target language
use, TLU*) 영역에서 언어 시험 및 문항(과제) 사이의 관계는 중요하다.
바크먼·파머 얼개는 언어 시험 주관자들이 언어 시험 과제 및 목표언
어 사용(TLU) 과제를 둘 모두 서술할 수 있도록 장려하기 위하여 의도되
었다.

그 얼개에서는 과제들에 대하여 다음과 같이 다섯 가지 측면의 성격
을 서술하여 제시해 주고자 하였다.

(1) 시험 현장(*setting*)
(2) 시험 첫 부분에 있는 총괄적인 시행지침(*test rubric*)[3]

---

3) (역주) 원문 test rubric(검사의 총괄적 시행/구현지침)은 시험을 치르는 기본 지침을 가리
킨다. 또한 맥락에 따라 rubric(시행지침, 구현지침)은 §.5-2-4에서처럼 답변과 관련하여 '답
변/응답 지침'으로 번역되고, §.6-2에 제시된 네 종류의 시험 실시 사례들에서는 전반적인
시험 시행지침의 뜻으로 쓰인다. 매크너매뤄(McNamara 2000; 강성우 외 뒤침 2001), 『언어
평가』(박이정)의 용어 해설을 보면, '각 문제나 과제 앞에 응시생에게 주어지는 지시사항'으
로 풀이해 놓았다. 277쪽 §.5-2-2의 역주 6)에 있는 instruction(유의사항)의 설명도 함께 살펴
보기 바란다. 또한 rubric(시행지침)과 instruction(유의사항)을 '낱말 사슬' 관계로 보아 유의
어로 쓰고 있는 361쪽 §.6-3의 '상황 4'에 있는 역주 15)도 참고하기 바란다.
본디 rubric(도드라진 붉은 글씨체)은 서구 중세 때 길게 쓰인 법률 문서나 교회 전례 문서
에서 제목 부분을 도드라지게 보이도록 붉은 색으로 쓰거나 인쇄된 부분을 가리켰었다.
필자는 이런 풍습으로 말미암아 간단하면서도 권위를 지닌 '지침이나 규정'의 의미로 확대

(3) 문항(*input*, 과제 입력물)

(4) 예상 답변

(5) 문항 및 예상 답변 사이의 관련성

비록 이런 얼개가 시험 과제 및 목표언어 사용(TLU) 과제들을 검사하는 데에 적용될 수 있다고 주장되었지만, 실제로는 언어 사용을 철저히 범주화하기보다는 오히려 시험 출제(따라서 시험 시행의 측면)를 돕기 위하여 의도되었음이 분명하다. 사실상 이런 과제 성격의 얼개가 분명히 바크먼(1990)에 있는 검사 방법의 측면으로부터 도출되어 나오지만, 검사를 넘어서서 앞에서 언급된 목표언어 사용(TLU) 영역으로까지 일반화하려는 목적을 지니고 있다. 이 얼개에 대한 자세한 설명은 제5장의 범위를 넘어서 버린다. 관심 있는 독자는 바크먼·파머(1996)의 제3장과 제6장과 제9장, 그리고 그 책의 제Ⅲ부에 있는 사례들을 참고하기 바란다. 저자는 여기서 주요한 성격들과, 읽기 및 평가에의 적용 가능성만을 놓고서 집중적으로 다루고자 한다.

되었을 것으로 본다. 만일 rubric(시행지침)을 잘못 번역해 버리면, 전체 논의의 골자를 파악하지 못하게 막아버리고 뒤헝클어 놓을 뿐이다.

그런데 최근에 와서 이와는 다른 용법도 쓰이고 있으므로 유념할 필요가 있다. scoring rubric(채점 시행지침)이 그 경우이다. 이는 1990년대부터 미국에서 지필 평가 방식을 버리고 대신 수행 평가를 도입하였는데, rubric(수행 평가 지침)이란 용어를 일부에서 학습자의 수행을 평가·서술하기 위한 지침을 가리키기 위하여 채택하였다. 이를 동음이의(同音異議) 관계로 규정해 주어야 옳다.

〈도표 5-1〉시험 과제의 성격(출제시 고려 사항)

시험 현장의 성격	물리적 성격			
	참여자			
	시험 실시 시간대			
시행 지침의 성격	유의 사항	언어 (토박이 언어, 목표언어)		
		전달 경로 (청각, 시각)		
		절차 및 과제에 대한 세부내용		
	구조	부문/과제들의 숫자		
		부문/과제들의 두드러짐		
		부문/과제들의 연결		
		부문/과제들의 상대적 중요성		
		각 부문마다 과제/문항의 숫자		
	시간할당	시험 성격에 따라 결정됨		
	채점 방법	정답에 대한 기준		
		채점을 위한 절차		
		기준 및 절차의 명확성		
시험 문항의 성격	구현 형식 (format)	전달 경로 (청각, 시각)		
		형태 (언어, 비-언어, 둘 모두)		
		언어 (토박이 언어, 목표언어, 둘 모두)		
		길이		
		유형 (문항, 촉진물[도움물])		
		신속성의 정도		
		전달 수단 (실제 목소리, 녹음 재생, 둘 모두)		
	언어	언어 성격	조직화 내용	문법 (어휘, 통사, 음운, 맞춤법)
				덩잇글 (통사 결속, 수사학/대화 짜임새)
			화용적 내용	기능 (생각 개진, 행위 조정, 자기 발견, 상상)
				사회언어학 (방언/변이체, 말투, 자연성, 문화 관련성과 비유 언어)
		주제의 특징		
예상 답변의 성격	구현 형식 (format)	전달 경로 (청각, 시각)		
		형태 (언어, 비-언어, 둘 모두)		
		언어 (토박이 언어, 목표언어, 둘 모두)		
		길이		
		유형 (택일형, 단답형, 서술형)		
		신속성의 정도		
	언어	언어 성격	조직화 내용	문법 (어휘, 통사, 음운, 맞춤법)
				덩잇글 (통사 결속, 수사학/대화 짜임새)
			화용적 내용	기능 (생각 전개, 행위 조정, 자기 발견, 상상)
				사회언어학 (방언/변이체, 말투, 자연성, 문화 관련성과 비유 언어)
		주제의 특징		
문항과 답변의 관계	반응 (상호 협력적, 비-상호 협력적, 개작 가능함)			
	관련된 범위 (넓음, 좁음)			
	관련의 직접성 (직접, 간접)			

*출처: 바크먼·파머(1996)의 제3장, 제6장, 제9장

〈도표 5-1〉은 바크먼·파머(1996)에 있는 '도표 3-1'을 다시 가져온 것이며, 그들이 유관한 과제 성격으로 간주한 바를 목록으로 보여 준다. 도표 속의 제목만으로도 이들 많은 성격이 이미 앞 장들에서 논의되었음이 분명해지기를 바란다. 이런 특정한 관점은 장점이 있다. 전반적으로 변인들 및 가능한 상호작용 영향 사이의 관련성을, 중요하다고 찾아진 요인들을 놓고서 단순히 목록으로 보이기보다, 좀 더 분명한 방식으로 살펴볼 수 있도록 일관성을 제공해 준다는 점이다.

저자는 읽기 평가를 염두에 두면서 예시해 줌으로써 이들 다양한 성격을 해설해 놓도록 하겠다. 이 얼개가 특정한 '기술'을 참고하지 않은 채 네 가지 기술에 모두 응용되도록 도출되어 있음에 유의하기 바란다. 사실상 바크먼·파머(1996)에서는 검사/시험을 놓고서 기술에 근거한 관점의 가치에 의심을 던진다. 따라서 앞에 있는 성격들의 일부를, 읽기 과제의 기술에 적용하는 데에는 모종의 어려움이 있을 것으로 예상할 수 있다. 그럼에도 불구하고, 그런 일반적 얼개가 유용한 통찰력과 설계 원칙을 제공해 줄 수 있는 범위를 탐구하는 일은 가치가 있다.

1) 시험 현장의 성격

① 물리적 성격

어떤 사람이 어디에서 읽고 있는지가 중요할 수 있다. 도서관에서, 컴퓨터 단말기가 있는 실습실에서, 버스나 기차나 비행기 안에서, 편의점에서, 침대에서 또는 소파에 편히 웅크린 채 책 읽기 등이다. 저자는 1980년대에 중국에서 땅거미가 질 무렵 옹기종기 붙어 있는 작은 집들을 걸으며 지나쳤었는데, 열린 창문들을 통하여 좁은 거실에서 희미하게 녹색 갓을 쓴 20와트 전등불에 의지하여 책을 읽고 있던 아이들을 보았던 일이 아직도 또렷이 떠오른다. 또 이른 새벽에 공원을 거쳐 대학에 강의를 하러 걸어갔었는데, 공원에서도 학생들이 걸으면서 영어 책을 큰 소리로 읽고 있는 것을 보았다. 이들 장소가 어디이든지 간에 읽기 현장이 읽기 과정의 많은 측면에 대하여 현저한 (그렇지만 현재로 서는 알 수 없는) 효과를 지니고 있을 것 같다.

장소는 불 밝기 조건, 화면상으로나 독자 또는 자동차의 움직임으로 말미암아 외적인 방해를 받아 생기는 덩잇글의 흔들림, 주변 환경의 소음 수준, 독서 환경의 편하고 불편한 정도 따위와 밀접히 관련된다. 이런 범위의 물리적 조건은 평균 기준을 충족시킨 시험 현장의 조건과 대조를 보이며, 흔히 조용하고 쾌적한 온도, 앉기에 편한 자리, 양호한 불 밝기 등으로 서술된다. 물론 저자가 실생활의 덜 바람직한 조건들을 복제하도록 추구해야 한다고 주장하는 것은 아니다. 일반적으로 모든 것을 '최상의 수행으로 치우치도록(bias for best)'[4] 하기 위하여, 그리고 특히 부담이 큰 시험의 경우에, 종종 감정이 예민해지는 시험 상황의 분위기를 보상해 주려고 바람직한 물리적 조건들을 제공해 주고자 노력 한다. 간단하게 말하여, 요체는 결과적으로 그렇지 않을 경우에 목표언 어 사용(TLU) 영역 및 시험 과제 간의 일치 정도가 줄어든다는 점이다.

바크먼·파머(1996)에서는 물리적 특성이 응시생이나 언어 사용자에 게 자료 및 검사 설비의 친숙성 정도도 함께 포함해야 한다고 여긴다. 그들은

---

4) (역주) 메뤌 스웨인(Merrille Swain 1984), 「의사소통 방식으로 가르치고 검사하기(Teaching and Testing Communicatively)」, 『*TESL* Talk 15, 1 and 2』(pp. 7~18)에서 의사소통 중심의 검사를 마련하기 위하여 주장한 세 가지 원리 중 마지막 원리이다.

ㄱ 참된 실생활 자료를 갖고 어디에서부터든지 시작한다(Start from somewhere).
ㄴ 언어를 산출하고 서로 상호작용이 가능하도록 내용에 집중한다(Concentrate on Contents).
ㄷ 최상 수행을 위해 치우치게 한다(Bias for best).

이 마지막 원리는 사전이나 참고물을 보도록 하거나 시간을 넉넉 주어서 응시생들이 가장 좋은 수행을 할 수 있게 하고, 더 나아가 다른 응시생과 토론한 결과로써 자신의 결과물을 수정할 수 있게까지 보장해 주는 것이다. 다이애너 그륀(Diana Green 1985)에서는 여기에 다시 ㄹ 시험 출제자들은 시험이 곧장 교육내용에 도로 스며들 수 있도록 마련하라(Work for washback)는 원리를 추가하였다.

문서 처리기(*word processor*), 시청각 설비, 파일 처리기, 컴퓨터 장비

따위를 그런 사례로 인용하고 있다. 저자는 친숙성을 개인과 물리적 조건과의 상호작용으로 간주하는 것이 더 낫다고 주장할 것이지만, 그럼에도 불구하고 이는 분명히 중요한 변인이다. 컴퓨터를 이용한 외국어로서의 영어 검사(TOEIC)를 마련하면서 교육평가원(ETS, Educational Testing Service)에서는 정보 기술(IT) 설비에 대한 응시생들의 친숙성 및 검사 수행의 관련성을 놓고서 대대적인 연구를 실시하였다. 테일러 외 (Taylor et al. 1998), 키어슈 외(Kirsch et al. 1998), 아뉴어 외(Eignor et al. 1998)을 보기 바란다. 아직 정보 기술 사용능력(*IT literacy*)이 컴퓨터를 이용하여 치르는 외국어로서의 영어 검사(TOEFL)에서 강화된 읽기 검사 수행으로 귀결되는지 여부에 대해서는 잘 알지 못한다. 그렇지만 가령 업무 현장에서 정보 기술 사용능력이 읽기 수행을 한 단계 더 높여 줄 것 같으므로, 좀 더 정확한 검사가 정보 기술 사용능력 부재보다는 정보 기술 사용능력이 있는 것을 선호하는 과제 성격과 신중하게 맞물려 들어가야 할 것이다!

② 참여자

참여자에는 목표언어 사용(*TLU*) 과제(검사 과제), 과제들의 지위, 응시생과의 관련성, 그 이외의 것에 포함된 모든 것들을 담고 있다. 읽기 과제에서는 또한 잠자리에서 아이들에게 이야기책을 읽어주는 부모나 뉴스 속보를 읽어 주는 방송인과 같이 독자가 청자를 지닐 수도 있다. 거기에는 숨겨진 참여자로서의 집필자도 있다. 사랑했던 사람으로부터 온 편지를 읽어 주거나 유명한 작가가 쓴 소설이나 시를 읽어 주는 경우처럼, 또한 독자가 그런 존재를 자각할 수도 있다. 원래 집필자의 의견은 신문 사설이나 정당 선언문의 집필자에서와 같이 독자에게도 명

시적으로 잘 알려질 수 있고, 아니면 중상모략의 편지나 광고나 공중화장실 낙서처럼 원래 집필자가 익명이 될 수도 있다. 원래 집필자와 독자의 관계, 집필자 의견이나 과거나 의도에 대한 친숙성의 정도는, 분명히 독자의 배경지식에 대한 중요한 일부분이며, 여러 차례 이미 명백하게 읽기에서 중요한 변인임을 살펴보았다.

흥미롭게도, 검사/시험 조건에서 읽힐 지문(덩잇글)은, 원래 집필자의 표시가 없거나 설사 추론될 수 있을 만한 출처를 지니더라도 종종 익명으로 제시된다. 큰 소리 내어 읽기에서처럼 임의의 수행을 듣고 있는 청중은, 전달내용(message)에 주의를 기울이기보다는, 오히려 수행에 대하여 판단을 내리고 있는 어떤 사람이다. 그런 조건들이 수행에 영향을 미치고, 검사 과제와 목표언어 사용(TLU) 간의 일치 정도를 줄일 것으로 보인다.

③ 시험 실시 시간대

이는 분명히 물리적 조건과 관련된다. 만일 읽기가 해질 무렵이나 그 이후에 이뤄진다면, 빛 밝기(조명)의 조건이 중요해진다. 그러나 막 잠자리에 들기 전 졸린 상태에서 이뤄진 읽기라면, 정신이 맑게 깨어 있을 때보다 독자가 세부사항에 주의를 쏟지 못하고 읽은 내용에 대한 것을 기억하지 못할 것으로 짐작된다. 응시생들이 언제 가장 맑게 깨어 있고, 가장 졸리지 않을지를 알고서 통제하기란 시험 관리자에게 아주 어렵다. 그러나 이런 변인을 고려하는 경우에는 적합한 시험 시간대를 마련하는 일이 아마 과제 설계보다 더 중요할 것이다.

2) 시행지침의 성격

이미 서술한 대로 이들 성격은 목표언어 사용(TLU) 과제와 관련되어 있지 않은 듯이 보인다. 바크먼·파머(1996)에서는 시험 유의사항이 될 수 있는 대로 명백해야 하겠지만, 반면에 목표언어 사용(TLU) 과제에서는 종종 유의사항이 암시적일 것이라고 여긴다. 따라서 그들은 시험 시행지침(rubric)이 상대적으로 언어 사용 과제 및 문항과 일치점이 거의 없다는 것이 하나의 성격(≒시행지침의 고유 특성)으로 된다고 보았다. 그렇지만 만일 읽기 목적으로 그리고 그 목적과 연합된 조건들로 재개념화될 경우에는 관련성이 분명해진다. 바크먼·파머(1996)에서 부여된 정도보다, 저자는 이런 특성에 중요성을 훨씬 더 많이 부여하고 싶다. 그렇지만 상대적으로 지금까지 잘 이뤄지지 않은 조사 연구만으로도, 읽기 과정이나 읽기 산출물을 놓고서 이런 성격을 다양하게 변동시키는 유표적인 결과를 보여 주었음이 앞 장들에서의 논의로부터 분명해진다. 적어도 부분적으로 이는 많은 읽기 탐구가 실제로 현장 시험들을 이용해 왔고, 읽기 목적이 조절되는 경우에 시행지침의 성격이 상대적으로 자명해지며, 읽기를 위한 목표언어 사용(TLU) 목적의 측면과 관련되기보다는 읽기 결과와 관련된다는 사실들로부터 말미암는 것이다.

그럼에도 불구하고, 일부 시험 출제자들은 목표언어 사용(TLU) '유의사항' 및 시험 시행지침 사이의 관계를 놓고서 두드러지게 생각을 쏟아 골몰해 왔다. 영국 왕립 예술원(RSA)의 외국어로서 영어의 의사소통 사용(CUEFL)과5) 같은 시험에서는(올더슨 외 1985에 개관되어 있음) 독자들이 읽기에 대하여 분명한 목적을 지니는 상황을 모의하기 위하여 시험 시행지침에서 정교한 시도들이 이뤄져 있다. 예를 들어, 독자들에게 특정한 시가지를 방문하고 있다고 상상하도록 요구하고, 특정 대목의 정보를 얻어내기 위하여 그 장소에 대한 관광 안내책자 읽도록 할 수 있다. 아니면 어떤 방송 내용이 주어진 목적이나 관심거리에 적합할 수 있을지 알아보기 위하여, 텔레비전 방송 일정으로부터 가져온 일부 발

---

5) (역주) 각각 Royal Society of Arts(왕립 예술원, 왕립 예술학회)와 Communicate Use of English as a Foreign Language(외국어로서 영어의 의사소통 사용)의 줄임말이다.

췌를 읽을 수도 있다.

그런 접근이 실제로 아주 바람직한 듯하다. 왜냐하면 시험 출제자들에게 좀 더 신중하게 읽기 목적에 대하여 생각해 볼 수 있도록 만들어 주고, 사실상 목적 또는 시행지침을 다양하게 변화시켜 얻게 되는 효과를 조사하도록 만들어 주기 때문이다.

① 유의사항[6]

숙제를 부과해 주거나 한 대목의 수업 활동에서처럼 읽기 과제를 놓고서 독자들에게 명백한 유의사항들이 주어질 수 있다. 독자에게 이는 업무 보고서 원안을 놓고서 그 보고서에 대한 총괄 요약본(*executive summary*)을 만들도록 하는 회사 사장으로부터 나온 쪽지의 형태로 될 수도 있고, 새로 구입한 가구 부품들을 조립하도록 배우자로부터 나온 요구가 될 수도 있으며, 법정 변호사로부터 받은 편지를 설명해 주도록 부탁하는 이웃집 사람으로부터 나온 것일 수도 있다.

많은 현장에서 유의사항이 독자의 제2 언어로 씌어지거나 읽을 지문 (덩잇글)과는 다른 언어로 씌어질 수도 있다. 그런 경우에 해당 과제를 얼마나 잘 완성할 수 있는지에 영향을 미치는 유의사항에 대하여, 또는 해당 지문이 무엇을 담고 있는지에 관하여 별도의 단서를 주기 위한

---

6) (역주) instruction(유의사항, 지시내용, 행동지침)은 우리말에서 시험을 어떻게 치러야 할지 안내해 주는 '지침(指針, 방향을 가리켜 주는 바늘)'에 해당한다. 행동할 경우에는 '행동지침'으로 부를 수 있지만, 시험은 응시자들이 머리를 굴려야 하기 때문에, 문제를 풀 적에 유의해야 할 내용이란 뜻으로 '유의사항'이란 말을 쓸 듯하다. 사고와 행동이 진행되어야 하는 방향을 가리킨다는 점에서 '지시 내용'이란 말도 쓸 법하다. 그렇지만 이럴 경우에 269쪽 §.5-2-3의 역주 3)에서 언급된 rubric(시행지침, 구현지침)과 구분을 하기 어렵게 된다. 일단 여기서는 학교 현장에서 쓰는 '유의사항'으로 통일해서 번역해 둔다. 그렇지만 §.6-3의 '상황 4'에 있는 '② 시험 시행지침의 성격'에서는 표제 항목으로 rubrics(시험 시행지침)로 쓰고, 바로 뒤이어 이를 설명하는 데에는 곧장 instructions(유의사항)를 쓰고 있다. 따라서 저자가 또한 이 두 낱말을 '낱말 사슬' 관계로 쓰고 있음을 확인할 수 있다. 361쪽 §.6-3의 '상황 4'에 있는 역주 15)를 보기 바란다.

유의사항의 본질에 대하여, 독자가 제대로 이해하기를 기대할 법하다. 일부의 경우에는 마치 기술적이거나 축자적 번역이나 또는 우연히 그곳 지역 언어로 씌어진 공공 정보책자를 이해하고자 하는 제2 언어 화자를 도와주는 일과 같이, 유의사항이 또한 제1 언어로 씌어져, 제2 언어나 외국어로 씌어진 지문(덩잇글)의 핵심 의미를 전달하게 될 수도 있다.

가령, 종교 의식인 예배의 진행 과정에서 일어나듯이, 유의사항이 글로 씌어진 것이 아니라 오히려 입말로 전달될 수도 있다. 물론 앞에서 보았듯이 텔레비전 방송 일정이나 여행 안내책자를 읽는 사례에서처럼, 유의사항이 응시생 머릿속에서 스스로 생성될 수도 있다. 또는 조리법이나 설비의 특정 부품을 조립하기 위한 지침을 읽는 경우에서처럼, 지문(덩잇글)의 유형과 직접 관련될 수도 있다. 만일 지문 유형과 관련된다면, 그런 유의사항이 쉽게 추론될 수 있거나, 시험 출제자들에 의해 쉽게 재구성될 수 있는데, 심지어 실생활에서 암시적이며 반드시 준수되지 않는다고 하더라도 그러하다. 가령, 흔히 우리는 음식 조리법을 읽는다. 이것이 음식을 곧장 조리하기보다는, 오히려 오늘 식단으로 무엇을 마련할지 그리고 해당 식재료를 갖고 있는지 여부를 결정하고, 장볼 거리를 목록으로 만들며, 저녁 만찬에서처럼 언급되고 있는 음식 및 먹고 싶어 하는(초대받은) 사람 간의 관계를 고려하려는 목적으로 그러는 것일 수도 있다.

시험에서는 보통 유의사항이 될 수 있는 대로 쉽게 이해되도록 보장해 주는 것이 중요한데, 이는 종종 응시생의 제1 언어를 쓰도록 암시하는 것이다. 그렇지만 영국의 국제적 영어 검사제도(IELTS)나 외국어로서의 영어 검사(TOEFL)처럼 다수의 능숙도 검사에서 생겨나듯이, 응시생들이 언어상 다양하게 서로 이질적 집단일 경우에 당장 목표언어(=영어)의 사용이 그 자체로 불가피한 선택이 된다. 그렇지만 흥미롭게도 컴퓨터를 이용한 검사의 출현은, 응시생들이 시험 유의사항이 어떤 언어로 제시되기를 바라는지 선택할 수 있는 길을 열어 놓았다. 단순히 실천상의 어려움으로 말미암아 제약되었던 언어들(=소수민족의 언어)의 범위를 크게 넓혀 주었다.

바크먼·파머(1996)에서는 시험 과제의 성격에서 유의사항에 대한 특정성의 정도를 포함해 놓았다. 유의사항의 길이나 간략함, 본보기 사례를 제공할지 여부, 유의사항을 모두 단 한 번만 제시할지 여부, 아니면 해당 시험의 특정 부분하고만 관련시킬지 여부이다. 상식적으로는 본보기 사례들과 더불어 이들 유의사항이 모두 명백해져야 옳다. 그렇지만 최근의 조사 연구 과제를 수행하면서 올더슨·햄프-라이언즈(1996)에서는 외국어로서의 영어 검사(TOEFL) 준비 수업을 관찰하였다. 아주 흥미롭게도 교사가 자기의 학생들에게 어떤 환경에서든지 간에 그 시험의 다양한 하위 부문에 관한 유의사항을 읽으려고 시간을 허비하지 말라고 조언하는 것을 들었다. 이유는 간단하였다. 유의사항이 30년이나 넘게 조금도 바뀌지 않았다. 따라서 유독 시험을 치르려는 바로 그 날만 유의사항이 변경된다면, 자기 학생들은 정말로 억세게 재수 없는 팔자를 타고났을 밖에 없기 때문이다! 그 교사는 유의사항들을 무시함으로써, 자기 학생들이 소중한 응시 시간을 더 벌 수 있다고 주장하였다. 물론 학생들이 철저하게 실제 시험에 앞서서 그 시험을 잘 치르는 방법을 놓고서 유의사항들을 숙지하고 있다는 점이 속뜻으로 깔려 있다. 이는 흔히 시험 준비 수업의 주요한 목표 중 하나가 된다.

② 구조

구조라는 성격 아래, 바크먼·파머(1996)에서는 시험의 하위 부문이나 과제들의 숫자, 각 하위 부문의 두드러짐과 연결됨, 상대적인 중요성, 각 하위 부문마다 과제나 문항들의 숫자를 포함하고 있다. 그들은 이를 전적으로 시험 문항들과만 관련하여 논의하였다. 그렇지만 그 성격은 또한 실생활 독서와 관련되고, 따라서 그렇게 기술될 수 있다. 실제로는 그렇게 실생활 독서로 실행함으로써, 독서가 다른 언어 사용 과제들과 통합될 수 있는 방식을 살펴볼 수도 있다.

가령, 전화번호부 책자에서 '자동차 임대'라는 제목이 붙은 광고를 찾아 읽으면서, 특정한 신용카드를 받는 임대 업체를 찾아볼 수 있다.[7] 적합한 후보군을 찾고 나서, 알맞은 거리에 위치한 업체를 찾으며, 편리하게 그곳과는 떨어진 다른 장소에서라도 임대 자동차를 반환할 수 있도록 해 주는 업체를 알아보려고 할 것이다. 그런 다음에 이들 업체 중에서 한두 군데에다 전화를 걸고 이용 가능 조건을 확정하고 임대료에 관하여 물어볼 것이다. 만일 알맞은 후보를 찾지 못했다면, 다시 다른 기준을 갖고 새로운 탐색을 하려고 전화번호부의 광고란으로 되돌아갈 것이다. 이제 그런 사건들의 연결체를 따르는 시험 문항을 마련하고 있다고 상상하기로 한다. 명백히 서술된 기준들에 따라서 이들 과제 중에서 다른 것들보다 특정한 것에 무게(중요성)를 좀 더 많이 부여하는 결정을 할 수 있다. 예를 들어, 적당한 가격대의 임대 자동차나 또는 내가 갖고 있는 신용카드를 받는 업체를 찾아내는 일 등이다.

종종 읽는 일,[8] 즉 목표언어 사용(TLU) 읽기 과제는 고립된 채 실행되는 것이 아니다. 수업 도중 읽기 과제도 추후에 읽을 메모해 두기로 이어지며, 집필될 논문의 초안을 잡는 일, 초벌 원고를 비판적으로 거듭거듭 읽기 등으로 이끌어 간다. 한 회사의 누리집 화면을 읽는 일은, 독자로 하여금 먼저 회원 가입을 하고 용역이나 물건을 주문하기 위하

---

7) (역주) 서구에서도 초기에는 신용카드의 사용이 전면적이지 않았다. 미국의 음식점에서조차 아메리카 익스프레스 카드는 쓸 수 있지만 다른 신용 카드는 안 받는 경우도 있었다. 음식점에서 카드 사용 수수료를 물어야 하고, 또한 의무적이지 않았기 때문이다. 지금은 어디에서든 우리나라에서처럼 모든 신용카드를 다 받는다.

8) (역주) letter(글자)라는 어원에서 만들어진 용어 literacy(읽는 힘)는 앞에서 역주로 근본의미를 설명한 바 있다. xx쪽 총서 편집자 서문의 역주 4)와 61쪽 §.1-9의 역주 68) 및 62쪽 역주 70)을 보기 바란다. 원문의 literacy event(읽는 힘을 발휘하는 관련사건)를 축자 번역하면 말이 어색해진다. 여기서는 '읽는 일'로 번역해 둔다.

여 개인별 자료를 컴퓨터 속으로 쳐 넣도록 한다. 따라서 기계가 독자와 상호작용을 해 나감에 따라 추가적으로 화면(덩잇글)을 읽는 일로 이어진다. 고객으로부터 접수된 불만 사항을 읽는 일도, 격식 갖춘 공식적 답변이 기안되기 전에 응답하는 방법을 놓고서 답변용 토론으로 이어질 듯하다.

이미 살펴보았듯이, 측정 문제는 위어(Weir 1990)에서 부르듯이 흙탕물처럼 '흐리멍덩한 측정(*muddied measurement*)' 중 하나이다. 여러분의 읽기 점수가 집필 과정의 약점 때문에 오염되거나, 초반부 읽기에 뒤이어진 전화 대화를 제대로 알아듣는 능력이 없었기 때문에 실제보다 더 낮게 나올 수도 있다. 이는 많은 시험 항목이 바크먼·파머(1996)에서 부른 '참된 실생활 속성(*authenticity*)'9)을 결여하기 때문이다. 목표언어 사용(TLU) 과제 및 시험 문항 사이의 연결이 거의 없는 것이다. 바크먼·파머(1996)에서는 과제보다 오히려 기술(능력)에10) 대한 초점이 그러한

---

9) (역주) true-ness(참됨, 참된 속성)의 뜻을 지닌 authenticity(참된 실생활 속성)를 '진정성'으로 번역한다면 언어 교육 맥락에서 아무런 내용도 전달해 주지 못한다. 언어 교육의 자료를 실생활에서 쓰는 그대로 교실 수업으로 가져오라는 주장을 가리키고 있으므로, '참된 실생활 자료 속성'이라고 풀어 주는 것이 가장 정확하다. 영국의 언어 교육 평가에서 가장 유명한 『삶을 위한 언어(*A Language for Life*)』(Her Majesty's Stationary Office, 1975년 간행, 608쪽이며, 위원장이 앨런 불럭(Allan Bullock) 경이었으므로, 자주 '불럭 보고서'로 불리며, 351쪽 §.6-3의 '상황 3'에 있는 역주 12를 보기 바람)이다. 원래 이 정신이 자극-반응의 행동주의에 근거하여 주장된 듣기-말하기(Audiolingualism) 접근에 식상해 하던 이들에 의해서 의사소통 중심 언어 교육으로 수용되면서 붙여진 이름이다. 그렇지만 이미 253쪽 §.4-6의 역주 18)에서 언급하였듯이, 초보 학습자에게는 처리상의 부담이 많을 것이므로, 더 쉽게 가공할 필요가 생기게 된다. 이를 반쯤 가공한 실생활 자료(semi-authenticity)라고 부른다. 또한 §.2-5-6에서 교육상 초보 학습자들의 읽기 용이성을 높이기 위하여 '단순하게 고치기(simplification)'도 가공하는 경우의 한 가지이다. 가공이 이뤄지든 그렇지 않든 간에, 중요한 것은 학습자들 사이에서 참된 의사소통 동기를 마련해 놓는 일이다. 춰펠 엮음(Chappelle 2013), 『응용 언어학 백과사전(*The Encyclopedia of Applied Linguistics*)』(Willey-Blackwell)의 제1권 299~302쪽에 있는 머케이(McKay), 「언어 교육과정에 있는 참된 실생활 자료 속성(Authenticity in the Language Teaching Curriculum)」을 읽어 보기 바란다.

10) (역주) 국어과 교육과정에서는 '기술'이란 말을 피하고 능력이란 말로 바꿔 쓴다. 아마 조선시대에 기술 천시 풍조 때문에 '손기술'(손재주) 정도로 비하하는 어감이 들어 있기 때문인 듯하다. 그렇지만 여기서 skill(기술)은 한 번만 듣고 깨닫게 되는 knowledge(지식)와 대립하는 개념이고, 반드시 여러 번 반복 연습을 거쳐야 몸에 익숙해지는 행위이다. 속뜻으로 skill to practice(여러 번 연습해야 하는 기술)가 들어 있는 것이다.

고립 및 참된 실생활 속성이 없는 자료로 이끌어 감을 함의한다. 시험 문항 구조뿐만 아니라 목표언어 사용(TLU) 과제 구조에 대하여 생각하는 일은 이런 문제를 재고하여 해결하는 한 가지 방식일 수 있다. 그렇지만 좀 더 상세하게 제6장에 논의되어 있듯이, 많은 부분이 읽기 평가의 목적에 달려 있을 것이다. 만일 평가 목적이 특정 종류의 지문(덩잇글)을 놓고서 읽기 기술에 대한 진단이거나, 또는 이해를 실제로 응용하는 능력과 무관하거나 별개의 것으로서, 그 지문을 이해하는 독자의 지식수준에 대한 진단이 될 수 있다. 만일 그런 경우에는 실생활 목표언어 사용(TLU) 영역이 어떻게 구조화되어 있든지 간에, 분명히 기술(능력)들에 대한 상대적인 분리 평가가 요구된다.

시험에서 추가적인 문제 한 가지는 실질적으로 '신뢰도'를 얻은 일이다. 이는 보통 소수의 문항이나 과제보다는 더 많은 문항이나 과제를 필요로 하며, 종종 문항의 형태로 만들어 낼 수 있는 모든 것을 다 '짜내고 있는' 지문으로 진행됨을 함의한다. 가령, 저자는 더 이른 시기에 쓰이던 영국 왕립 예술원(RSA) 외국어로서 영어의 의사소통 사용(CUEFL)의 읽기 검사를 잘 기억하고 있다. 대체로 앞에 제시된 사례에서 기술하였듯이, 독자들에게 자동차 임대 업체들의 광고 쪽지를 제시해 준다. 그러고 나서 광고 내용에 대하여 12개의 독립된 문항에 대하여 답변을 하도록 지시되었다. 이는 '실생활'에서 독자들에게 결코 일어나지 않았을 방식이다. 아마 믿을 만한 점수를 얻어내려는 잘못된 시도로서, 각 광고마다 자세히 그리고 오랫동안 거듭 다시 읽도록 요구하였던 것이다. 실용성은 효율성에 관한 논제이다. 독자에게 길게 씌어진 지문을 읽도록 요구하고서, 그 지문에 대하여 오직 한 가지 문항에만 대답하거나 또는 하나의 과제만 완성하도록 하는 일은 상대적으로 비효율적이다. 한 가지 문항에 대답하기 위하여 독자가 지문을 읽는 데에 5분이 걸리도록 만드는 시험은, 5분 동안 읽은 다음에 10개의 문항에 답변을 하도록 요구하는 시험보다 명백히 덜 효율적이다. 시험 출제는 불가피하게 타

협의 산물인 것이다. 목표언어 사용(TLU) 과제 및 시험 문항 사이에 일치는, 측정 및 실용성의 관심사에 근거하여 무게(중요성)가 부여되어야 하는 것이다.

③ 시간 할당

목표언어 사용(TLU) 읽기 과제를 놓고서 독자가 얼마나 긴 시간을 쓸지는 시험 현장 및 유의사항의 성격에 의해 영향을 받을 것이다. 신문은 아침나절 집에서부터 직장에까지 지하철을 이용하여 출근하는 시간 동안에 읽힐 수 있다. 학업이나 전문 직업상의 읽기는 분기별 보고서나 모임에서의 발표처럼 관련된 과제를 위하여 정해진 마감시한에 맞춰질 수 있다. 그렇지만 목표언어 사용(TLU) 과제에서 소설, 음식 조리법, 잡지, 심지어 학술 논문을 읽는 데 얼마나 오래 시간을 들일지에 대해서는 종종 독자 스스로 자유롭게 결정한다. 읽기의 목적이나 친숙성이나 관심 등 서로 다른 환경에 따라 읽고 또다시 세밀히 읽기(정독)를 선택하거나, 또는 단지 골자만 파악하려는 읽기(통독)를 선택할 수도 있다.

시간 할당은 명백히 중요한 변인이지만, 아주 융통성이 많고 결정하기가 어려울 수 있다. 시험 출제에서는 대체로 지문 노출 시간의 통제와 더불어, 흔히 지문을 읽는 데 한 사람에게 얼마 정도의 시간을 허용하거나 요구하는 것이 합리적인지를 추정해야만 한다. 저자는 환등기(OHP)를 이용하면서 지문에 대한 노출 시간을 통제하려고 했던 일화를 이미 §.2-5-9에서 자세히 언급하였다. 비록 반드시 더 가치가 있다고 할 수는 없겠지만, 컴퓨터로 전송되는 시험은 좀 더 정확한 노출 시간의 통제를 허용해 준다. 또한 §.2-4에서 어떻게 읽기 속도가 읽기 평가에서 중요하면서도 자주 통제되지 않은 변인이 되는 것으로 카아붜(Carver) 교수가 믿는지를 살펴보았다.

흔히 속도 검사(*speeded test*) 및 능력 검사(*power test*) 사이에 구분이

이뤄진다. 능력 검사에서는 독자에게 검사를 완결할 수 있도록 필요한 시간을 모두 다 허락해 준다. 반면에 속도 검사에서는 모든 응시생이 그 검사를 다 완결할 수 있을 것으로 기대하지 않는다. 비록 목표언어 사용(TLU) 과제들과의 합치와 관련하여, 그 효과들에 대하여 아주 많이 알고 있는 것은 아니지만, 분명히 처리 및 산출 속도가 언어 능력에서 중요한 변인이 된다. 그렇지만 실제로 아주 적은 수의 참된 능력 검사만이 있다. 대부분의 출제자가 검사 시간 할당을 대략 응시생들의 90%가 정해진 시간 안에 완결할 수 있도록 배려한다. 그렇지만 그 검사가 신속히 완결되도록 고려하는 것은 아니다. 어떤 경우이든지 간에, 속도 검사의 신뢰도를 가장 잘 추정하는 방법에 대한 논란들이 있다. 우리가 여기에서 관심을 둘 필요는 없겠지만, 심리 측정 전문가들에게는 고민 거리이다.

④ 채점 방법

모든 시험이 응시자의 답변이 평가되기를 요구한다. 이는 특정한 과제 결과들에 대하여 본질적으로 다른 이해 내용이나 과제 완결에 대한 처방이나 판정을 의미한다. 그렇지만 많은 목표언어 사용(TLU) 영역에서는 독자의 이해가 결코 알려지지 않거나, 관심거리가 아니거나, 또는 예측되지 않을 수도 있다. 성경의 일부, 한국어의 일부, 또는 한 편의 시에 관해서 무엇이 적합한 이해가 되는 것일까? 우스개 광고나 정치 구호(성명서)들에 대하여 얼마나 많은 해석들이 적합한 것으로 될까? 또한 어떤 해석이 바람직한 것으로 특권을 누리는가? 특정한 집필자의 해석일까?, 특정한 독자의 해석일까?, 특정한 교사의 해석일까? 특정한 문학 비평가의 해석일까?, 아니면 해당 영역의 전문가의 해석일까? 아무 소득도 없는 탈-근대주의[11] 논쟁에 끼어들거나, 아니면 덩잇글 의미가 정의될 수 있다고 믿는 문체론 옹호자들의 화를 부추기고 싶은 마음이 없다 하더라도, 여기에는 분명히 심각한 논제가 존재한다.

적합한 읽기(*appropriate reading*)를 놓고서 우리가 합의할 수 있는 목표언어 사용(TLU) 읽기 과제들이 많이 있다. 가령, 정보 전달용[12] 덩잇글이나 정보 전달의 목적을 위하여 이용된 덩잇글이다. 또는 추론된 해석이나 요약, 그리고 심층적 감상 내용에 관해서는 서로 일치하지 않더라도, '축자적(*literal*)' 의미들을 놓고서 합의할 수 있는 과제들이 있다. 그러나 그런 예외적인 덩잇글이 아니더라도, 적합한 해석을 놓고서 합의에 달성하는 일이 아주 문제가 될 수 있는 다른 부류의 덩잇글도 많이 있다.[13] 시험 출제자는 종종 이런 문제를 특정한 검사 기법을

---

11) (역주) post-modernity(탈-근대주의, 근대-후기 속성)에 대해서는 15쪽 §.1-2에 있는 역주 20)을 보기 바란다. 탈-근대주의를 주장하는 쪽에서는 임의의 덩잇글을 단 하나의 해석으로 고정할 수 없다고 주장하며, 여러 가지 해석이 그 자체로 덩잇글 해석의 본질이라고 본다(독자 중심 해석주의). 이와는 반대로 문체론 옹호자들은 덩잇글의 문체가 유일한 단 하나의 해석으로 이끌어 간다고 보는 듯하다(덩잇글 중심 해석주의). 서로 대척적인 주장을 펴는 것이다. 그런데 이런 경정을 조절하는 길은, 흔히 1차적인 공통 해석과 2차적인 개별 해석을 구분해 주는 방법인데, 각각 이해와 해석으로 따로 부리기도 한다.

12) (역주) 원문의 transactional(업무 집행의, 상품 거래의)은 라틴어 어원 'through+do, lead'라는 어원(drive through, ~을 통해서 진행해 나가다)으로 이뤄져 있는데, 특히 물건을 사고파는 사람들의 행위에서 실행된 업무(상품거래)의 일부로 많이 쓰인다. 그렇지만 여기서는 언어 교육에서 특별히 쓰고 있는 전문 용어로서 '상거래'와는 무관하고 오직 비유적으로만 쓰였다. 의사소통 중심 언어 교육에서는 의사소통의 갈래(또는 기능)를 크게 두 가지 영역으로 구분하는데, 각각 정보 전달 중심(transactional) 및 상호작용 중심(interactional)이다. 물론 불가피하게 이 두 영역이 일부 겹칠 수도 있다. 여기서는 transactional을 '정보 전달용'으로 번역해 둔다. interactional(상호작용, 친분 쌓기용)과 대립되는 개념이다.

비록 언어학의 거장인 로만 야콥슨(R. Jakobson 1960)에서 의사소통 관련 요소들에 따라 세분해 놓은 여섯 가지 의사소통 기능이 있지만, 서로 중복되고 복잡하여 언어 교육에 응용하기에 어렵다. 따라서 언어 교육에서는 일찍이 리틀우드(Littlewood 1981; 안미란 뒤침 2007: 제4장, 제5장), 『의사소통 교수법』(한국문화사)과 브라운·율(1983), 『담화 분석(*Discourse Analysis*)』(Cambridge University Press)에서 의사소통의 두 영역(기능)으로 확립시켜, 참된 실생활 과제들을 만드는 일에 몰두해 왔다. 앤더슨 외(Anderson et als. 1984; 김지홍·서종훈 뒤침 2014), 『모국어 말하기 교육』(글로벌콘텐츠)의 §.1-3과 그곳의 역주 14)를 참고하기 바란다. 학자에 따라 각각 information-related(정보 관련)와 listener-related(청자 관련)란 용어를 쓰기도 하고, 각각 기능적 의사소통 활동(functional communication activity)과 사교적 상호작용 활동(social interaction activity)라는 용어를 쓰기도 하는데, 모두 같은 뜻이다. 더욱이, 『춘추 좌전』은 어휘·문법 정보뿐만 아니라, 반드시 '관련 상황 정보'를 독자가 스스로 잘 상정해 놓아야만, 앞뒤로 일관성 있게 번역해 줄 수 있다. 소위 '말 맞추기' 작업이 집중되어야 하는데, 이는 옛날 대나무 쪼가리(죽간)에 글을 간략하게 썼던 배경과도 관련된다.

13) (역주) 특히 고전들에 대한 주석이나 해석에서 자주 이런 일이 생겨난다. 비근한 사례로 공자와 그 제자들이 주고받은 말을 모아 놓은 책 『논어』에 대한 우리말 번역이 30종이 넘게

이용하여 피해 왔다. 불가능한 의미들이 오답으로 구성될 수 있는 택일형 서식이다. 비록 해당 지문에 대한 다른 해석들을 놓고서 서로 완벽히 합의할 수 없다손 치더라도, 주어진 어느 특정한 해석이 그른 것임에는 누구나 쉽게 동의할 수 있다. 그렇다면 바로 이 점이 한 검사 방법 특징을 도입할 수 있게 해 준다. 오답을 포함한 여러 선택지들 중에서 어느 하나를 정답으로 선택하는 능력을 보는 것이다. 이는 정상적인 읽기와는 무관하다고 반박을 받을 수 있다. 다시 말하여, 택일형은 일반적으로 우리가 독서하는 동안에 스스로 생각해 보지 못하였을 법한 해석들이더라도 그런 오답지가 일단 제시된다면 어느 정도의 가능성으로 선택될 만한 것이다(≒택일형 질문이 실생활 독서와 무관한 방식임).

이런 반론에 대하여 가끔 옹호되어 온 한 가지 해결책은, 비슷하게 관련된 목표언어 사용(TLU) 과제들의 일반적인 결과들을 살펴보는 것인데, 그런 결과를 올바르거나 바람직한 답변으로 허용하는 것이다. 따라서 자동차 임대 사례에서 특정 기준이 주어진다면, 실세계에서 오직 특정한 하나의 업체만 선택될 것이다. 이는 시험에서 이용할 수 있는 지문의 종류를 제한해 버릴 수 있겠지만, 응시생 답변의 채점법을 고려할 수 있는 유용한 방식이다. 물론 다른 대안 한 가지는, 가령 요약하기 채점에서와 같이 주관적으로 답안지를 채점하는 것이다. 그럼에도 불구하고, 이 대안이 문제를 해결해 주지는 못한다. 왜냐하면 판단을 내리는 일이, 여전히 특정 답변에 대해 다른 답변들보다 더 많은 가치를 부여함을 함의하며, 또한 채점자들을 훈련하거나 특정 기관에 의뢰하여 서로 간에 적합하게 동의하거나 이의를 제기하는 범위를 수립할 필요가 생기기 때문이다.[14] '채점자 간의 신뢰도'를 수립하는 방법에 대

나와 있다. 그렇지만 번역본마다 동일하게 번역해 있는지 여부를 비교하면서 따져보면 이 점을 쉽게 알 수 있다. 번역자마다 관점에 따라서 각기 달리 번역하게 되는 것이다.

14) (역주) 서술식 답안지(또는 주관식 문제의 답안지)를 채점하려면 먼저 반드시 구성물 정의에 따라 명세내역에 입각한 채점 방식이 채점자에게 주어져야 한다. 가령, 구성물 정의를 언어 능력 및 상위 인지 능력으로 보거나 바크먼·파머(1996)에 따라 텍스트 조직화 능력

한 논의를 보려면 이 책의 제5장과 제6장, 그리고 올더슨 외(1995; 김창구·이선진 뒤침 2013)를 참고하기 바란다.

바크먼·파머(1996)에서 언급하는 이런 성격의 중요한 측면은, 채점을 위한 기준과 절차의 명확성, 그리고 채점 기준의 본질에 관하여 응시생들에게 알려지는 범위이다. 이는 보통 쓰기 또는 말하기 과제들과 관련하여 논의된다. 이런 기준의 중요성은 분명하다. 응시생들도 만일 최선을 다해 자신의 능력을 발휘하고자 한다면 자신이 어떻게 판정받을지를 알 필요가 있다. 많은 출제자들도 이 점을 옹호하여 논의해 왔다.

및 화용·사회언어학 능력으로 부르거나, 아니면 기호학을 응용하여 김수업 선생의 마련한 속살(내용) 및 겉모습(형식)으로도 나눌 수 있다(출처는 후술 참고). 일단 구성물이 정의되면, 그 자세한 내용을 명세내역으로 만들어 주어야 한다. 이때 ㉠ 명세내역의 영역별로 분석 점수를 매길 수도 있고(초보 채점자에게 엄격성을 확립시켜 줌), ㉡ 직관적으로 모두 합쳐서 총괄 점수를 줄 수도 있다(노련한 채점자에게 신속성을 보장해 줌).

서술식 답안지의 채점은 이런 채점 훈련을 받은 채점자들 사이에서 임의의 표본 답안지를 하나 뽑아 놓고서 서로 간에 채점을 한 뒤에, 각자 매겨 놓은 점수들 사이에서 얼마만큼 차이가 생겨나는지 확인해야 한다. 이 과정에서 얼마만큼의 점수 간격을 '동일한 점수대(consensus 또는 agreement)'로 볼 것인지를 결정해야 한다. 이는 기계적인 것이 아니라, 반드시 채점자들 사이에 서술식 문제의 성격을 놓고서 서로 합의를 해야 한다. 쉬운 문제일수록 점수대의 간격은 매우 좁아질 것이고, 어려운 문제일수록 그 간격이 더 벌어질 수 있다.

만일 동일한 점수대로 간주할 허용 간격이 채점자들 사이에서 정해진다면, 이제 채점자 두 사람씩 하나의 답안지를 채점하고, 평균치를 내어 최종 점수를 정하게 된다. 만일 두 사람이 매긴 점수가 동일 점수대의 허용 간격을 벗어나 버린다면, 제3자가 그 답안지를 채점하되, 오직 가장 가까운 두 점수를 골라 평균을 내어 해당 답안지의 점수를 확정하게 된다. §.6-3의 고교 졸업인증 학력시험인 '상황 4'에서 마지막으로 신뢰도를 높인 채점 방법을 논의하면서 double marking(두 벌의 채점)이란 용어를 썼는데, 한 번은 지역별로 다시 한 번은 중앙 관리부서에서 채점을 한다는 뜻이다. 그렇지만 어떻게 서술식 답안지의 공정성을 높이는지에 대한 언급은 들어 있지 않다.

이것이 뒤친이가 알기로는 지금까지 가장 바람직하다고 제시된 서술식 채점의 일반적 절차이다. 이런 채점 과정은 시간이 많이 걸린다. 가령, 학기말 시험의 답안지 채점이 경우라도 최소한 3주 이상이 소요되는 것이다. 우리나라 현장의 실정으로는 기말 시험이 끝나자마자 1주일 이내로 국어 교과목 성적을 내도록 강요하는 분위기 때문에 오직 택일형 문항만을 출제하도록 몰아갈 뿐이다. 엄격히 이런 힘든 과정을 거쳐야 비로소 '공정성' 시비를 최소화할 수 있고, 오직 이런 방식만이 채점자 한 사람의 '내부 신뢰도'뿐만 아니라 채점자들 사이의 '외부 신뢰도'(또는 채점자 간의 신뢰도)까지 보장해 준다. 흔히 농담하듯이, 주관식 시험 문제를 주관적으로 채점하는 것은 결코 아니다. 주관식 답안지를 합당하게 객관적으로 채점할 수 있고, 반드시 그렇게 시행해야만 한다.

국어교육 선구자 김수업 선생이 마련한 이야기 대회 채점 얼개는 앤더슨 외(Anderson et al. 1984; 김지홍·서종훈 2014 뒤침), 『모국어 말하기 교육』(글로벌콘텐츠)의 206~207쪽에 역주 11)로 적어 두었는데, 오랫동안 모색한 결과로 얻어낸 그분의 혜안을 엿볼 수 있다.

읽기 검사 과제들과 관련해서는 이런 논의가 드물거나 또는 실제로 거의 없었다. 응시생들은

'지문/본문에 따라서'
(*according to the passage*)

질문에 대답하도록 통보될 수 있다. 답변이 지문에 있는 정보와 모순되거나 보충해 주는 것이 아닌 한, 이런 유의사항은 직접 표현이 아니더라도 암묵적으로 독자들에게 그들 자신의 배경지식을 이용하지 말도록 말해 준다. 달리 말하여, 채점 기준이 지문에 있는 정보에 근거하고 있다고 가정되는 것이다. 택일형 질문에서는 비록 유의사항에서

"가장 알맞은 답을 고르시오."
(*Choose the most appropriate response*)

처럼 말하더라도, 암묵적으로 언제나 하나의 정답만이 있다.15) 비록

---

15) (역주) 전형적으로 여러 선택지 중에서 택일형 질문만이 있는 것이 아니다. 알맞은 답변을 두 개 이상 선택해야 하는 '복수 선택지' 질문 또는 '선다형' 질문도 있다. 가장 대표적인 것이 세 단계의 시험을 거쳐야 하는 미국 의사 자격시험(USMLE) 중 첫 단계 시험이다. 여기에는 기초과목으로서 해부학·생리학·병리학·약리학·조직학·면역학·분자생물학·생화학·유전학·행동과학·미생물학·통계학·윤리학·역학 등에 걸쳐 총 350문항이난이도의 등급별로 배열되어 있으며, 무려 8시간 동안이나 치른다. 이중에는 8개 항목의 선택지 중에 두 개를 골라야 하거나, 세 개를 골라야 하는 질문들도 있다. 물론 두 개나 세 개 중에서 하나만이라도 잘못 고르면 모두 0점으로 처리된다.
　시험 결과는 이원(가로축×세로축) 평가표 서식을 이용하여 공식적으로 '전체 수행 일람(performance profile)'가 각 수험생에게 통보된다. 그 문서에서 세로축은 구성물(전반적 의사 업무 physician task profile, 일반 조건 및 전반적인 질병 범주 normal conditions and disease category profile, 전반적인 기본 영역 discipline profile)의 22개 하위 영역별(각각 문항이 20개 전후임)로 되어 있고, 가로축은 난이도 등급(더 낮은 수행 대역 lower performance, 경계지점 수행 대역 borderline performance, 더 높은 수행 대역 higher performance)이 표시되어 있는데, 수험생이 하위 영역별 문항들을 어떤 수행 대역으로 맞추었는지를 'xxxxxxxxxxxxxx'처럼 표시해 주는 것이다. 100점 점수대로 환원하여 미국에서는 75점 이상이 되어야 합격이다. 아직 우리나라에서 시행되지는 않더라도, 둘 이상의 항목을 선택하는 '선다형' 질문도 또한 정확한 지식을 검사하는 한 가지 방법이 될 수 있다.

'올바른' 답변의 개념 속에 깃들어 있지만, 응시생의 답변이 출제자의 것과 일치되는 범위에 따라 판정받게 될 것임을 말해 주는 일은 거의 없다. 게임을 제대로 할 줄 아는 유능한 응시생은 자신의 과제가 정확히 다음처럼 실행됨을 잘 알고 있다. 무엇이 예상 답변이 될지 짐작을 하든지 아니면 계산해 내는 것이다.

목표언어 사용(TLU) 읽기 과제에서 판정을 하는 기준이 언제 명백해져야 하는지, 그리고 언제 암묵적으로 남겨 두는지, 아니면 아예 그런 기준이 존재하지 않는지에 대한 고려 사항이 출제자를 도와줄 수 있다. 어느 수업 현장에서는 학생들이 사실들을 배우기 위하여 지리 교재를 읽거나, 또는 일련의 사건 또는 그 밑에 깔려 있는 원인을 이해하기 위하여 역사 교재를 읽기로 예정된 경우에, 관례적으로 '올바른' 이해가 존재한다. 다른 수업 현장에서는 독자들에게 명백히 지문으로부터 그 지문의 어떤 측면에 대하여 결정을 내리도록 요청받는데, 이 경우에 자신의 의견이나 판단을 놓고서 관련 증거도 함께 제시해 주도록 기대한다. 또 다른 현장에서는 기준이 막연할 수도 있다. 총괄 요약본(*executive summary*)은 보고서의 몸체 부분에서 주요한 권고사항들을 다 담아 놓도록 기대된다. 무엇이 주요한 핵심 사항들이고, 무엇이 부차적인 권고사항이며, 어떻게 이런 것들을 판정하고 결정할지는 독자에게 맡겨져 있다. 그렇지만 대부분의 읽기에서는 판단에 대한 외부 기준이 없다. 스스로 잠자리에서 이야기책을 읽는 일은, 어린이들에게 이야기책을 읽어 주는 일과는 사뭇 다르다. 후자의 경우, 한 묶음의 기준은 아이들의 지식과 과거에 이야기책을 읽었던 경험 따위에 근거하여 어린이들의 흥미를 북돋는 최상의 방책과 관련되거나, 또는 아이들이 곧장 잠이 들도록 하는 가장 신속한 방법과 관련된다. 전자의 경우에는 기준이 훨씬 더 내재적일 것 같다. 독자가 스스로 자신의 만족감을 깨닫는지 여부, 또는 즐거움을 느끼는 방식이 어떤 것이든 읽기 그 자체를 즐거워하는지 여부이다. 이 점이 굳이 외부 사람에게 말해줄 필요가 없는 이유가 된다.

사실상 소설, 서사 이야기, 심지어 학습 교재 따위를 놓고서 아주 사적인 읽기의 성공 기준은, 동기를 논의하는 앞의 장들에서 살펴보았듯이 결과만큼이나 과정과도 관련이 아주 많다. 내재적 동기를 지니고서 '심층적으로 읽기'는 교육상으로나 사회적으로나 읽기의 바람직하고 유익한 측면으로 여겨진다. 그렇지만 외재적으로 평가하기가 훨씬 더 어렵고 가시적으로 이끌어내기도 힘들며, 수행이 평가될 수 있게 하는 객관적 기준처럼 그 결과를 명백하게 만들어 놓기도 어렵다.

3) 과제 입력물의 성격

과제 입력물(*input*)은[16] 독자와 응시생이 처리하고 답변하기를 기대하는 자료를 가리킨다. 바크먼·파머(1996)에서는 과제 입력물을 검사 문항 또는 촉진물(*prompts*, 도움물, 보조자료)로 논의한다. 그러나 읽기 과제에서는 반드시 처리되거나 답변이 이뤄질 과제 및 지문(바탕글/본문)을[17] 모두 고려해야만 한다. 이미 우리는 검사 과제의 난점이 문항 및 지문 둘 사이에 있는 상호작용의 함수임을 살펴보았다. 목표언어 사용(TLU) 읽기 과제에서는 또한 달리 처리된다면 독자가 이해하기 '어려운' 지문을 놓고서 분명히 상대적으로 '쉬운' 과제들에 간여할 것이다. 어떤 식재료들을 살지 여부를 결정하기 위하여 조리법을[18] 읽는 일은 음식을

---

16) (역주) 언어 교실수업에서 쓰는 자료가 또한 비-언어 자료들을 다수 포함하기 때문에 이를 포괄하기 위하여 만들어졌던 input(입력물)이란 용어는, 다시 최근에 task(과제)란 용어로 바뀌어 쓰인다. 그런데 이것들이 언어학습 자료를 포괄적으로 가리키는 상의어로 쓰일 수도 있고, 아니면 그 속의 하나의 항목인 하의어로 쓰일 수도 있다. 여기서는 상의어로 쓰이고 있으므로, 과제 입력물로 번역해 둔다. 바크먼·파머에서는 주로 하의어로 써서, 시험 문항(item)과 동일한 뜻을 지니지만, 이 책의 저자인 올더슨은 하의어가 아니라 상의어(=지문+문항)로 쓰려고 한다. 69쪽 §.1-10의 역주 74), 266쪽 §.5-1의 역주 2), 337쪽 §.6-3의 '상황 2'에 있는 역주 7)도 같이 참고하기 바란다.

17) (역주) 원문의 text(덩잇글)는 시험 상황에서 지문을 가리키고 있으므로, 여기서는 '지문'으로 번역해 둔다. 우리나라 교육 현장에서는 바탕글이나 본문 따위도 비슷한 뜻으로 쓰일 수 있다. 요사이 젊은이들 사이에서 몸통이 되는 글이라는 뜻으로 '몸글'도 재치 있게 만들어진 낱말이다. 또한 178쪽 제3장 들머리에 있는 역주 1)에서 더 자세한 풀이를 살펴볼 수 있다.

조리하기 위하여 조리법을 읽는 일과 서로 다른데, 아마 전자가 더 쉬울 것이다. 주요한 '사실'들을 요약하거나 기억하기 위하여 생물학 교재를 읽는 일은 누락된 사실들을 찾아내거나 또는 집필자의 과학적 선입견을 찾아내기 위하여 동일한 교재를 읽는 일보다 더 쉽다. 과제 입력물의 특성에 대한 고려사항은 어떤 것이든지 간에 반드시 지문 및 과제(≒문항)를 별개의 것으로 그리고 상호작용의 모습으로 간주해야 한다.

과제 입력물은 구현 형식(*format*)[19] 및 언어의 관점에서 다뤄질 수 있다. 구현 형식에서는 전달 수단을 포함한다. 청각, 시각, 또는 양자 모두이다. 목표언어 사용(TLU) 읽기에서 덩잇글은 시각적이다. 맹인용 점자책(*Braille texts*)일 경우에는 촉각적이다. 시험 문항은 보통 동일한 전달 수단으로 되어 있다. 이미 유의사항의 논의에서 살펴보았듯이, 목표언어 사용(TLU) 과제들이 말로 전달될 수 있다. 또는 간단히 유의사항 및 과제가 동일하다고 가정될 수도 있다. 가령, 독자에게 훨씬 더 긴 덩잇글을 놓고서 요약이나 적요를 쓰도록 요구하는 경우에 그러하다.

과제 입력물의 형태는 언어나 비-언어나 또는 양자 모두이다. 읽기에서는 종종 덩잇글이 그림이나 도표나 일람표나 또는 다른 도식 표현들이 같이 딸려 나온다. 우리는 덩잇글에서 그런 결합이 어떻게 처리상의 차이점이나 문제로 이끌어갈 수 있는지를 살펴보았다. 아동용 이야기 책자는 흔히 아주 작은 분량의 언어와 많은 분량의 관련 그림들을 담고 있다. 어린이들은 낱말보다는 그림을 보면서 그 이야기를 '읽을' 가능

---

18) (역주) 조리(調理, 입맛에 맞게 [음식 재료를] 다스리다)라는 말이 조선조 때부터 쓰였는데, 일본말의 영향으로 요리(料理, 음식 재료를 다스리다)라는 말이 더 많이 쓰이는 듯하다(요리 책자 따위). 몸 상태에도 조리(調理, 잘 알맞게 맞추어 건강해지도록 다스리다), 조섭(調攝, 맞추어 음식을 섭취하다) 등의 낱말을 쓰는데, '산후 조리'라는 말도 그러하다. recipe(조리법, 요리법)를 조리법으로 번역해 둔다. 단국대 동양학연구소 엮음(1993), 『한국 한자어 사전』 제2권 681쪽에 보면, 옛날 용법으로 요리(料理)는 '잘 헤아려 처리하다'는 뜻으로 풀이해 놓았다. '헤아릴 료, 다스릴 리'의 원뜻대로 쓰인 것이다.

19) (역주) §.7-1의 첫 줄에서 '시험 구현 형식(test format)'이란 용어를 대체로 'test method(시험 실시 방법)'과 'test technique(시험 구현 기법)'과 비슷한 말로 쓴다고 명시적으로 언급하고 있다.

성이 높다. 번들거리는 종이로 인쇄되어 응접실 탁자 위에 놓인 여행 책자, 예술 작품집, 고급 의상에 대한 화보는 비록 낱말들이 설명이나 뒷받침 기능을 맡는다 하더라도, 언어로 전달된 정보보다 오히려 더욱 시각적 즐거움(≒눈요기)을 만끽하기 위하여 읽힐 가능성이 있다. 컴퓨터 화면 상으로 보는 매체 표현물은 종종 정지사진과 그림뿐만 아니라, 또한 한 대목의 동영상이나 소리나 만화영화(*animation*)까지도 함께 결합해 놓는다. 그런 매체를 이용하여 제공된 기회를 충분히 살려 그런 장점을 이용하려는 시험 과제 입력물은, 단순히 종이와 펜에만 의존하는 과제 입력물과는 근본적으로 다르게 보일 것 같다.

분명히 지문과 문항의 언어는, 목표언어 사용(TLU) 과제나 검사에서 그러하듯이 읽기에서도 중요할 것이다. 이미 시험에서 이런 특징의 중요성을 살펴보았고, 지문 언어와는 구분되게 다른 언어(≒응시생의 모어)로 씌어질 수 있는 유의사항에 대해서도 논의하였다. 제2 언어 시험 맥락에서, 이런 관점으로부터 나온 목표언어 사용(TLU) 과제 및 시험 문항 사이의 관계는, 응시생들이 시험 과제를 충분히 이해하도록 보장해 주어야 할 중요성 때문에 제한적일 수 있다. 이 점에 대해서는 '과제 입력물의 언어'라는 제목 아래에서20) 다시 다루기로 하겠다.

과제 입력물의 길이는 분명히 읽기에서 아주 중요하다. 지문이 단 하나의 낱말이나, 공공의 경고 표지나 주의 표지의 경우에서처럼 단 하나의 구절로 이뤄질 수도 있고, 또는 장 볼 목록이나 '오늘 실천할 일거리'의 목록처럼 낱말과 구절들의 목록으로 이뤄질 수도 있다. 지문이 전체 소설책 한 권이나, 20쪽 분량의 학술 논문이나, 2쪽짜리 비망록이나, 우편엽서에 쓰인 두 개의 문단이 될 수도 있다. 길이는 필요한 해석의 분량과 관련되지만, 한편으로 이것이 반드시 직접적인 것은 아

---

20) (역주) 이런 소제목을 본문에서 찾을 수 없지만, 이 절 뒷부분과 바로 이어지는 §.5-2-4에서 동일한 내용의 논의가 들어 있다. 과제 입력물은 읽기 시험의 지문과 문항을 모두 가리키는 상의어로 쓰이고 있다.

니다. 우편엽서가 비밀스런 내용을 담고 있어서 아주 수수께끼처럼 보일 수도 있다. 하나의 소설이 신문 기사와 같이 아주 명시적일 수도 있다. 하나의 문장으로 된 광고 문구가 흔히 중의적이고 해학을 담고 있으며, 때로 상당한 처리 시간과 노력을 요구하는 방식으로 제시될 수도 있다. 물론 아마도 이는 고의적으로 독자의 주의를 끌고 집중케 하려는 시도일 듯하다.

비록 전통적으로 목표언어 사용(TLU) 과제 입력물처럼 아주 많이 변동되는 것은 아니라 하더라도, 시험 과제 입력물도 또한 다양하게 변동된다. 최근까지 읽기 시험에서 공공의 교통 표지, 공항길 안내 표지, 또는 다른 공공 표지판을 포함하는 일은 이례적이었다. 여전히 시험에서 평가가 진행되는 동안에 온전한 소설이 전체적으로 처리되도록 소설책을 포함하는 일은, 비록 소설책이 종종 평가에 앞서서 미리 지정된 읽기 형태로 제시되어 있다손 치더라도 가능성이 거의 없다. 예를 들어, 영국의 국제적 영어 검사제도(IELTS)나 학업 목적의 영어 검사(TEEP)의[21] 경우에서처럼, 학업 목적의 시험에서 서너 쪽이나 되는 여러 가지 지문 각각에 대하여 시험 시간 동안 읽도록 하는 일은 이례적인 것이 아니다. 그렇지만 외국어로서의 영어 검사(TOEFL)와 같이 일부 학업 목적의 영어(EAP) 시험에서는, 서로 다른 주제를 다루는 다수의 다양한 지문들을 표본으로 뽑아낼 수 있도록 상대적으로 짧막하고 단일한 단락으로 된 지문들을 이용하기를 좋아한다. 분명히 시험이나 평가에 이용될 수 있는 시간의 총량, 해당 과제에서 요구된 지문 처리의 속성, 이용될 수 있는 지문의 길이와 주제 사이에 타협점/조율점이 존재한다. 다시 한 번 시험 수행을 목표언어 사용(TLU) 영역과 연관 지으

---

21) (역주) 앞뒤로 나온 네 가지 약어의 본디 낱말은 각각 'International English Language Testing System(국제적 영어 검사 제도)', 'Test of English for Educational Purpose(학업 목적의 영어 검사)', 'Test of English as a Foreign Language(외국어로서의 영어 검사)', 'English for Academic Purposes(진학 목적의 영어)'이다.

려는 시도에서, 시험이 불가피하게 이상과 현실 사이를 절충하는 일임을 상기할 필요가 있다.

과제 입력물의 길이가 또한 처리 난이도에도 영향을 준다. 이용할 수 있는 시간을 최대한 늘여놓기 위하여, 과제 처리 난이도와 시간을 최소한도로 유지하려고 하는 경우에, 이는 가장 분명하게 시험 과제에 드러나게 된다. 그렇지만 비록 그런 점이 흔히 명시적이기보다는 오히려 묵시적으로 될 것이라 하더라도, 목표언어 사용(TLU) 과제가 길게 제시되는 범위를 놓고서, 외국어로서 영어의 의사소통 사용(CUEFL, 영국 예술원에서 주관함)처럼 읽기의 '의사소통 중심' 시험과 관련하여 앞에서 실제 읽기 목적들을 모의한 사례와 같이, 더욱 긴 시험 과제나 문항도 또한 비교적 더욱 더 길게 확장될 수 있다.

바크먼·파머(1996)에서는 과제 입력물의 유형을 단지 시험 문항이나 촉진물(*prompts*, 보조자료, 도움물)로 여긴다. 그렇지만 이미 살펴보았듯이 지문 유형이 목표언어 사용(TLU) 읽기에서 중요한 변인임이 분명하며, 이를 중요한 과제 특성으로 포함할 필요가 있다. 바크먼·파머(1996)에서 지문 유형을 언급한 또 다른 곳은, '과제 입력물의 언어에 대한 화용적 특성'이라는 제목 아래에서이다. 여기에는 사회언어학 특징 및 생각 전개와 행위 조절 기능 아래에서 다뤄진 말투(*register*, 언어 투식; 340쪽 §.6-3 '상황 2'의 역주 9를 보기 바람)도 함께 포함한다. 물론 지문 유형이 어디에 포함되는지 잊어버리지 않는다면 크게 문제 될 게 없겠지만, '과제 입력물의 형태' 아래 있는 '유형'이란 제목은, 응당 지문 유형이 이곳에서 논의되어야 함을 강력하게 시사해 주는 것이다.

제2장과 제3장에서 우리는 지문 유형의 효과를 어느 정도 길게 검토하였다. 그러므로 그 얼개의 예시에 대한 완벽함을 보여 주기 위하여 구체적 사례를 드는 것 이외에는 여기서 다룰 것이 그리 많지 않다. 목표언어 사용(TLU) 영역에서 읽힌 지문 유형들은, 명백히 유목화되거나 분석될 수 있는 지문의 전체 범위를 담고 있다. 여기에는 많은 것들

이 있는데, 종교 의례로서 글말로 된 찬송가와 기도문, 일간신문 광고 란에 있는 조의문, 잡지에 있는 업종별 광고, 전화 통화 뒤에 남긴 쪽지, 전자서신의 내용, 광고 전단지, 할인 우대권, 시내버스 노선 안내, 열차 시간표, 음악 축제 안내, 가격 목록, 공장 생산품에 붙은 이름, 의약 처 방전, 도보와 자전거 여행안내, 옷감별 세탁 안내문 등 그 외의 다른 것들이다. 그 범위는 조사 연구자(특히 소집단 조사 연구자나 인류학적 시 각을 지닌 조사 연구자)의 안목에 따라, 단지 씌어진 그런 내용물을 지문 으로 간주하는지 여부로 제한될 따름이다. 읽기에 대한 전통적인 관점 을 택한다면 이런 것들이 흔히 간과될 가능성이 있다. 언어 해석에 관 한 강의를 하는 경우에, 저자는 종종 학생들에게 하루 동안 자신이 읽 은 것을 모두 일기로 작성하도록 요구한다. 전형적인 목록은 학생한테 읽기 과제로 내어준 책자, 학술 논문의 제목, 그리고 만일 어느 정도 일정량의 시간을 할애할 수 있다면 때로 한두 종류의 일간지 신문 등으 로 이뤄진다. 이는 바로 앞에서 보았던 목록처럼 덩잇글 유형의 범위를 거의 담고 있지 않다. 그렇지만 일단 자신이 목록 속에 올려둔 것보다 도 실제로 더 훨씬 넓은 범위의 덩잇글을 처리해야 함을 자각하게 된 다. 그렇다면 '읽기'의 대한 자신의 견해가 너무 독서학습에만 한정되 어 있으며, 다수의 다른 덩잇글 유형에 대한 처리도 또한 읽기로 간주 되어야 함을 깨닫게 되는 것이다.

너무나 많은 읽기 시험이 비슷하게 치우쳐 있음(편의돼 있음)을 보여 준다. 시험에서 의지하고 있는 지문이, 비록 읽기 목적에 따라 때로 허 구적인 서사이야기도 포함되겠지만, 전형적으로는 해설을 담고 있는 덩잇글이다. 지문도 길이 상으로 제약되어 있겠지만, 무엇보다도 유형 이 제한적이다. 어떤 의미에서 출제자는 자신의 주위환경에서 읽기가 무엇이 될지를 정의한다. 따라서 읽기 평가를 새로운 목표언어 사용 (TLU) 영역으로까지 열어가기보다는, 오히려 제한된 갈래만 존속시키 게 되는 것이다. 저자는 바크먼·파머(1996)의 얼개와 같은 틀을 이용하는 일이, 좀 더 개방적 관점을 촉진시켜 줄 것으로 희망한다.

하지만 그뿐만 아니라 덩잇글 유형에 대한 분류는 목표언어 사용 (TLU) 과제들에 대한 생각과 분석에서 출제자가 좀 더 창의적으로 되도록 도와줄 수 있다. 다음에 인용한 견본 분류는 누리집 이용 진단검사 (DIALANG) 과제로부터 가져온 것인데, §.4-5의 〈도표 4-1〉을 참고하기 바란다. 이는 다른 기술 중에서도 읽기 진단 시험에 해당하며, 유럽 공통 연구 과제로서 현재 계발되고 있는 컴퓨터를 이용하여 치르는 시험이다.

3-2-2 읽기 영역

이 평가 제도의 초점은 주로 서로 다른 덩잇글 형태와 유형으로부터 정보를 인출하는 데 목표를 둔 읽기 이해이다. 이하에서 읽기 영역이 다양한 출처를 끌어들이며 언급된다.

이 그림은 본디 교육성취의 평가를 위한 국제 협의회(IEA)의[22] 글쓰기 국제 학습을 위하여 뵈해파씨(Vähäpassi)에 의해 계발된 결과에 근거하고 있다(고어먼 외 Gorman et al. 1988). 이는 인지 과정, 읽기 목적, 각 칸마다 다양한 덩잇글 유형/형태(types/forms)를 담고 있는 도표를 산출하기 위하여 덩잇글 내용을 유용하게 결합한 모형을 제시해 준다. 물론 분류가 간단하고 명쾌한 것은 아니다. 즉, 한 가지 덩잇글이 다른 유형/형태의 덩잇글 요소도 공유할 수 있는 것이다. 또한 이 유형론이 그 자체로 반드시 다양한 덩잇글 유형/형태의 '난이도'를 반영하는 것은 아니다. 그렇지만 오히려 이것은 덩잇글의 영역을 적합하게 포괄하기 위한 보조물로 이용될 만한 도구이다. 어떤 특정한 칸으로 분류된 덩잇글의 유형/형태에 대한 사례가 또한 다른 칸 속으로도 분류될 수 있는 것이다. 더욱이 분류 내용 및 언급 사례는 결코 완벽한 것이 아니다(§.4-5의 〈도표 4-1〉을 참고 바람).

(1) 지문 형태
덩잇글 유형을 분류하는 상이한 방식들이 있다. 그런데 가장 널리 이용된 분류법은 워얼릭(Werlich 1976, 1988)에서 제시된 것이다. 이것이 누리집 이용 진단검사(DIALANG) 접근을 위한 주요 출처이다. 또한 문법을 위한 세부사항도 참고하기 바란다. 이 분류는 가령 공간과 시간 차원을 포함하여, 기본적 인지 처리과정에 근거를 둔다. 좀 더 기능별로 지향한 다른 분류법은 특히 야콥슨(Jakobson, 제이콥슨 1960), 모펫(Moffet 1968), 키니뷔(Kinneavy 1971)이며, 아주 비슷한 범위의 덩잇글 형태들을 이용한다. 다음 유형론이 덩잇글을 선택하는 토대로 유용하게 이바지할 수 있다(§.4-5의 〈도표 4-2〉를 참고 바람).

*출처: 누리집 이용 진단검사(DIALANG) 과제

시험 문항이나 과제로 정의된 '과제 입력물의 유형(type of input)'은, 이미 살펴보았듯이 일반적으로 문항(items)을 과제 유형이나 검사법으로 분류해 왔기 때문에 언어 시험 출제자들에게는 좀 더 친숙하다. 저자는 제7장에서 이를 더 자세히 다루게 될 것이다. 따라서 여기서는 다만 바크먼·파머(1996)에서 '예상 답변의 특성' 속에 주요한 세 가지 유형을 구분했음만이 언급될 것이다. 그들과는 달리, 저자는 검사법(질문과 답변의 유형)도 또한 현재 논의 중인 제목 '과제 입력물의 유형' 속에서 다뤄지는 것을 더 선호한다. 그들은 다음과 같이 세 가지 종류의 답변을 제시하였다.

예상 답변의 종류

㉠ 선택형 (*selected response*)	전형적으로 여러 선택지나 또는 참-거짓 선택지에서 하나만을 고른다.[23]
㉡ 단답형 (*limited production*)	짧은 답안이며, 범위는 전형적으로 낱말에서부터 하나의 단일한 문장이나 발화까지 요구한다.
㉢ 서술형 (*extended production*)	범위가 하나의 단일한 문장보다 더 길지만, 두 개의 문장으로부터 실질적으로 자유로운 글짓기까지 걸쳐 있다.

*출처: 바크먼·파머(1996: 54쪽)

---

22) (역주) IEA는 International Association for the Evaluation of Educational Achievement(교육성취의 평가를 위한 국제 협의회)의 줄임말이다.

23) (역주) 주로 너댓 가지 선택지 중에서 한 항목을 고르는 일이므로, 반드시 택일형(하나를 택하는 형태)이라고 불러야 옳다. 그렇지만 한자를 새길 줄 몰라서 그런 것인지, 부주의하게

마지막으로 과제 입력물의 구현 형식 속에는 다시 신속한 수행의 정도 (*speededness*, 이하 '신속도'로 줄임)와 전달 수단이라는 항목이 있다(그들의 책, 53~54쪽). 신속도는 독자가 과제 입력물에 있는 정보를 처리해야 하는 속도를 가리킨다. 이는 명백히 앞에서 논의된 '시간 할당'과 중복 된다. 비록 대체로 시간이 확정된 상황을 상정할 수 있겠지만, 이미 논 의하였듯이 명백히 신속도가 목표언어 사용(TLU) 읽기에서 아주 중요 한 기준은 아니다. 그렇지만 시험 상으로도, 교실수업 평가 절차에서도, 시간과 신속도는 실용성과 관련된 사안이다. 일부에서 논의하였듯이 또한 시험 구성물과 관련하여 마땅히 측정되어야 할 어떤 것이다. 비록 문항별로나 과제별로 알려주는 것은 아니라 하더라도, 일부 출제자는 응시생들에게 시험의 각 부문마다 예상된 소요 시간을 알려준다. 그러 나 대안이 되는 접근에서는 단순히 응시생들에게 전체 시험에 대해 총 시간 양만을 말해 준다. 과제 풀이에 대한 시간 할당을 응시생에게 맡 겨, 스스로 적합하다고 여기는 소요 시간을 쓴다. 후자의 접근에서 문 제점은, 일부 응시생이 특정 과제를 풀기 위해 소요 시간을 잘못 판단 할 수 있다. 따라서 시간이 충분히 남아 있지 상황에서 다른 문항들에 대해서는 수행이 미진해질 수 있다. 일부에서는 이를 놓고서 과제를 완성하는 데 걸리는 시간을 판단하는 능력, 또는 심지어 일반적으로 시간 관리 능력이라는 구성물과 무관한 변인을 도입한다고 반론을 펼 수도 있다. 다른 쪽에서는 이것이 실제로 일부 목표언어 사용(TLU) 과 제들과 관련되며, 따라서 시험 구성물과도 관련된다고 논의할 수 있다. 다시 한 번, 목표언어 사용(TLU) 과제들에 대하여 명시적으로 언급해 줌으로써, 실제로 특정한 현장에서 이러한 모순을 해소해 줄 수 있다.

도 교육학에서는 선다형(많이 선택하는 형태)이라는 잘못된 말을 퍼뜨리고 있다. 불행한 일이지만, 심지어 국어교육 전공자들도 아무 의식도 없이 맹종하여 더 큰 문제이다. 이미 288쪽 채점 방법에 대한 역주 15)에서 지적하였듯이, 미국의 의사시험에서는 둘 이상을 선택해야 하는 복수 선택형 문항도 있다. 그럴 경우라도 분명하게 복수 선택형(또는 선다형) 이라고 부를 수 있다.

전달 수단(vehicle)은 '과제 입력물이 전달되는 수단'으로 정의되며, 세 가지 선택이 있다. 생생한 목소리, 녹음물 재생, 또는 양자 모두이다(바크 먼·파머 1996: 53쪽). 이런 특징은 듣기 능력 시험과 더 밀접한 것으로 보이겠지만, 일부 출제들, 특히 영국 왕립 예술원(RSA)에서 주관한 외국 어로서 영어의 의사소통 사용(CUEFL) 시험의 초기 시절에는, 텔레비전 방송시간 안내나 관광지 소개 책자 따위의 '실제 덩잇글'에 대한 모사전 송(*facsimiles*)이, 동일한 내용을 시험에 맞춰 상이한 글자 크기·상이한 지면 배치·그림 자료의 제거·쪽수 지움 등 원상태가 변형된 지문보다 더욱 '타당한' 것이라고 논의한 적도 있었다. 특히 영국의 의사소통 언어 교육의 전통에서는 많은 출제자가 지문을 될 수 있는 한 '생생한' 형태로 제시하기를 추구해 왔다(또한 옥스퍼드 상임 시험위원단[Oxford Delegacy suite of examinations]을 보기 바람). 따라서 종종 그들의 시험 안내서는 시험이라기보다 오히려 실제 있는 그대로의 대상물처럼 보인다. 읽기 시험의 수행 상 그런 '생생한' 지문의 제시 효과가 잘 알려져 있지 않은 것은 놀라운 일도 아니다. 그렇지만 적합한 조사 연구의 결여로 인하여, 현재로서는 다음처럼 출제자에게 조언하는 것이 최상책이다. 출처도 없고 참된 실생활 성격도 없으며 탈-맥락적이고 인식 불가능한 대상으로 지문을 제시하는 일은 피한다. 대신 지문을 가급적 시험-과제 수행 및 목표언어 사용(TLU) 영역 사이에 부합될 가능성을 극대화해 주는 '생생한' 방식으로 제시한다.

두 번째 과제 입력물의 주요한 특성은 언어이다. 앞 장들에서 이미 어느 정도 길게 지문의 언어에 대하여 살펴보았으므로, 여기서는 사뭇 짧게 다뤄질 것이다. 이 책의 나머지 논의에서도 입증하듯이, 이는 덜 중요함을 함의하는 것이 아니다. 지문의 언어·문항과 과제들의 언어가 시험 난이도에 중심적이며, 능력의 측정에서도 핵심이라는 점이 언어 시험 출제자들에게도 아주 명백하다.

시험 점수 이용자들은 응시생이 문항이 아니라 지문을 얼마나 잘 이해하였는지를 알고 싶어 한다. 그렇기 때문에 출제자들은 흔히 문항을 지문보다도 더욱 간단한 언어로 집필하도록 조언을 받는다. 그렇지만 언어를 단순하게 만드는 일(*simplicity of language*)이[24] 시험 명세내역이나 문항 집필지침에서 단순히 낱말 빈도의 목록을 참고하거나 표준 학교문법을 참고하는 일 이외에는(이런 일조차 그 자체로 경험상의 난이도에 대해 아무런 식별을 보장해 주지 못함) 거의 여태까지 등식화(수식화)하여[25] 정의된 바 없다.

바크먼·파머(1996)에서는 바크먼(1990)에서 제시된 대로 의사소통 언어 능력의 모형에 따라 과제 입력물의 언어를 범주화한다. 사실상 과제 입력물의 언어가 언어 및 주제지식의 영역과 일치해야 함을 주장하는 것인데, 그들은 이를 '개인별 특성'이란 제목 아래에서 다루고 있다. 언어 사용자들이 알아야 할 바 및 사용해야 할 필요가 있는 것이 곧 지문의 언어이기 때문에, 이것이 비합리적인 조치는 아니다. 물론 시험에서 수립해 놓아야 하는 바는 부분적으로 최소한 개인별 언어지식 및 해당

---

24) (역주) 158쪽 §.2-5-6의 역주 70)과 관련된 논의도 함께 살펴보기 바란다. 린취(Lynch 1996), 『언어 교실수업에서의 의사소통(*Communication in the Language Classroom*)』(Oxford University Press) 제Ⅰ부의 제2장에서 '단순하게 만듦, 접속 가능함, 주목할 수 있음' 사이의 관계를 자세히 다루고 있다. 왕초보 학습자에게는 단순하게 만들어 주었다고 하여 이해 가능성을 보장해 주는 것이 아니다. 언어 형식들도 잘 조직화된 모습으로 제시되어야 하고, 또한 학습자의 준비성에 맞춰 주제들도 흥미롭고 친숙한 것을 다뤄야 하는 것이다. 제4장에서는 단순하게 고쳐 주는 영역별로 자세히 논의하고 있다. 그곳 제2장 6절을 보면, 의사소통 중심 언어 교육에서는 외국어나 제2 언어도 또한 자발적인 모어(모국어)의 습득과정을 따라 다음과 같은 단계를 거쳐 일어난다고 가정한다.

'이해 가능한 입력물 → 주목하기 또는 깨우치기(자각하기) → 섭취물 → 이해 가능한 산출물' (comprehensible input → noticing or consciousness-raising → intake → comprehensible output)

25) (역주) 인간과 관련된 행위를 과학적으로 붙들기 위해서 도입된 operationally defined(방정식 또는 등식 관계로 정의되다)는 주위에서 흔히 '조작적' 정의로 번역한다. 이 번역 용어는 말뜻이 잘 통하지 않는다. 물론 실험실에서 대상들을 조작하면서 독립변수와 종속변수의 관계들을 찾아내는 일을 뜻하겠지만, 그 결과는 반드시 변수를 지닌 등식(방정식)으로 나타낼 수 있어야 한다. 결과적으로 이는 반복하여 거듭 실험으로 확인할 수 있는 일이며, 따라서 '수식화(등식화)'라고도 부를 수 있다. 정치와 경제 행위를 비롯하여 사회과학에서는 인간의 행위를 기본적으로 1차 함수와 이들을 합성함수로 묶은 행렬식들의 연산으로 표상하는데, 선형대수(linear algebra)가 그 기본 도구이다. 그런데 '조작'이란 말은 우리말에서 일상적으로 '간첩 사건 조작'과 같이 거짓으로 꾸민다는 속뜻을 담고 있기 때문에, 학술 용어로 받아들일 경우에 자칫 큰 오해를 불러일으킨다. 여기서는 '등식화(수식화)'로 번역해 둔다.

지문의 언어 사이에 부합이다. 그러므로 그 모형에서 어디에서인가는 개인별 언어지식을 적절하게 조정해 줄 필요가 있는 것이다. 그렇지만 일반적으로 개인별 언어지식은 확정되어 있지 않다. 거꾸로, 흔히 시험의 목적은 개인별 언어지식을 확정하기 위한 것이다. 그들은 의사소통 언어 능력에 대한 모형을 과제 입력물의 특성 및 개인별 특성 두 군데에서 서술하고 있다. 이는 한편으로 전반적인 얼개 속으로 잉여성 및 관리 불가능함을 어느 정도 끌어들인다. 다른 한편으로는 시험 구성물의 정의에 관하여 결정 불가능성(*indeterminacy*)을[26] 도입해 놓는다. 아마도 불가피하게 이는 바크먼·파머(1996)에서 과제 입력물의 언어를 분류하는 데에서뿐만 아니라, 또한 예상 답변의 언어를 분류하고 비록 비-명시적이더라도 추론에 의해서 실제 답변의 언어를 분류하는 데에서도, 동일한 범주를 이용한다는 사실에 의해서 더 한층 악화된다. 저자는 이를 다음 절에서 더 논의하게 될 것이다. 현재 시점에서는 과제 입력물의 언어가 구성부문들 내부에서 또는 구성부문들 간에 걸쳐서

---

26) (역주) 논리실증주의 또는 분석철학을 이끌었던 러셀(Russell)은 1927년 스승 화잇헤드(Whitehead)와 『수학 원론(*Principia Mathematica*)』(3권까지만 나옴)을 같이 펴내었었다. 이는 수학을 기호논리학으로 환원하여 논리 공리계로부터 함의 관계를 이용하여 모든 수학적 대상들을 연역해 내는 시도였다. 그런데 비엔나 대학에 있던 괴델이 그런 공리계에 관하여 두 가지 수학적 증명을 하였다. 공리계가 상항(constants)으로만 이뤄진다면 그 자체로 완벽성을 보장받는다. 그렇지만 변항(variables)을 지닌 공리계는 수학적으로든 논리적으로든 어디에서도 완벽성을 입증받지 못함을 처음으로 대각선 증명 방식으로 밝혀내었다. 결정 불가능성이란 특히 후자의 경우를 가리키는데, 또한 서술 불가능성(impredicativity)이라고도 부른다. 이런 증명을 접한 러셀은, 오직 상항으로 이뤄진 진부분 집합의 관계에서만 논리적으로 실질 함의(substantial implication)로써만 연역이 가능하고, 형식 함의(formal implication)는 인간 지성의 힘으로는 다룰 수 없음을 깨닫고, 이런 상황을 1937년 자신의 『수학의 원리(*the Principles of Mathematics*)』 개정판 서문에서 '인간 지성의 한계'로 서술한 바 있다.

그런데 미국 프린스턴 대학에서 영국인 튜륑(Turing)은 결정 불가능성 논제도 도출 과정의 엄격성을 도입하면 자기모순을 벗어날 수 있음 증명한 바 있다. 또한 미국 수학자 코언(Cohen)은 두 개 이상의 공리계가 서로 모순 없이 병립할 수 있음을 수학적으로 증명하였는데, 이로부터 소위 '양립 가능성(compatability)' 논제가 가장 중요한 척도로 부각되었다. 이 책의 저자는 본문에서 자주 "어떤 모형도 완벽할 수는 없다!"라는 식의 구호를 여기저기에서 적어 놓고 있는데, 모두 다 결정 불가능성 논제에 뿌리를 두고 있는 것이다. 자세한 내용은 길른(Guillen 1983; 박영훈 뒤침 1998), 『인간적인, 너무나 인간적인 수학』(경문사)과 임정대(1995), 『수학 기초론의 이해』(청문각)를 읽어 보기 바란다.

상호작용의 효과를 허용해 주지 못하고, 논쟁을 벗어난 서술 얼개로만 제시되어 있다고 말하는 것으로 충분하며, 다음처럼 두 가지 부문으로 나뉘어 있다.

과제 입력물 언어의 두 가지 구성부문

조직화 내용	문법, 어휘, 도표, 덩잇글 통사 결속, 수사학 전개 방식 등
화용·사회언어학 내용	자기 발견, 상상 기능, 방언, 자연스러움, 개별 문화적 특성 등

*출처: 바크먼·파머(1996: 53쪽)

그러나 이는 본디 의도가 아니라, 아마도 그 모형을 단지 지면 위에 제시하기 위한 인위적인 방식인 듯하다.

과제 입력물의 주제적 특성도 바크먼·파머(1996)에서는 개인적, 문화적, 학업적, 기술적 정보로 이름을 붙였지만, 이 또한 과제 입력물의 언어 계발과 같이 거의 쓸모없음은 놀라울 게 없다. 실제로 주제지식을 다루는 일은 방대하다. 아마 우주에 있는 모든 것에 대한 이론을 함의하는 지식에 대한 이론뿐만 아니라, 또한 전반적인 그런 이론의 어느 요소가 특정한 목표언어 사용(TLU) 과제에서 가장 두드러진지에 대한 지식까지도 요구할 것이다. 이는 전적으로 목표언어 사용(TLU) 영역이나 시험 과제에 있는 읽기의 중요한 측면을 총체적으로 명세하지 않은 채 남겨 둔다. 불행하게도 이런 점에서 우리가 단순히 일반적인 용어로 '주제'의 특정한 효과에 대하여 잘 알 수 없고, 아마 결코 잘 알 수도 없으며, 따라서 분류 얼개를 만들어내는 데 어려움이 있을 것임이 사실이다. 출제자들은 바크먼·파머(1996)으로부터 주제 선택에 관하여 아무런 안내 지침도 찾아낼 수 없다. 그렇지만 그들은 다음처럼 두 가지 중요한 점을 지적해 놓았다. ㉮ 검사 타당도(그들은 '유용성'으로 불렀음)가 특정한 상황들마다 상대적이다. ㉯ 오직 특정한 상황 속에서, 이런 얼개에서 자세히 언급된 대로 주어진 현장과 지문 따위가 주어지고,

구체적으로 언급된 참여자들을 염두에 두면서, 특정한 주제 효과를 생각해 보거나 조사하는 일이 아마 이치에 맞을 듯하다. 이미 제3장에서 살펴보았듯이, 많은 조사 연구자가 주제 특정성 또는 일반성을 정의하고자 할 경우에, 실질적으로 일반화하기 불가능함을 깨달았다. 특정 목적의 언어 검사를 다루는 이 총서 속의 더글러스(Douglas 2000)도 함께 읽어 보기 바란다.

4) 예상 답변의 성격

바크먼·파머(1996)에서는 과제 입력물의 구현 형식을 특성화해 놓은 방식대로 예상 답변의 구현 형식(format)도 비슷한 방식으로 논의하고 있다. 답변의 전달 경로는 독자가 덩잇글을 큰 소리로 읽거나 어느 편지에 답장을 쓰는 경우처럼, 글말이 되거나 입말이 될 수 있다. 그 형식도 또한 언어나, 비-언어나, 양자의 결합으로 될 수 있다. 답변의 언어가 독자의 제1 언어이거나 목표언어가 될 수 있다. 답변의 길이도 단일한 낱말이거나 아니면 길게 확장된 한 대목의 담화가 될 수 있다.

그렇지만 다수의 목표언어 사용(TLU) 과제에서 대부분의 읽기는 묵독이고 사적인 활동이기 때문에, 전적으로 답변이 묵시적일 가능성이 많고, 이해에 대하여 관찰 가능한 어떤 외적 지표도 생겨나지 않을 수 있다. 시험 및 평가 과제를 그러한 목표언어 사용(TLU) 과제들로부터 구분해 주는 것은, 심지어 정상적으로 기대되지 않는 경우라 하더라도, 일부러 출제자가 어떤 답변을 이끌어내도록 추구한다는 점이다. 따라서 읽기 응시생이 실생활에서 그런 질문을 받으리라고 기대되지 않았을 법한 경우에라도, 자주 임의의 덩잇글에 대하여 질문을 던져 대답하도록 요구받는다. 이따금 이것이 정상적인 독자가 스스로 던지지 않았을 법한 질문을 각별히 출제자가 묻는 경우라 하더라도, 타당도가 결여된 잠재적 근원으로 여겨지는 것은 아니다. 거꾸로, 임의의 현장이 주어지면, 독자가 실제로 스스로에게 던질 법한 질문의 종류를 예측할 수 있는 정도로까지 참된 실생활 속성이 강화될 수 있는 것이다.

예를 들어, 독자에게 랭커스터 대학의 홍보책자를 읽도록 요구할 수 있다(§.7-2-3의 〈도표 7-1〉에 있는 사례임). 이는 도시의 위치, 대중교통을 이용하여 쉽게 랭커스터에 도착하는 방법, 학생들에게 어떤 숙소가 이용 가능하고, 무엇을 먹을지, 거기에 어떤 오락시설이 있는지 따위를 서술해 주고 있다. 그런 책자를 읽고 있는 누군가는, 합리적으로 랭커스터 대학에서 공부하려고 결심할 수 있고, 기숙사 시설과 체육 시설에 대하여 알고 싶어 하며, 또한 가장 편리하게 대학에 도착하는 방법에 더 관심을 기울일 수도 있다. 독자가 그런 정보를 선택적으로 얻어낼 수 있었는지를 평가하는 이해 질문은, 독자가 임의의 줄에 있는 'its(그것의)'의 지시내용을 제대로 이해했는지 여부를 파악하려는 목표를 지닌 문항과는 별개라는 점에서,27) 어느 정도 참된 실생활 속성을 지닌 것으로 간주될 수 있다. 비록 그런 독자가 읽는 도중이나 읽은 뒤에 명시적인 답변을 어떤 것도 말해 주지 않을 수도 있겠지만, 이런 사례에서는 독자가 어떤 정보를 얻어내었거나, 지문을 이해한 뒤에 성공적으로 특정한 활동에 간여할 수 있을 것으로 기대할 수 있다. 물론 "정보가 지문 속에 있고 따라서 독자가 그 정보를 가려낼 수 있을 것으로 기대되기 때문에", 덩잇글에 있는 정보에 초점을 모으는 '정상적인' 질문 항목으로 분류할 소지가 있다. 주어진 일련의 예상 답변이 '자연스럽거나' 또는 예측 가능한지 여부는, 늘상 판단에 관한 문제이고, 그럴 법한 가능성의 정도에 관한 물음이다.

§.5-2-3에서는 예상 답변의 유형을 바크먼·파머(1996: 54쪽)에서 세

---

27) (역주) 두 부류의 질문 유형이 서로 중복되지 않음을 가리키고 있다. §.7-2-3의 택일형 기법은 논의하면서 인용된 〈도표 7-1〉에는 해당 단락을 영문자로 써 주어야 하는 10개의 이해 질문이 있다. 이에 관련된 지문은 A~I까지 9개의 단락으로 이뤄져 있다. 그 단락 중에서 'its(그것의)'는 네 개의 단락 A, B, H, I 속에 들어 있다. 대명사의 지시내용을 찾는 4개의 문항은 앞에 제시된 10개의 이해 질문과는 별도로 제시될 수 있는 것이다.

가지 항목으로 나누었음을 보았다. ㉠ 선택형 답변, ㉡ 단답형 답변, ㉢ 서술형 답변이다. 예상 답변의 논의에서처럼, 저자는 이것이 적어도 또 한 과제 입력물의 특성에 대해서 생각하는 적합한 방식이었음을 시사 하였다. 저자로서는 이것이 실제로 예상 답변에 대한 오히려 제한된 시각이며, 특히 언어 시험 문항의 분류를 위해 마련되어 있는 것 같다. 그렇지만 목표언어 사용(TLU) 과제에 대하여 생각한다면, 전적으로 쉽 게 예상 답변의 유형을 그런 용어로, 그리고 분명히 답변 지침(rubric)에 기댄 방식으로 확인할 수 있는지는 분명치 않다.

일부 목표언어 사용(TLU) 과제에 있는 유의사항이 명백히 만일 독자 로 하여금 어느 보고서를 읽은 뒤에 총괄 요약본(*executive summary*)을 집필하도록 요구한다면, 이는 확장된 산출 과정이며, 서술식 답변 특징 에서처럼 그것을 확인하는 일에 모종의 가치가 있을 듯하다. 그렇지만 이는 유의사항의 본질로부터 온전히 예측될 수 있다고 생각하며, 따라 서 잉여적인 것이다. 다른 현장에서는 예상 답변의 유형을 본질적으로 길이에 비춰 성격 짓기가 훨씬 더 어려울 수 있다. 어떤 경우이든지 이것이 길이의 범주에서 이내 제공될 수 있다. 따라서 또 한 번 잉여적 이다. 이런 논제는 §.5-2-3에서 언급된 것이다. 즉, 읽기에 대한 다수의 답변이 명시적으로 예측 가능하지 않거나 미리 처방될 수 있는 것이 아니므로, 따라서 이런 특정한 속성은 이미 과제 입력물의 성격 아래 검사 방법을 정의해 놓은 출제자에게서조차 그리 가치가 높지 않을 개 연성이 있다.

이미 논의하였듯이, 바크먼·파머(1996: 53쪽 이하)에서는 예상 답변의 언어를 정확히 과제 입력물의 언어와 동일한 방식으로 성격지어 놓았 다. 그렇지만 읽기의 영역에서 이런 성격의 유용성은 쓰기 및 말하기 시험에서처럼 출제자가 모종의 언어 산출물을 이끌어내고자 하는 경우 보다 즉각적으로 쉽게 분명해지는 것은 아니다. 최소한 이는 부분적으 로 검사 과제보다 목표언어 사용(TLU) 과제에서 답변의 예측 가능성이 없다는 사실과 관련된다. 또한 이는 독자의 성공 혹은 읽기의 성공을 목표언어 사용(TLU) 과제에서 출제자나 참여자가 답변에 이용된 언어에 근거하여 판정할 것이라는 점이 분명치 않기 때문이다. 명백히 언어는 의미가 담겨야 하고, 그 지문의 의미와 관련되어야 한다. 그러나 이 것이 비교적 누구한테나 뻔한 듯하지만, 어떤 경우에도 주어진 특성에 의해 쉽게 그 본질이 밝혀지는 것은 아니다.[28] 예를 들어, 지문에 대한 독자의 이해에 관하여 예상 답변의 기능이 우리에게 무엇을 말해 줄 것인가?

좀 더 유관한 사항은 예상 답변 및 과제 입력물의 언어 사이에 있는 관련성이다. 예를 들어, 질문에 관한 답변이 지문으로부터 축자적으로 그대로 가져올 수 있는지, 또는 응시생 자신의 표현으로 풀어 놓거나 요약되어야 하는지 여부이다. 서로 다른 다양한 시험에서 흔히 보고된 응시생의 전략 중 한 가지는, 문항 및 지문에 이용된 언어 사이에 부합되는 대목을 찾아내려고 지문을 얼핏 보면서 해당 대목을 찾는 일(scan)이다. 서로 긴밀히 부합되는 범위까지는 우리가 지문이나 질문을 이해하는 능력보다 오히려 응시생의 전략을 검사하는 일을 감행하는 셈이다. 그렇지만 다수의 목표언어 사용(TLU) 읽기 과제에서, 독자들이 정확히 그런 일을 실행할 것으로 기대될 수 있다. 가령, 역사 수업 시간에 읽는 내용이 질문이 아니라 교재라면, 어느 학생이 정확히 교재 속에 제시된 정보를 인용하면서 역사적 사실들에 대한 질문에 답변을 할 것으로 예상된다. 과제 입력물 및 예상 답변 사이에서 그러하듯이, 적어

---

28) (역주) 이런 점 때문에 흔히 이해를 크게 1차적 이해와 2차적 이해로 나누거나, 또는 표면적 이해와 심층적 해석으로 따로 부르기도 한다. 이해의 깊이는 배경지식을 달리 지니고 있는 사람마다 천차만별일 것이다. 그럼에도 불구하고 1차적 이해나 표면적 이해에서 어느 정도 합의를 이룰 수 있는 내용들이 있다. 이것이 이해 과정으로서 읽기 검사 또는 읽기 시험을 부여하는 근거이다. 킨취 교수의 구성통합 모형을 빌려 표현한다면, 미시구조와 거시구조를 이루는 덩잇글 기반에서는 공통된 특성들을 찾아낼 수 있지만, 상황모형을 만드는 단계에서는 사람마다 차이들이 많아서 개별성을 인정해 주는 쪽이 오히려 편하다. 그렇다면 타당도를 지닌 읽기 검사 또는 읽기 시험은 주로 덩잇글 기반을 만드는 과정을 질문으로 만들어 주어야 할 것이다.

도 여기서 똑같이 문항 및 지문의 언어 사이에서 얻어낼 것으로 보이는
특징을 우연히 만나게 될 것임에 유의하기 바란다.

이는 자연스럽게 바크먼·파머(1996)에서 살펴본 마지막 성격을 다루
도록 해 준다. 즉, 다음 하위 절의 주제로서 과제 입력물 및 답변 사이의
관련성이다.

5) 과제 입력물과 답변의 관계

바크먼·파머(1996: 54쪽 이하)에서 이런 성격을 반응·관련성의 범위·
직접적인 관련성이라는 세 가지 측면에 비춰 논의하고 있으므로, 여기
서는 출제자가 예상한 답변이 아니라 오히려 응시생들의 실제 답변을
의미하는 듯하다.

① 반응

반응(reactivity)은 과제 입력물이나 답변이, 직접 이어지는 과제 입력
물 및 답변에 영향을 미치는 범위이다. 반응의 첫 번째 하위범주로서
과제들은 상호작용적일 수 있다. 이 경우에 언어 사용자는 답변의 성격
을 놓고서 되점검을 받고, 그 답변이 다음 과제의 입력물에 영향을 주
게 된다. 비록 컴퓨터를 활용한 시험으로부터 받는 즉각적 되점검 가능
성의 장점이, 종이와 펜을 이용한 시험을 한 단계 높여 미래의 가능한
발전 모습으로 만들어 주지만, 현재 실시되는 대부분의 읽기 시험에서
는 실천상의 제약으로 말미암아 그런 되점검이 거의 주어지지 못한다.
그렇지만 바크먼·파머(1996: 55쪽)에서 아주 다른 유형의 반응으로 분
류한 맞춤형 검사(adaptive tests)의 경우를 예외로 제외한다면, 되점검이
어떤 것이든 간에 다음 과제 입력물에 대한 변화로 귀결되어 나오는
것은 아닐 것 같다.

그렇지만 목표언어 사용(TLU) 과제에서, 과제에 관여한 참여자(≒감독관)가 독자에게 지문의 해석에 관한 올바름이나 알맞음을 놓고서 모종의 되점검을 일러줄 수 있음은 쉽게 상상할 수 있다. 가장 명백한 사례가 교실수업이다. 이 경우에 교사가 학생들이 덩잇글을 이해하는 데에 어려움을 겪고 있음을 알아차리고서, 그 덩잇글을 다시 좀 더 신중하게 읽도록 요구하거나, 또는 더 쉬운 다른 덩잇글로 바꾸어 읽게 할 수도 있다. 비-교육 현장에서는 컴퓨터로 누리집을 읽고 있는 사례가 될 수 있다. 이는 다수의 '인기 항목(hotspots)'들을 담고 있다. 독자가 그림기호(icon)나 인기 항목을 누르는(클릭하는) 경우에, 그 특정 인기 항목과 관련하여 읽을 또 다른 누리집이 컴퓨터 화면에 생성되어 나온다. 물론 이는 본질적으로 상이한 지문을 읽는 결과가 되며, 평가에서는 일관성 유지에 어려운 문제가 대두된다. 낮은 기술력으로 구현되는 동등한 경우가 종이 책자에 근거한 상호작용의 소설이다. 여기서 독자들은 이야기의 일부만 읽고 나서, 다시 일관되게 지속된 내용을 찾기 위하여 다음 화면으로 넘어갈 수 있는 몇 가지 누리집 선택권만이 주어진다.

반응에 대한 두 번째 하위 범주는 '비-상호작용적'이다. 이 경우에 언어 사용자들 사이에서 되점검이나 상호작용이 없다. 바크먼·파머(1996: 55쪽)에서는 읽기를 비-상호작용적 언어 사용의 사례로 간주한다. 왜냐하면 "읽은 내용에 대한 언어 사용자의 내적 반응과 외적 반응이 덩잇글에서 계속 이어진 자료의 형태를 바꾸지 못하기 때문이다." 위의 사례는 비-상호작용이 비록 읽기에서 일반적인 경우일 것 같더라도, 과도하게 단순화해 놓은 것일 수 있음을 시사해 준다.

세 번째 하위범주로서 반응의 마지막 형태는 맞춤식 반응이다. 이 경우에 반응이 계속 이어지는 입력물을 결정해 준다. 앞선 응답의 정확성 여부에 따라 더 쉽거나 어려운 질문이 주어지는 것이다. 원론적으로 다음에 다른 과제 입력물이 제시되기 전에, 독자들이 자기 답변의 옳고 그름에 대하여 되점검을 받지 말아야 될 특별한 사유가 없다면, 일반적인 의미에서 상대쪽 언어 사용자로부터가 아니라 컴퓨터로부터 나오는 반응을 차치해 둘 경우에, 맞춤식 반응을 상호작용 언어 사용과 따로 구분하여 별개의 경우로 간주할 필요는 없을 듯하다.

② 관련성의 범위

과제 입력물과 답변 사이에 관련된 범위(*the scope of relationship*)는 넓게 정의되거나 좁게 정의된다. 넓게는 언어 사용자에게 많은 과제 입력물을 처리하도록 요구한다. 바크먼·파머(1996: 55쪽 이하)에서 제시하는 사례는, 전체 지문의 내용을 처리하는 '중심 생각'의 이해에 관한 질문이다. 이와는 달리, 특정한 세부사항이나 제한된 양의 지문에 초점을 모은 질문은 범위상 좁아질 수 있다. 이미 앞 절에서도 시사했듯이, 이런 경우에 똑같이 덩잇글 전체 입력물 및 과제 입력물 사이의 관련 범위에 관한 물음으로도 여길 수 있다.

③ 직접적인 관련성

마지막으로 이번에는 예상 답변 및 과제 입력물에 있는 정보 사이에 있는 직접적인 관련성(*directness of the relationship*), 또는 언어 사용자가 반드시 맥락에 들어 있는 정보에 의존해야 하는지, 그들 자신의 지식에 의존해야 하는지를 논의하는 지점에 도달하였다. §.5-2-2-4에서 이런 특성을 축자적 질문 및 추론적 질문에 대한 논의, 또는 덩잇글상 명시적인 질문 및 덩잇글상 암시적이며 각본상 묵시적인 질문 사이에 있는 차이점을 논의하면서 이미 살펴본 바 있다. 이런 관련성이 언제나 확립해 놓기가 쉬운 것은 아니다. 모든 언어 이해가 독자로 하여금 추론하고, 가정을 만들며, 배경지식을 이용하도록 요구하기 때문이다.

직접 관련성의 한 가지는 답변이 주로 과제 입력물에서 제공된 정보를 담고 있을 경우이다. 이와는 달리 간접적인 과제는 그런 정보가 과제 입력물에 제공되어 있지 않은 경우이다. §.1-3에서 제시했던 지문과 문항을 다시 살펴보기로 하자.

지문: *Sally mopped the floor so the mop was dirty.*
　　　(쌜리가 마룻바닥을 대걸레질 하였고, 그래서 대걸레가 더러워졌다)
문항: *Was the floor dirty?*
　　　(마룻바닥이 더러워져 있었는가?)

예상 답변에 있는 정보 '예!(*Yes*)'가 과제 입력물에 포함되어 있는가, 아니면 독자의 머릿속에 있는가?[29]

　우리는 지문 및 문항의 관련성을 분류해 주는 방식들 사이에 합치가 보장되는 방식으로 믿을 만하게 범주화를 이루기가 또한 아주 어렵다는 사실을 확인하였다. 이런 합치된 과제의 성격이 직관적으로 호소력을 지닐 듯하지만, 실제 적용하기는 아주 어렵다. 만일 언어 사용자가 명시적으로 진술된 정보를 이해하고, 또한 정보에 대한 추론과 가정을 만들어야 하는 경우라면, 비록 찾아내기가 어렵다 하더라도 이것이 관련 성격이 된다. 그렇지만 주어진 목표언어 사용(TLU) 현장에서 자신 있게 독자들이 축자 해석과 추론 해석 중 어느 한 가지에만 주력하면서

---

29) (역주) 피상적으로만 보면, 지문에 있는 'so'는 대걸레질 사건과 결과 상태를 연결시켜 주는 역할을 하므로, 깨끗한 대걸레가 결과적으로 더러워졌다고 볼 수 있고, 이는 지문(과제 입력물)에 답변이 들어 있으므로 '피상적' 해석으로 부를 수 있다. 그렇지만 실제에 있어서 이미 더러운 대걸레를 갖고서 마룻바닥을 닦는 경우를 고려하지 않았다는 점에서 현실성을 담고 있지 못하다. 만일 후자의 경우라면 배경지식을 동원하여 추론하는 일에 해당하며, 이를 심층적 해석으로 부를 수 있다. 이런 해석에서는 지문에 있는 문장의 발화 상황이 여러 가지가 있겠지만, 다음과 같을 경우도 있을 것이다. 대걸레를 빨아야 할 책임이 있는 사람이 마룻바닥을 더럽힌 사람에게 책임을 돌리는 일이다. 고급 수준의 독자들일수록 심층 해석을 요구하는 지문과 문항을 이용해야 할 것이고, 낮은 수준의 독자일수록 표면적이고 피상적인 해석을 요구하는 지문과 문항만을 이용해야 할 것이다. 따라서 이는 일도양단의 문제가 아니라 준비성에 따라서 점차 바뀌게 되는 일로 바라보는 것이 더 옳으며, 또한 응시생들의 수준에 맞추어 어떤 합의점을 추구해야 하는 일로 보인다.

실행해야 한다고 말할 수 있을지 잘 알 수 없다. 명쾌한 답변을 하는 경우라면, 과제 입력물 및 답변 사이에 좀 더 직접적이거나 아니면 좀 더 간접적인 관련성 어느 하나가 기본적으로 우세하여, 다른 해석보다 오히려 어느 하나의 해석만 이끌어내도록 하는 것이기 때문에, 자신 있게 목표언어 사용(TLU) 과제 및 시험 과제 사이에 있는 관련성을 대체로 참된 실생활 속성으로 성격지어 줄 수 있을 것이다. 일도양단의 해결이 불가능함에도 불구하고, 이는 출제자가 특정 과제에서 응시생에게 요구하는 바를 고려할 수 있는 유용한 얼개를 제공해 줄 것이다.

§.5-3. 요약

지금까지 저자는 바크먼·파머(1996)에서 다뤄진 목표언어 사용(TLU) 과제 및 시험 과제를 분석하는 얼개를 제시하였다. 이는 언어 시험에서 언어 사용 및 출제 사이에 있는 관련성에 관하여 가장 최근의 경향을 나타낸다. 비록 저자가 약점이 되는 영역들을 찾아내었지만, 그런 얼개를 이용하는 장점이 그런 한계를 보충하고도 남을 만큼 가치가 있다. 그런 얼개가 읽기 및 평가에 대한 다양한 대부분의 조사 연구 노력을 의미 있게 만들어 주는 수단을 제공해 주고, 출제에 대하여 생각하는 첫 출발점을 내어 주는 것이다.

제6장에서는 구체적인 사례로서 네 가지 시험 상황을 살펴볼 것이다. 이런 얼개가 적합하게 보완된다면, 거기에서 주어진 목적을 위하여 읽기 시험을 출제하는 데 도움이 되도록 이용할 수 있다. 그렇지만 이를 실행하기에 앞서서 바크먼(1990) 및 바크먼·파머(1996) 모형을 놓고서, 완벽성을 기하고, 그리고 앞 장들에서 언급된 조사 연구와의 추가 연결을 제공해 주기 위하여, 또 다른 중요한 측면을 간략하게 다룰 필요가 있다. 한편으로, 특히 제4장에서 읽기 능력의 이론들이 구성물에서 그

렇게 밑바닥에 깔려 있는 검사 명세내역 및 능숙도의 저울눈을 어떻게 반영해 놓았는지 예시해 두었다. 다른 한편으로, 제5장에서는 강조점이 그러한 능력보다는 오히려 과제 및 지문에 놓여 있었다. 그렇지만 이것이 바크먼·파머(1996)의 얼개에서 '구성물(*construct*)'이 덜 중요함을 함의하는 것으로 여겨져서는 안 된다. 이미 §.5-1 들머리에서 이런 언급을 간략히 해 두었다.

과제 특성에 대한 얼개 이외에도, 바크먼·파머(1996: 25쪽 이하, 136쪽 이하)에서는 궁극적으로 언어 능력이 측정되고 있는 개별 학습자를 잊지 않는다. 실제로 그들이 제시한 검사 유용성의 개념에서는, '상호작용 속성'이란 개념으로 과제 성격 및 응시생 성격 사이에 있는 관련성에 명시적으로 초점을 모았고, 이를 시험 타당도에서 핵심 요소로 보았다.

응시생의 개인별 성격에 대한 고려 사항(점검표)

사적인 특성	나이, 성별, 국적, 거주자 법적 지위(시민권 등), 모국어, 일반교육의 수준과 유형, 준비의 유형과 시간 총량, 주어진 시험과 관련된 이전의 경험
주제지식	지식 개념틀이나 문화지식을 포함하여 실세계지식으로도 불린다. 비록 바크먼·파머(1996)에서 이를 길게 논의하지 않았지만, 이런 영역의 중요성과 복잡성에 관해서는 더 앞에 있는 장들에서 자세히 살펴보았다.
정서적 태도	바크먼·파머(1996: 65쪽)에서는 이를 '주제지식의 정서나 감정 상관물'로 간주하는데, 응시생에게 답변을 촉진하거나 제약한다. 정서에 관하여 그들은 이미 앞 장들에서 살펴보았던 동기·걱정·다른 여러 정서 변인의 중요성에 대한 견해보다 훨씬 협소한 견해를 지니며, '감정적으로 치우친 주제'나 '논란거리 주제'(낙태 허용, 총기 규제 따위)라는 용어로 언급한다.
언어 능력	이는 기본적인 얼개로서 바크먼(1990)에 의지하여 불가피하게 어느 정도 길게 다뤄져 있다. 그리고 §.4-4와 §.5-2의 〈도표 5-1〉에서 다룬 언어의 조직 내용 및 화용-사회학 내용 속에 들어 있다. 그렇지만 바크먼·파머(1996)에서 언어 능력은 단지 언어지식뿐만 아니라, 또한 전략적 능력도 포함하는데, 언어 사용을 관리하는 일련의 상위-인지 전략이다. 그들은 이런 전략을 본질적으로 세 가지 갈래로 보았다. 목표 설정·평가·계획이다. 이런 측면의 언어 능력은 논쟁거리이며, 그들의 얼개에서도 제대로 계발되어 있지 않다. 우리는 이를 좀 더 심도 있게 살펴볼 필요가 있다. 부분적으로 조사 연구가 이미 읽기에서 상위 인지 영역에 관심을 쏟아오고 있는 중요성 때문만이 아니라, 또한 읽기 과정에 대한 전통적인 조사 연구가 탐구해 온 많은 부분이 이런 영역 속으로 들어가는 것으로 보이기 때문이다.

*출처: 바크먼·파머(1996: 64쪽 이하)

예측이 불가능하고 아주 변동되기 때문에 출제자들이 고려하지 못할 것으로 여겨지는 개인별의 특징들이 많이 있다. 비록 실제로 시험 길이가 너무 길지 않도록 보장함으로써 출제자가 응시생의 피로도를 줄이도록 논의할 수도 있겠지만, 바크먼·파머(1996: 64쪽)에서는 두 가지 그런 사례로 예기치 못한 기분 뒤바꿈 및 피곤한 정도(피로도)를 들고 있다. 그렇지만 원론적으로 출제자가 주목해야 할 많은 변인이 있다. 바크먼·파머(1996: 64쪽 이하)에서는 그런 개인별 특성으로 주요한 네 가지 항목을 고려하였다. 사적인 특성, 주제지식, 정서적 태도, 언어 능력이다.

그런 다음에, 바크먼·파머(1996)에서는 언어 능력에 대한 이런 모형이 출제와 분석을 위한 점검표로도 활용될 수 있다고 제안하였다. 달리 말하여, 출제자들이 이런 점검표를 이용하여 자신의 구성물을 정의하고 마련할 수 있으며, 이를 이용하여 시험 기획 진술 및 시험 청사진을 마련하거나 또는 일련의 명세내역을 확보할 수 있는 것이다. 이런 모형이 시험 명세내역을 마련하는 일에 이용되는 방법에 관하여 자세한 해설을 보려면 올더슨 외(1995; 김창구·이선진 뒤침 2013)를 참고하기 바란다.

제6장에서는 서로 다른 현장에서 바크먼·파머(1996)의 얼개를 이용하는 일을 네 가지 상황을 통하여 예시해 주기 전에, 먼저 출제 과정을 언급하게 될 것이다.

〈제2권으로 이어짐〉
〈'찾아보기'는 제2권 끝에 있음〉

지은이와 뒤친이

지은이 **J. 차알즈 올더슨**(J. Charles Alderson, 1946~)

영국 옥스퍼드 대학(1964~1967)을 졸업하고(독어와 불어에서 수석 졸업), 스코틀
  런드 에딘브뤄 대학에서 박사학위를 받음("A Study of the Cloze Procedure
  with Native and Non-Native Speakers of English"). 에딘브뤄 대학과 미국
  미시건 대학을 거쳐, 1980~2012년 랭커스터 대학 언어학 및 영어과 교수와
  학과장을 지내었고, 현재 명예교수로 있음.

저서로 올더슨 외 2인(2015) 『*The Diagnosis of Reading in a Second or Foreign Language*』
  (Routledge), 올더슨(2011) 『*A Lifetime of Language Testing*』(De Gruyter)을 비롯하
  여, 20권의 영어 교육과 평가에 관한 전문서적을 출간하였고, 현재 미국
  바크먼 교수와 함께 캐임브리지 평가 총서의 편집자로 있음. 『언어 테스트의
  구성과 평가』(올더슨 외, 1995; 김창구·이선진 뒤침, 2013, 글로벌콘텐츠)가
  번역되어 있음.

http://www.lancaster.ac.uk/fass/doc_library/linguistics/alderson/alderson_cv.pdf

뒤친이 **김지홍**

제주대학교 국어교육과를 졸업하고, 1988년부터 현재 경상대학교 국어교육과 교
  수로 있음.

저서로 『국어 통사·의미론의 몇 측면: 논항구조 접근』(2010, 도서출판 경진: 대한
  민국학술원 우수학술도서), 『언어의 심층과 언어교육』(2010, 도서출판 경
  진: 문화체육관광부 우수학술도서), 『제주 방언의 통사 기술과 설명: 기본
  구문의 기능범주 분석』(2014, 도서출판 경진: 대한민국학술원 우수학술도
  서), 『언어 산출 과정에 대한 학제적 접근』(2015, 도서출판 경진),

역서로 언어교육과 평가(『말하기 평가』, 『듣기 평가』), 비판적 담화 분석에 대한
  책들 및 한문 번역들이 있음.

http://www.gnu.ac.kr/hb/jhongkim